U0458229

预见大都市未来

破解不确定性的战略预测方法

吴志强　郑　迪 ◎ 著

FORESEE
METROPOLITAN FUTURE

Strategic Prediction Methodology
to Explain Uncertainty

上海三联书店

序言一

在经济全球化、区域发展深化的背景下,全球竞争格局引领人类社会运行并加速推动大都市的发展,每个大都市在扩张同时伴随着复杂的不确定性。然而,近年来全球范围内"不确定性"逐步加剧,大都市显露出敏感与脆弱的一面,疫情、战争、社会动荡以及经济危机层出不穷,而与此同时技术进步与社会演进也在应对调整这些矛盾,在这个过程中涌现出一系列创新事件,并逐步构筑起一个能预见并可被干预的未来。

预见未来显然比评判现实更具有开创价值。不可否认的是,对大都市的预测充满着不确定性,从国际政治经济形势的变化到每个市民的随机行为,都可能对未来发展产生干扰,从而使得预测难以准确。因此,本书并非简单提出确定的未来趋势,而是将核心问题立足于"如何利用分析方法来应对未来大都市发展的不确定性",从而为大都市未来战略制定提供一套方法思路,也为都市人在未来如何选择和发展提供启发。

本书整体按照"理论述评——研究框架——案例实证——理论构建"的路线,提出了全球都市竞争模型,对城市规模、城市能级进行综合分析筛选出四大类型城市:置顶型、防御型、振荡型及进取型共26城,并综合比对分析这些城市的120个大都市空间战略,提炼出以"对象、角色、目标、动力和路径"为驱动导向的五大类预测分析方法。

对象研究说明"与谁争?"的议题,该章节分析了近百年来城市理想的演变以及预测方法的演进过程,通过社会、城市、技术、方法和思想五条线索的分析,总结出大都市空间战略的未来演进趋势——信息数字化、复频实时化和学习智能化，提出了逻辑推理与趋势分析、德尔菲法与开放式讨论、定性定量分析以及模拟预测的方法。

角色明确解释"你是谁?"的议题，该章节从全球大都市发展历程中总结权益带动历史分析、主体强调政策分析、客体顺应个案分析三大策略，提出政策选择促进公共治理、城市经营实现公私合营、公众参与获取社会支撑的方法，并形成多元融合的动态空间模型。

目标博弈指出"成为谁?"的方向，该章节提出目标确认需要在全球视角下进行，而目标分解需要具备多元价值观和多维时空观，提出竞争分析确定目标、反推论证分解目标、矩阵分析综合因素的方法。

动力争夺寻求"在哪里?"，该章节提出大都市发展应以科技创新为驱动，同时以人文培育的多元战略作为支撑，提出技术预见获取科技发展动力、依托群体智能的数据挖掘、整合创新推动战略平台。

路径探寻引导建立"未来工具"，该章节关注安全与公平的宜居战略，兼顾效率与效益的交通战略，应对危机与发展的韧性战略，提出结合线性与非线性规划、情景分析实现多元推演，并形成整合模拟仿真的智能平台。

在上述五类预测分析方法的研究评估基础上，本书提出了关于面向战略中未来趋势分析的创新方法：构成选择法、分析方法论、战略预测轮。构成选择法是基于五大驱动导向因素对分析方法与战略模式进行组织重构，明确各方法之间的关联与使用预测分析的方法流程体系，并融合"5维48法"建构了战略预测轮，其具有"多维应对全局导向、多层面对行动导向、轮动应对不确定性、细分实现跨界协调"的优势特点。本书通过战略预测轮对四类大都市组及代表城市进行图形分析，总结提炼出经典型、协调型、愿景型和重塑型四种战略模式，为战略预测轮在预测实践中的应用提供了指导。在结论与展望部分，面对大都市未来对城市发展预测和运营治理效率提出的新要求，本书认为分析方法论及相关的应用平台研究应形成方法模块和智能平台。

回顾历史，大都市的发展总是伴随"危"和"机"的更替，大都市的战略制定不断应对着社会、经济乃至环境因素的不确定因素，而技术进步与战略应对是确定性因素，都市也因此而"进化迭代"。本书意图穿越大都市发展的周期找寻核心动力,其内容基于全球 26 个大都市的 120 个战略研究,同时延伸到历史沿革、社会经济、科技创新、文化艺术等领域,从而提供一种预见大都市未来的思维方法。

　　回头看来,本书基于十年的研究历程,随着多元跨界、层出不穷的全球大都市战略逐步展开,力图分享一个更加包容的"未来"视角,从更为广泛的范畴建构预见方法体系,突破专业的限制并形成广泛的阅读性并不断自我迭代,更新节奏将从复频、高频走向动态实时。因此,本书将在网络平台上进行"液化(Liquification)①"和"延展(Extension)②",政府、专家、企业以及所有关心大都市未来的市民都将可能参与本书的"再创作",使得关于未来的共识持续增长。

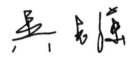

2023 年夏天

"预见大都市未来"平台二维码
邮箱:foresee-future@qq.com

---

① 液化(Liquification):来源于凯文·凯利(Kevin Kelly)的著作《必然》,他认为人类处于一个液态的世界,所有东西都在不断的流动与升级,因特网是一个永远增长的都市,流动的媒介是数据,大量数据汇聚形成超级生命体,这个过程称为"液化"。

② 延展(Extension):吴志强院士认为,应以更宏观眼光、全球视野与历史长度来推动城市迭代与创新,延展(Extension)就是在这一观点下形成的它可能在时间空间两个维度发生,从而推动大都市迭代发展。

序言二

　　我历经十年著写本书,将大都市研究作为终身事业,是学业的归宿也是事业的平台。感谢导师吴志强院士具有远见地为我选择了这个题目,回头看来十年前吴院士打电话给我,问我有没有兴趣做关于预测未来城市的研究,我随即答应并延续至今,感受到恩师对于这个课题的长远计划。当然,本书还有不完美的地方,而后续完善本书的理论将与"预见大都市未来"平台同步进行。

　　本序是为展望未来而作,后续研究需总结过去十年的全球走访与深思熟虑,"预见大都市未来"平台面向未来都市人需求而建立,并将发展"整合、实践、联动"三大方向。

　　方向一:跨界整合大都市相关专业的平台。在全球大都市战略研究的过程中,未来创新机构建立"战略制定＋规划设计＋开发管理"的能力。作为上海大都市建设的见证者和参与者,我经历了关键战略制定的过程和一系列重大项目落实。同时,我在头部企业的战略部门中开发未来城市模型与实践,深谙市场逻辑和企业操盘的逻辑,为方法论的形成提供了案例支撑和相关资源,未来将策动行业变革并进一步提出预测未来的战略方法模型。

　　方向二:智能时代下的创新实践。未来大都市的研究机构应跨越智库和实践的角色,具有"去中心化"的特质,保持研究独立性并带动资本为未来都市所用。未来创新机构作为政企智囊团和创新陪伴者,需要保障内部现金流,并且充分利用跨国企业布局、敏捷反应能力、投资建设平台的优势,从而促进外部战略创新转型,并进行跨部门管理、业务链延伸以及基于长远目标的协调合作,持续走向大都市预测、元宇宙构建、人工智能场景等新领域。

方向三:联动全球顶层研究机构。在本书的写作过程中,一个关于未来大城市研究的"政企商学"朋友圈被激活并建立起来,这个朋友圈基于26个大都市、48个未来项目以及120战略案例,将联动全球大都市政府、高校、顶级事务所和企业,瞄准智能、低碳、媒体等最新领域展开合作。同时,未来创新机构是不断迭代进化的平台,它总结"未来城市1.0"的经验,开拓"未来城市2.0"新模式,进行自我良性循环和全周期预测服务,本书的方法论将推动"未来城市2.0"的研究方法预演与组织模式落实,是理论指导实践、实践促进理论完善的过程,"预见大都市未来"入口如下图二维码所示。

感谢我的父母、老师、好友王剑新,自始至终鼓励支持我。

2023 年于海联书院

"预见大都市未来"平台二维码
邮箱:foresee-future@qq.com

目　录

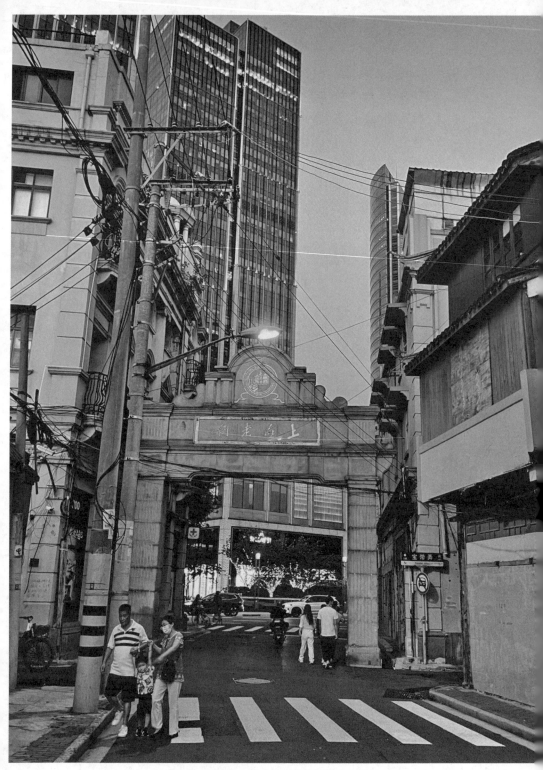

更新中的上海老城厢　郑迪摄于 2022 年 9 月

AN LI MU LU

案例目录

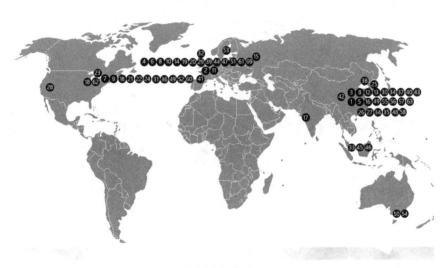

案例分析全球图

建设中的迪拜　郑迪摄于 2016 年 10 月

第一章

大都市为什么需要预测分析方法？

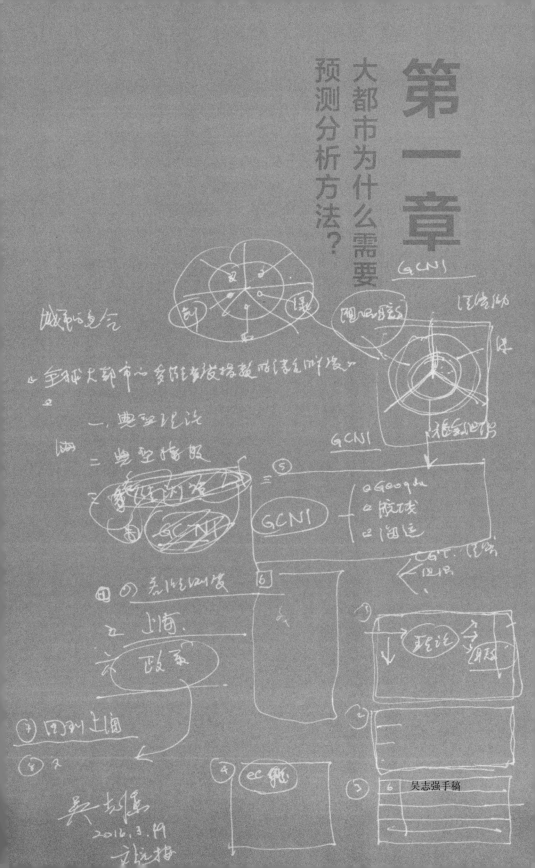

吴志强手稿

米兰垂直森林　郑迪摄于 2019 年 11 月

大都市为什么需要预测分析方法?

在经济全球化背景下,大都市之间加剧的竞争促进了空间要素重组并进一步突破了传统空间格局,大都市进入充满"不稳定、不确定、复杂以及模糊因素同频共存"(即"VUCA")①的时代。未来大都市的战略制定面临更大的复杂性局面,未来需要进行跨专业多领域的管理,而研究不确定性并进行积极应对是大都市战略制定的关键因素。面对未来存在的诸多不确定性,发展路径在经过审慎分析的前提下是可以被选择的,适当的干预会控制它的发生概率。② 大都市空间战略担负着在不确定性条件下引导城市未来发展的任务,因此加强未来趋势分析方法的研究就成为大都市空间战略过程的重点。本书围绕核心问题:"如何选择分析方法来应对未来城市发展的不确定性?"回顾大都市战略发展史,本书挖掘既有的规划方法理论具有三点的不足:

(1)目标路径不清

整个未来学大量推出趋势分析,而城市规划缺乏对城市未来趋势预测的方法路径,还未系统形成影响城市发展进程的有效思路。规划专家对于城市未来的构想多停留于规划师的经验,目标制定局限于当下的政治社会环境并没有突破时代限制,而未来充满不确定的因素,目标制定方法缺乏系统的分析路径以及对未来世界的预见,不能为战略制定提供精准坐标(吴志强,2013)。

---

① VUCA:作为军事术语,指的是不稳定(volatie)、不确定(uncertain)、复杂(complex)、模糊(Ambiguous)。
② 发生概率:美国未来协会在 1966 年发布的宗旨。

（2）预测对象局限

城市是复杂生命体，应遵循城市演化规律进行未来战略的制定，兼顾总体战略性（符合政府治理需求和企业发展诉求）、预见前瞻性（符合未来的社会条件和发展预期）、长期持续性（代表未来技术并稳定迭代）。以往大都市空间战略的研究都集中于战略本身的解读，而对每一个大都市内生问题与战略制定的关系研究不足，导致预测对象主要集中在人口预测，而对环境、产业及社会形态的预测缺乏必要方法。同时，20 世纪后期城市预测对象不断扩张，预测需要跳出既有思维局限，深刻影响了城市乃至世界发展格局，例如罗马俱乐部于 1972 年发布了《增长的极限》，预言资源的有限和当下发展的不可持续，以创新方法建立了世界模型，并成功预测了石油危机。

（3）内容维度局限

战略规划不应将发展战略简单化为"发展概念"，空谈理念以不适当的类比追求宏大叙事。全球化理论精髓在于预测社会经济，而规划师都将未来学大趋势作为规划的"时尚"形式，却不得预测精髓，造成内容维度局限，从而无法提出有效策略。大都市未来存在于当下的趋势外推中，由于不确定性的存在这种外推并非线性，预见未来的核心则在于合适的预测分析方法，这是本书形成的初衷。

一、应对全球竞争

全球化竞争复杂多变且错综复杂，传统学者采用全球化文献分析、数据统计的分析方法，大都市空间战略的趋势分析方法更创新灵活。

1. 全球城市群落理论

未来世界格局的主要战场将持续延伸并发生在老牌城市群及新兴城市群中，其中东亚、南美、澳洲等地区尤为突出。艾伦斯科特[①]把资本主

---

① 经济地理与城市地理领域专家，80 年代提出了新产业空间，重要贡献全球城市——区域（Global City-Region）理论。

义①的历史地理发展趋势分为三个主要阶段:19 世纪的工厂与手工作坊体系、福特制大规模生产体系与正在崛起的认知——文化经济(Allen. J. Scott,2017)。城市群 (Megalopolis) 概念来源于 1957 年地理学家 Gottmann(1957) 出版的《全球城市理论(*The Urbanization of the Northeastern Seaboard of the United States*)》,"全球城市群"概念被提出来,Gottmann 清晰指出全球城市是沿着高速公路发展起来的,其包含四个特点:(1)全球城市群必须与周边地区紧密联系;(2)全球城市群至少拥有 2500 万人口,每平方公里至少 250 人;(3)全球城市群必须拥有良好的交通及基础设施;(4)全球城市群必须是国际中转枢纽和国家的核心发展区,同时拥有清晰的多级层次结构。据联合国发布的数据预测表明,到 2030 年世界上将存在 41 个巨型城市拥有超过 1000 万人口的全球城市区域。

都市圈(Metropolitan Coordinating Region)发源于英国,1946 年之后英国新城运动形成三代卫星城,都市圈空间半径可达 50 公里左右,卫星城与母城形成有机整体。随着产业结构的升级,以流动要素为核心竞争力的现代服务业比例大幅增长,世界上主要大都市圈呈现出不断集聚的趋势,即使在发达国家的都市圈人口也持续攀升,例如东京、纽约、伦敦这样的大都市,其远期规划中的人口预测依然呈现增长(陆铭,2016)。都市圈中绝大多数人都属于常住居民,居民用于通勤的时间有限,因此都市圈半径范围并没有出现无限制的增长。都市圈强调的是同城化,随着半径范围的不断向外延伸,人口规模持续增长,商务领域、经济领域、社会领域的联系加强,进一步形成大都市发展圈层。东京、首尔、北京、上海的 15 公里核心圈人口都在千万左右(东京 895 万、首尔 1014 万、北京五环内有 1000 万、上海中环线以内 1000 万);都市核心区的范围再向外延伸放大至 30 公里左右半径范围,东京都的面积是 2187 平方公里(人口 1315 万),北京六环内 2267 平方公里(人口 1477 万);如果再进一步放大到 50 公里半径的都市圈范围,东京一都三县面积大约 1.3 万平方公里(人口 3600 万),首尔仁川京畿道面积 1.2 万平方公里(人口 2500 万),北京市域 50 公里半径覆盖面积 2 万平方公里(人口 2500 万)。

———————————

① 资本主义(Capitalism)是资本属于个人所拥有的经济制度,是以私有制为基础。

　　大都市在支撑资本主义市场结构的过程中彼此竞争加剧,同时相关理论研究已经发展将近半个世纪,理论边界突破传统空间限制并促进了时空要素重组,同时建立延伸了虚拟世界中的城市网络。如同格迪斯(Giddens)所说,全球化正在重构我们的生活方式,细化到我们生活的每一方面。2000 年以前,所有城市发展模型都来源于发达国家,这种模型应用到发展中国家却鲜有成功。究其原因,赢家城市承担重大跨国经济功能并成为重要节点,而普通城市则沦为配角,鲜有人问津。全球化和信息化进程影响了发展中国家,亦同样迫使发达国家对政治、经济和社会作出调整,在大都市区域的形成过程中,不仅仅要考虑这个城市本身,也要考虑它周围普通城市的发展路径,以及这种多元路径给不同城市带来的不同挑战和机遇。

表格 1　世界城市标准

1986 标准	2001 标准	2008 标准	
弗里德曼世界城市假说	GaWC 世界城市排名	GaWC 排名	Sassen 排名
重要制造中心、主要交通枢纽、主要金融中心、跨国公司总部、国际化组织、商务服务的高速增长、人口迁移目的地。	会计业公司总部、广告业公司总部、金融业公司总部、法律业公司总部。	人口流动的中心、物流转运的枢纽、金融及跨国公司总部、科技研究和教育中心、文化汇聚及赛事中心、重要旅游目的地、生活宜居指数。	政治法律体系、经济变动、商务便利性、金融发展水平、文化发展水平、知识信息流动、宜居性。

来源:作者自制

　　国外对于发达大城市地区(City Region)的研究重点,开始从"巨型城市地区"(Mega-City Region)(Hall,2004;Hall,2006)、"全球区域"(Global Region)(吴志强,2002)、"全球城市"(Global City)(Sassen,2002)、"世界城市网络体系"(World City Network)(Taylor,2004)转向"全球城市区域"(Global City-Region)(Scott,2001),在全球化进程下,以经济联系为基础,形成由全球城市群体扩展联合而成的空间经济现象。吴志强提出全球城市区域(GCR)是为了强调在世界政治经济舞台上,崛起中的城市群体作为必要的空间节点的作用,战略规划的分析对象逐步扩展到都市区域层面(郑迪,2021)得益于交通方式与网络技术的变革,全球化和数字媒介正在重塑传统意义上的城市格局,曾经的边缘城市(旧金山、都柏林、班加罗尔等)因为新产业与人群的植入得以异军突起。

表格 2　全球城市 30 年分析理论

	全球化进程	全球城市理论	全球城市实践	城市新需求
1980s	苏东解体、国际劳动分工、历史终结	世界城市假说(Friedman 1988)	城市更新、总部经济、推动脱欧、伦敦重振	可持续发展
1990s	信息化革命、全球网络、华盛顿共识	全球城市 1.0 理论(Sassen 1991)	香港亚洲国际都会、上海四个中心	一批城市通过创新崛起(旧金山、都柏林、班加罗尔)
2000s	9·11 事件,金融危机、占领华尔街、中国崛起、金砖国家崛起	世界城市网络体系(GaWC2000)	新兴市场经济(金砖国家)及其城市迅速崛起,纽约港遭遇重大经济和环境打击	全球创新城市得到识别,幸福、创新、韧性城市应对气候变化
2010s	科技创新浪潮、逆全球化(英国脱欧、美国大选)、中国整体发展方略	全球城市理论迭代仍缺位	纽约规划重订,伦敦规划重大修订,岘港2030+,新兴市场城市提出"开跑、领跑"	人居三"新城市议程"呼吁建立城市发展新范式

来源:作者自制

　　传统和新兴的大都市区域共存互动,依靠产业链分工持续发生竞合关系。全球化伴随不确定性事件频发,现代经济的竞合行为依然在持续发展并发生在全球区域中,包含全球枢纽、密集区、城市联盟、独特文化区形成扁平化网络,新兴城市群地区无论在区域规模、区域地位、文化制度方面都逐步符合"Global-Region"要求(吴志强,2002),同时急速追赶传统城市的步伐。与此同时,社会技术在进步时也在加速世界变平的过程,Friedman 认为这些技术要素变得尤为重要:网络平台使得信息可以在世界范围内快速流通;外包业务不再限于企业内部,而是可以发包到其他国家和地区;供应链、信息技术和交通技术使物流成本大大降低;跨国公司可通过价值链上的关键环节控制提高企业的竞争优势,进行国际劳动分工的全球价值配置;源于消费文化驱动的轻科技日益成为全球性事件,例如"Apple & Tesla 现象"(王兰,2017)。

表格 3　全球化理论演变

	理论名称	作者	内容
中心边缘论	世界城市 WORLD CITY	FRIEDMAN, 1986	世界城市是全球资本进行生产与建设的场所,它通过重新塑造产业结构来体现自身的控制力,是全球资本主要集中地和主要移民目的地
	全球城市 GLOBAL CITY	SASSEN, 2002	指在社会、经济、文化或政治等方面直接影响全球进程的城市,如纽约、伦敦和东京,控制着全球经济和产业的最重要因素,决定研发、生产、市场的过程
二元论	全球城市地区 (GLOBAL CITY-REGION)	SCOTT, 2001; ROGER, 2000	全球城市区域是以经济联系为基础,由全球紧急联合体扩展联合而形成的一种独特空间现象(周振华,2006) GCA:发达国家的全球城,其城市化通过城市边缘地带的新开发建设用地、城市中心服务行业的发展现出来 GCB:新兴工业化国家的全球城,其城市化通过第三产业化和郊区化的进一步发展现出来; GCA 与 GCB 互为因果,推动了全球化的两大动力,新兴国家的 GCB 城并不只是边缘与被动,相反从生产起步、依托市场,提升技术和资本,并可能取代发达国家的 GCA 城
群体论	全球区域 (GLOBAL REGION)	吴志强,2002	基于全球城市体系由"树枝纵向结构"向"网络状横向结构"的转变,吴志强提出"GLOBAL REGION"的概念,认为 GRs 从区域协调的角度可以解决全球城市的一些城市社会经济问题(吴志强,2006)
	世界城市网络体系 (WORLD CITY NETWORK)	TAYLOR, 2004	采用 2008 年福布斯 2000 强(Forbes Global 2000)公司总部来分析主要城市的商务支配指数,表征全球资本支配中心的地位,基于 GaWC 的 175 家全球知名的生产性服务业跨国公司来分析所在城市的全球网络关联度,表征全球资本服务中心的地位
	巨型城市地区 (MEGA-CITY REGION)	HALL, 2006	全球城市区域是多核心的城市扩展联合体,而非单一核心,城市区域多个中心之间形成专业化的内在联系,各自承担着不同的角色,呈现出竞争合作关系

来源:作者整理自"'全球化理论'提出的背景及其理论框架"形成

2. 规模能级演变过程

研究历史才能看见未来,回顾全球大都市在竞争过程中,规模发展经历两个阶段:第一阶段规模能级同步增长,第二阶段规模能级不同步增长,而其中发达城市规模能级可持续稳定增长。1970 年之前大都市发展的规模与能级趋势正相关,而 1970 年之后大都市规模和能级增长并非正相关,置顶型都市的规模与能级持续增长,据世界银行分析 1980 到 2020 的 40 年间,伦敦、纽约以及东京都市圈的人口增长达到千万级别,与此同时它们的经济体量也同步增长,而孟买、德里、布宜诺斯艾利斯、马尼拉等都市人口逐步增长至千万以上,而其经济体量并没有呈相同速度增长。

大都市的人口持续聚集,在发展过程中都经历了从孤立的点状逐步走向面状,形成大都市圈的演进过程。1980 年之前,城市人口多分布在距离中心城 70 公里的空间范围内,核心城市通过与周边城市群之间的整合协作关系,如伦敦、纽约、巴黎等大都市,人口经历过暂时减少后开始恢复增长,同时中心地区进一步扩大,通过技术发展促进了城市功能向外围拓展,以此保持在全球现代服务、技术创新以及文化娱乐领域的中心地位。从世界城市经验显示,城市人口增幅在不同阶段会有所波动,但是人口总量增长的基本格局维持不变,大都市的发展在调和危机、重新寻求平衡的过程中推进,大都市规划往往着眼于未来趋势与问题,从人口增长态势、自然资源供给以及新经济增长等方面进行分析预测,同时整合大都市规划实现区域协调发展(于涛方,2015)。从历史规律来看,城市不论在扩张还是聚集过程中,当城市的治理能力难以满足人口急剧变动产生的需求,规模会成为负担,战略会进行调整;而当治理能力与人口需求匹配时,规模和密度都会成为一个大都市的竞争力,相应战略得以延续。以东京为例,其人口不到 2000 万的时候,是城市问题爆发最严重的时期,但人口差不多接近 3000 万时,开发强度、人口密度和基础设施都比过去强,都市整体设施自组织以及社会治理能力大幅度提升,人居环境却不比以前差,由此可见战略成败的关键在于治理能力是否可以弥合都市需求和治理能力的隔阂。

在争夺大都市优势地位的过程中,全球大都市都经历过由扩散、集聚直至平衡的迭代过程,以市中心为核的特大城市区域总体上处在稳步增长的进程之中,郊区化与再中心化总是交替进行。纽约、伦敦、东京在人口空间变动上"去中心化—再中心化—多中心稳定"的格局发展,多中心稳定格局、聚焦战略性空间发展是必然道路。1990年后,大都市圈的空间蔓延呈现出拓展至邻近地区的特点,发达国家都市区主城复兴和持续郊区化并存(单卓然,2014)。直至2010年,伦敦、纽约、东京、巴黎四大国际都市区半径50公里范围内的空间蔓延与集聚的同步过程仍然十分显著。其中,东京地区1986至2010年建成区面积从2300余平方公里快速增长到3200余平方公里,占都市建成区总面积比例从6.5%增长到8.8%,直至今日仍然在稳步增长。

伦敦很早意识到需要控制规模,阿克龙比在1945年为大伦敦制定远景规划时已提出控制城市范围与人口规模。然而规划管制在几年后失效,政府又把控制范围拓展至伦敦城外边界,因此伦敦索性在1946年颁布《新城法》,由此开始实行了近40年的新城计划。但因为产业人才外迁,伦敦内城出现了空心化,因此伦敦在1978年伴随重大政策转向进行了都市发展的调整,通过了《内城法》并宣布不再投资建设新城,开始实行大规模的内城复兴计划。这一行动延续到了今天,伦敦已经不会再盲目扩张而进行有限度的发展,未来将以"多中心、分散式"的发展格局为主。

纽约都市圈从1920年至1970年,持续50年进行疏散扩张,到1993年因为内城安全以及居住质量等问题,多达22%纽约人离开主城,而到2006年又有约8%纽约人离开主城,纽约逐步意识到内城更新建设的重要性并持续着力提升生活质量。而今纽约市人口已发展至860万,预计到2030年可能超过910万,人口经济规模仍在持续发展,不断新增的人才、技术、资本刺激纽约,促进这座大都市走向持续繁荣。

洛杉矶的发展起源于1880年的《区划法》,1924年由奥姆斯特德等制定的《洛杉矶主要交通道路规划》促进了第一次大规模的郊区化,1970年编制的《洛杉矶总体规划》开始反思"洛杉矶模式",提出城市中心区复兴建立多中心、高密度的中央活动区。究其原因,后福特制生产方式造就了洛杉矶的崛起,也造就了其独特的城市空间模式——分散化选址布局,很显然洛杉矶经济和交通变革成就了洛杉矶分散化的城市空间结构(肖萤光,2015)。2000年洛杉矶开始真正内城复兴,《洛杉矶郡总体规划2035》面向未来以健康、宜居以及公平原则强调精明增长的多中心格局,该城市逐步开始建设地铁、步行道路创造了大量人性空间。

南加州大学 & 洛杉矶 Downtown 天际线(郑迪摄于 2013 年 8 月)

巴黎二战后经济开始复苏,采用"国家中心主义"发展模式促使首都的"虹吸"作用明显,交通工具和通信工具的变革极大地拓展了城市的触角。巴黎早期呈现出"单中心"到"多中心"、又回到"再主中心"的态势,直至《大巴黎地区纲要》提出连接架构和极化均衡,反映了区域规划脱离权力主导走向专业化的趋势。1975—1990年,新城吸引了大批工业外迁,郊区人口总量也不断攀高,进入20世纪90年代郊区人口增速减缓,内环区就业岗位也不断增加达到"收缩平衡",2010年后大巴黎地区成为欧洲本土最大的区域经济体,然而"巴黎与其周边沙漠"的发展不均衡问题并没有得到缓解。

全球创新中心多极化趋势明显,亚太大都市崛起,同样是从扩张、收缩直至稳定的过程。东西方先进大都市的发展经验已经证明"扩张——收缩——稳定——提升"是必然经历的过程,由于有限的自然资源和土地承载力,东方都市不能盲目照抄西方城市发展的片段,更加不可因为片面理解"去中心化"而盲目改变城市发展的规律,这可能导致错失发展的机遇。东京都市圈半径从1920年的10公里半径圈,发展到1980年的50

公里半径圈,之后其规模半径稳定在 30 到 50 公里。东京圈历次国土整治规划都用各种措施疏散人口,甚至将近 50 年间多次考虑迁都问题,但实际上东京一直在集聚人口。1960 年开始的新城计划强调疏解,1975 年开始正式考虑迁都问题,促进"多核心型"城市结构形成,但一直无法改变人口向东京集聚的趋势,直至 1999 年"第五次首都圈总体规划"开始战略调整承认东京集聚趋势,提出新城功能从"分担首都核心区次要职能"向"提升首都圈的核心竞争力"转变,进入 21 世纪后随着人口郊区化的停滞,从郊区流向中心城市的通勤人口后续供给能力也逐渐衰退,东京圈规划思路才从分散走到集中。东京 2000 年的"首都圈全球城市构想"为了应对老龄化提出建设综合功能中心,2009 年"东京 2050"为应对信息化发展,将东京首都圈定位为世界信息发布中心,对内提高居住供应缓解核心区的职住分离,对外建立环状城市群,通过培育完善的城市功能增强竞争力,在人口趋势变化与政府政策引导的共同作用下,今天东京的向心通勤压力已经显著降低。

全球大都市发展趋势也将对中国的城市化产生重大影响,中国大都市的发展也经历过扩展到紧缩的过程,1927 年启动的"大上海计划"早于"大伦敦规划"提出,后者于 1944 年才被提出,同时编制的"大武汉规划",定位与芝加哥并驾的东半球国际性大城市,引入卫星城市、邻里单元、有机疏散理论。香港从 1948 年邀请"大伦敦规划"负责人阿克隆比(Abercrombie)编制《香港初步报告书》,提出"分散发展"延续 30 余年发展,直至 1984 年《香港发展纲略》提出"海港及机场发展策略"及"都会计划"开始内城复兴、转型发展,2003 年"香港 2030"与"香港 2030+"提出依托珠三角腹地。上海直至 20 世纪 80 年代开始追赶其他全球都市,1986 年提出成为太平洋最大的经济贸易中心之一,1996 年提出建立国际经济、金融、贸易中心之一和国际经济中心城市,2016 年在 2035 战略中提出"创新、生态、人文、追求卓越的全球城市"。全球经济重心持续东移,城市发展无不是在调和危机、重新寻求平衡的过程中推进。在全球竞争的过程当中,东京能维持优势地位,而上海作为新兴城市能脱颖而出,从某种程度上缘于其城市规划与战略定位,能整合区域协调发展,从人口增长态势、自然资源供给以及新经济增长等方面进行妥当预测。

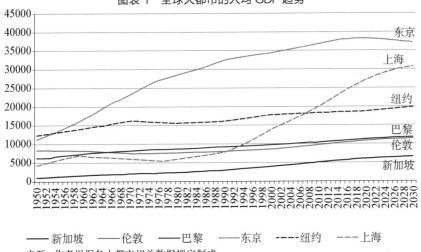

图表 1　全球大都市的人均 GDP 趋势

来源：作者根据各大都市相关数据拟定制成

3. 要素联动网络态势

以技术革命为核心的产业全球配置周期，带动了全球网络中的资源要素（包含资金、市场、产业、人才、信息等）急剧流动，并形成了全球区域每 20 年一周期的轮动发展，缔造出多轮大都市"青春期"（1940 至 1960 年的大伦敦、1940 至 1960 年的纽约新泽西、1960 至 1980 年的东京都、1980 至 2000 年的新加坡、2000 至 2020 年的长三角及珠三角），要素资源激活城市区域发展成为大都市，而资源垂青并非一劳永逸，后续如何联动资源要素形成稳定大都市需要战略前瞻和持续发展。大都市每年为全球 GDP 贡献了 3000 亿到 4500 亿美元（2018—2021 数据），占全球总资产支出的 25％到 28％。在所有要素中，资金流动随着全球资本市场的量化宽松政策长期处于高热状态，即使由于金融危机的后续影响，新兴经济体的经济规模仍然进一步增长。从航空交通流可见大都市的活力变迁，在全球 20 个最繁忙的国际航线中，来自亚太、南亚及阿联酋相关地区的 15 条航线增长迅猛，与香港相关的航线运力下降，许多欧洲的航线逐步退出榜单，反映出与大伦敦关联的都市体系活力逐步消退。

表格 4 2018 与 2021 年全球最繁忙的国际航线

名次	2018 最繁忙线路	航班频次	2021 最繁忙线路	航班频次
1	吉隆坡—新加坡	30187	首尔—济州岛	71388
2	香港—台北	28447	首尔—釜山	28809
3	雅加达—新加坡	27046	吉达—利雅得	24879
4	香港—上海	20678	釜山—东京	23079
5	雅加达—吉隆坡	19741	东京—新加坡	21851
6	首尔—大阪	19711	墨西哥城—坎昆	21851
7	纽约—多伦多	17038	上海—深圳	19945
8	香港—首尔	15770	北京—上海	18624
9	曼谷—新加坡	14698	河内—胡志明	18342
10	阿联酋—科威特	14581	波哥大—麦德林	18086
11	曼谷—香港	14556	广州—上海	18066
12	香港—北京	14537	济州岛—釜山	17630
13	纽约—伦敦	14195	德里—孟买	17069
14	东京—台北	13902	洛杉矶—旧金山	15828
15	都柏林—伦敦	13855	东京—冲绳	15687
16	大阪—上海	13708	开普敦—约翰内斯堡	15208
17	香港—新加坡	13654	成都—北京	15180
18	芝加哥—多伦多	13503	拉斯维加斯—洛杉矶	15026
19	首尔—东京	13420	广州—成都	14746
20	大阪—台北	13325	波哥大—卡利	14604

来源：英国权威航空数据分析公司 OAG

　　人口的全球迁移进一步推动全球资金的流动，其中包含国际移民汇款和外国直接投资，根据世界银行发布的《移民和发展简报》，2018 年国际最大的汇款接收国是印度，金额高达 786 亿美元，其次是中国（674 亿美元）、墨西哥（357 亿美元）、菲律宾（338 亿美元）、埃及（289 亿美元）、尼亚加拉（243 亿美元）、巴基斯坦（210 亿美元）、越南（159 亿美元）、孟加拉（155 亿美元）和乌克兰（144 亿美元）。发达国家的城市联系更加紧密，其由于全球要素流动产生的收益高于发展中国家 40%（麦肯锡，2018），美国是最大的国际移民汇款发送国(680 亿美元),其次是沙特阿拉伯(361 亿美元)、瑞士(266 亿美元)、德国(221 亿美元)、俄罗斯(206 亿美元),中国(162 亿美元)、科威特(138 亿美元)、法国(135 亿美元)和卡塔尔(128 亿美元)。在资金的推动下,全球人才流动也保持高速运转,波士顿咨询在 2018 年调查 3.6 万个样本之后,发现全球劳动力市场中,有 57% 的受访者愿意因为工作而迁移,这在印度和巴西程度更高,分别达到 90% 和 70%,而美国对于人才的吸引力一直高居榜首。亚马逊第二总部(HQ2)争夺战,从 238 个城市中最终确定弗吉尼亚州的水晶城(Crystal City),其最重要的决定因素是人才。

表格 5　2017 年全球外资投资最多的前十名城市

大都市	资金量(亿美元)	增长率
伦敦	293.70	37.67%
纽约	113.64	68.53%
巴黎	110.57	47.75%
上海	100.39	50.25%
悉尼	66.60	75.81%
洛杉矶	59.94	65.09%
深圳	49.68	426.34%
东京	46.32	66.19%
阿姆斯特丹	39.91	248.30%
墨尔本	36.03	80.01%

来源:根据 Saskia Sassen 2018 年 IPP 年会演讲整理

表格 6　2022 年各国在全球贸易额中所占比重

国家	出口比重(%)	进口比重(%)
中国	13.8%	10.1%
美国	9.1%	13.8%
日本	3.8%	3.9%
韩国	3.2%	2.6%

国家	出口比重(%)	进口比重(%)
德国	8.1%	6.3%
俄罗斯	2.1%	1.2%
英国	2.8%	3.7%
加拿大	2.5%	2.6%
印度	1.6%	2.3%
法国	3.1%	3.4%
澳大利亚	1.1%	1.3%
巴西	1.2%	1.1%

来源：世界银行《移民和发展简报》

中国城市战略空间与空间规划的联系作为制胜要素流动的枢纽,始于20世纪90年代,致力于平衡利益与规律,对外主动参与全球资源的竞争,对内维护生产稳定和社会运作(吴志强,1996)。经过30年发展,中国大都市的战略空间逐渐成为国际资本投资的新贵,呈现出四个特点:建设体量及成本巨大、开发周期漫长、吸引并依赖外资,并与经济周期深度捆绑。

4. 全球网络竞争格局

城市竞争格局需基于全球经济网络进行审视和重构。过去城市战略注重规律层面更强调范式和规律性,例如罗马、米粒都、雅典等,而现代城市是基于工业文明和治理改革,未来大都市发展与竞争格局是息息相关的,编制转型战略需以回归利益与规律的权衡为出发点。全球大都市(伦敦、纽约、东京、巴黎)都是在相对稳定的环境下实现其城市转型,2010年人口1000万以上的大都市已经突破20个,整体开始向2000万以上人口的都市圈发展,凸显出世界六大都市群落。大都市持续在调和危机、重新寻求平衡的过程中完善自己,其发展往往着眼于未来趋势与问题预测,从人口增长态势、自然资源供给以及新经济增长等方面进行分析预测,并实现区域协调发展(于涛方,2015)。

回顾中国大都市,其发展过程具有相似性与规律性。香港作为历史上东西方的交汇枢纽，自 20 世纪 70 年代以后的四十余年转型期间，其外部环境的动荡对城市的影响很大，而城市发展与金融危机息息相关，城市经济具有复苏、繁荣、衰退及萧条等不同阶段（石崧，2012）。1960 至 1970 年，香港维持了巨大的公共住房计划，该项目通过压低公共住房成本，将香港劳动力价格维持在发达国家低位。1984 年香港面对金融危机，政府公布《香港发展纲略》提出了《海港及机场发展策略》及《都会计划》两项重要策略计划，成功度过危机并提升了香港的全球地位；1990 年之后，香港金融市场实质负利率现象扭曲了利率与资产价格，其与当时外资大量涌入等情况相互叠加，带动香港房地产市场价格迅速上升，泡沫逐步膨胀；1997 至 1998 年面对海湾战争、东南亚金融危机，香港 1998 年至 2002 年间因为房价大跌而减值约 5 万亿港元，房地产创造的增加值占国内生产总值（GDP）比重从 1990 年的 9.6% 降至 2001 年的 5.9%（刘信群，2015）。面对 2007 年金融危机和经济颓势，香港特首提出积极加强与内地联系巩固世界金融中心，力挽狂澜订立三个中长期策略目标：每年兴建公营和私营房屋，在十年内全港家庭可自置房屋，公租屋等待平均时间缩短到三年（清华金融评论，2014）。面对 2003 年 SARS 疫情和 2008 年的经济危机，"香港 2030" 更强调依托区域联动并调动全球资源来化解危机，呈现这个国际大都市的经济韧性。香港在应对危机问题上显示出政策平台重要性，香港全方位应对金融危机对房地产市场产生的不利影响，通过《全港发展策略检讨》订立长远规划，建立平台可以统筹运用好中长期策略与短期措施，其后事实也证明，上述措施的实施成功推动了香港走出危机（刘信群，2015）。展望未来十年全球不确定性环境，香港战略对于危机的及时应对，有效将有限资源用于解决最急迫问题，并调整定位立足于长远进行谋划。

二、明确未来趋势

未来战略具有几个核心特征：总体性与战略性，战略需要符合政府的政策需求和公众的发展诉求，所有资源和个体都直接或间接为战略目标和规划服务；预见性与前瞻性，战略代表未来同时主要观点内容稳定持久,符合未来的社会条件和发展条件并形成整体行动指南;长期性与持续性,战略不能随意变动而应相对稳定持续调整策略。这三个核心特征就要求战略规划需重视未来学研究,我们探究战略制定法规的内部逻辑,大都市战略规划则基于过去的经验线性推演提供解决路径,未来大都市战略应立足于都市创造的开放性关键议题,重点研究三个趋势:思想趋势、技术趋势、城市趋势。

1. 城市理想未来趋势

大都市空间战略必须反映决策者、居民、企业的多元价值观且具有未来视野,预见人类未来的生活方式和社会治理形态。未来技术的发展不能被准确预测,技术不应作为未来城市发展的基本取向,城市研究应该从单纯的技术崇拜,转向对文化、生态、技术和人性的融合,即关于未来社会的整体思想趋势。正如 1938 年芒福德的"城市文化"提到,人类要发展贴近生活指向的技术,真正的未来城市是尊重人性理想的城市,理想范式对于战略来说不可缺少。如下表所述,城市理想始终带领着战略向前发展。

表格 7　都市发展规律

时代	思想或著作	预测	发展阶段	战略规划方式	利益主体
1890 伦敦金融危机	田园城市、城市艺术设计、工业城市、城市规划调查、城市种族问题	形态预测	内城建设	蓝图式规划阶段更强调政治理性,注重对经济扩张的服务,体现政治愿景	君主立宪制
1930—1950	当代城市、新城运动、法西斯思想、中心地理论	社会预测	新城建设 郊区蔓延		政府、企业和公众
1950—1970	城市郊区化与更新运动、规划标准理论、城市社会本质、增长极理论、城市意象文化遗产保护、社会决策批判、规划中的多元倡导、理性主义和综合性规划	技术预测	内城衰退 城市复兴	专业理性上升到系统规划,强调规划的科学性,该阶段在系统论、控制论以及交通模型上有很大进步	政府、企业,城市问题逐渐产生,政府也对郊区进行投资

时代	思想或著作	预测	发展阶段	战略规划方式	利益主体
1970—1990	城市设计政策、马丘比丘宪章、社会公正、城市复兴、城市社会政策批判、我们共同的未来	预见后工业文明	公私合作逆城市化	协商式规划伴随着城市分散化,都市圈整体进入衰退过程,强调社会理性	政府、企业、公众
1990—2010	新都市主义、精明增长与紧凑城市、沟通规划、政权理论与城市政治、妇女影响、21世纪的城市走向、全球化信息经济、可持续发展	知识经济文明危机	再城市化	可持续发展规划,政治和经济理性都往可持续发展方面转型	政府、企业、公众、国际人士
2010至今	全球化理论、信息革命以及人工智能兴起、人工智能、韧性城市、地方保护主义、亚太城市崛起	人工智能	未来城市化	信息化平台、公私合作的模式、公众参与的纵深、企业城市的共享版本	政府、企业、公众、国际人士、AI人工智能

来源:作者自制,部分关键词来源于《百年西方城市规划理论史纲》

在不同时代,未来城市理想都是基于"什么是更好的城市?"这个问题,"未来城市"这个概念缘起于20世纪初的未来主义社会思潮,1909年意大利诗人马里内蒂发表了《未来主义宣言》,它歌颂科技、工业和交通技术的进步改变了人的生活方式,1914年意大利建筑师圣伊里亚发表了《未来主义建筑宣言》,强调机械式结构和新材料选择的重要性。

表格8　未来城市理想

理论名称	年代	提出者	面向问题
线型城市	1882	索里亚马塔 Arturo Soriay Mata	铁路运输大发展下的城市形态。
田园城市	1902年	霍华德 Ebenezer Howard	工业革命后城乡发展弊病。
现代城市	1909年	丹尼尔伯纳姆 Daniel Burnham	芝加哥从1909年的总体规划和城市美化运动开始现代城市规划运动。

续 表

理论名称	理论时期	提出者	面向问题
区域城市	1915 年	格迪斯 Geddes	将大城市进行疏散并形成组团。
工业城市	1917 年	嘎涅 Tony Garnier	工业部门生产要求。
光辉城市	1931 年	勒柯布西耶 Le Corbusier	工业革命带来拥堵、污染等问题,影响了 1960 年拉德芳斯区建设。
广亩城市	1932 年	弗兰克赖特 Frank Lloyd Wright	集中城市所产生的城市病。
有机疏散	1943 年	埃罗沙里宁 EeroSaarinen	城市过分集中产生的弊病。
卫星城市	1946 年	泰勒 Taylor	1946 年《新城法》开启的卫星城运动。
无汽车城市	1964 年	隆·赫伦 Ron Herron	Ron Herron 设计步行城市,同年荷兰阿姆斯特丹提出"无小汽车城市网络"。
全球城市	1966 年	彼得霍尔 Peter Hall	经济及地缘全球化随之带来的问题。
地方城市	1960 年	爱德华霍夫曼 Edward Hoffman	地方城市是源于区域主义(Regionalism)规划流派而产生的未来城市理论。
生态城市	1970 年	联合国教科文组织	城市生态建设。
紧凑型城市	1973 年	Thomas Isaaty et al.	城市无序蔓延发展、集约利用土地。
信息城市	1983 年	日本通产省	日本通产省宣布实行"先进的信息城市和新媒体社区"。
企业城市	1989 年	哈维 Harvey	纽约、伦敦以全球化背景下的公私合作模式推动城市更新顺利进行。
山水城市	1990 年	钱学森	从中国传统山水自然观基础上提出城市构想,近年形成"山水城市"哲学。
儿童友好城市	1992 年	联合国	少年儿童在城市中的需求。
健康城市	1994 年	世界卫生组织	城市化给人类健康带来的挑战。
可持续城市	1996 年	联合国人类住区会议	城市可持续发展,WCED 发表了《我们共同的未来》报告。

续 表

理论名称	理论时期	提出者	面向问题
数字城市	1998 年	艾伯特戈尔 Albert Arnold Gore	城市信息数据化。
韧性城市	2002 年	地区可持续发展国际理事会（ICLEI）	韧性是城市吸收扰动量，自我组织和学习能力表现，克服不确定灾害风险。
低碳城市	2003 年	英国能源白皮书	城市低碳可持续发展。
创意城市	2004 年	联合国教科文组织	城市整体创新。
绿色城市	2005 年	联合国可持续大会	城市绿色发展。
老年友好城市	2006 年	世界卫生组织	城市人口老龄化。
智慧城市	2008 年	IBM	城市信息化效能。
零碳城市	2009 年	哥本哈根市政府	城市低碳可持续发展。
海绵城市	2012 年	中国政府	城市雨洪管理。
无废城市	2018 年	中国政府	城市过量废弃物，以及城市不可持续发展。

来源：作者自制

　　对于上述多个理想城市，本书选取几个具有代表性案例进行重点论述。

　　卫生城：英国在 1838 年开始大规模的"热病"调查拉开了声势浩大的卫生改革的序幕，功利主义政治家查德威克发表于 1842 年的《工人阶级卫生状况报告》是西方政治史上划时代的作品，证明了城市环境恶化与疫病间的关系。1848 年英国通过了世界上第一部《公共卫生法案》，查德威克经过近 40 年的不懈努力，终于在 1875 年通过了修订后的新法案，至此英国已超过法国成为公共卫生领域最先进的国家，其市政建设和管理模式也被美国、德国等国家学习和效仿。查德威克的学生理查德森（Benjamin W. Richardson）在综述查德威克卫生思想的基础上提出一个名为"卫生城"（Hygeia）的理想城市模型，这也成为霍华德田园城市思想的重要来源之一。

　　古典城市：该模式代表自上而下的形式理性，在典型城市巴黎的规划历史上，巴黎规划早期遵循古典理性，不乏雄心壮志的印记。1852 年

凯旋门航拍　吴志强摄于 2005 年 10 月 22 日

法国拿破仑三世请奥斯曼改造巴黎，通过修建一系列林荫大道，缝合新进城区与核心城区，构筑起宽阔的步行街和纪念型景观，其倡导的多中心导向、强化南北轴线、土地集约利用对后来的城市建设产生深远影响。

现代城市：芝加哥从 1909 年的总体规划和城市美化运动开始现代城市规划运动，在经历了中心区衰败之后于 2003 年《全球城市区规划：芝加哥区域的选择》中再次提出"新城市美化运动"，以创新举措激活城市形象。

田园城市：霍华德（Howard）的"田园城市"思想核心是地方管理和社会自治，其规划不需要中央政府干预，田园城市企图解决第一次工业革命后英国城市中心的各种弊病，并结合城乡各种的有利条件形成。首个田园新城以莱切沃斯为基础开始，希望解决工业革命的弊端，很大程度上利用了城乡的有利条件，然而在莱切沃斯建成后，企业并没有被吸引过来，霍华德的思想并没有完全实现。田园城市思想在全球各大城市战略中都有所显现，对城市规划的影响相当深远。1909 年的《芝加哥规划》作为一部规划文本，对于田园城市理想有着很生动的描写："货物大部分可以通过电车和高架铁路在凌晨 1—7 点间运输，既令农户省钱又让客户满意，并减少对现有路面的磨损。"而在描述湖滨环境和绿地时，规划中写道"我们将不再损失那份丢在他乡的奶酪，一旦滨湖园林大道建成，那些将时间和金钱花在巴黎、维也纳的人将到我们这里来定居"。东京 1958 年发布的"首都圈总体规划"借鉴田园城市理想，提出同心圆模式、圈层绿带以及新城计划，之后的东京则采用各种技术手段提升其人口产业承载力，同时也不断进行功能创新与空间更新。

田园城市反思：伦敦的城市发展受田园城市影响，伦敦在二战后制定的城市政策包括"限制增长、疏散发展、建设新城"，这些政策被后来者效仿，但半个世纪后伦敦决策者主动反思并重新制定战略，更加尊重市场和人的选择，向回归市中心发展，并鼓励区域竖向紧凑发展。1944年的《大伦敦规划》，其成功标准以及后续影响是随着时间推移而变化的；从20世纪80年代到21世纪初期，世界城大部分还在扩张，其中以亚太城市为主；伦敦2004年开始转变，市长肯利文斯通预测伦敦在人才集聚方面存在问题，采取了"增长管理"的政策措施，不断推进产业功能转型，加强在全球经济中的影响力和控制力，推动在金融、科技、创意产业方面的发展策略。

卫星城市：1930年英国政府及学术界承认，田园城市在理论上是好的，但在实践中遇到很多困难，卫星城可能更加有效，由此拉开了卫星城防止伦敦持续扩张的停滞。卫星城市所代表的城市规划，不论是1938年《绿带法》所代表的城市绿带，还是1946年的《新城法》开启的卫星城运动，主要是针对工业发展中城市及产业的问题，进行人口疏散和功能疏解。1940年，巴罗委员会的成立，使得"田园城市、卫星城市"的思想被写进立法，并得以在卫星城计划中延续。

区域城市：区域城市理念来源于"田园城市"，缔造者格迪斯（Patrick Geddes）认为"规划之前做调查"。1915年，格迪斯出版了《进化中的城市》，在书中他提出新技术（发电机、内燃机）正在导致大城市进行疏散，"郊区化"使城镇结合成巨大的城镇集聚区（Urban Agglomerations）。在这个趋势下，格迪斯所倡导的现代城市规划过程"调查-分析-规划"，即通过对城市现实状况的分析，来预测城市中各类要素之间的关系，然后依据这些分析，制定规划方案。格迪斯的学生芒福德（Lewis Mumford）认为，区域规划把人口、产业和土地视为整体，推动一种充满活力、具有创造性的生活。如果说田园城市提供了城市的理想目标，那么区域规划提供了操作路径和框架。然而日后的实践表明区域规划的矛盾，托马斯·亚当斯（Thomas Adams）作为规划师和商人，对纽约规划提出看法："如果一个城市规划不对城市周边区域的发展给予充分关注，就不可能是令人满意的规划。"托马斯·亚当斯后续主导的1923年纽约区域规划中，关注高速公路的投资建设，他认为这样能缓解拥堵，但事实上的"郊区化"蔓延则加重了拥堵。

光辉城市：第二次工业革命后，机械化生产催生功能主义，20世纪30年代柯布西耶（Le Corbusier）提出光辉城市概念，具有法国色彩的想法彻底颠覆了古典城市范式，力图重塑巴黎形象。20世纪60年代巴黎西部的拉德方斯区开始了建设，逐渐塑造以商业办公楼为主的天际线；2000年开始，受全球金融危机影响，巴黎的经济增长停滞，萨科齐（Nicolas Sarkozy）通过《大巴黎计划》打造世界之都。

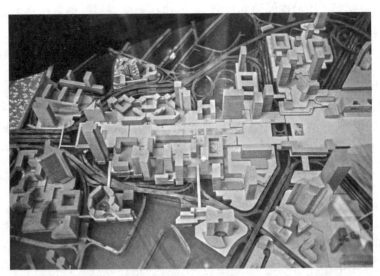

拉德方斯规划工作营方案模型　吴志强摄于1997年7月26日

企业城市：以企业的管理方式来治理城市，企业和资本的天生逐利性有使城市变为纯粹消耗和生产的巨型工厂的风险。全球化背景下，纽约从1989年《城市宪章》开始，以公私合作模式推动城市更新，促使这座城市顺利完成了从后工业时代向世界信息服务中心的转变。从2017年开始美国开始推行历史上最大的减税，在大量企业回流之后，纽约进一步巩固其世界都市领袖的位置。

全球城市：计算机信息技术将全球联网，交通工具发展促进了城市间的贸易，使制造业产业链升级，由此催生了全球化理论。全球明星城市代表国家进行竞争，提升自身地位并引发竞争（赵燕菁，2017）。20世纪70年代以来纽约、东京、伦敦、香港等大都市都经历了长达30年、多个阶段的转型过程。在大都市和城市转型理论影响下，第一部真正意义的城市战略是 2000 年的《伦敦城市空间战略规划》，它催生了城市战略规划的理论雏形。

从这些城市理想中，我们可以发现每个时代的未来城市都是那时社会整体的畅想愿景，这种愿景与长期趋势预测仍有差异，我们所做的只是对大概率进行预判，把握未来需要系统性的分析方法和更切实际的战略视野。2010 年世博会专门设立城市最佳实践区，该计划梳理城市百年理想并把握长期趋势的确定因素，以如下 9 个城市梦想诠释未来世界格局、生活方式、社会认知以及城市空间变革趋势，并实现实验场景。

表格 9　世博会未来畅想

城市梦想	案例支持	梦想展示	技术支持
智慧城	香港案例馆、思科馆、太空家园馆、城市未来馆	借助新一代信息技术，通过感知化、互联化、智能化的方式，可以将城市商业和基础设施连接起来，使之成为"系统之系统"	IBM"智慧的地球"战略，香港"手持智能卡走天下"，思科"智能＋互联＋协同"城市理念
多元城	加拿大馆、智利馆、塞尔维亚馆、希腊馆、意大利馆	城市的多元文化、优质生活和发展机会吸引人们的集聚，移民给城市带来活力，也带来文化的碰撞，城市中人与人相互尊重和谐相处，多元文化融合	意大利馆"多元化城市"以"人之城——畅享意大利生活方式"为主题，加拿大馆"Living City"、智利馆的展示则强调了每个城市都有独特个性
再生城	城市未来馆、中国船舶馆、意大利馆	在城市老年期的时候，自然的身体上某些零部件会出现"锈"痕，这时候愈发需要润滑让她再次"秀"起来，让城市里的"锈带"可"再生"	城市未来馆上海南市发电厂改建，中国船舶馆"江南制造局"改建，意大利国家馆强调"人之城——畅想意大利的生活方式"，万科馆提出"尊重的可能"
复兴城	伊拉克馆、阿联酋馆、意大利馆	未来城市的文明复兴需要的是人类的永恒创新，城市的创新精神燃烧着并永不熄灭的	伊拉克馆"下一座城市"，阿联酋馆"沙丘魔法"，意大利文化、科技、建筑等领域成就
栖水城	中国船舶馆、"汉堡之家"、鹿特丹案例馆	减少水污染，释放人亲近水的本能的渴望，设计新型的亲水设施，巧妙应对因水产生的自然灾害的策略	汉堡馆"水上城市"，鹿特丹案例馆"智慧"的水生活和城市水资源管理，比利时馆展示了生活用水高效方案

续 表

城市梦想	案例支持	梦想展示	技术支持
多级城	法国罗阿大区案例馆	"多极城市群"的未来城市模式,多细胞组合的多中心布局	城市结构整体疏散部分集中,汽车共享,大部分建筑为聚居性的小高层住宅
自给城	中国船舶馆远大企业馆	土地资源的日益紧张使得如何在地球有限的土地上寻找更多适合人居的场所解决未来人类需要面对的一大问题	"漂移农场船"是"海上城市"的食品生产供给基地;风力、低碳和太阳能发电装置;污水处理装置可净化废水;温室作物区可以进行无土栽培
柔性城	乌克兰馆	人造的城市和建筑应与自然相和谐相融合,融合城市与建筑	"柔性城市"是"流线型城市",可建在水上更为宁静自然
太空城	城市未来馆	建设太空之城本身所需要的科技也是人类目前需要面临的挑战,包含空间领域的拓展,信息资源的共享	太空城市的形态多样,而我们可以利用不同星球的条件,创造适合居住的城市,发展不同产业与生活空间

来源:作者自制

后世博会最佳实践区的创新历程(从 2011 年至今)

2. 国家科技创新战略

　　大都市发展动力促进产业更替与产品创新,产业更替与创新来源于人才、体制、技术等要素组合创新,20世纪的五六十年代新技术革命的崛起,不同于前两次技术革命的改革方式,这次革命以信息技术为主导并对人的智力进行带动和延展,从而推动全球信息化的演进过程,信息化时代大都市的管理会比中小城市更具备优势,而且大都市之间的竞争将是无形地隐匿在企业、经济以及文化领域(Alvin Toffler,1984)。20世纪90年代,Michael Batty提出了"智能城市"概念,强调互联网技术可增强城市竞争力。2000年后ICT技术支持下城市系统的交叉复合深入,其学术及行业作用越来越重要,将物联网技术应用于城市系统,将促进城市可持续发展、城市生活品质以及社会经济活动公平性。麻省理工学院(MIT)市民数据设计实验室通过开发新型传感器网络,获得了城市要素的画像数据,为规划设计的后置式反馈和分析对象提供了契机,利用动态评估修正方案。龙瀛2018年提出基于在线平台的自反馈式城市设计方法,也有学者提出在城市生命视角下,城市智能规划由目标导向转为过程导向的全生命周期推演(甘惟,2018)。智能化的新技术手段将使得萨森的城市网络理论更为深入,促进新的城市模型诞生,并演变出新的规划干预手段。未来的深度信息时代,有机疏散理论将因为技术进步被赋予新的解读,人才、土地、资本与信息权的争夺绑定,能源和通讯技术的发展让沟通不再受限于区位理论,大城市必须集聚的前提减弱,呈现分布式和去中心化趋势。

表格10　城市发展与技术创新演进表

中心城市	布鲁日	威尼斯	安特卫普	热那亚	阿姆斯特丹	伦敦	波士顿	纽约	旧金山湾区
时代	1200S—1350S	1350S—1500S	1500S—1560S	1560S—1620S	1620S—1788	1788—1890S	1890S—1929	1829—1990S	1980S至今
技术	农业轮作	快帆	印刷机	会计算法	工业化进度	蒸汽机	内燃机	电动机	微处理器
规模化服务	商业秩序开端	西方连接东方	书籍	金融	交通工具	工业	工业	工业	信息化
持续年份	150	150	60	60	160	100	40	50	持续

来源：作者自制

表格 11　近百年规划理论演进表

跨度	19 世纪末 20 世纪初	20 世纪 20、30、40 年代	20 世纪 50、60 年代	20 世纪 70 年代	20 世纪 80 年代	20 世纪 90 年代	21 世纪初
	40 年	30 年	20 年	10 年	10 年	10 年	10 年
经济	工业化 城市化 战争	经济衰退 重构战争 重建	战后兴旺 混合经济 政治学	经济增长 的转折点 城乡转变 内城衰变	经济衰退 新技术混 合经济统 一体崩溃	政治、经济 和环境变化 的全球化	反恐、次贷 危机、气候 变化、创新 产业
政治	公共健康 社会动乱	区域性失业 郊区发展	提高生活标 准快速发展	种族主义 城市骚动 发展过剩	失业公共 部门的成 绩记录	欧洲一体 化以及环 境危机	全球化 亚洲崛起 共享经济
规划	住房 公共卫生	区域规划 生态保护	新城再开发	内城政策 修复保护 污染控制	城市更新 农村政策	城市更新可 持续发展	大数据规 划 城市治理 流空间治 理
	电气革命		计算机革命				人工智能
理论	电梯发明 汽车发明 空调发明 环境论	自然生成 规划理论	集装箱发 明过程规 划理论	组织理论 福利经济 学、激进 政治经济	政治意识 形态：新 右派，新 左派	协作规划 环境经济 政治生态 环境公正	人工智能、 量子计算、 物联网、 新物种
概念	城市设计 古典美学	土地使用 的公共部 门导向	综合决策 国家干预	政策实施 社区赋权	经济发展 社区赋权	场所创造 国家干预 社区赋权	城市空间 战略规划 韧性规划 数据协作
代表 城市	巴黎	伦敦	伦敦、纽约	伦敦、纽 约、东京	伦敦、纽 约、东京、 巴黎、香港	以伦敦、纽 约、东京为 首的全球 化城市	全球六大都 市圈，东方 都市崛起
城市 规划 方法	病理学地 观察城市， 形态分析， 逻辑推导 城市	从功能观 察城市、幻 想地观察 城市	社会网络 分析（流模 型）、情景 分析、系统 动力学	区位商重 力模型、容 量分析投 入产出分 析、趋势外 推法	企业城市 社会网络 分析，情景 分析系统 动力学	重视社会 经济、生态 环境与城 市规划的 结合	人工智能 计量模型 机器学习、 神经网络、 数据平台

经典理论	带形城市 田园城市	工业城市 伯恩哈姆 芝加哥学派	CIAM大会 Team10 触手城市 网络结构 高技派、数理建模	动态城市模型 拼贴城市	全球化 公私合营 企业特区 竞争理论	世界城市理论 全球城市理论 全球区域理论

来源：作者整理自 Yvonne Rydin. Urban and Environmental Planning in the UK. 1998. 12

技术革新促使规划从工业化增量转向智能化存量模式。1950年艾伦麦席森图灵[①]提出判定机器智能的图灵测试，1956年达特茅斯会议确立人工智能领域，而后60余年人工智能呈现出螺旋式上升态势。进入21世纪，深度学习、神经网络的发明，使得人工智能的系统性能大幅度提升，再加之大数据、优化算法和计算廉价化的支持，世界各国逐步将人工智能提升为国家战略。现代城市逐步发展起来，伴随而来的痛点包含交通基础设施、生活质量、政治路线、公众意见、技术路线，城市规划更多关注如何解决这些痛点。复杂生态理性为城市规划提供了新思路，人工智能的下一代群体智能技术、多媒体智能技术、人机共智技术将是未来城市规划亟需的智慧。群机学习智能模型应对规划专业转型做出回应，假设城镇是以群落互动发育的，而城市内部是多种要素生长互动的，群机智能能利用生长互动机制，将规划过程转变为群体协商集聚。又比如人机共智，反映了城市规划决策是人的意志和智能技术理性的共同体现，以定性量化分析城市决策中重要的影响因素（吴志强，2018）。

第三次工业革命，计算机信息技术、联网交通工具促进了城市间的贸易，使制造业产业链升级，可见从"全球城市"到"全球都市群"的升级是必然，大都市区域承载了经济发展和产业革新的核心任务。吴志强提出，对那些大城市"被全球化"的过程，可能存在以下伤害："全球城市"被国际资本绑架，城市的发展动力除了重视发挥跨国资本的作用，忽视来自底部的创新和创业力量；城市政府变为只听取国际资本的诉求，忘记本地一般居

[①] 艾伦·麦席森·图灵（Alan Mathison Turing, 1912.06.23—1954.06.07），英国数学家、逻辑学家，被称为人工智能之父。

民的基本生存需求;国际资本冲击造成"全球城市"中心区空间过度集聚致密;城市中心区极高容积率造成的脆弱,成为恐怖袭击的焦点;"全球城市"房价被全球资本绑架,与本地劳动生产率相匹配的劳动工资愈来愈脱节;城市生活成本与创业成本被逼到死角,造成创业创新人才大逃亡;大城市特有精神特征被"全球城市"同质化;城市历史传统文化空间节点被全球资本摧毁碾碎;城市社会阶层空间分布被全球资本过度过滤,更加极化;全球资本支撑的收入阶层在全球城市中形成自社会隔离的绿洲住区。环顾全球,今天的大都市问题,都与上文所说如出一辙。

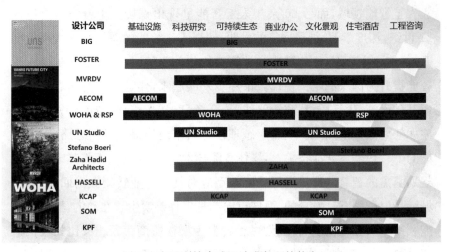

对于未来预测的全球设计事务所的能力

　　预测未来最便捷的方法,是邀请跨界专家从各个角度谈发展态势。托夫勒认为技术的变革是破坏式加速的,例如 1714 年发明的打字机用了 150 年才普及,1836 年发明的收割机用了 100 年才普及,1920 年发明的吸尘器和冰箱只用了 30 年就普及,1940 年之后的电视机只用了 8 年就普及了。创新城市专家 Gary Hack 提出城市变革当中的四个驱动力:互联网、新型机动性、众包模式、生态可持续性。基于上述四个驱动力,人类利用 AI 来认识城市理解城市,形成城市预测模型,以此进行创新城市设计的实验。吴志强以全球城市作为跟踪对象,运用人工智能技术对城市居民的智能技术、硬件设施、产业经济、管理服务进行多维度分析评价,并

提出城市智商的理论体系。周振华面向未来 30 年全球城市发展战略提
出研究将遵循以下原则:趋势导向、驱动力导向相统一,国际通行范式、
中国特色、上海特点相结合。仇保兴认为 5G 将赋予智慧城市设计新原
则:新集聚、多样性、内部模型、流、积木、标识。未来创新将成为常态,引
领新一代智慧城市涌现,能自组织演化的智慧城市设计模式将引领我们
走向智能化城市新时代。屠启宇提出第一代全球化时代的逻辑是要素和
商品,而今信息的指数增长形成了流量经济,因此未来经济将以流量影响
城市:城市在经济活动中具有新的流量价值,城市对经济理论的新贡献,
使得城市对经济运作具有更大权力。MIT"可感城市实验室"负责人
Carlo Ratti 不认为未来的城市会和现在的城市有很大的不同,他认为建
筑的主要元素会保持不变,而城市或商业办公的规划模型会跟现在的有
很大不同。"可感城市"双重含义:"能够感知"和"可以被感知"的互联网
正在侵入我们的生活空间并串联成物联网,Carlo Ratti 希望介入人、科技
和城市的关系,通过开发应用,构造出更适宜人们居住的城市环境。

大都市空间战略首先应当基于趋势分析,对现状数据的延伸递推和
趋势分析,但不能矫枉过正。我们可借鉴国际智库和学者对于全球、国家
或者行业的未来发展的预测,进行全球城市未来的研判。通过对当今世
界各大国家创新计划的扫描,我们发现关于未来的关键技术成为世界各
大政府关心的议题,而与之相对应的是有限的资源,本轮以数字信息为核
心的技术周期将结束,下一轮技术周期与城市的关系将很有可能成为突
破点,例如低碳、智能驾驶、人工智能和城市管理等。

3. 未来分析方法路径

未来发展趋势将呈现为智能化、生态化、分布式、去中心化和流动加
剧。智能化趋势,未来构成城市的大部分设备都会产生无线信号并且伴
有大量的信息处理,使得我们城市会发生智能化的变化;生态化趋势,包
括碳中和、韧性以及绿色可持续发展的概念,使得人与自然的关系更加密
切;分布式趋势,城市的组合形态会越来越紧密精细并且小规模,不再是
像工业城市这一大片工业区、居住区和商业区分割运营,未来大都市会拆
成几百个组团进行重新小规模组合,决定之后的城市格局,产业可以不那

么污染,商业区更多功能复合;去中心化趋势,城市的要素(技术、资本、劳动力、制度、生产关系、信息)开始全球化升级,迈向"信息智能、资本韧性、聚集活力、全球品牌、生产高效、生态设施"(吴志强、郑迪,2020),如同苹果、特斯拉在全球模块化生产并再组装,更多的新要素是来自于外部而且是统一规范的,这就造成了未来城市的充分流动;流动加剧趋势,大都市品牌效应深刻影响城市排名,从高级技术人才到普通劳动力,由于流动越发便捷快速,而全球性企业、人才和机构的跨国合作将变得非常普遍。

(1)城市智能演进

吴志强认为城市是建立在自组织结构基础上的复杂综合体,城市有自组织性和主体意识特征,能够对外界变化产生反馈。城市不断被新技术所迭代重塑,科技进步以及智能演进反映在"进托邦、人机知化和全面创新"方面。"进托邦"预示流动进化趋势,"元宇宙"①世界并通过引擎可搜索一切,并与设备交织在一起。"人机知化"意味着智能设施、使用者和机器的分工也将是模糊的,数字智能在一切事物背后运行,广泛的自动化将会加速替代传统城市。"城市大脑"②将城市看作一个有自主意识的生命体,其包含城市治理模式的智能化、集约化、人性化,也是城市服务模式突破,随时随地服务企业和个人,并进行城市数据资源挖掘和产业发展突破,促进传统产业转型升级。城市生命体的"全面创新"包含沉浸式环境、虚拟现实和人工智能,它能快速地提升可视化智能水平,而相对于治理和服务,创新则更是未来大都市发展的动力源泉。未来大都市的发展动力不能忽视来自底部的创新力量,各个科技龙头都在寻求城市创新的方向,从最基础的传感器设备,到住宅建设、道路交通再到垃圾循环处理和新能源技术,数据平台和物联网技术使得万物都变得互联、可感与可控,城市空间会以新的方式被重新定义。从微观现象来看,由中国起源的共享单车热潮就反映了这个趋势,物联网技术的融入创新重新定义了城市公共自行车服务,2017年共享单车市场规模相比2016年对应增长率为惊人

---

① 元宇宙(Metaverse)是利用科技手段进行链接与创造的,与现实世界相互映射和交互,具备新型社会体系的数字生活空间。

② 阿里城市大脑是整个城市全新基础设施和智能中枢,利用数据资源优化调配公共资源,将进化成为能够治理城市的超级智能。

的735.8%,提升了轨道交通站点的覆盖范围。2020年后,随着物联网以及5G应用场景的打开,潜在的未来技术包括城市事件感知、自动驾驶、模块化改造、适应性建筑、3D打印、低碳技术体系和分布式能源。

未来的城市智能设施仍会随着技术迭代进行升级,其宗旨应是围绕着人性来推陈出新。未来交通系统为了达到省时、舒适与效率、低成本交通以及公众可达性,减少交通提供服务商的经营成本,为弱势群体以及老人提供定制服务,将整合信息通讯技术应用和模型,实现灵活请求的电子化交通工具,包含自行车、步行设计甚至无人驾驶汽车。未来能源系统为了提高能效、降低噪音并提高应对气候变化和自然灾害韧性,推广新能源混合发电、低成本能源储存、智能电网和微电网与先进的高压交流电系统。未来建筑应代表健康生活与工作环境,创造包含新设计与建造技术的创新空间,进行适应性空间设计,设计优化其生命周期实现实时空间管理的感应与运作。未来水文系统系统整合供水、排污、防洪、农业和环境体系,采用洁净能源、进行本地循环并显著降低环境影响。未来产业体系以创造就业机遇为目标,持续对市民进行教育,进行城市空间的转化迭代,促进工作与生活的紧密整合,空间生产集合高科技包括3D打印与小批量柔性生产,将人力资本投入到高附加值活动中。

(2)创新迭代生态

创新集聚趋势反映在资本集聚、新资源两方面。国际资本冲击造成大都市中心区空间过度集聚(吴志强,2010),全球大都市区就创造了四分之一的世界经济产值,目前全球十亿美元以上的项目大量涌现,未来世界范围内甚至将出现大量超过百亿美元的投资项目。萨森认为大都市本身就是资本,与巨量资本带动的大规模开发同时出现的是周期性爆发的经济危机(例如局部冲突、环境破坏、公共健康困境、社会排斥等),2008年次级贷的泡沫促使了世界金融危机爆发后,伦敦房地产市场的投资回报率远高于其他投资,同时它吸引着全世界的购房者与求职者,这推动了这座大都市整体房价的上涨,更加剧了伦敦的阶级分化。国际大都市的房地产吸引大量资本但并不持久,未来的都市创新应该针对当前的成就与危机进行趋势引导,将资本大规模投资于公共服务改善、产业创新变革和绿色经济打造,世界各顶尖学府和机构(例如MIT、Harvard)近十年来致力于城市创新领域的研究,全球的科技龙头正在借助于资本力量进行城市创新实践。Google 旗下的 Sidewalk Labs 公司于 2017 年提出与多伦多政府合作打造《智慧城市计划》,这一计划针对目前大都市面临的社会、经济、生态问题,探讨如何利用前沿技术建立一个包容且气候友好的社区,提案一经提出就获得了全球资本以及行业舆论的认同。该计划围绕技术核心建立数据平台,形成了开放可逆的开发模式,但因该方式潜在利益涉及信息隐私问题而不得不于 2020 年暂时终止。这种未来空间规划创新模式将开发的各个要素数据化,这种更为灵活的公私合营方式会产生诸多潜在利益,后续仍然在政策修改和多方利益的博弈中不断迭代。未来当面临重大的城市问题时,都市应同时利用高效融资机制与创新基础平台,将全球资本、智力相互融合,集中运用于克服城市危机。新资源技术更新了传统城市"制造-使用-丢弃"的逻辑,将城市从线性系统变为循环系统,数字系统激发了物质的虚拟化,提升了其流动的效率并确定可行的长期解决方案,今天"双碳"革命正在以分布式路径改变城市被化石能源绑架的状态。分享革命激发了新的资源,从而改变其运作方式。分享经济是一种趋势,当前世界的共享产业发展繁荣,共享居住、线上购物已经反映了线上共享平台对于线下实体空间的支配作用,2016 年共享单车对传统自行车服务的颠覆又再一次验证了这点(郑迪,2016)。

(3)数据信息分布

17 世纪英国哲学家培根关于知识分类的思想,将人类知识分为记忆(历史)、想象(文艺)和理性(科学)三大部分。未来人类知识将进一步信息分布化,凯文·凯利《必然》中未来城市发展的必然趋势反映在如下所述的 12 大趋势中(形成、知化、流动、屏读、使用、共享、过滤、重混、互动、追踪、提问、开始),其中对城市可能最先影响的是"屏读链接、提问互动、信息过滤"三大趋势。

屏读链接方面,未来信息的每一个字都被交叉链接、聚集引述、提取索引乃至分析标注,新文化从深层次的知识结构中产生。今天超过 50 亿张的数字屏幕在我们的生活中,屏读成为人类最重要的生活方式。凯文·凯利认为:未来书籍将成为一种变化,是思考写作、研究编辑、改变分享、社交分享等动作的流动。据此推论,未来规划也将成为一种变化,是城市成长、沟通、运作、优化的连续流动。以上构想已经在"芝加哥2040"编制中初步尝试了，NIPC（东北伊利诺伊规划委员会）和其他公司合作利用技术手段过滤公众的需要，在 ArcView[①] 平台开发了互动的个性化工具"共识"项目，"共识"可以看作是新兴的"以社区为基础的地方自治"规划途径的一部分，目的是使政府和公众参与到规划过程中，为区域未来35年的共同远景做准备。

提问互动方面，大规模合作和大量实时社会互动造就了流动思考（设想、临时想法、主观直觉），使得公众有权利提问。当今大都市信息共享已经非常发达，城市管理者与使用者借助技术手段已经可以实现互动提问避免信息"黑箱"，规划供给更加倾向于实时解决真实需求。在这一点上香港作出了表率，它在2011年底提出《市区更新策略》——以"以人为先，地区为本，与民共议"为宗旨，建立市区更新地区咨询平台（DURF），采用"自上而下"的方法，确保市民一开始就参与其中，同时在传感技术方面取得的成就使我们有能力通过物联网协同规划。新加坡推出的"智慧国平台"，具有三大功能为"链接""收集"和"理解"，平台系统收集的数据来自全岛的感应器，系统将确保数据是匿名、受保护、可完善地管理，且可以适当地与其他机构分享的，应用于整个城市的规划治理。

信息过滤方面，信息的丰富促成了注意力的缺乏，而人类的体验是无法被复制的，个性化定制越多，过滤越简单。早在1971年赫伯特西蒙（Herbert Simon）就给出答案："信息的丰富促成了注意力的缺乏。"可见海量信息面前，信息过滤和个性化定制显得尤为重要，如果没有过滤机制，公众将面对海量的信息无所适从，而规划师将成为这个"守门人"，守门的依据则是公共利益，为公众代言公共利益则对规划师提出了更高的要求——必须了解城市需求收集、处理、应对的全过程，同时对最终决定权负责。在2006年，Netflix就拿出100万美元征集提升系统10%效率的方案，今天Netflix已经成为媒体行业的巨擘。未来对于能提升城市系统的战略架构师将成为城市发展重要的推动者，利用信息技术在空间规划中也将变得必不可少，可能应用的技术包括城市实时信息系统、实时城

---

① ArcView：数据显示工具，基于 AriGIS，该软件可提供地理数据显示、管理分析和编辑功能。

市地图平台、低成本分布式传感器网络、城市门户和市民账户体系以及与城市基础设施交互的城市 API 服务。

（4）网络去中心化

未来城市在高速扩张的同时，城市空间正在利用信息化和技术创新进行自我重构，有效提升城市承载力，同时发生网络布局和空间集聚。大都市面临新趋势：全球人口将继续增加并接近峰值，人口老龄化现象严重，中产阶层不断壮大；全球资本总量将进一步增长，但增速逐步放缓，全球经济重心加速东移；全球气候变暖将不可避免，节能减排成为全球共识，世界能源格局将发生重大调整；基础研究可能出现重大突破，创新版图发生显著变迁，新产业技术革命将呈现新趋势。我们注意到，全球最庞大的东京都市圈，其高度信息化发展并没有促进城市分散发展，而信息技术企业在进行区位选择时，考察信息产业在首都圈的领先地位，反而更加集聚在东京中心城区，从信息服务业的现实布局情况来看，首都圈的企业数量也明显高于周边。迪拜在全球化信息化的浪潮当中已经成功转型，这座城市是过去 20 年来移民政策的获益者，它是目前世界上最国际化的城市，外国人居民占其人口的 83％，来自两百多个国家的各种人群聚集在这个城市里。2013 年迪拜购物中心的客流量就达到 7500 万人次，居世界之首，2016 年迪拜跃升为全球第三大空港，2020 年迪拜机场年客流量已达 2 亿人次，成为了名副其实的国际级都市。与此同时，因石油崛起的迪拜目前只有 5％ 的收入来自于石油，其余 95％ 来自非石油收入。

（5）空间共享流动

都市未来趋势反映在高速网络、共享流动、去中心化三方面。高速网络的交通方式采用自下而上、蜂巢思维的体系，快速形成点对点网络。共享流动方面，街区最基本的单位是"流"和"信息"，具有即时性、个性化、解释性、可靠性、实体化、可赞助、可寻性 7 个特征。城市趋向减物质化、即时性、去中心化和平台协同，未来市民使用城市而不拥有城市，信息共享在促进产业集聚的同时，也在促进城市的去中心化。如何实现去中心化？自动驾驶、自行车高速、无车化社区等事物将影响城市，当交通、空间因为技术创新而提高使用效率时，城市可以提供更高品质的服务，这在当今人口高密度的亚洲大都市的实践中已经得到验证。麦肯锡研究团队称，到

2030 年自动驾驶汽车将占到全球汽车销量的 70%,同时路面车辆将减少 20%。基于网络、传感器、移动信息的技术和社交方式也已经渗透到城市空间,依据"Waterfront Toronto"项目的构想,无人驾驶技术对 TOD 模式进行了修正完善,每个路口都是未来的车站,城市通过感知数据共享确保人车安全,车道进一步减少,给景观与运动提供更多空间(马修克洛代尔,2015)。无人驾驶改变的不仅是道路,由此产生的移动业务将会以流动服务设施的形式重生,当我们进入一个高度移动的市场,传统零售业不再思考如何将顾客吸引到商店,而是把商店移动到消费者所在的地方。

小结:全球网络　不确定性　竞争格局　预测分析　方法路径

大都市空间战略面对全球竞争和未来趋势两大挑战,基于竞争理论和未来学方法应对全球竞争,明确思想、技术、城市三方面未来趋势,并从理论、过程、格局和路径四方面,论证分析方法选择的必要性,并提出整体八个章节的研究框架。

图表 2　本书框架结构图

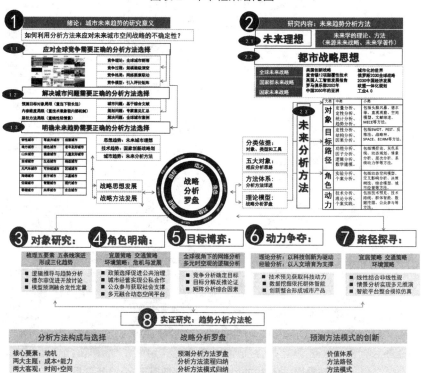

迭代与重构：重建中的世贸中心　郑迪摄于 2013 年 2 月

第二章

大都市如何建构
预测分析方法？

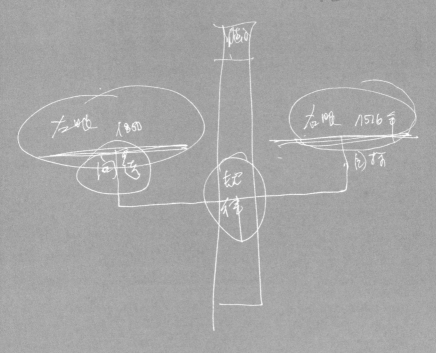

吴志强手稿

建设中的大都市迪拜　郑迪摄于 2019 年 4 月

大都市如何建构预测分析方法？

预测是为实现一定目标而预先安排行动步骤并付诸实践的过程，预测的特征是未来导向性、目标性和不确定性，未来研究是规划研究的基础。传统战略规划已经无法应对城市空间的未来不确定性和方法迭代需求，战略规划亟需结构性的理论创新，因此本书提出以下问题：

如何利用分析方法论来应对未来城市发展的不确定性？

大都市战略的分析方法论，其本质是服务于战略制定过程中的"未来研究"，解决有关于"未来导向性、目标性和不确定性"三方面的问题，这些"不确定性"包含了理想、方法、技术以及趋势，本章针对"不确定性"从三个子问题着手进行分析：

1. 大都市战略的理论基础是什么？
2. 预测对象的选择依据是什么？
3. 当下大都市战略已经使用了哪些方法？

一、建构理论基础

1. 未来的不确定性

趋势分析是研究人类社会未来不确定性的综合性科学。未来学以不确定性为研究和实践对象，不确定性主要包含"已知、未知和不可知"，探索和预测事物发展的趋势，研究控制未来发展的对策，为预测和各种决策服务。未来学分为两支：理论未来学和应用未来学，前者着重于分析、比较、综合各种预测结果，后者是为特定的预测、发展战略提供依据的未来研究。正如美国未来协会在 1966 年指出："未来不可预料和未来不可避免的宿命论观点正在被抛弃，未来存在许多可能性，适当的干预会控制它的发生概率，这样的观点正在被人们所接受。这就形成了一个重大的社会责任：探索未来，并且影响未来方向的途径。"战略的目的是要预见未来可能发生的事态并对它进行管理，战略失败的原因，大都是由于注意力主要集中于预测，却对所提出的问题重视不足，且无视"怎么样面对预测结果"的问题。战略面对的是连续不确定的未来，战略的目的在于影响和利用变化，而不是描绘未来的静态图景。约翰罗宾逊 John Alan Robinson[①] 认为，对未来进行预测是可能的，我们必须采用合适的方法去应对。随着时间维度的推移，"事实、预测、情景、愿景"的复杂性和不确定性逐步增加，可预期性逐渐地降低，因此有必要形成清晰的方法论来对其进行管理。

图表 3　不确定性分析图

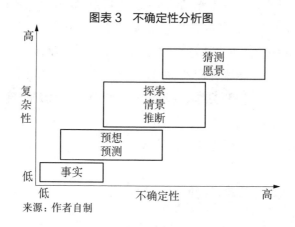

来源：作者自制

表格 12　"事实陈述、逻辑推演、情景分析"的特点分析

预测方式	事实陈述	逻辑推演	情景分析
未来态度	面向未来	未来是可期望的适应性	未来具有积极和创造性
现实态度	基于当下现实	基于确定的联系	基于价值取向

① 约翰罗宾逊（John Alan Robinson，1930.03.09—2016.08.05）是世界著名的哲学家、数学家和计算机科学家，主要贡献是奠定了自动定理证明的基础。

预测方式	事实陈述	逻辑推演	情景分析
风险态度	无风险	隐藏风险	说明风险
研究方法	定量结合定性	定量、客观和显性	定性、定量、主观和开创性
决策态度	无需决策	需要敢于决策	需知道决策内容并鼓励创新
解释方式	直观描述	用过去规律解释未来	定义期望未来、分解条件把未来情景物化
不确定性态度	具有确定性	短期较低不确定性	长期不确定性，自愿变化并触发可能的功能

来源：作者自制

　　对于未来预测的思想方法需适应未来的不确定性，并将其作为一个重要因素来指导战略及相关实践。人类天生具有预测未来的能力，约翰·罗宾逊 John Alan Robinson 认为，如果我们没有认识到这种不确定性的存在，从而制定预测方案，把这些不确定的因素看成是确定因素，我们就可能犯根本性的错误。事实与愿望往往相悖：如果我们以为未来是不可预料的，那么结果将是难以控制的；如果我们认识到未来是可预料的，反而能妥善地处理问题。罗宾逊提出的理论不是未卜先知，而是人类本身具有对未来将会发生的可能性具有推测、评估及预判的思维能力。在20世纪 60 至 80 年代，《变化的规划（*The Planning of Change*）》全面探讨了对社会变化进行规划的问题，并且揭示了如何实现规划转变的思想体系、知识框架以及具体方法，并将这种能力提升到理论层面，使得我们可采用具体的预测方法预测一般规律，并承认如下假设：我们不能预示未来，但通过设计若干关于假设的未来情景可连贯描述（即情景评估），我们就能给研究手头问题的不确定领域划定界限，这反映了情景设定对未来预测的重要性，本书第 7 章会对情景预测进行更详细阐述。

　　本书围绕着未来不确定性来研究城市战略制定的方法论，主要表现在两方面：面对未来根据不同路径分别推演多种方案，分析复杂情景并评估政策，从而帮助决策者应对不确定性。面对未来存在的诸多不确定性，发展路径在经过审慎分析的前提下是可以被选择的，适当的干预会控制它的发生概率①,干预方法源于对历史观和价值观的沉淀,其中历史观来源于对城市发展历程的客观审视,价值观是历史观的思想延续,价值观的演绎延续形成了方法论(表格13)。若我们打算预见问题,并且改善我们未来的状况,我们就不应该仅仅假设目前的趋势将会继续,相反我们应当设计我们所期待的未来,评估情景、识别变化转折点并且研究机制,从而发现能在某个时间点进行干预的路径。如果我们关心某个计划对象的未来发展(如商业公司、能源系统、城市交通等),那么作出关于系统未来发展的明确假定(几组情景评估),则是十分有用的。在作为特定时间及其作用结果而出现的非连续性和变化趋势的领域中,获得关于未来发展的现实图画(未来设想),才能描述若干个因各种决定和行动而产生的发展路径。

表格 13 历史观、价值观、方法论的特点分析

项目	历史观	价值观	方法论
对象	智能化	全局导向且跨界合作	对象认知
路径	生态化	直面不确定性	路径探寻
角色	中心化	基于角色需求	角色明确
动力	流动加剧	面对行动导向的动力	动力争夺
目标	分布式	竞争目标导向	目标博弈

城市未来趋势分析的目标包括提供更好的政策支持,模拟过程变化及管理过程。规划制定早在百年前就面临科学性的质疑,在《美国大都市的生与死》②一书中,作者雅各布斯质疑了规划制定的科学性,这一点并非质疑规划工作的必要性,而是源于未来的不确定性。而今这个问题并没有得到根本解决,大都市空间战略仍然依托精英的主要判断,而不是对客观世界的复杂性认识。不确定性在数学上为熵,它包含三个变量:复杂性、均衡、周期性。复杂性在于复杂跨学科综合的知识体系,没有人能够精准预测未来(伊藤穰一,2017),预测对象越复杂,对预测执行者认知、专业性、

① 美国未来协会于 1966 年发布的宗旨。
② 1961 年,简・雅各布斯(Jane Jacobs)出版了她的第一本专著《美国大城市死与生》,曾在美国社会引起巨大轰动。

收集广泛数据的能力要求就越高。均衡特效存在于诸多事物的趋势中，包括"涌现优于权威、拉力优于推力、风险大于安全、实践优于理论、系统优于个体"等特点。周期性随着战略对象的时间跨度拉长，系统的变量累积就会变得不可估计，甚至导致事物发展方向的变化。因此其公理基础为：

$$H(\vec{P}) = H(P_1, P_2, \cdots P_N) + \sum_{i=1}^{N} H(Q_{P_i})$$

该公式（P 为概率，H 为信息熵）反映的熵测度是唯一满足以上三个公理的方式，在空间战略制定当中我们希望复杂性、均衡以及周期性都能够保持相对平衡。

2. 未来学思想理论

未来学引领社会发展，未来趋势推动城市技术强度呈指数级发展。社会处于转型期间往往会出现很多先导性的思想，随着信息革命显现，对社会变革感触敏锐的学者提出了新的社会发展模型和对社会未来状况的预测，这些未来学者的思考受到时代深刻影响又反过来影响城市发展，该过程推动了未来学的诞生（如表13所示）。都市战略架构师与未来学者对城市发展的议题内容都十分关心，两者之间虽相互借鉴但仍然缺乏有效的框架方法体系。所幸在大都市的战略远景预测过程中，各个领域的相关研究都互有借鉴，未来学方法更多强调工作框架且关注预测方法选择与模型建构，而战略预测作为应用科学，更多从研究对象和空间落地入手而缺乏理论构架。

未来技术创新推动大都市战略的智能化转型。人工智能与战略预测的融合是从20世纪50年代大尺度城市模型开始的，由于技术所限当时无法解决城市系统性问题，使得人工智能理论在20世纪70年代无法真实应用，但随后就立刻回升。进入20世纪80年代，CA模型进化成为强大建模和系统模拟工具，被用于预测、分析和评价大都市演化过程，建筑师亚历山大（Christopher Alexande）证明注入强中心、边界和非独立的几何属性，能够生成复杂的建筑、社区和城市。到2010年前后，深度学习、神经网络的发明加之大数据、算法优化和计算廉价化三个趋势，促使人工智能的系统性能获得突破,世界各国开始加快人工智能的国家战略制定。"新一代人工智能发展规划"引导战略以及规划行业转型,提出数据融合、全面感知和深度认知,推进规划的全生命周期智能化。2017年阿里巴巴成立达摩院,在量子计算、机器学习、基础算法、网络安全、人机交互等领域进行布局,作为中国未来的"贝尔实验室",其研究重点首先聚焦在未来城市演化和未来场景塑造中。

表格14 未来学理论整理

年代	专家	论著	理论贡献	对规划贡献
1950s	主流观点:把未来概念同科学技术革命及其社会后果观点联系起来			技术反思,精明增长,学科融合
1960s 后工业 社会学派	主流观点:后工业文明社会,很多专门科学机构从事研究科学、社会、政治等性质的多元预测			
	丹尼尔贝尔 Daniel Bell	《后工业社会的来临》	重建社会学理论,以适应工业社会的"后工业社会"提出服务性经济、技术主导、知识中心、人工智能等特征	
1970s 悲观学派	主流观点:发展趋势从社会经济问题转向生态学问题和科学技术进步,责怪科学导致了军备竞赛、资产阶级制度的生态学危机			城市规划批判,公民参与,规划与人民环境意识,规划的标准理论,系统理论,数理分析,控制理论,理性主义
	阿尔文托夫勒 Alvin Toffler	《未来的冲击》	讨论美国未来政治和社会制度变革的巨著	
	丹尼斯米都斯 Dennis L. Meadows 德内拉梅多斯 Donella H. Meadows	《增长的极限》	就人类社会的全球性问题,如人口、粮食、资源、环境问题等提出质疑,同时警示气候、水质、鱼类、森林和濒危资源的破坏	
	丹尼尔贝尔 Daniel Bell	《工业化后的社会的到来:社会预测的尝试》	把社会发展划分为前工业社会、工业社会和后工业社会,后工业社会的主要经济部门从事加工处理,强调人类面临的许多问题的严重性	
	福雷斯特 Jay Wright Forrester	《世界动力学》	研究"全球性问题"借助电子计算机演算这些过程并控制模拟机上的相互关系,经过模拟的各个过程的指标归为一个系统,借助这个系统试图估计未来人类社会的状况	

续　表

年代	专家	论著	理论贡献	对规划贡献
1970s 乐观学派	赫尔曼卡恩 Herman Kahn	《设想一下不可设想的事》《论热核战争》	未来是几种潜在的结构都有可能实现,实现多种未来结果的途径也不是唯一的,对可能出现的未来以及实现未来途径的描述构成一个情景方案	
		《未来400年》	本书中提出的大过渡理论,认为人类社会已进入一个为期400年(1776~2176)的经济社会大过渡时期,目前正处于这个时期的中点,大过渡时期完成之后,人类社会将走向伟大时代	
1980s	主流观点:信息社会、知识资本、文明危机			理性批判,新马克思主义,后现代主义理论,都市社会空间前沿理论,积极城市设计理论,规划职业精神,生态规划理论
	阿尔文托夫勒 Alvin Toffler	《第三次浪潮》	农业文明、工业文明、信息社会	
	彼得德鲁克 Peter F. Drucker	《巨变时代的管理》	预见了信息和知识取代资本、自然资源及劳动力,成为基本的经济资源	
	约翰奈斯比 John Naisbitt	《大趋势》	预见了美国社会从工业社会向信息社会的转变:从强迫性技术向技术与情感相平衡的变化;从短期向长期的变化趋势;从集权向分权发展的趋势;从组织机构的帮助向自助的变化趋势;从代议民主制向共享民主制的转变;从等级制度到网络组织的变化趋势	
1990s	主流观点:信息技术、知识经济将改变人类社会文明			全球化理论,智慧城市,信息城市,网络城市,重视第三产业,文化产业崛起。
	阿尔文托夫勒 Alvin Toffler	《力量的转移》	临近21世纪的知识、财富和暴力	
	尼古拉尼葛洛庞帝 Nicholas Negroponte	《数字化生存》	利用数字化技术促进社会生活转变,描绘了数字科技对我们的工作、生活、教育和娱乐带来的各种影响和冲击	
	马修罗斯扎克 Matthew Roszak	《信息崇拜》	讲述计算机发展历史并阐述"什么是信息、计算机是否万能以及什么是真正的思维艺术"等问题	

年代	专家	论著	理论贡献	对规划贡献
	比尔盖茨 Bill Gates	《未来之路》	成功预测了智能设计、视频会议、社交网络、网络隐私等趋势的来临	
	凯文凯利 Kevin Kelly	《失控》	机器、社会与经济的新生物学，人造物与自然生命之间有两种趋势正在发生	
	堺屋太一	《知识价值革命》	新社会——知识价值社会，其特征为：主观意识决定商品的价值、生产资料和劳动力一体化将加速进行、企业领导人要具有"商人的才能"、第三产业将得到迅速发展	
2000s	主流观点：人工智能、网络文明、有限资源			大数据对于城市规划的推动
	乔根兰得斯 Jorgen Randers	《2052 未来四十年的中国与世界》	组织经济、政治、环境等领域的专家对人类社会到 2052 年为止的人口与消费、能源危机以及相关机遇等进行预测。	
	雷库兹韦尔 Ray·Kurzweil	《奇点临近》	本书从社会和哲学、心理学以及神经生理学角度对人工智能进行了深度讨论	
	凯文凯利 Keven Kelly	《科技想要什么》	科技是有生命力的自然系统，通过追踪长期趋势，我们可以了解科技的未来	
2010s	主流观点：新物种、机器生命体、新世界观			本轮技术周期末端，人工智能对于城市发展的变革
	凯文凯利 Kevin Kelly	《必然》	未来是霍洛思（Holos）的世界——全体人类、计算机以及各种可穿戴设备，各种智能设备及传感器靠着网络紧密连接起来的世界	
	雷库兹韦尔 Ray·Kurzweil	创办奇点大学	技术进步帮助人类变得更聪明、更健康，2045 年人类将可能达到永生	
	马克思泰格马克 Max Tegmark	《生命3.0》	生命 1.0 的代表是细菌，生命 2.0 的代表是人类，生命 3.0 的代表是人工智能	

来源：作者自制

历史上,未来学的分支——运筹学在二战中成功运用,1948 年英国成立了世界上第一个运筹学协会,将其广泛运用于企业界、国有部门和政府机构。早期预测环境相对简单稳定,随着西方战后大量的国有化政策走向结束,商业环境越来越复杂多样和不稳定,运筹学作用逐渐显现并发展到今天,研究领域主要涵盖管理科学、战略制定、数据包络分析,包含三个方向:运筹学应用、运筹科学和运筹数学。越来越成熟的人工智能技术将运筹学推动到新领域,算法迭代创新显著提升运筹学的效率和准确性。运筹学应用于大都市战略中,改善了传统数据"不见民心、不见流动、不见动态、不见关系、不见文脉、不见理性"的问题,促进蓝图式规划逐步走向实时动态平台,从物质空间评估走向多元社会经济情景预测(吴志强,2020)。

3. 战略趋势预测分析工具

大都市空间战略推动了大都市的发展。大都市战略作为一种规划编制模式,从 20 世纪 70 年代才开始在企业界流行,直至 20 世纪 80 年代西方规划界对这种模式给予了高度关注,并将这种规划工具移植到公共部门。城市空间战略规划从 20 世纪 90 年代初开始被提及,继而转移到国外城市空间战略规划编制方法中,国内学术界随后确定将城市发展战略作为一项重要基础内容(刘朝辉,2015)。20 世纪 90 年代的探讨认为应当研究社会经济发展和环境空间发展等战略性问题,然后将这些问题的答案落在人口、经济和环境发展的增长速度、规模、效益中,并最终把这些战略反映到各层次的城市规划上(邹德慈,1991;周干峙,1991)。在吴良镛院士直接推动的《广州城市总体发展概念规划》影响下,相关探讨自 21 世纪以来始终热烈而持续,其所受到的关注度远远超过改革开放 40 余年以来一切其他规划编制模式。2000 年以后所讨论的城市空间战略显然与 1990 年代相比形式不拘一格,内容更加具备了空间战略的实质。

大都市战略并无确定的模式、方法和途径,不同的组织和从业者所采用的方法不尽相同,并且背后隐藏着不同的认识方法论。大都市分析方法逐步推演,如泰勒从私营公司的规划方法中提取了中心控制、创新框架、战略管理、政治规划和未来研究等五种不同的风格,弗里德曼利用社会网络分析模型构建全球城市商业服务维度,萨森则利用互锁网络模型构建全球城市的控制维度。布莱森和艾因斯魏勒(Bryson & Einsweiler,1987)对各种公司战略模型做了全面总结,并分析了每种模型的具体方法、背后的假设、优缺点以及用于城市空间战略的可能性,后续战略研究提出了区域分析、结构分析、目标分解、情景分析、公众参与等不同的方法。

表格 15　全球城市分析方法整理

数据采集	行为主体	数据基础	数理模型	侧重点
城市间关系量度的替代性途径	全球社会网络	非政府组织网络数据	互锁网络模型	社会文化网络
	高技能劳动力非政府组织等	管理精英的城际迁移数据	流动空间模型	劳动力迁移的城市网络
城市间关系量度的劳动力途径	航空网络等物质性交通设施	城际航班乘客数据	MIDT 等	航空枢纽的城市网络
	电话、互联网等远程通讯设施	互联网骨干网带宽等	相关分析模型	互联网网络的城市网络
城市间关系量度的组织途径	APS 企业	APS 企业的区位数据	互锁网络模型	全球城市的控制维度
	多国公司	"财富"500 强企业	社会网络分析模型	城市的商业服务维度

来源: 作者自制

从以上分析方法来看,大都市空间战略与传统城市规划面临着同样的诸多矛盾,如应该用什么样的程序、考察哪些实质内容,规划师的角色是技术的还是政治的等等,战略协商、焦点参与、渐进逻辑具有持续深入研究的价值,未来的战略方法更应关注全局灵活的处理方式,以更好地把握不确定性,具体反映在如下六点中:

第一,大都市战略是全局对象导向的。虽然综合规划需要符合政府政策和公众诉求,也强调战略性,但往往为"综合"所累,而大都市战略首先就意味着放弃细节,在认识城市系统之间的复杂关联基础上,只抓经过选择的主要问题和矛盾,因此大都市空间战略的具体内容无法像综合规划那样具有特定的标准,而主要关注点还是在城市空间结构与布局、生态环境、重大基础设施布局、土地开发策略等方面。

第二,大都市战略应形成直面不确定性的路径。布莱森和艾因斯魏勒(Bryson & Einsweiler,1988)认为,大都市空间战略的意义就在于在未来充满不确定性中提出行动的长期方向和多种可能性,它认同未来发展是在经过审慎分析和多情景比较的前提下,是可以被选择并实施计划的,其在方法上形成了从"预测-供给"到"预期-需求"的重大转变。战略制定需直面变化并持续调整迭代,应在未来充满不确定背景下提出行动的多种可能性。

第三,大都市战略是基于角色需求的。在组织结构中,规划部门往往落入了规范性制度的繁文缛节,与核心决策者的战略需求距离较远,更无法从决策者高度全盘地考虑问题。一般来说综合规划的视野往往较窄,而大都市空间战略要求充分理解政府的实际角色和潜在角色并服务于它,大都市战略常常得到政府核心领导的直接关注,规划师和研究者得以在核心决策圈中讨论问题,这实际上构成了对传统模式的突破。正如 2001 年广州市城市规划编制研究中心[①]在大都市空间战略完成后的总结所说,大都市空间战略程序使规划师真正开始研究城市发展中具有方向性、战略性的重大问题,被总结为"第一次深入地参与了城市发展战略层次的过程,而以往这些角色往往是由计划部门甚至少数领导扮演的"。

第四,大都市战略需要面对行动导向的动力。核心决策者之所以钟情大都市空间战略,就是因为政治生态要求政府发挥主动性,并对"如何行动"这个问题做出战略性思考。在大都市战略模式中,只有和政府的行动规划相结合才有可能将战略真正落到实处,战略的制定必须建立在行动的可能性和决心上(吴良镛 & 武廷海,2003;吴志强等,2003)符合未来的社会条件与技术可能。大都市空间战略不仅需要提出目标,还必须提出使这些目标得以实现的路径和资源分配,这与传统城市规划的消极等待形成了强烈的反差。

---

① 广州市城市规划编制研究中心是全国第一个成立的直属政府部门的规划政策研究机构。

第五,大都市空间战略是以竞争目标为导向的。作为来源于企业的规划方法,它关注城市在竞争环境中的表现要求,强调对自身的优势与劣势、外在的机遇和威胁的认识(Kaufman & Jacobs,1987)。在大量的案例探讨中,战略都将竞争力作为大都市空间战略编制的核心价值取向,认为竞争力是大都市空间战略的重要特征,必须充分理解全球变化和市场化条件下区域竞争的现实,强调城市的核心竞争力,以帮助政府在竞争环境中有好的表现(张兵,2002;仇保兴,2003)。然而,竞争导向可能使得经济发展容易偏离社会导向,并引致大量的批评,这不仅在中国,在世界很多地方都普遍存在(Un-Habitat,2013)。

第六,大都市战略是跨界合作的。联合跨界合作空间管制内容包括政治动员、管治建构和跨界整合,例如美国的《地区复兴法》和《城市增长与社区发展法》,英国的《大伦敦规划法》和《新城法》,日本的《首都圈整备法》,法国的《巴黎大区总体规划》,其使用的分析方法反映出联合跨界合作的重要性,并为此方法后续使用提供了法律依据。自 2000 年城市发展战略兴起以来,以大都市研究作为底版发展出跨专业的方法体系,如情景预测、反推目标、德尔菲、头脑风暴、竞争分析、趋势分析等,而关联树、复杂模型、内容分析则相对较少。我国大都市空间战略的方法路径有所不同,例如"上海 2035""北京 2049""武汉 2035""广州 2035"等,也包括主体功能区、区域发展、镇域体系乃至城市总体规划,都不同程度融合大都市战略进行超前谋划,提出了区域融合、结构分析、目标途径分析、情景分析、核心竞争力分析、公众参与等不同方法思路。

在这些大都市空间战略案例中,经典理想、政策分析等方法历史悠久且使用成熟,构成了大都市成熟的发展格局以及管理机制。从 20 世纪 60 年代开始,城市经营、趋势分析、竞争分析也开始从企业战略领域引入大都市规划领域;70 年代则流行模型矩阵,预测注重逻辑完整的框架性;80 年代定位学派、文化学派、权利学派构建各自的竞争模型;而从 20 世纪 90 年代开始,情景规划、目标分解、技术预测、数据平台成为主流方法;21 世纪之后,基于东方城市的战略理论开始崛起,空间战略方法趋于多元综合,竞争力模型、指数评级逐步趋于稳定。综上所述,大都市空间战略的模型演进以及关键要素如下表所示。

表格 16　战略模型要素

时间		战略模型		关键要素
阶段一	1950s—1960s 重点路径	5W2H		What、Why、When、Where、Who、How、How Much。
		三安范式规划学派		路径清晰,环境可预测,环境是复杂多变的。 目标明确,企业目标具有不确定性。 体系完整,包含目标、预算、战略和作业。
		钱德勒设计学派		首席执行官,内部强项和弱项,外部机遇和威胁。
阶段二	1970s 重点要素 目标	环境适应 SMFA 模型		S 审视、M 预警、F 预测、A 评估。
		SWOT 模型		O 机遇、W 限制、S 优势、T 挑战。
		GE 三三矩阵		市场吸引力(高中低)与竞争实力(强中低)。
		罗伯特西蒙认知学		概念、规划、纲要和框架。
		林德布罗姆		渐进主义,路径导向。
	1980s 重点要素 角色	定位学派	波特五力模型	角色包括供应商、购买者、潜在新进入者、竞争者替代品的其他企业。能力包括供应商博弈、购买者博弈、潜在竞争者、替代品、行业内竞争者。
			波特钻石模型	生产要素、需求条件、相关产业、产业表现、企业战略、政府。
			波士顿矩阵	金牛、瘦狗、明星、问题。
		文化学派 7S 分析		结构、制度、风格、技能、战略、共同价值观。
		乔贝恩 SCP 模型		结构-行为-绩效。
		明茨伯格权力学派		权力是第一动力。
		KANO 模型		魅力因素、期望因素、必备因素、无差异因素、反向因素。
阶段三	1990s 重点要素 动力	德鲁克企业家学派		战略管理的核心内容是企业家的行为。
		PEST		P 政治、E 经济、S 社会、T 技术。
		SPACE		进取、保守、进攻、防御。
		麦肯锡		界定问题、发现议题,筛选议题、制定计划、分析议题、研究汇总、准备汇报。

续　表

时间		战略模型	关键要素
		六力分析	现存竞争者的影响力、活力、能力； 供货商的影响力、活力、能力； 客户的影响力、活力、能力； 潜在竞争者的影响力、活力、能力； 产品或服务的替代方式； 协同各方的力量。
2000s 重点要素 对象		吴志强"战略脸"	问题、目标、战略、政策。
		蓝海战略	蓝海战略追求差异化、创造出无人竞争的市场开场； 红海战略靠大量生产，降价竞争来生存，满足客户现在需要。
		WEF-IMD 国际竞争力模型	国家竞争力 （企业管理、经济实力、科学技术、国民素质）； 企业竞争力（政府作用、国际化度、基础设施、金融环境）。
		Lain Begg 城市竞争力模型	生活质量、生产、就业率、竞争绩效、宏观影响、公司特质、贸易环境、创新与学习能力。
		北京国际城市研究院 城市价值链模型	价值活动（城市魅力、城市潜力、城市活力、城市能力、城市实力）； 价值流（物流、人力流、资本流、技术流、信息流、服务流）。
		外溢-跨越模型	模型四要素距离、规模、功能、时机。

来源：作者根据"历史视角下的竞争与企业战略"相关材料自制

二、确认研究对象

1. 大都市指数(MI)

大都市发展态势评价是战略制定的研究基础，梳理大都市近百年发展历程可知，其发展主要分为两个阶段，第一阶段是规模增长，第二阶段是能级增长，两个阶段常相互交替发生。战略对于大都市未来发展具有重要作用，有成效的战略评判是兼顾利益和规律性的，有必要建立一套评判规模过程和能级结果的"大都市指数"（Metropolitan Index）[①]，该评价

[①] "大都市指数"（Metropolitan Index）包含多个分支指标，例如商务活动、人力资本、信息交流、文化体验等内容。

依据来源于战略评价的核心问题：目标是否实现？实现的过程如何？实现目标的成本与效率如何？其中也包括了实施行为和非预期影响的关注，就大都市战略实施绩效评价而言，首要的问题是需要区分清楚都市发展绩效、战略编制成果以及实施结果对大都市空间战略方法所产生的影响（Berke，2006）。

　　"大都市指数"（MI）具有过程评价和结果评价的双重特性。如何选择样本城市？第一因素是规模过程，用人口、规模等量化指标可以测度，城市未来的不确定性与其规模呈现相关性，越大的城市规模相应也带来越来越大的不确定性，因此样本城市必须要达到一定的规模能级。"全球城市"规划起源于 1850 年的奥斯曼"巴黎改造"实践、霍华德"田园城市"理论，在近 170 年的全球城市发展历程当中，我们可以看到纽约、伦敦、巴黎、东京、上海、北京、墨西哥城、孟买、圣保罗等大都市都曾经在规模上面是位于全球前列的，而它们的持续竞争导致排名也会此起彼伏。近 25 年来，纽约的人口增长速率逐渐下滑，东京维持全球规模第一的同时人口还在持续增长，而伦敦和上海的增速仍在提升，更多的亚洲、南美都市脱颖而出，比如雅加达、德里、马尼拉、孟买、圣保罗、布宜诺斯艾利斯等，亚洲和南美的新兴都市发展模式趋同，因此并没有必要一一进行专项研究。第二因素是能级目标，城市的能级并非与规模呈正相关，需要用综合性指数进行测度，它来自 68 个公认的全球指数，其背后的利益集团利用指数工具控制世界资源，对各个城市排名不宜做过度解读，应该兼容并蓄地使用，本书横向综合研究多个全球指数，将其整合形成客观的"大都市指数"（MI）。

　　"大都市指数（MI）"基于六大指数获得，基于基础数据、评价机构、样本匹配等因素出发，从以上分类表中选择综合性排名中的前四个指数（GCI、GPCI、CO、GCCI），金融投资和商业环境中的 GaWC 指数，以及知识经济和人力资源排名中的 2thinknow 指数，组成大都市指数（MI）的评价指标体系（见表格 17）。从国际综合性指数的体系构建方式来看，如果评价特征鲜明、重点突出，以单项指数进行评价更加清晰，例如 GaWC；如果评价对象内涵饱满、维度丰富，建立综合评价体系更加符合实际情况，但在维度架构和指数选取上难度相对更大，例如 GCI、GPCI、CO。从评价内容上看，全球指数评价主要看重与经济发展和财富增长密切相关的指数,如经济产值、商业活力、人力资本和研发能力等直接影响指数以及营商环境、政治生态、社会人文等间接影响指数,尽管其中也有一些和城市管理相联系的指数,如生态环境类指数和公共交通设施可及性等,都涉及城市管理所希望达到的目标。但总体而言,全球城市评价体系对城市战略、城市治理的系统评价还远远不够,其中一个重要原因是经济类指数的数据采集容易,而长期以来城市战略、城市治理类指数相对难以获取,因此对不同类型的指数进行综合比对显得更为有效。

表格 17 选择来源:全球指数分类

A 综合型排名	
名称	机构
森全球城市实力排名	The Mori Memorial Foundation
世界城市竞争力	英国《经济学人》信息部
城市机会	PWC 普华永道
全球城市指数	美国智库 AT Kearney(科尔尼管理咨询公司)
全球城市竞争力排名	中国社会科学研究院美国巴克内尔大学
全球城市调查	莱坊国际物业交易、管理和顾问服务
B 宏观经济表现排名	
全球城市 GDP	PWC 普华永道
城市活力排名	美国布鲁金斯研究学会
城市世界排名	麦肯锡
C 金融、投资和商业环境排名	
GaWC 世界城市网络	拉夫堡大学
全球金融中心指数	Z/Yen 公司
国际金融中心发展指数	新华社/道琼斯指数公司
全球经济展望	FDI Magazine
全球投资目的地趋势	IBM Global Business Service
全球外包城市	Tholons
经济繁荣指数	The Conference Board of Canada
福布斯亿万富翁指数	Forbes
会计事务所竞争替代	KPM

续　表

D 生活质量排名	
全球宜居城市报告	经济学人
美世生活质量	美世
通勤痛苦调查	IBM
生活质量	Monode 杂志
最佳居住城市	www. askmen. com
自行车友好城市	www. askmen. com
PM10 全球排名	世界卫生组织
E 知识经济、人力资源和技术排名	
世界知识竞争力指数	Cardiff Metropolitan University
创新城市百强指数	2thinknow 网站
该排名分析三大类因素、162 项评估因子,包括文化资产(音乐、体育、展览等)、人力基础(大学、研究和商业机构)、市场网络(实物贸易、数字互联)。	
人员风险指数	AON Hewitt
网络社会城市指数	Erisson
世界大学排名	Top University
MBA 排行榜	http://www. ft. com/
F 市政基础设施和房地产排名	
城市基础设施	美世
交通排名	多伦多贸易局
最繁忙机场	国际机场理事会
全球自由贸易区	fDi Magazine
环球全球主要指标	Urban Land Institute
环球全球主要街道	Cushman & Wakefield
环球全球投资目标	Cushman & Wakefield
环球全球办公空间	Cushman & Wakefield
环球全球工业空间	Cushman & Wakefield
国际全球首位街道	Colliers International
全球零售业务	CB Richard Ellis
互联网连接速度最快	Akamai
摩天楼城市	emporis

续　表

G 环境和可持续发展排名	
生态城市排名	美世
欧洲绿色城市指数	西门子
拉美绿色城市指数	西门子
亚洲绿色城市指数	西门子
世界最智慧的城市	福布斯
2020 年全球可持续发展中心	Ethisphere Institute
H 城市形象、品牌和吸引力排名	
国际城市目的地数据	Euromonitor
国际区位评分调查质量	ECA International
国际大会及会议排名数据	Inernational Congress and Convention Association
投资机构吸引力调查	KPMG
城市品牌指数	Simon Anholt
世界最幸福城市	福布斯
I 生活成本和可持续性排名	
生活成本调查	美世咨询 Mercer
全球生活成本调查报告	英国《经济学人》智库
世界十大最贵房地产市场	国际货币基金组织（IMF）
国际生活成本	ECA International
购买力排名	UBS
快餐指数	UBS
电子产品指数	UBS
最昂贵的城市	Pricerunner
世界出租车价格	Price of Travel
公共交通价格	Price of Travel
时尚之都	Language Monitor
最好吃城市	福布斯
青年艺术家城市	Flavorwire

来源：作者根据相关资料自制

本书采取定性定量结合的指标分析方法，从 100 个全球城市指数中选取最权威的六大城市指数 GCI（2008—2022 年数据）、CO（2010—2020 年数据）、GPCI（2008—2022 年数据）、GCCI（2012—2025 年数据）、GAWC（2000—2022 年数据）、2ThinkNow（2007—2022 年数据），总结六大指数在十二大版块中的共同点和不同点（如下表所述），并在"全球城 A、B"（吴志强，1994）的基础上，利用波特五力模型形成"大都市竞争模型"，扩展全球城 A 梳理成置顶型和防御型都市，扩展全球城 B 梳理成进取型和震荡型都市。

表格 18　国际城市发展情况评价指标体系

指标体系	主体	制定机构	目的	综合分析及指标说明
GCI (GlobalCities Index) 全球城市指数	AT 研究者	美国智库 AT Kearney（科尔尼管理咨询公司）	资本运行全球化程度	主观数据，表现资本运行的全球化程度，评估国际交往能力和影响力，分为 5 个领域及 26 个指标，商务活动和人力资本指标占比 30%，信息交流和文化体验指标占比 15%，政治参与指标占比 10%。
GPCI（权威）全球城市实力指数	经理人、学者、艺术家、旅行者、居民	森纪念财团 Mori Memorial Foundation	对全球主要大公司创新人才的吸引能力	主观数据，全方位表现对全球主要大公司和创新人才的吸引能力，分为 6 个领域、70 个指标。
CO (Cities of Opportunity) 机遇城市	15000 个 PWC 专业人士，约占 20%	普华永道	分析资本运行轨迹	采用主观数据的深度研究，3 个领域、10 个方面、58 个指标，应对世界变化领域、生活质量领域和经济领域。
GCCI (Global City Competitiveness Index) 全球城市竞争力指数	EIU 研究者	英国《经济学人》智库	反映城市未来发展的竞争力，吸引资本、公司、人才和游客	带有预测性质的主观数据，评价各个城市吸引资本、企业、人才和游客的能力，该评价体系包含 8 个领域和 31 个指标，分为经济实力（30%），人力资本、机构效力（15%），金融成熟度、物质资本、全球感召力（10%），社会和文化特色、环境和自然风险（5%）。

续 表

指标体系	主体	制定机构	目的	综合分析及指标说明
GaWC	学者	GaWC 网络学者	先进生产性服务	客观数据，描述世界城市网络的替代方法，分为 Alpha（一线城市）、Beta（二线城市）、Gamma（三线城市）、Sufficiency（自给自足城市）。
2ThinkNow	专家	澳大利亚智库	创新型城市评价研究	主观数据创新型城市的独特定义，更加注重人文、文化类指标，包含 3 个因素、31 个门类、162 个指标。

来源：作者自制

2. 大都市竞争模型

分析全球指数需要建立模型，基于波特的五力模型①形成大都市竞争模型{MCM}②。"五力模型"是迈克尔·波特于 20 世纪后期提出，波特研究了竞争的五种力量，包含现有竞争者的竞争力、潜在竞争者的能力、替代品的竞争力、供应商的议价能力、购买者的议价能力。该模型利用战略地位与行动评价矩阵，将双象限连接资源、创新动力和环境、治理

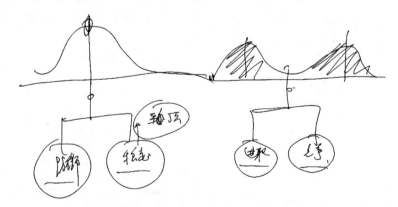

大都市竞争模型四类雏形　吴志强创作于 2019 年 12 月

① 波特五力模型是迈克尔·波特(Michael Porter)于 20 世纪 80 年代初提出，五种的力量分别为同行业内现有竞争者的竞争能力、潜在竞争者进入的能力、替代品的替代能力、供应商的讨价还价能力、购买者的讨价还价能力。
② MCM：Metropolitan Competition Model(作者提出)。

方法，构建纵横分析框架，分析汇总并整理大都市空间战略评价矩阵，综合成为大都市网络指数（MNI）。全球城市的格局以竞争为核心，根据竞争的成因、动力、关系和模式分为全球城 A 和 B（吴志强，2010），基于波特模型并根据城市特点进行细化，形成四大都市类型：置顶型都市、防御型都市、振荡型都市、进取型都市。

图表 4 波特五力模型

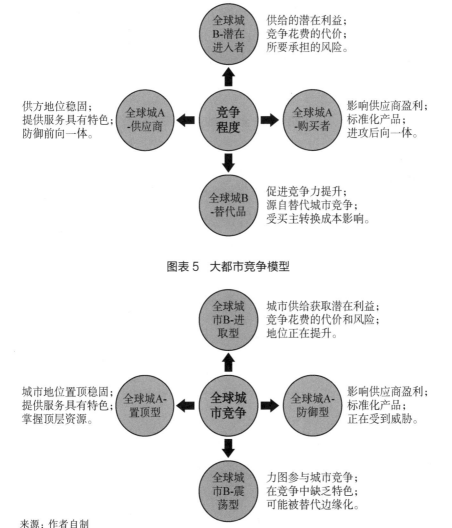

图表 5 大都市竞争模型

来源：作者自制

依据全球都市的 A、B 两大分类模式,呈现出全球网络和不确定性多变因素(吴志强,2008)。基于战略评价指数,大都市网络指数[1](MNI)是对上文六大全球城市评价指数的总结,分别为"目标博弈、动力争夺、角色明确、对象分析、路径探寻",而九个次要层则基于需求分别来自各个全球指数的分项。经过对上述数据整理,得出分析结果:全球都市 A,包含置顶型 4 城(纽约、东京、伦敦、巴黎,区域规划和大都市空间战略完整),防御型 8 城(洛杉矶、芝加哥、柏林、法兰克福、米兰、多伦多苏黎世、布鲁塞尔,各项指数稳定);全球都市 B,包含进取型 8 城(悉尼、迪拜、首尔、香港、新加坡、上海、北京、深圳,顺应趋势并抓住机会排位抬升)、振荡型 6 城(莫斯科、孟买、台北、圣保罗、墨西哥城、约翰内斯堡,各项指数有待于稳定)。

图表6　全球城的人口分布

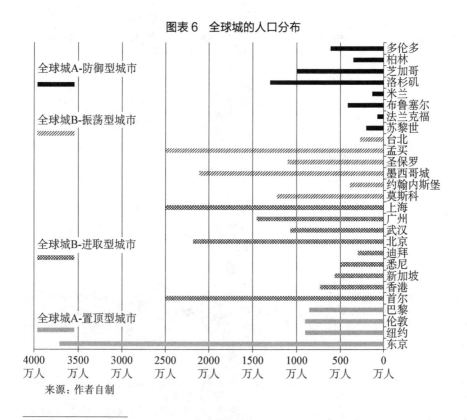

来源:作者自制

---

[1] 指数或称统计指数,是分析社会经济现象数量变化的一种重要统计方法。

虽然没有全球通行法则可以持续评价大都市,但上述指数经过实践检验有效性,这能使城市战略决策者有依据地把握城市未来,因此建立对大都市空间战略的评价矩阵,这是有价值的。传统战略基于 SWOT 分析,通过多项指标确定内外优劣因素,能够准确地进行战略选择和定位。SPACE 矩阵采用内外竞争环境分析,纵横分为动力线和方法线,内部采用治理优势和竞争优势,外部采用环境稳定性和产业基础,同步进行战略匹配分析,注重历史与逻辑相统一的方法框架。

图表 7　战略地位与行动评价矩阵

来源:作者自制

大都市空间战略评价矩阵的四个对应象限来源于"战略脸模型"的四要素(问题、目标、战略、措施),本书将城市竞争模型中形成的四类城市输入矩阵中,以动力线牵引资源基础和创新动力两端,并以方法线拉动环境问题和治理目标两端。

3. 四类大都市

本书基于政策实施过程和结果数据的评价标准,对全球四类 26 城市近 20 年发展状况进行综合评价,其分组评价各项结论如下。

图表8 大都市空间战略评价矩阵

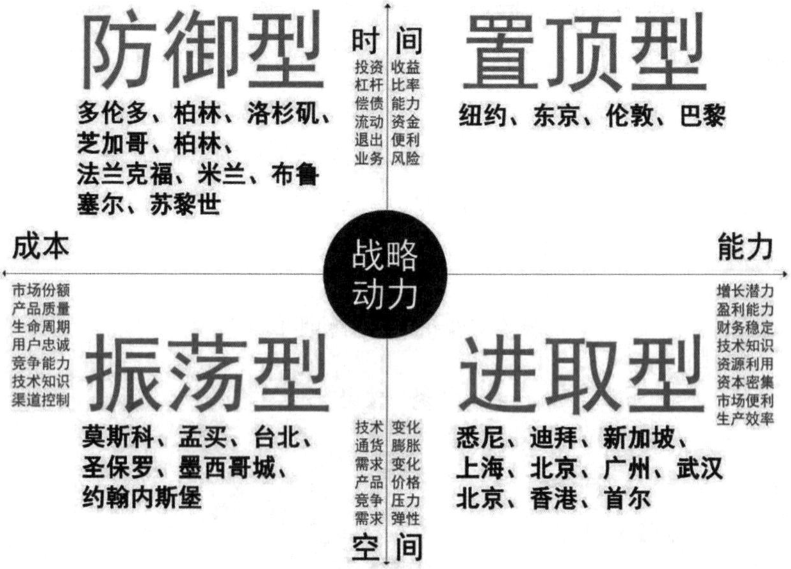

防御型

多伦多、柏林、洛杉矶、
芝加哥、柏林、
法兰克福、米兰、布鲁
塞尔、苏黎世

置顶型

纽约、东京、伦敦、巴黎

时　间

投资　收益
杠杆　比率
偿债　能力
流动　资金
退出　便利
业务　风险

成本

市场份额
产品质量
生命周期
用户忠诚
竞争能力
技术知识
渠道控制

能力

增长潜力
盈利能力
财务稳定
技术知识
资源利用
资本密集
市场便利
生产效率

战略
动力

振荡型

莫斯科、孟买、台北、
圣保罗、墨西哥城、
约翰内斯堡

进取型

悉尼、迪拜、新加坡、
上海、北京、广州、武汉
北京、香港、首尔

技术　变化
通货　膨胀
需求　变化
产品　价格
竞争　压力
需求　弹性

空间

来源：作者自制

表格19 26城市分组表

城市分类		城市	人口规模增长	中心城人口密度都市区人口密度（人/平方公里）	GDP总量人均GDP（单位：美元）	战略规划评价
全球城A置顶型4城	超大型发达区域	纽约	1850至2015年人口稳定增长至850万，大都市区形成并达到2018万。	4500,1800	14922亿/7.4万	四次区域规划、2006年后启动的三次都市大都市空间战略维护其全球地位。
		东京	1900至1990年高速增长期，之后东京圈人口一直维持全球第一到2015年达到3700万。	11500,4400	16239亿/4.4万	五次首都圈规划，2006年后启动的三次都市大都市空间战略维护了东京的亚洲金融中心地位。
	大型发达区域	伦敦	1850至1940年增长将达到870万人，后都市区人口增长放缓至1485万人。	14600,5900	83311亿/5.6万	2000年后启动的四次都市空间战略维护了伦敦的国际金融中心地位。

续　表

城市分类	城市	人口规模增长	中心城人口密度都市区人口密度（人/平方公里）	GDP 总量人均 GDP（单位：美元）	战略规划评价
全球城A防御型8城	巴黎	从 1850 至 1970 年高速增长期,2006 年达到 840 万后缩减至 740 万且人口增长缓慢。	9500,3800	8185 亿/6.5 万	2007 年启动的"大巴黎计划"维护了巴黎的地位
	洛杉矶（中型发达区域）	市区人口从 1880 年的 100 万一直发展至 400 万人口,而 1970 年开始增长至 2015 年的 1334 万人。	6000,2400	9276 亿/7.0 万	《洛杉矶郡总体规划 2035》、"洛杉矶 2035"、洛杉矶内城（Downtown）复兴计划正在逐步转变发展道路
	芝加哥	市区人口 290 万,区域人口从 1900 年 200 万发展至 2010 年 1000 万	3400,1300	5825 亿/6.1 万	四次首都圈规划、1999 年启动的两次都市城市空间战略没有支撑芝加哥地位。
	柏林（中型发达城市）	350 万人	7800,3000	4.5 万	《柏林 2030 年城市发展规划》
	多伦多	610 万人口	7300,2800	2924 亿/4.8 万	1998 年启动的多伦多战略,区域规划中断过,政策松散
	布鲁塞尔	410 万人口	5400,2600	1595 亿/3.9 万	"布鲁塞尔 2030"
	苏黎世	200 万人口	8300,3200	1355 亿/6.8 万	"苏黎世 2030"
	法兰克福	70 万人口,其中一半为移民	4770,3300	1558 亿/7.3 万	"法兰克福 2030"
	米兰	130 万人口,大都市区 750 万人口。	7200,2800	3810 亿/4.9 万	"重构大米兰"
全球城B进取型10城	悉尼（大洋洲）	人口从 1960 年 235 万人稳定增长至 500 万人口,2021 年 568 万	5000,2000	3375 亿/11 万	1998 年后启动的三次城市空间战略推动悉尼发展。
	迪拜（中东）	300 万人口	7600,2900	1060 亿/3.5 万	2014 年"迪拜 2020"推动城市发展

续　表

城市分类	城市	人口规模增长	中心城人口密度都市区人口密度（人/平方公里）	GDP总量人均GDP（单位：美元）	战略规划评价
亚太发达城市	首尔	都市圈人口稳步增长到2500万人（2015年）	26800,20400	9034亿/3.6万	三次区域重组规划和2000年启动的两次城市空间战略推动首尔发展
	香港	人口缓慢增长至2015年729万。	68400,31400	6680亿/5.6万	香港2030系列是应对危机的城市战略
	新加坡	1949至1965年人口增长快，1966到1987年后人口返回560万。	28100,10900	4681亿/8.4万	2000年启动的《新加坡城市空间战略》和"智慧国计划"主推城市升级
新兴发达城市	上海	全球人口第三大城市,2500万人口,还在持续增长。	25900,21100	8095亿/3.3万	"上海2035"确定了城市发展边界,而各项质量指标逐步提升,经济中心地位稳固
	北京	全球人口第七大城市,2170万人口,还在增长。	14200,5500	6640亿/3万	"北京2035、北京2049"、2016年提出建设副中心、2017年提出建设雄安新区,呈现区域化格局
	深圳	1300万,300万到1000万用了10年	11700,6540	4900亿/3万	深圳2030,正逐步成为珠三角的经济创新中心
振荡型6城	约翰内斯堡	378万	6600,2420	1010亿/3.3万	"约翰内斯堡2040"建立民主开放平台
发展中区域	莫斯科	都市人口1120万	9000,3500	7500亿/6.1万	1998年启动的"莫斯科2020"
	孟买	全球人口第五大城市,2200万人口。	83900,32400	2212亿/1万	三次区域规划,没有都市城市空间战略

续　表

城市分类	城市	人口规模增长	中心城人口密度都市区人口密度（人/平方公里）	GDP 总量人均 GDP（单位：美元）	战略规划评价
	台北	270 万	26900,21500	900 亿/2.9 万	"台北 2050"
	苏黎世	40 万	22000,4700	668 亿/10 万	"苏黎世 2025"进行了定位调整
	开普敦	397 万	1160	666 亿/1.7 万	"复兴城市中心区计划""设计之都计划"

来源：作者整理自制

4. 选择分析工具

分析方法可以依据逻辑类型、分析工具和程序流程进行分类，以程序流程为基础，在程序平台上纳入逻辑类型和分析工具，并将程序、分析、工具进行整合。

■ 依据逻辑类型：定量分析、定性分析以及理论模型

研究方法论的任务是建立一套完整的理论体系"正确科学决策理论"（Mouton，1984），分析方法分类包括定量分析、定性分析以及理论模型分析，其各自特点如下：

定量分析指的是采用统计、数学或计算技术等方法来对社会现象进行系统性分析，这种研究的目标是运用与社会现象有关的数学模型、理论或假设，量化数据包括以统计或百分比等数字形式呈现的各种资料，定量研究方法一般会经历获得数据、数据预分、数据分析和分析报告四个阶段。

定性分析（质性研究）是一种在社会科学领域常使用的研究方法，通常是相对定量研究而言，是许多不同研究方法的统称，包含但不限于文献研究、论述分析、访谈研究等。相对于定量研究，定性研究专注于更小但更集中的样本，产生关于特定研究个案的资讯或知识。

理论模型分析利用一个长时段的历史事实来建构事物发展态势，该方法具有推理、解释、设计、沟通、行动、预测和探索的功能，一般可分为宏

观历史分析和事件社会学分析。宏观历史分析较好地联系相似的历史事件，又为其他相似事件的不同结果提供了一种可能的、用于归纳的条件；事件社会学分析通过各种路径依赖、具有偶发性的事件描述，来解释韦伯所揭示的因果机制。这种分析方法是整合预先存在的文化、社会、人口和经济条件、时机以及相应的行动策略。

在实际应用当中以上三种方法分类也会相互融合，理论模型分析融合定量和定性的方法，包含三大理论技术：实证主义①（Positivism）、解释主义②（Interpretivism）和批评主义③（Criticalism）。实证主义遵循自然科学思路，认为事物内部及外部存在逻辑因果关系，通过理性工具来进行科学研究，基本存在于定量研究中，如城市经济发展、人口增减、土地蔓延等；解释主义认为人们看待事物的方式决定了事物的性质——"What you make of it depends on how you make it"（Nelson Goodman，1978），那么研究者的生活经历、价值取向和思想观点对研究本身影响很大；批评主义植根于黑格尔的辩证哲学，源于 20 世纪的法兰克福学派，认为对城市的解释不是像外部实证主义，也不是像内部解释主义，而是对事物本身的阐述性领悟。

■ 依据分析工具：实证主义分析、结构主义分析、智能模拟分析

实证主义分析承认城市的不确定性和复杂性，认为理论者模型来解释预测城市是不够的，都市研究必须立足于现实并能够说明产生这个解释过程的基本特征。实证主义倾向与定量的方法相联系，包含历史实证和逻辑分析，历史实证是指客观对象的发展过程以及人们认识客观对象的思想发展过程，逻辑分析是将实证提升到理性思维和抽象思维的高度。它强调知识是发现并控制现实的工具，现实是可以改变的，信仰和观念是否真实在于它们是否能带来实际效果，理论只是对行为结果的假定总结工具，是否有价值取决于是否能使行动成功，实证主义在实用主义下派生的人本主义、工具

① 实证主义（Positivism）是强调感觉经验、排斥形而上学传统的西方哲学派别。又称实证哲学。
② 解释主义（Interpretivism）是人类在科学研究过程中逐渐形成的哲学观点，常见于人文社会科学（Social Science）。
③ 批判主义（Criticalism）是西方社会科学界中从人文角度对资本主义社会现实持批判态度的各种左派的统称。

主义、经验主义与逻辑学派,倾向于与实操性强的混合方法相联系。

结构主义分析包含哲学分析、概念分析、理论构建和文献综述,结构主义倾向于与定性方法相联系,认为任何科学研究都应超越事物本身,直探在现象背后引导全局的系统与规则。广泛来说,结构主义企图探索"都市文化是如何透过表象表达出来的?"或者"概念定义是如何透过各种实践而发生?"。

智能模拟分析受益于模拟技术、机器学习和大规模网络实验等计算工具,并且与计量社会科学有相当多的重叠,包含数据方法、系统科学、创造性思维,从而形成未来解释、判断和预言的方法,具体包括数学模型和数学实验。系统学方法把研究对象视为整体系统,包含信息论方法、控制论方法、反馈方法等,创造性思维运用各种工具形成模拟分析方法。

■ 依据程序流程: 对象导向、过程导向

战略制定流程常包含:(1)战略分析作为整个战略管理流程的起点,涉及内外部环境研判,即城市当前和将来状况以及城市竞争环境的深度分析;(2)战略制定,它包括在环境分析的基础上建立规划理念、愿景使命、衡量战略绩效的标准及目标;(3)战略实施准备,大都市为实施战略确定详细分析路径和实施计划,并为战略实施准备资本、人才、管理和技术等资源要素;(4)程序编程,将以上步骤可变成固有程序并形成循环使用的战略模式。

对象导向程序编程,即将程序分解为相关操作的模块,将一系列操作类型化,因而数据类型有状态以及相关行为,例如 Simula67 被视为第一个具有面向对象特性的语言[1]。

过程导向程序编程,即指令式编程,派生自结构化编程(Structured programming),主要采取程序调用(Procedure Call)或函数调用(Function Call)的方式来进行流程控制,流程则由包含一系列运算步骤的过程、例程、子程序或函数来控制,在程序运行的任何一个时间点,都可调用某个特定程序。

---

[1] Simula 67 被认为是最早的面向对象程序设计语言,它引入了面向对象程序设计语言所遵循基础概念:对象、类、继承。

表格 20　方法分类表

程序	研究目标	分析类型	工具分类	核心逻辑	核心方法
战略对象导向	解释探索性描述性	定性实证	非实证理论建构	解释/释义	文本叙事 Textual and Narrative Studies
				解释/现象学	实地调研 Field Study
				情境	案例研究 Case Study
	描述性说明	定量	元数据实证	概括	调查 Surveys
				因果归因	试验 Experiments
				预测/说明	建模仿真 Modelling Simulation, Mapping
战略过程导向	开放式	参与式	非实证	参与/行动	参与性研究 Particpation Action Research
	形成评价	模型	次数据实证	干预	干预研究 Intervention Research
				评估	评论研究 Evaluation Research
	多目的	反实证		多元逻辑	智能分析平台 Smart Search

来源：根据 Babbie & Mouton(2001)相关研究整理

三、运用分析工具

1. 战略对象与过程

　　战略是创造未来的系统路径,而考验战略的标准则是它被有效实施。"战略"起源于希腊语①,由军队、领导和执行合成而来,意指在军事手段和政治目标之间的平衡决策。大都市空间战略利用创新方法着眼于当下问题与机遇,它通过树立可达到的目标,为政府建立长远的方向。明茨伯格在"战略历程"中,将战略管理理论分为十个学派,其规划路径一般为:问题分析——目标设定——战略制定——方案制定——实施政策制定的线性技术路线。大都市空间战略与未来学研究方法体系虽然互有交叉,而战略制定早期更多来源于精英思维,缺乏方法逻辑的理论支撑,企业战

———————

① 英语中与"战略"相对应的词 strategy,源于希腊语 strategos,原意是"将兵术"或"将道"。

略方法在 1990 年开始运用于城市空间规划，已经编制的大都市战略，常常可能有数种方法（情景分析、外推分析、数据挖掘等），但问题分析和战略制定的策略关联性很弱。国内大都市战略也提出多种方法论模型，理论体系逐步从"规范性"至"探索性"再到"规范性和探索性兼具"的态势。

戏台理论：该理论认为都市空间是社会经济发展的载体，其五大要素是经济、生态、社会、历史文化和技术进步，土地和空间是发展战略这台戏的舞台（吴志强，2013）。

图表 9 "战略脸"理性思维

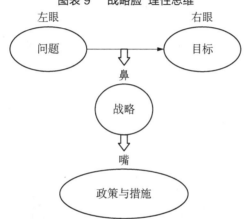

来源：作者据吴志强"战略脸"模型制定

战略脸："战略脸"方法来源于吴志强 2003 年在沈阳战略制定中提出的理性思维导入，该模型强调预测方法应以问题诊断、目标辨识为起点，联动多元角色建构战略框架，将多元战略分析方法结构化后融入该框架内，进而推导出政策与措施包。在城市空间战略探索中，解决城市问题是根本出发点，现状问题调查分析是首要工具，利用"存真法"的研究进行逻辑推导；目标去伪法是第二工具，搜集各个子系统目标形成"目标仓库"，归纳成为系统结构，多场景决策法是第三工具，为城市发展场景做一个多元选择。"战略脸"围绕战略预测分为"问题—目标—政策"三方面，并各有侧重：（1）问题多专业，规划基于多元视角判定诸多条件对规划编制的综合影响；（2）目标多维度，规划以跨专业认知分析主客观控制要素，从而确定未来方向；（3）战略弹性灵活，规划随着分析内容调整表述方式，为复杂决策构建相应的情景形式。

表格 21　战略脸要素

方法类型	内容详述
战略脸法	左眼看问题,右眼看目标。
操作模式全息 战略分析法	直接面对问题,抓住问题的主干,不过分追求逻辑的严密性,大胆提出针对性策略。而后,有针对性地通过大量资料剖析问题,通过资料和数据对有关想法进行支撑和论证,在最短的时间内拿出最具针对性的成果。
存真法	"大":大胆假设,捕捉关键问题。 "小":全面搜集资料,小心验证假设,经过逻辑的审慎校核,多次地推翻穷究核心性问题。
目标仓库	"大":在扎实的学术观察和实践积累上,构思对策假设,政策的高屋建瓴,宏观掌控。
多场景决策法	"小":对策的多场景分析,对多种方案进行对比和验证,同时提供一系列的配套措施,给使用者一个选择和操作的空间,天地联动,小处着手。
战略包	保证总战略可以有计划步骤地逐步实施,有效地强化了各种创意思维之间内在的逻辑关系,将它们组织成有力的工具。

来源:作者依据"战略脸"理论自制

图 1　全球大都市战略规划实例

资料来源:作者基于全球大都市发展战略整理

回到本书研究的 26 个大都市的 120 个战略，内容分析法是对其研究的重要工具，即对战略内容进行客观、系统、定量地描述和评估分析，根据研究对象的不同，主要有被引分析法和共词分析法①两种。共词分析法是内容分析法的重要手段，主要通过分析某一学科领域的研究主题和关键词在文件当中出现的频率，从而展现该学科的知识结构和研究内容，该方法比较适合对新兴战略性议题的研究。本书将采用共词分析法对城市战略文本进行分析，筛选统计相关关键词，以帮助识别和分析趋势分析方法的主要构成维度，为分析方法要素的归纳分析提供依据。本书从 26 个城市 120 个战略中寻找客观规律，采用抽取 60 个重点样本（英语、中文、日语版本）的方式，去除"城市，空间战略，分析方法论"等原生关键词，获取 51 个重点关键词，将这 51 个关键词的频度进行可视化处理，形成图表如下图所示，对象（Objective）、模型（Model）、规模（Scale）、趋势（Trend）、定量（Qualitive）等词出现频率最高，占关键词总数的 12.1%。

图表 10　趋势分析方法词频可视化

来源：作者自制

---

① 共词分析法属于内容分析法的一种，其原理主要是对一组词两两统计它们在同一篇文献中出现的次数，对这些词进行聚类分析，从而反映出这些词之间的亲疏关系，进而分析这些词所代表的学科和主题的结构变化的方法。

　　将上述 51 个关键词输入 Excel 表格中,两两统计它们在 120 篇
战略当中共现次数,形成一个"51 * 51"的共词矩阵,其中共词矩阵对
角线的数值为同一个关键词出现的总次数。表中数值的大小体现了
两个关键词之间的关联度高低,数值越大,表明两个关键词之间关联
度越高,反之,数值越小则表明两个关键词之间关联度越低。依据共
词矩阵,将词与词之间的网络联系赋值,按边权重进行筛选,再将筛
选结构进行聚类,把聚类结果输入 Geghi 软件中形成趋势分析高频关
键词的分析谱系。

图表 11　趋势分析高频关键词的分析谱系

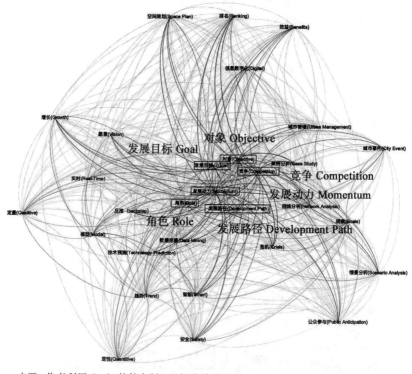

来源:作者利用 Gephi 软件自制且红框为首层要素

　　上图的结构内容结合本节引用的"战略脸"的战略体系,形成"问题挑
战、角色明确、动力探寻、发展目标以及政策措施"五步骤,并进一步展开
如下表所示。

表格 22　大都市空间战略路径五要素

要素		内容	产出可能
问题- 与谁争?	对手	大都市战略被用于提高城市竞争地位,尽管许多城市并不认为它们之间在互相竞争,然而实际上它们的关系却以它们的竞争优势为转移。	战略规划 公民咨询会 公众听证会 访谈媒体讨论 社区讲座
	难点	战略对象是整体都市,如何解决一个问题是需要一个未来的目标的,与此同时是拥有数个子目标进行支撑。	
角色- 你是谁?	管理	谁来制定战略? 都市领导者的责任是在发展的道路上体现和推动公共利益,他必须作出持续的决策来提高都市的综合质量,并不造成负面影响。	信息平台 实施规划 年度监测报告 规划框架
	参与	大都市空间战略对象是谁? 整体宏观性的复杂系统。	
动力- 在哪里?	资源	资源不仅仅是指资本和金融杠杆,资源包括土地、资本、劳动力、信息、技术和管理等要素,大都市空间战略本身就是资源,它激发参与者去思考决策和资源。	技术预见 公众参与 技术路线图
	技术	时间空间层面里都市进化所有具备的驱动力。	
目标- 成为谁?	时效	大都市空间战略考虑的时效至少 10 年期的尺度,有时候即便战略制定要花数十年,而规划可能在其执行之前就已经过时。	情景模型 可选择的未来,更愿意的未来
路径- 怎么办?	方法	大都市空间战略的方法包含文献检索、专家研讨、头脑风暴、趋势分析、杠杆对比、情景分析、SWOT、PEST 模型等。	技术手段寻求可靠的变量,形成综合模型
	情景	战略达成的路径可以多样化,战略可以提供场景,并利用策略解决实际问题。	

来源:作者自制

　　基于上表,将趋势分析方法根据程序分为五个要素:对象(问题)、动力、目标、角色、路径。"对象(问题)分析"是出发点,解决"你是谁"的问题直接面对大都市纷繁复杂的众多问题,联动实践与现象,总结主观与客观,抓住问题的主干进行逻辑推导和定量研究探索因果关系,也可开放讨论大胆提出针对性策略;"动力获取"是有针对性地通过大都市资源分析,寻找都市发展的社会动力和科技动力,以及这些动力形成的机制原因;"目标博弈"中大都市战略将所存在的问题与未来建立关联,未来可能具备多个时空目标,确认的核心在于这些目标是否符合城市发展的内在实力和外在环境,目标博弈需要首先搜集来各个子系统的目标,筛选相互独立、等级相称的目标体系,进行层级结构分析和多元论证;"角色明确"解决"你是谁"的问题,其中大都市战略采用政策分析、交叉影响分析的方法理清城市系统的复杂性和各个子系统的相对独立性,并采用公私合营、城市经营、公众参与的方法,以多元角色视角关注各个子系统的逻辑关系。"路径探寻"为复杂决策绘制发展路径,并分析预制该决策的后果,其中大都市采用创新方法进行多场景分析,对各种场景所代表的价值取向、形式判断、优势条件和潜在问题做全面评述,同时提供一系列的路径措施,该路径也强化了战略的操作性和实施性,保证战略有成效的实施。

图表 12　战略方法流程

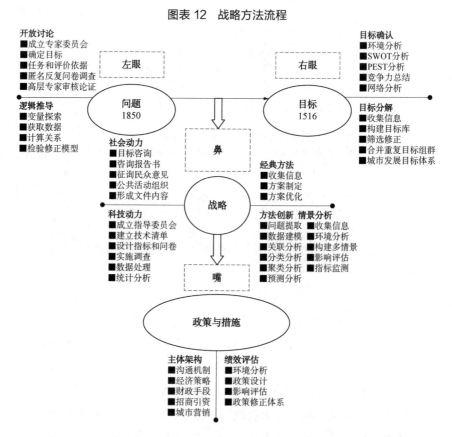

2. 战略方法和路径

战略愿景主要解决"未来是什么?"的问题,而预测方法主要解决"未来怎么办?"的问题(René Descartes,1637),它们是"关于认识世界和改造世界的方法的理论",可分为"哲学方法、一般科学方法、具体科学方法"

三个层次。大都市战略中的趋势分析方法论，实现方式是指从哲学方法的角度进行考察的，通过基础研究、系统思考、社会分析、案例学习、定量分析等途径实现，趋势分析方法具有五大特点：

■ 趋势分析研判关于未来的发展动力；

■ 对象研究包含不确定性、复杂性和多样性；

■ 目标博弈需要全球视野和时间尺度；

■ 多角色明确、有效沟通并提供可选择的预见；

■ 路径探寻结合情景分析非常重要。

基于以上五大特点，趋势分析方法首先需要建立一个框架体系，将体系与评价方法结合起来，将都市战略中存在的五步程序融入战略脸，从而形成战略方法体系的思路。

表格 23　战略预测方法流程模块

序号	工作步骤	方法及组织形式	意图及产出效果
发现问题	调研国际发展背景与趋势	文献检索、专家研讨、头脑风暴、趋势分析、SWOT、PEST	形成对都市发展的规律认识
分析问题	研究相关产业发展策略路径	文献检索、专家研讨、杠杆对比、逻辑推导法、ECIRM、波特五力、战略轮	提取技术创新的标杆，为后续路径选择提供可借鉴的案例
发展目标	分析区域经济社会发展的相关需求	文献检索、需求分析、情景分析、头脑风暴、专家研讨、战争游戏、竞争分析、反推法	明确研究任务极其重要内容的选择依据，为情景效果奠定基础
	描绘未来效果	文献检索、情景分析、头脑风暴、专家研讨	对产业和民生的直接、间接、长远效果的定性或定量描述
战略制定	搜索研发战略性技术方向	创新矩阵、头脑风暴、专家研讨、德尔斐法，交叉影响分析、层次分析法、价值链、决策树	确定研发的战略性方向及其框架重点，为后续搭建结构技术体系、绘制技术路线图等提供基本框架
智能平台	分析技术功效	文献检索、专家研讨、系统动力学、技术路线图、回归分析	得到研发目标参数的定性或定量描述
	绘制情景图	情景描绘、复杂理论、博弈论	形成涵盖趋势、需求、效果、研发战略性方向的一体化情景图

来源：作者自制

图表 13　百年都市战略演进

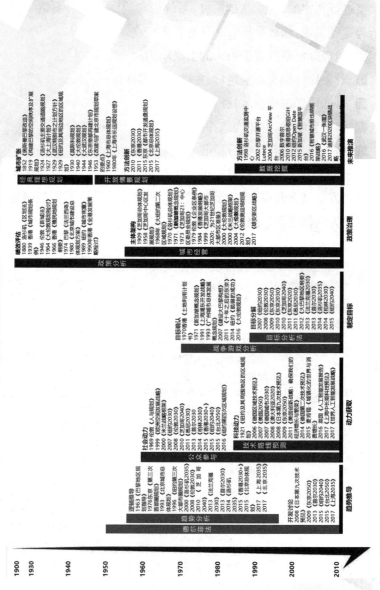

来源：作者自制

通过大都市空间战略的梳理研究，本书提出理论假设：在问题发现方面，基于逻辑推理的趋势分析判断大都市的发展方向，通过德尔菲法汇集集体智慧引导预测的全面性。在角色治理方面，在宏观层面进行具体以及管理政策选择将促进城市治理，公私合作的手段解决城市经营中的公平与权益，而公众参与将使得规划更有效地反映出他们的诉求，从而有效规避可能在规划实施中产生的矛盾。在动力获取方面，多时空维度的技术预见将成为大都市战略核心，为城市、区域所需的科技动力提供前瞻性引导，智能技术的融入将使政府与公众在信息的获取、交流方面更高效。在制定目标方面，战略应适用确定目标的竞争分析法与目标反推的分解论证法。在路径推演方面，智能技术将自下而上地为战略推演提供更可靠科学的预测依据，其强大算力将使可能情景的数量、复杂程度和预测深度都加强。

3. 分析方法有哪些？

在面对未来的不确定性时，大都市战略需要"工具箱"，分析不同方法论的优点、缺点和使用环境。如果没有科学的方法组织，我们就不能把握城市战略的核心问题，更无从谈起技术的复杂性和内容的丰富度。规划的分析方法据统计至今已经约 150 种，基本分为定性预测、数学模型和模拟算法三大类。本书依据大都市空间战略的特点，以上文提及战略规划的五大要素（角色、对象、目标、路径、动力）对分析方法进行分类形成如下48 种方法，为后文论述奠定基础。

表格 24　战略方法工具库

过程	方法	优点	缺点	环境
对象（问题）	经验分析：以经验知识为依据和手段分析认识事物的一种科学分析方法。 定量统计：对城市的数量特征、数量关系与数量变化进行数理分析，并且对研究对象的规模、速度、范围、程度等数量关系进行分析研究。 定性趋势分析：对同一单位指标连续几年的数据作纵向对比，观察其成长性。			
	经验分析	1. 头脑风暴法 Brain Storm (BBDO，1938)	交叉交换意见、畅所欲言、相互启发、充分发挥创造性，弥补个人判断不足。	易受心理因素影响、随大流不愿发表个人意见、易受权威影响和表达能力限制。	具有创造力，打破思维惯性，多种角度突破性考虑问题。

续 表

过程		方法	优点	缺点	环境
		2. 德尔斐法 Delphi (RAND, 1946)	无需数学模型、足够数据,同时可引导模型建立,反馈不同想法,函询方式不受地域限制。	受主观因素影响;直观想法缺乏深刻论证,耗费时间不适合快速预测。	缺乏资料、预测对象复杂,涉及因素多。
		3. 逻辑推导法 Observational survey (Gottfried Wilhelm Leibniz, 1686)	通过各种途径,有计划、有目的地了解事物真实情况。	缺乏数据支撑,依托经验直觉,逻辑过程简单。	大胆推想,突破常规,将复杂系统予以简化。
		4. 空间模型 (Spatial Autoregressive Model,SAR)	综合性较强,可模拟交通、空间、就业或消费服务。	模型封闭理想化,行为描述简单且缺乏依据。	蓝图式静态模型,没有设置事件影响变量。
定量统计		5. 趋势推演分析 Trend Deduction	线性外推法、指数曲线法、生长曲线法、包络曲线法		
			操作性强,易于建模和理解,根据客观事物发展,运用过去的历史数据,通过统计分析,对于中短期预测的效果要比长期预测的效果好。	趋势预测法因突出时间序列暂不考虑外界因素影响,因而存在着预测误差,易受到不确定因素的影响。	封闭环境、变化规律比较稳定的对象,例如中小城市的人口和趋势分析,城市发展没有大起大落的环境。
定性趋势分析		6. 文献综述法 Literature Review	高效率、间接的、非介入性的调查方法,超越了时间、空间限制,更准确可靠、方便自由、安全的调查方法。	文献本身存在较多的不完善性,内容收集困难,抽样缺乏代表性,文献的整理和编码困难。	是对某一专业领域的课题前期研究方式,通过分析、阅读、整理、提炼综合性介绍和阐述。
		7. MECE分析 Mutually Exclusive Collectively Exhaustive	对于重大议题,能够做到不遗漏的分类,将其结构化,成为有效解决问题的方法。	分析内容可能太过于繁复,MECE的关键在于找到分析研究边界,不然会落于重复。	MECE分析目的在于逻辑思考更完整条理,作为其他预测工具的辅助。
目标		定性分析:通过逻辑推理、哲学思辨、历史求证等思维方式,从质的方面研究目标属性。			
		结构分析:对城市发展环境外因各组成部分及其对比关系的分析,分为动态分析和静态分析。			
		因果分析:发现城市发展问题"根本原因"的方法,也可称为"因果图"。			

续　表

过程		方法	优点	缺点	环境
演绎		8. ECIRM 模型	将城市作为企业分析,指导成为良好企业必须具备的要素。	企业还是环境的产物,此模型对于外部环境关注不够。	企业家、资本、产业、资源、管理的五要素。
		9. 5W2H(二战首创)	可以准确界定、清晰表述问题,提高工作效率,简单方便,易于理解、富有启发意义。	对评价者要求很高,需要善于拆分问题,挖掘深入探寻本质。	有效掌控事件的本质,完全地抓住了主骨架,把事件抽象原形思考。
		10. 鱼骨图(石川馨,1981)	由管理大师石川馨所创,逻辑清晰易使用。	不能分析层次内部因素之间存在的关联度	与头脑风暴一起适用于逻辑分析。
		11. 逻辑树(Mackinsey)	明确主要决策和潜在决策彼此之间的联系。	需经过大量的专业训练来加深理解。	分析复杂问题并聚焦潜在关键问题。
归纳		12. 战略轮盘(Bowman &. Faulkner, 1996)	该模型提供了思考竞争战略和取得竞争优势的方法,将企业战略和战略附加值融合考虑。	比较维度较多,分析复杂程度变大,需要经过训练的专家操作流程。	应用广泛,轮盘多维多层、轮动应对不确定性、细分面对跨界协调。
		13. 波士顿矩阵 BCG Matrix (Bruce Henderson, 1970)	矩阵两变量四象限,形象生动,对于企业市场分析直观易懂。	主要考虑内部资源分析,没有考虑外部环境因素。	协助企业进行业务组合或投资组合,可结合 PEST 方法。
		14. SWOT 分析(Kenneth R. Andrews, 1971)	企业竞争态势分析经典方法,系统性强、使用简单。	主观性比较强,没有精确的数据分析。	静态定性分析,应用于战略经营。
		15. PEST 分析(Joghson, 1999)	多角度、动态全面地分析外部环境,可及时地作出反应,制定策略。	城市经营变化因素多,只分析了宏观市场因素,不全面。	对总体环境判断,适用于城市空间战略规划、竞争分析。
		16. SPACE 矩阵(Strategic Dosibion and Action Evaluation Matrix)	战略地位与行动评价,注重外部资源环境,行动指向性强。	分类忽略城市复杂性,如果不能进行准确定量结果会不全面。	战略行动导向,分为进取、保守、进攻、防御四模式。

续 表

过程		方法	优点	缺点	环境
反推比较		17. 反推法 (Retrospective Method)	让决策者拓宽解决方案的认知思路,并突出不同的战略方案选择所带来的后果。	由于目标的可期望带来一定程度的局限性,限定了目标的开放性和创新性。	基于未期望目标反向寻找当前可能路径,并分析各种情况及驱动因素。
		18. 战争游戏、竞争分析 Competitive Strategy (Michael E. Porter,1980)	确定城市的竞争优势和可能达到的资本回报率,通过它可以让城市预计自身的发展路线找到自身的战略方向。	该模型太过于理想化,以静态的市场为观点来分析问题,准确性有限,应关注城市具有公益性关注合作和长期关系。	在微观环境下,城市群内部各个对象相互竞争关系,数据充足,但关系复杂,适合做定性分析。
路径		功能分析:通过分析事物的功能及其作用进而认识事物特性及内部结构的一种科学分析方法。 因子分析:指研究从变量群中提取共性因子的统计分析技术。 逻辑分析:利用现代数理逻辑进行分析,包括归纳演绎、比较分类、分析综合、矛盾分析等。 数学建模:通过数学模型来分析和预测经济决策所可能产生的结果。			
	逻辑分析	19. 博弈论 (John von Neumann,1928)	研究多个个体在特点条件制约下的对局中利用相关方的策略,适合定量预测。	过于理论化,影响因素庞杂且明确无误,需要复杂计算的数学建模工具。	城市之间互动性强,研究具有斗争或竞争性质的环境。
		20. 灰色模型 Grey System Theory (邓聚龙,1982)	简捷有力地处理复杂系统,可用于构建有规律的数据系列,这个方程可预测未来人口。	分析人员需要经过专业培训,并结合计算机模型使用。	依托若干历史年份的人口数据,需要一定程度上的明确边界。
		21. 情景分析 Scenario analysis (David Mercer,1995)	对于未来变化不大的情况能够给出比较精确的模拟结果,做出丰富的复杂性的叙述,预测结果也可以与不同的使用人相互沟通交换意见。	运用情景分析时,数据的有效性存疑,分析师和决策者开发现实情境的能力有限;与此同时需要投入相当大的人力物力,情景可能不现实。	在宏观环境下,适用于前导期长、不确定性比较大、战略调整所需投入大、风险高的大规模城区开发,可能缺乏充分的数据。

过程	方法	优点	缺点	环境
	22. 层次分析法 AHP(Satie, 1970)	基于运筹学理论,系统性的分析方法、简洁实用的决策方法,定性结合定量因定性成分多,将复杂问题简单化易于理解。	不能为决策提供新方案,指标过多时数据统计量大,且权重难以确定,特征值和特征向量的精确求法比较复杂。	适用于存在不确定性和主观信息的情况,所需定量数据信息较少,允许以合乎逻辑的方式运用经验和直觉推演。
	23. 价值链 (Michael E. Porter, 1988)	有利于价值创造,贯穿内部后勤、生产作业、外部后勤、市场营销、服务。	不能动态看待问题,否定了客户作用,忽视了战略性目标。	价值链构成分析,有利于分析企业内部创新环节和上下游关系。
	24. 麦肯锡七步法 (Mackinsey)	步骤清晰,界定问题明确,筛选制定计划严密,有利于研究汇总报告。	适合宏观战略与咨询汇报,落地性有限,后续操作需要专门制定实施策略。	就城市战略中特定问题进行重点分析,或用于分析商业机遇。
因子分析	25. 线型规划 Linear programming (G. B. Dantzing, 1945)	优势是数据获取相对简单,有现成可用的计算机算法进行大规模线性规划求解,结果量化可测度。	某些经济行为可能是非线性的,因此有可能出现对现实过分简化的情形,该模型对政策分析不敏感。	线性规划的目标函数和约束条件都是线性的,侧重数理统计,不能描述个体离散选择行为。
	26. 非线性规划 (H. W. Kuhn & A. W. Tucker, 1950)	运筹学分支,得益于计算机技术提升,在“最优设计”方面提供了数学基础和计算方法。	计算复杂性大幅提高,且有可能不存在最优解,取决于约束条件是否稳定。	在交通运输、经济管理等方面有广泛的应用,克服不便于线性化的问题。
	27. 动态规划 dynamic programming (R. E. Bellman, 1957)	对于解决多阶段决策问题的效果显著,该思维在处理长远问题时可寻求整体过程最优。	缺乏系统处理方法,当变量的维数增大时计算量增大,由于“维数障碍”很难解决较大规模问题。	应用于经济、工业生产、自动化控制、生产经营问题、资源分配问题、复杂系统问题。

过程	方法	优点	缺点	环境
建模分析	28. 系统动力学模型	从系统的内部结构来寻找问题发生的根源,吸收了控制论、信息论的精髓,是一门综合自然科学和社会科学的横向学科,可动态整合多种因素进行分析预测。	系统方法可能唯技术论,盲目立足于"理性"过程,绝对公正地对待问题,规划师醉心于"方法"本身的探讨,成为纯技术的操作者。	以数学、概率论、运筹学等为手段,适用于对数据不足的问题进行的研究,和对处理精度要求不高的复杂问题(吴志强,2002)。
	29. UrbanSim 模型	基于行为理论,代码开源、灵活且交互性高。	需要数据输入量大,模型迭代快。	模拟过程反映真实世界,参与度高。
	30. 代理人模型 Agent-Based Modeling	分为经济基础模型和重力模型,能够联系社会经济与自然环境实现模拟,实现多时空尺度的反馈、回溯与预测。	作为理想模型简化区位选择逻辑,不涉及细节因素,例如家庭划分、房地产类型、房价。	采用多智能体模型模拟城市空间环境目标集、智能体集合,实现行动与响应的互动关系。
	31. 人工智能模型 Artificial Intelligence	通过长期训练而对外力产生反应,需输入层数据就可获得输出,并具有自主迭代能力,适应大都市复杂系统。	需要大量实际数据来训练模型,在应用的阶段存在黑箱问题,并存在潜在道德伦理问题。	都市规划空间决策中的复杂性问题,探讨社会经济、城市空间耦合关系。
	32. 动态空间 CA 模型(Gutowitz, 1990)	采用自下而上的建模方式,符合复杂系统的研究方法;CA 模型的时空离散特性和并行计算特性,易于计算机建模;空间动力学模型适用于模拟都市复杂系统。	技术难度较大,需要建立新的复杂的推理法则,需要大量的各类数据和熟悉机器学习与神经网络的专家协同工作。	强大的复杂性计算能力,适于模拟系统的复杂行为,在空间数据结构上易于与遥感、地理、信息系统等技术集成用于决策研究。

续 表

过程		方法	优点	缺点	环境
角色	实验分析：通过设计模拟实验，将事物的各种因素和发展过程模拟现实世界中的过程。 案例分析：由哈佛大学于 1880 年开发，结合资料对单一对象进行分析得出事物普遍性规律。				
角色	治理	33. 交叉影响分析(H. Hayward & T. J. Gordon，1968)	能考虑事件之间的相互影响及其程度和方向；能把有大量可能结果的数据，系统性地整理成易于分析的形式。	根据主观判断的数据将初始概率转变成校正概率，交叉影响因素的定义还须更加明确、具体、严格的边界确定。	基于德尔菲、主观概率法应用，根据若干个事件之间的相互影响关系，分析某一事件对其他事件的影响与变化形式。
角色	治理	34. 政策分析(Ryswell，1951)	将有利害关系的因素进行相互沟通和协调的过程，面对复杂问题可规避系统分析方法弊端。	政策分析模型并不严密，系统性不足，缺乏系统变量和系统模型的体系。	在涉及意识形态问题上考虑政策制定与政策实施、筛选、评价等关系。
角色	治理	35. 决策树法 Decision Tree	决策树对缺失数据不敏感，易于实现并可理解，能够同时处理数据型和常规型属性，可在相对短的时间内对大型数据源做出可行且效果良好的结果。	多级决策树可能过于复杂，不易与其他人交流，可能有过于简化环境的倾向，使用范围有限，无法适用于一些不能用数量表示的决策。	适用于不确定性的定量方法工具，用概率分支代表方案可能出现的各种结果，比较各种方案结果条件下损益值的计算。
角色	治理	36. 综合模型 Comprehensive Evaluation Method	综合运用多种理论基础和技术手段，以弥补单一模拟方法的不足。	模型架空比较理想化，不同算法需要整合，系统假设难度大。	该模型主要是用于大尺度的城市宏观研究，如城市扩张、空间形态变化等。
角色	经营	37. 城市案例分析 Case Study	聚焦具体案例，有利于利益与规律的平衡。	容易导致开发行为失控造成利益失衡。	结果导向进行逆向分析，操作简单。
角色	经营	38. 用户行为决策分析模型	各分析模型实现互动配合，可操作性强，不断在实践中优化决策和产品智能。	孤立地研究客户，对于宏观背景了解不足，不适用于具体城市政府的决策行为。	模型可预见未来互联网对于人们生活方式和消费行为影响。

续　表

过程		方法	优点	缺点	环境
动力		39. GE三三矩阵	结构复杂但变化组合多元,市场因素涵盖行业环境,实力因素涵盖优势与持久性。	分析因素庞杂,包含市场份额、变化趋势、盈利能力、现金流、价值地位等。	用于市场环境,分析业务单位实力或竞争地位。
		40. Boston 三四矩阵	从经验曲线推导出领先者、参与者、生存者。	理想模型,在实际应用中有难度。	分析成熟市场中企业的竞争地位。
		41. ROS/RMS矩阵	适合做销售回报和相对市场份额。	环境单一,只关注经营销售。	分析企业不同业务单元发展战略。
	社会动力分析	理论分析:感性认识的基础上通过理性思维认识事物的本质及其规律的分析方法。个案实践:理论分析与经验分析相结合,既有利于实证检验,同时采用历史求证、法规判断等思维方式,着重从质的方面分析和研究城市发展的动力。			
		42. 公众参与 Public Participation	普通民众为参与主体,推动社会决策和活动实施,参与广泛。	公众参与需要大量人力资源,效果往往短期很难评估。	与民众利益息息相关的事务决策。
		43. KANO模型	分析魅力因素、期望因素、必备因素、无差异因素、反向因素。	只关注定性,无法精确量化满意度,只是作为辅助模型。	评价影响用户满意度。
		44. 技术路线图 Technology Roadmap (Motorola, 1970)	可综合各种利益相关者的观点,高度概括综合,具备前瞻性、不断修正而且形式灵活应用性强。	自下而上,以市场与技术作为动因,时间和团队精力是有限的,没有强有力的领导会造成混乱。	产品研发可将目标、资源及市场结合并预测未来,也可应用于各行业的未来预测领域。
		45. PESTEL	分析宏观环境有效工具,识别一切对组织有冲击作用的力量。	变化因素大,需要考虑各种因素故不全面,难以分析全貌。	分析宏观外部环境的有效工具。
	技术动力分析	46. 技术预见 (Motorola, 1987)	对一项"未来技术"(即形态模型中的技术实现方案)的可行性分析实现技术路径。	当组合个数过多时,技术方案的个数太多时,可行性研究就比较困难。	可用来探索新技术,估计出实现新技术的可能性,描绘未来因果关系。

过程	方法	优点	缺点	环境
	47. 数据挖掘 Data Mining （ John　　Tukey, 1960)	基于动态平台,从海量数据中得到潜在隐藏的规律,为决策者提供有用的,更加精准的价值。	该方法受限于算法效率问题,并不能得到产生这种现象的本质原因及逻辑,还需专家据经验进行识别。	基于海量数据库进行分析,以及熟悉机器学习和神经网络的专家,并进行长期积累。
	48. 群体智能 Group Intelligence	技术平台将人类参与者群体连接到实时系统中,找到最优的结果。	技术框架不稳定,运作难度大,应用架构不成熟。	多专家合作、多领域跨界的城市系统问题。

来源: 作者自制,加粗内容为后文重点论述方法。

小结: 大都市　竞争模型　分析工具

针对开篇提出的有关大都市战略的问题,本章着重阐述了关于未来趋势分析的三个重要方面: 理论基础、研究对象和分析方法。

理论基础的阐述包含了目标导向、理论来源和理论工具,并详细梳理了三者在近现代大都市战略发展中所起的作用和影响,本节通过对未来学思想这一理论来源的梳理,界定了未来趋势分析方法在城市战略规划中的研究边界。

研究对象针对全球大都市空间战略使用的分析方法,基于相关的理论依据与大都市公认的评估标准,选取全球 22 座城市的 120 个战略规划,形成了全球四大类 26 城市的综合评价结论,建立的"竞争模型""战略矩阵"和"评价指数"也为后文分析"参与竞争"这一核心情景提供了有效的分析工具。

分析方法详细论述了分类逻辑、理论基础、关键问题和工具体系,通过之前对案例大都市空间战略的梳理,建立了共词分析谱系并得到"角色、对象(问题)、动力、目标、路径"五大要素,通过五大要素对 150 种预测分析方法进行进一步筛选整理,抽取了适用于大都市空间战略的 48 种主要趋势分析方法,并构建方法工具库,奠定了后文对全球大都市战略分析方法论的研究基础。

西九文化区（郑迪摄于 2023 年 3 月）

西九圆方（郑迪摄于 2023 年 3 月）

第三章

对象研究：
规律与利益

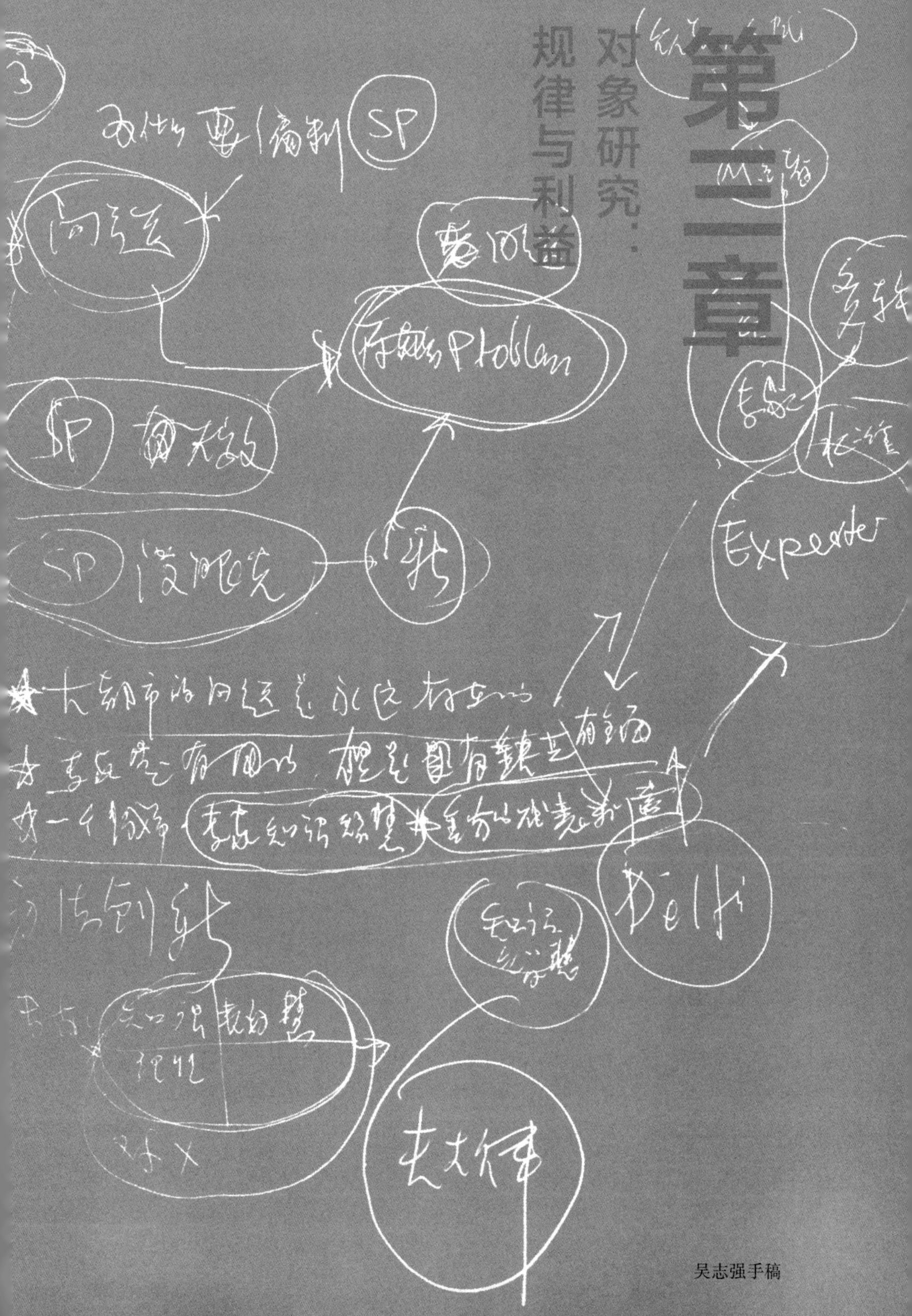

为什么要编制 SP

问题

话题 Problem

SP 有效

SP 没把握

我

Experter

★ 大部市场问题是永远存在的
★ ......
★ 一个好的 ......

......创新

规律

吴志强手稿

华盛顿共享单车系统
郑迪摄于 2013 年 2 月

对象研究：规律与利益

大都市空间战略倾向于认识理解并剖析对象,对其分析包含定性、定量、趋势预判的三部分。城市研究和区域规划的先驱格迪斯说:"调查先于规划,诊断先于治疗。"大都市空间战略从1970年开始得到各国重视,在调研方法上强调全面感知,在充分的数据支撑下决策。大都市发展战略发展至今,学术界逐渐放弃基于事物发展连续性准确预测的方法,更加关注事物变化的驱动力、结构要素和因果关系,即从被动分析预测向主动创造预见转变,并分为不同情景进行多角度分析、多场景预测和全流程思考。

1. 梳理战略要素

本书研究的对象包含大都市战略百年演变历史以及重要的具体案例,可具体从五个维度(社会线、城市线、技术线、方法线和思想线)分析全球大都市空间战略方法的发展趋势。

1)社会线

人类社会发展是大都市发展的背景也是以下技术、战略、方法、城市线路的结果,它存在不确定性,本书将时间跨度设定在1900年至今的120年,重点关注和城市相关的人类社会重点事件,涵盖新城郊区化与内城衰败、1960年代生态保护、1970年代公私合营、1980年代区域化、1990年代"再城市化"和2000年后的全球化与贸易保护,技术变革将促进预测目标的"复合全球化"。

2）城市线

城市线即城市规划和建设的演变,从 1852 年奥斯曼(Osman)巴黎改造[①]开始的大都市空间战略,经历了功能理性、区域规划、综合规划、引导规划、竞争规划乃至智能规划的历程。

3）技术线

城市发展的巨大推动力是技术进步的确定性,城市的每个发展阶段都是以技术为锚点的。从 1880 年电车的发明推动了城市蔓延,直至 1943 年德国学者福莱希泰姆(OssiP Flechtheim)提出"未来学"这个概念,从意识形态上探讨未来人类社会发展的可能性,20 世纪 60 年代后工业社会学派兴起,20 世纪 70 年代分化出乐观学派和悲观学派,未来学思想延伸到社会、经济、文化等领域,发展出 20 世纪 80 年代的信息社会论、90 年代的知识经济论、21 世纪的人工智能乃至 2010 年之后提出的新生命体和新世界观,2017 年阿尔法围棋(AlphaGo)胜出,谷歌首席科学家 Ray Kurzweil[②] 甚至提出 2045 年奇点来临,都反映战略预测方法借助人工智能技术,进行"学习智能化"的自我迭代,积极应对未来不确定性。

4）方法线

技术迭代的确定性推动方法的进步,未来学理论注重分析、比较、归纳和综合分析,未来预测方法根据技术方法的推进探究未来的不确定性以及创新的可能性,为特定的规划、计划、管理和决策工作提供依据,通过定量、定时、定性和其他科学方法来干预世界并完善方法体系。未来预测方法涵盖各个学科,涵盖蓝图式预计、1938 年头脑风暴、1946 年兰德公司德尔菲、1960 年约翰图基的数据挖掘、1967 年情景分析、1971 年哈佛安德鲁斯 SWOT 分析、1990 年元胞自动机、2000 年 IBM 社会网络分析、2010 年智能平台,反映了预测对象的"数字信息化"。

---

① 奥斯曼巴黎城市规划,Haussmann's renovation of Paris,征收土地,拆除建筑物。
② 雷库兹韦尔,1948 年出生,毕业于 MIT,发明家、企业家和学者,发明了语音识别系统。

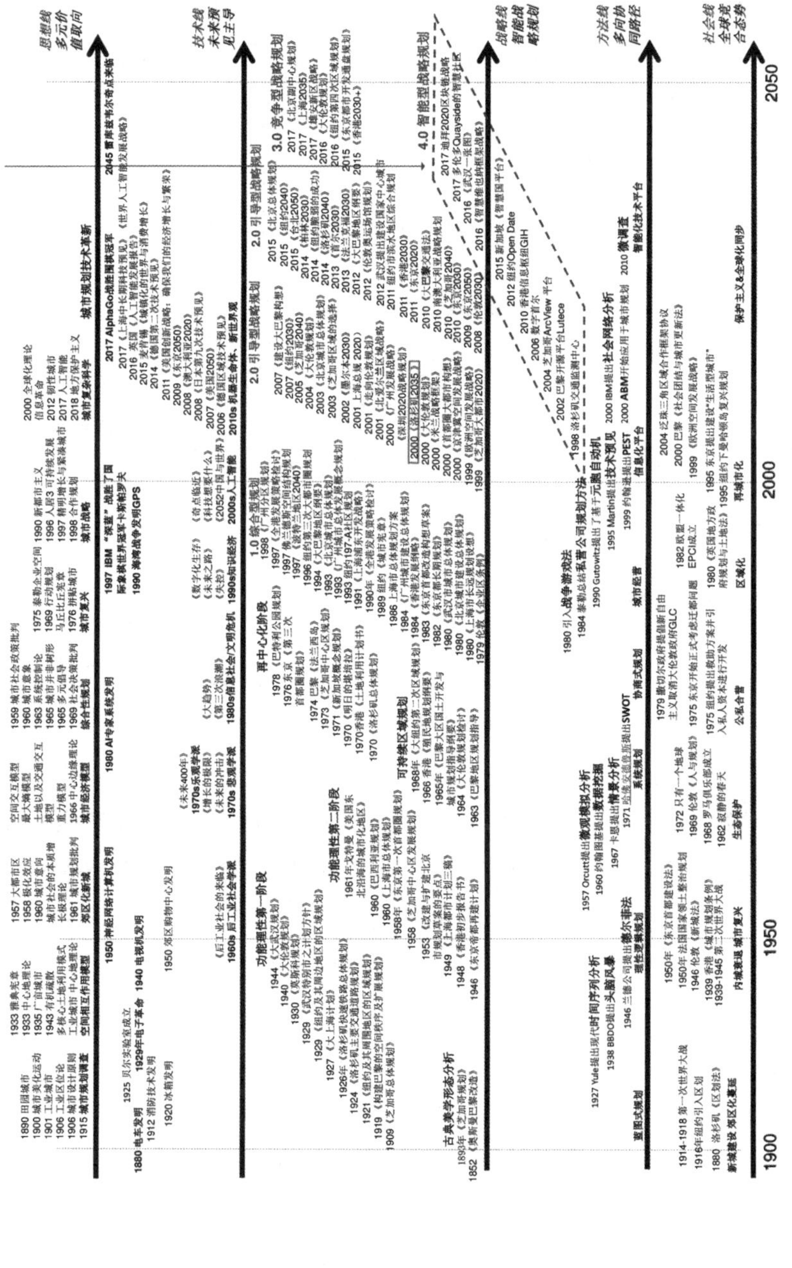

图表 14 战略方法演进谱系五线图

资料来源：作者基于《预见大都市未来：破解不确定性的战略预测方法论》发表于城市规划 2022.11.7）插图扩展形成

5）思想线

未来战略的思想是对之前四条线的总结提炼，战略制定起始于 1850
年，但基本处于有战略理论而没有完整方法体系的阶段，直至 1950 年涌
现出具有实践价值的预测分析方法，为后续大都市战略预测分析方法体
系的成型奠定基础，2000 年后随着智能技术的逐步应用，出现基于系统
性平台的预测分析方法体系。

表格 25　历史观、价值观、方法论的特点分析

项目	历史观	价值观	方法论
对象	智能化	全局导向且跨界合作	对象认知
路径	生态化	直面不确定性	路径探寻
角色	中心化	基于角色需求	角色明确
动力	流动加剧	面对行动导向的动力	动力争夺
目标	分布式	竞争目标导向	目标博弈

2. 发现未来趋势

依据上述五条线路的分析，可见大都市战略存在如下三大趋势——
数字信息化、复频实时化、学习智能化。

1）数字信息化

信息数字化过程伴随学科融合与专业交叉进行，通过系统流程整合
预测方法、城市规划以及新技术需求。从 1960 年约翰图提出数据挖掘以
来，基础工具的进步就开始推动规划的信息化演变，基于多源数据和因果
逻辑的交叉校验分析，形成"数据网、证据链、决策树"研判体系。如今全
球大都市都已提出了信息化之路，后 20 年的大都市空间战略将充分利用
信息技术，以信息化建立大都市空间战略平台，该类实践演变始于 1999
年的"芝加哥 2020"，2004 年日本的"U-Japan"战略[①]，2010 年后智慧城市
层出不穷，美国圣地亚哥在信息化中投入巨款打造"未来之城"，加拿大渥

---

① 2004 年，日本总务省提出"U-Japan"计划，旨在推进日本信息通信技术建设，计划到 2010 年
将日本建设成一个"任何时间、任何地点、任何人、任何物"都可以上网的环境。

太华开展"智慧首都"项目,英国南安普敦通过全市普及智能卡打造智慧城市,新加坡提出建设"智慧岛"。在数字信息化的过程中,大都市首先建立数据底盘,并借助智慧城市建设和政府数据开放保障规划数据的收集利用(NYU OpenData、Data France),并积极引入合作伙伴建立数据开放平台,该模式类似谷歌引擎模式(Data Set Search)。当今城市通过感知化、互联化、智能化技术,更加可将功能板块和基础设施连接成为"系统之系统"。

2) 复频[①]实时化

大都市战略需建立复频实时化的规划平台,以年甚至以月为单位,动态调整自己的战略部署,利用多时间维度规划手段达成长远的规划目标。研究城市动态应当给予时间维度和历史观点:准备向前预测多少年,就应当回头向后看多少年(吴志强,1998)。从时间线来看,经历了 20 世纪前后的古典美学形态分析以及 20 世纪上半叶的理性功能主义,大都市空间战略在 20 世纪中叶从理性功能向综合性规划转变,20 世纪 60 年代催生了可持续规划,直至 90 年代大都市规划走向综合性阶段,到 2000 年之后大都市空间战略更为成熟。如下表所述,伦敦、东京、纽约等城市具备完备的规划编制体系,更加倾向于复频的规划编制方式,短期规划(4—5年)解决各自特有问题,长期规划(10—15 年)引领性视角牵引未来的发展。新兴大都市(墨尔本、上海、里约热内卢)吸取老牌都市的经验采用愿景型战略模式,以更高的频次编制规划、调整规划以符合发展的需求。"全球城市"网络的竞争格局要求大都市战略的预测周期具有短期与长期共存的"复频"特质,像纽约、巴黎这些老牌都市,其基础稳固发展脉络稳定,制定战略的年限都在 20 年甚至更长,而一些亚太新兴都市例如迪拜、香港具有资源和地理红利,看重如何利用机遇,将战略预测年限缩短到10 年甚至更短有利于因地制宜、因时而动。东京都因为其特殊的地缘政

---

① 复频:吴志强院士在 2021 年 9 月 30 日深圳市城市规划设计研究院有限公司承办的"数字化支持城市群协同发展"线上学术对话中,提出"复频"的技术理念,由于战略规划从编制、发布、传播、批判直至调整滚动进行,其周期具有持续性和顺延性,而多个时段的战略预测常常同时进行,方案能最大限度地涵盖城市多情景内遇到的挑战、风险和机会,战略预测方法通过"复频"来甄别不同类型城市信息的频度,从而进行多频率复合的智能推演。

治条件,其都市发展受到多因素的干扰,因此一直维持着高频的规划年限(低于5年),基于重大事件(1923年大火、1945年空袭、1997年和2007年金融危机、2011年地震、2020年新冠疫情、2021年奥运会),面对相比于其他都市更大的不确定性,东京聚焦有限的内外部资源进行规划战略调整,这种适应型的战略思路正在被越来越多的都市效仿(Tokyo Future Scenario 2035,2011)。

表格26 四城市(香港、伦敦、东京、纽约)空间战略目标分析

城市	挑战		目标历程	目标	目标框架	
香港2030规划趋势分析目标10年周期	环境挑战	气候变暖海平面上升	1965《全港发展纲领》新市镇开发;1974《全港发展纲领》格局深化成熟;1984《全港发展策略》亚太地区经贸中心和国际城市;1996《全港发展策略检讨》迈向国际都会;2007《香港2030:规划远景与策略》亚洲国际都会。	香港2030+:跨越2030年的规划远景与策略;香港的规划以及土地及基建发展提供跨越2030年的空间规划框架及方向。	经济	提升经济竞争力,加强与世界及香港内部的联系
	经济挑战	金融风暴经济增速减缓			文化	保护文化遗产,注重城市文化的塑造
	社会挑战	人口增长逆转老龄化挑战			环境	注重优质生活品质的塑造
	政治挑战	香港与内地跨界联系需求增强			防灾	实时提供充足土地及城市基础建设
大伦敦规划趋势分析目标4年周期	环境挑战	气候变化雾霾影响	2000成立大伦敦市政府;2001《走向伦敦规划》;2002《伦敦规划初稿》;2004《大伦敦规划》具有示范意义的、可持续发展的世界城市;2008新市长开展《大伦敦规划——基于2004年变化的调整》;2011《大伦敦规划》建设卓越的全球城市。	2015大伦敦规划2036跃居全球城市之首,实现最高环保标准和生活品质、引领世界应对城市挑战的伦敦。	经济	可应对经济和人口同时增长的城市
	经济挑战	不断增长和变化的人口和经济,世界资本中心稳固挑战			居住	由多元化、强大、安全和便利的社区构成的城市
	社会挑战	长期存在的贫困问题,生活品质与变化的规划体系			绿化	使人感觉愉悦城市
					气候	建立一个具有全球竞争力和成功性的城市
	政治挑战	支持增长所需的基础设施			交通	一个人人可以获取工作、机会和高效率设施的城市
	发展机会	2012年奥运遗产保护			环境	建立一个在环境方面领先的城市

续　表

城市	挑战		目标历程	目标	目标框架	
东京都长期愿景趋势分析目标5年周期	环境挑战	解决当前挑战及确保东京走向可持续发展的未来	1945《战灾复兴计划》：将来的工业城市； 1982《东京都长期规划》：职住平衡多核心城市； 1995《东京都3年规划》：为市民生活提供保障和支持建设富裕、有活力的生活城市东京； 2000《首都圈全球城市构想》； 2006《十年后的东京》； 21世纪的新首都； 2011《十年之后的东京2020》：世界模范城市； 2014《创造未来——东京都长期愿景》：世界第一城市。	2040"都市开发通盘规划"可持续发展科技发展与社会发展。	最棒奥运会	确保奥运场馆有效利用成熟，东京的强项的奥运会取得成功
						建成高度发达、具备以人为本的城市基础设施的城市
	社会情景	社会结构变革程度			未来东京可持续性发展	传递日本人的关爱宣传东京的魅力
	经济情景	产业竞争强弱度				建成安全放心的城市
	政治情景	社会管理力量自由度				建成福祉先进城市
						建成引领世界的国际化城市
	发展机会	举办有史以来最好的奥运会及残奥会（2021年已经举办）				建成为下一代留下丰富环境和充实基础设施的城市
						振兴多摩和岛屿地区
纽约规划趋势分析目标4年周期	环境挑战	气候变暖、强力风暴	1920《第一次都市圈规划》：再中心化； 1968《第二次都市圈规划》：抑制城市蔓延； 1996《第三次都市圈规划》：经济、环境与社会目标协调发展； 2007《纽约规划》：更绿色、更美好的纽约； 2011《纽约规划》：更绿色、更美好的纽约。	2015"纽约规划"建设一个公正而富强的纽约。	经济	我们成长中的繁荣城市
	经济挑战	可持续发展的经济影响			社会	我们公平公正的城市
	社会挑战	人口持续增长			环境	我们可持续发展的城市
	政治挑战	基础设施重新投资			防灾	我们有弹性的城市

来源：作者自制

3）学习智能化

社会线方面，即便社会不确定因素频现，而全球化趋势仍然不可避免，对预测分析方法技术升级的诉求越发强烈。城市线方面，继"综合型

《奇点临近》Ray Kurzwell

规划 1.0""引导型规划 2.0","智能型规划 3.0"趋势已现,如 2008 年的洛杉矶交通建设中心成立,2012 年纽约的 Open Data 到多伦多 Waterfront 的智慧社区。技术线方面,1950 年机器智能的图灵测试,1956 年达特茅斯会议确立人工智能,1994 年以来,凯文·凯利推出了未来三部曲《失控》《科技想要什么》《必然》,并且创办了《连线》杂志,预见未来城市组合形态会越来越紧密精细,并重构进行组合。2010 年后深度学习、神经网络加之"大数据、算法优化和计算廉价化"三项技术促使人工智能获得突破。2017 年 AlphaGo 战胜围棋冠军,人类社会构建以及规划技术发展都已经受到数字化网络以及人工智能的影响,而大量的未来学预测也已经转向"机器生命体、新世界观以及奇点来临"的预见[1],可见学习智能化的趋势不可避免。未来依靠"流"和"信息"快速形成自下而上、点对点网络,促进共享流动机制。大都市空间战略应顺应上述趋势,关注社会性和技术性因素,学习智能化的空间战略规划能够自我迭代,积极应对未来不确定性,摆脱"线性预测+设施供给"的单纯路径,以模型模拟为基础,以多方的愿景目标和政治决策作为验证工具,利用"政策治理+战略决策"进行多路径推演,结合既有认知、愿景诉求和非线性趋势拉动都市战略制定,形成"借助数据表述趋势、发现规律拟定规则、多向模拟验证规则、推演未来洞察规律"的方法模式。该模式融合经济、政治与规划学科、交叉个体诉求、群体理性和社会认同,由空间互动模式提升为多元角色模型,推动公共政策与经济政策的精准施策与有效制定。与此同时,物联网、区块链技术促进了高效监测,提升基础设施的使用效率,优化商品分配,完善消费方式,结合"元宇宙"技术,激励人类群体智能的组织、涌现和学习,同时关键指标可动态追溯(吴志强,2022)。

---

[1] 雷·库兹韦尔预言 2045 年奇点来临。

在未来城市高速扩张的同时，城市空间正在利用信息化和技术创新进行空间重构，形成群体智能、点对点网络和智能共享机制，同时发生网络布局和空间集聚。如果说英国50%至60%城镇化为全球贡献了一套法律体系，美国50%至60%城镇化为全球贡献了城市规划的学科体系，那么中国50%至60%城镇化将为世界贡献智能城市（吴志强，2019）。由于现行规划建设审批流程和数据平台的黑箱存在，"规划-预测-评估-设计-建设"的全周期逻辑始终没有打开，战术预测往往无视社会性与技术性的刚性约束，在缺少社会经济发展预测、空间格局演化配置和公共政策引导等条件情况下，假设模型参数借助线性推估增长，其结论很难具备战略评估与政策研判能力。如今，大都市规划行业伴随技术革命展开了生态化转型，传统规划开始进行机构重组、云平台化和IT巨头跨界合作。因此，空间战略模型的升级需要不断进行学习迭代，要求未来规划的编制需要逐步走向动态平台，"多规合一"平台建设与规划编制同步开展，营造智能学习、跨平台协同的方法生态，促进各专业进行互动协作。

3. 逻辑推导与趋势分析

逻辑推导和趋势分析是大都市空间战略中最为常用的方法。

逻辑推导（Intuitive Logics）方法发起于20世纪60年代，由壳牌石油集团前规划师Pierre Wack发明，创造条理清楚、可信度高的未来故事，并将其作为测试空间战略规划的依据，目的是使决策者面对纷繁复杂的未来世界，能够从繁多的方法当中抽离出来，能把关于未来的零碎信息有效整合成为完整的故事，该方法同德尔菲法实际上是紧密相连的。具有代表性的直接逻辑方法有斯坦福研究院的六步骤法，其步骤包含：（1）明确决策焦点；（2）识别关键因素；（3）分析外在驱动力；（4）选择不确定因素的走向；（5）发展情景逻辑；（6）分析故事内容。

趋势分析是大都市空间战略的基础，它可以基于定性和定量的指标进行综合分析。趋势影响与逻辑推导相结合进行交叉综合使用，首先需要进行深入的调查研究，在描述性、解释性和探索性的研究中运用调查研究的方法，收集第一手的数据，并描述城市的趋势。在规划趋势分析中，应用定量分析起源于回归模型、时间序列、方差分析等方法，随着计量工具的兴起,交通模型、城市空间引力模型都成为普遍工具。趋势外推的步骤包含:1.建立预测参数;2.收集必要数据;3.拟合曲线;4.趋势外推;5.预测说明;6.研究制定规划决策的实施和效果评估。

在拥有大量历史数据的时候且关键变量间的趋势关系相对稳定时,趋势外推方法是比较有效的,但在动荡多变和错综复杂的环境下,传统的统计与预测方法,因关键变量间的假设跟实际不符而很难奏效。因此,定量分析和趋势模型被发现并不能解决预测准确问题,例如美国主流学者60年代曾预测大都市人口会持续增长,但事实并非如此,相关学者开始反思大都市是复杂系统,数据庞大结构繁复,单纯的线性预测显然不能模拟真实的发展。因此,在对短期发展作了趋势模型预测的基础上,逻辑推导和趋势分析模型对长期发展态势做了探索,从而对长期不确定性进行补充拓展,这样便形成了更有效的交叉预测方法。

表格27　三种趋势分析模型对比

	逻辑推导模型	远景预测模型	趋势外推模型
目标	战略决策组织学习	支持政策制定以及行动规划	外推预测以及政策评估
表述	描述性或规范性	描述性或规范性	描述性
范围	从宏观全球到微观企业	范围较窄但考虑因素较多	范围较窄依据特定事件的发展趋势关注其走向
跨度	3至20年	20至50年	10至30年
方法论	过程导向的归纳演绎并有赖于直觉进行定性分析	结果导向的客观定量分析,依赖于复杂计算机模型	结果导向的客观定量分析,辅助计算机模型
使用工具	通用工具包含头脑风暴、STEEP分析、聚类分析、矩阵分析、系统动力学和利益相关者分析	专业工具包含结构分析、角色扮演、形态分析德尔菲、SIMC、Prob-Expert、多级和多准则评价	趋势影响分析、交叉影响分析、蒙特卡洛模拟
出发点	特定的管理决策,普遍关注的议题领域	关注具体现象	依据详细的可靠的时间序列数据进行决策
关键动力	专业直觉、头脑风暴技术、STEEP要素分析、专家讨论研究	利用角色分析进行讨论,利用先进的计算机工具进行全面的结构分析	利用历史时间序列数据拟合曲线识别发展趋势,创建未来数据库

续　表

	逻辑推导模型	远景预测模型	趋势外推模型
建立框架	以矩阵形式确定情景逻辑作为主要原则	基于关键变量，利用矩阵形式创建可能的假设	以关键指标的预测利用拟构建不确定模型
模型输出	定性有限的量化分析，构建若干平行情景，包含启示、战略选择、早期预警	定性和定量的，基于综合分析的可能行动及其后果构建多个可供选择的情景	定量的基准情景、匹配时间序列预测，形成前端的情景故事
变化概率	所有的方案概率一致呈现线性逻辑	变量发展的概率取决于参与者认知	发生概率受制于各类前提条件
情景	2到4个	多个	3到6个
评分标准	连贯性、综合性、一致性、新颖性、结构分析逻辑严谨性	综合性、内部一致性、结构严谨性、合理的数学分析、可重复性	合理性并且可重复

来源：娄伟《情景分析理论与方法》。

世界经济增长使空气水质、食品体系与自然资源的重要性日益凸显，全球通信技术为远距互动与合作活动实现了前所未有的可能。全球范围内的金融、经济、社会及环境危机在不断加剧，自 2005 年《京都议定书》生效以来，该文件所提及的经济生态、能源危机、全球城市化问题也逐渐显现。全球大都市人口增长过快导致保障房供不应求，贫富收入差距加大，全球气候变化影响导致风险日益加剧。东京社会结构变革程度剧烈，面临老龄化、少子化、人口减少的威胁，为了解决当前挑战积极寻求走向可持续发展的途径，

Paris La Defance 吴志强
拍摄于 1999 年 5 月 31 日

2021 年奥运会的机遇为其带来积极效益。伦敦年轻人和老人的比例同步增加，需要更多元的住宅供应，经济结构的持续变化带来更多的商业和服务部门工作，贫困以及气候变化需要更好的市政基础设施，在未来的50 年中，使伦敦产生剧变的事件仍将存在，洪水、高温、恐怖主义持续检验城市支撑系统的韧性，伦敦战略致力于不断改善人们的生活质量。20

世纪下半叶以来巴黎大区人口在法国总人口中比重稳定,面对 2030 年还会存在 15％的增长,巴黎大区要为 1150 万居民提供食物,缓解经济发展不均衡、住房危机、失业率、交通拥堵问题,迫切需要一个兼顾经济增长和社会公平的战略计划。洛杉矶人口将持续增长,土地利用逐步饱和,由于气候变化、人口压力导致基础设施衰败,面对全球经济重构下能源和消费支出上涨,城市承载能力极其有限,水源短缺、火灾频发,交通系统难以高效运转。芝加哥作为美国中西部地区的经济中心,近年来就业停滞、设施老化、交通拥堵、教育与劳动力培育不健全,其都市战略同样需要面对全球气候变化、生物多样性减少、水供给挑战与地区性贫困。

在欧洲,普遍认为未来经济增长将有所改善,柏林随着区域经济一体化和全球竞争的加剧,与周边地区(法兰克福)的协同发展仍然有阻力。法兰克福位于欧洲中心,经济实力持续增长,国际化程度更为开放,居住和经济空间趋向多中心,区域合作态势增强。米兰大都市空间战略获得成功,与 1980 年代后半段以来的复杂理论关系密切。该都市以创意兴市,其战略分析方法主要以直觉逻辑与趋势推导为基础,在发掘动力方面也卓有成效。布鲁塞尔和苏黎世的人口都在稳步增长,都市圈经济发展吸引大部分人来此定居,所以这两个城市的房价上涨较快。巴尔的摩创造良好环境、整合城市未来愿景,促进影响区域流动并推动经济增长。

在澳洲,悉尼过去 30 年的挑战来源于不断增加的居民人口、易变的社会价值观、地方居民的多样性、经济全球化和技术变革,这座大都市的土地、服务以及基建都面临消耗压力,快速上涨的燃料价格迫使居民转向公共交通,加速回归城市生活,来自各个国家的移民加速金融、商业服务以及知识性工作岗位全球化,都市战略持续拓展经济活动地位而做出激烈竞争。澳洲的另一座大都市墨尔本人口增长提出住房多样化需求,生活成本显著提升造成支付危机,都市战略应对气候变化、城市扩张、郊区化以及乡村衰落等问题。

在亚洲大都市积极进行城市空间结构改造、培育中心区域、加强广域基础设施建设。首尔在经历了外汇危机以及国际金融危机后,人口集聚但经济增长放缓及两极分化加深,中产阶级数量显著降低,贫困阶级数量呈现出递增的趋势。今天首尔城区趋于老化且用地面积不足,1990 年以后首尔横向城市开发达到极限,未来主要方向应向集约化技术导向发展。香港人口增长趋势逆转带来老龄化挑战,同时 1997 年的亚洲金融风暴、2003 年的非典、2020 年新冠疫情对经济社会带来巨大的冲击及影响,香港策略发展委员会提出,未来需要与大湾区乃至内地联系增强、提升市民生活素质、确立香港城市的特色和形象,推行经济转型加快发展高科技产业和旅游业的发展,成为亚太首要国际都会的目标。新加坡所处地缘位置重要,由于北极冰川融化造成世界航线格局变化,其全球贸易中心地位受到威胁,这座都市持续调整战略,促使土地利用需要更加集约,力求到 2030 年为 700 万人提供优质生活环境。孟买大都市区域既有历史古城,也有新兴城镇(1970 年建成),整个区域处于全面再开发状态,新增城市化用地并未考虑现状,大量的贫民窟、破旧建筑很普遍,保障性住宅的建设远远滞后于实际需求,自然资源保护力度不足,战略需要引导制造业与就业岗位回流该区域(沙永杰,2017)。中国大都市上海继续强劲增长但增速趋缓,表现出老龄化、少子化和国际化趋势,到 2040 年人口冲高回落的可能性存在,都市战略面对的问题包括综合实力不强、创新能力不够、人才吸引不足、贴边现象明显、生态环境严峻。武汉都市圈所在的中三角地区,到 21 世纪中叶,人口规模也将数以亿计(长江日报,2013),该都市圈未来发展动力强劲。

文献叙事法: 文献综述能全面梳理战略编制过程中,大都市所处的历史阶段以及所面对的问题,在选择研究方向主题之后,战略编制者进行大量资料收集整理、综合分析而组成分析内容,它不同于一般的学术研究而是一种高级综合整理,对相关文献回顾之后,确立研究论题并对论题提出进一步的完整研究思路。Lawrence A. Machi 在其《怎样做文献综述——六步走向成功》(The Literature Review：Six Steps to Success)中提出了文献综述的六步模型,对大都市空间战略同样具有参考价值,将文献综述的过程分为选择主题、文献搜索、展开论证、文献研究、文献批评和综述撰写,而这个过程是一个螺旋式上升、不断迭代前进的过程。大都市空间战略的文献综述相比一般的文献综述,其涉猎范围更广且需依据特定主体有纵深切入,它是在对该大都市所涉及的领域进行深入研究和理解的基础上,对主要问题、先前规划、争论焦点、城市发展水平、政策动态、城市技术和发展前景等内容进行综合深入分析,从而提出未来战略的思路。这种文献综述要求工作组对于大都市的发展态势进行综合整理陈述,根据动态发展的最新情况,对综合整理后的资料进行系统论述和相应评价。

MECE(Mutually Exclusive Collectively Exhaustive)意为"相互独立,完全穷尽",是典型叙事逻辑分析法,它强调做到不重叠、不遗漏,作为麦肯锡思维准则,对于重大议题把握问题的核心并解决问题,并成为有效解决问题的有效路径。该思想方法强调使用结构思维将大都市战略的方方面面进行建构,"相互独立"是指战略细分的不可重叠性,"完全穷尽"则指周密和全面,如下表展示的东京规划及人口的叙事逻辑,由作者总结展示了不同战略规划定位对人口变化的影响。

表格 28　东京规划及人口演变叙事路径

时间	1945	1955	1958	1968	1976	1982	1986
名称	《战灾复兴计划》	《首都圈规划草案》	《第一次首都圈总体规划》	《第二次首都圈总体规划》	《第三次首都圈总体规划》	《东京都长期规划》	《第四次首都圈总体规划》
目标	将来的工业城市	现状人口1050万,规划1975年1800万	现状人口1980万,规划1975年2660万	现状人口2700万,规划1975年3800万	现状人口3360万,规划1985年3800万	就业居住平衡的多核心城市	现状人口3760万,规划2000年4090万
远景	1995	1999		2000	2011	2014	未来
	东京都3年规划	第四次首都圈总体规划		首都圈全球城市构想	十年之后的东京2020	创造未来—东京都长期愿景	都市开发通盘规划
内容	为市民生活提供保障支持,建设富裕活力城市	1995年现状人口4040万,规划2011年达到峰值4190万后减少,规划2015年人口为4180万		21世纪的新首都	世界模范城市,强调城市防灾、能源安全、国际竞争力	世界第一城市(2014—2024)	都市开发通盘规划

来源:作者自制

交叉影响分析(Cross Impact Analysis,简称 CIA):交叉影响分析起始于 1968 年 Gordan 提出的基于蒙特卡洛仿真模拟[①]的交叉影响分析模

---

① 蒙特卡罗模拟因摩纳哥著名的赌场而得名,数学家们称这种表述为"模式"能产生与实际操作中对同一条件相同的反应。

式,之后这一预测方法日趋成熟,被先后用于预见事件发生概率、事件发展趋势和选取关键事件的三种不同的功能模块,交叉影响分析趋势是在德尔菲法和主观概率法基础上发展起来的分析方法,它对于未来的规划控制整体进行分析,强调做可以做的,预留不可以做的并善于利用智能技术进行过程情景推演,一般步骤包含：1. 组建相关专家团队；2. 专家团队识别影响未来的事件；3. 专家确定每一个事件的初始概率；4. 专家团队构建交叉影响矩阵；5. 基于交叉影响矩阵专家团队评估初始条件的概率及事件之间的相互影响；6. 初始概率评估后,使用蒙特卡洛方法模拟事件发生过程；7. 为所有初始概率确定新值；8. 重复模拟过程；9. 通过模拟获得每一个可能情景的发生概率。

交叉层次分析(Cross-Impact Hierarchy Process,简称CHP)：美国运筹学家 T. L. Saaty 教授提出的,基于交叉影响分析、定性分析与定量分析相结合的系统分析方法,CHP 常常被运用于多目标、多层次、非结构化的复杂决策问题。CHP 决策分析法将决策者的思维过程条理化、数量化,对问题所涉及的复杂问题的决策思维过程模型化、数学化,并将关键因素分析透彻,其过程步骤包含：1. 构建评价标准；2. 把解决问题分层系统化,将问题分解为不同的组成因素,按照因素之间的相互影响关系聚类组合,形成层次结构模型；3. 把专家意见和分析者的客观判断结果结合起来,两两比较进行定量描述,反映相对重要性次序的权值；4. 通过综合计算各层因素相对重要性的权值,得到最底层(方案层)相对于最高层(总目标)的重要性次序组合权值,以此作为评价和选择方案的依据。

调查判断预测法：调查判断预测法就是根据预测目标要求,通过典型调查、抽样调查、重点调查、样本普查等多种形式进行研究分析,再把调查所取得的各项资料,经过整理分析作出判断,最终提出预测报告的一种预测方法。采用调查判断预测法,要针对不同的预测对象和项目,收集适用的信息资料,按照一定的理论规律进行科学的判断分析,从而得出预测结果。

在具体应用中,以上几种方法常常在大都市战略规划中交叉使用,未来空间战略的预测视角应重新审视发展路径,积极面对未来的不确定性,以往对"预测＋供给"范式太过单一,由于计算机技术的不断进步,针对不确定性的模型选择、愿景设置、算法验证、政策选择和实施路径都可以建模,决策者、战略架构师和规划师在应对未来时候更多发挥的是未来指引和场景选择能力,利用场景战略研判塑造未来机遇,强化政策路径的灵活韧性。大都市战略平台中时间维度是重要因素,各个版块都是变化的,例如交通系统是不断移动,用地系统面对项目不确定,通信系统具有数字连通性,需要构建多元复合且动态平衡的平台。

案例1

上海战略"全局—定性—定量"逻辑叙述

80年代的"上海经济区"整合行政力量和企业诉求,1982年成立直属国务院的上海经济区规划办公室,以区域经济联合协作的方式来打破条块分割,运作平台是具有协商性质的上海经济区省(市)首脑会议。经过十多年改革开放,以上海为核心的长三角区域对外开放,进行大规模资本与技术引进、进出口发展,到80年代末90年代初,上海能对内对外提供更好的信息服务、金融服务、研发、中介服务、期货市场、物流服务、人员培训以及法律服务等。

90年代浦东开放带动制度红利和资本流入,上海带动江苏设立面向外商的技术开放区等开放平台,同时带动浙江各县市则以走出去为主,通过积极"移师上海"入驻浦东,并自愿组成经济协商会。这种"抱团竞争"模式使整个长江流域广阔经济腹地的进出口物资及大量资金、机构、技术与创新人才等迅速集聚,随着时间推移,江苏和浙江邻近上海的地区被纳入到上海都市圈,这意味着这些中小城市与中心城区之间的联系加强,长三角城市群形成"多级带动"模式,1992年长三角14城市协作成立主任联席会,到1997年扩展为16城市。

2000年以来随着全球化和网络化时代的到来,2002年中国加入WTO又促进了新一波的国际产业转移浪潮,协商性质的领导会议机制促使长三角区域成员由16个扩展到22个,2005年建立长三角地区主要领导定期会晤机制,2015年扩大到26城市。而在长三角迈向世界级城市群过程中,重要节点城市的中心性和控制力需要提升,群落关系和网络密度仍有待丰富,城市跨行政领地的协同创新关系需要提升,更发达多样的创新城市群落有待形成(陆天赞,2015)。"上海2035"战略已经提出人口疏解政策,强调成为"创新之城、人文之城、生态之城"的战略目标,功能提升上更加注重协调管理,对标伦敦、纽约、东京这样的世界城市。近年来,苏州、无锡的人均GDP均已经达到4.1万美元,超过上海的人均3.3万美元,城市群整体表现出明显的近域扩散态势,"近距离"协作紧密,城市群内部的协作网络密度提高。

上海战略预测制定的工作组庞大,既尊重历史规律使用"全局—定性—定量"叙事法,也采用了交叉影响分析和层次分析建立全球城市指标体系,同时战略制定的过程庞大复杂,规划局、发改委乃至市府研究组长作为工作组的领头人,站在全局的角度在多个目标之间建立平衡,在各个利益之间磨合中协调出"预测十供给"的路径依赖,结合认知、愿景诉求和非线性趋势分析探索建立"决策十政策"的多元路径。在对象方法综合利用方面,借助数据分析能力的提升,上海的战略制定从源头控制数据的采集,更为准确地知晓城市的运作状况,从而推动整体指标结构体现发展导向,引入了多个具有代表性的综合性指数,如建设用地结构优化指数、社区公共服务能力指数、历史文化保护管理实施综合指数等。同时,上海战略引入可感知的指标,通过借鉴全球其他城市成功经验,关注人的全面发展,以积极提升市民生活质量和幸福指数为出发点,形成更为人性化的战略体系。

4. 德尔菲法促进开放式讨论

德尔菲法是兰德公司发明的定性预测方法,它征求专家意见,经过几轮函询,进行"背靠背"的交流,以充分发挥专家们的智慧、知识和经验,最终得到反映集体意志的客观经验判断。战略规划的竞争环境常多变并缺乏足够数据资料,预测对象十分复杂,影响预测事件的因素太多,无先例事物可以借鉴,通过建立在集体基础上的直观判断时,难以借助精确的分析技术进行处理,通常可采用德尔菲法。它是一种主观定性的方法,不仅可以用于预测领域,也可以广泛用于各种评价指标体系的建立和具体指标的确定过程。值得注意的是选择不合适的专家是德尔菲最容易犯的失误,在专家的选择过程中,要遵循三个阶段程序:1. 潜在的专家鉴定;2. 专家评审鉴定;3. 专家招募执行。下表反映各种德尔菲法所需专家的需求特点。

表格 29　德尔菲法细分表

名目	经典德尔菲	大规模德尔菲	技术预见市场德尔菲
人员	政府专家	政府、企业、高校、研究机构	政府、经济、科技及企业
问题	宏观技术	宏观技术、经济和社会方面	中微观技术
形式	开放性问卷	固定模式问卷	技术性问卷调查(成长性、研发主体)
预测程序	开放性提问注重创新思路,没有固定程序	1. 技术预见专家委员会,确定目标、任务和评价依据; 2. 匿名反复问卷调查,获得未来可能和行动建议; 3. 高层专家审核论证提出评价意见。	1. 成立德尔菲调查指导委员会和确定调查领域; 2. 建立技术清单,设计指标问卷; 3. 实施调查; 4. 数据处理和统计分析; 5. 确定优先领域和关键技术清单。

来源:作者自制

大都市空间战略侧重于重大问题探讨,邀请专家集中或者分散地对战略议题提出想法,将建议体系化并形成建设性意见。大都市空间战略采用德尔菲法,对比全球城市的最新大都市空间战略,关注区域协同和部门协同两方面内容。在战略制定过程中,战略架构师是内容研究者和规则制定者,也是德尔菲的组织者,一方面是作为行政决策的智库或支持的角色,为政府提供直接的建议,另一方面是作为社会资源的组织者,管理公众、专家、利益相关群体和各个实施机构形成共识。德尔菲也并非万能，《超级预测：洞悉思考的艺术与科学》作者、政治学学者 Philip E. Tetlock[1] 曾经开展了一系列著名的预测竞赛活动，邀请评论员对未来事件作出预测。在整个研究中，Tetlock 收集了 28,000 份预测，结论显示出专家预测与现实不尽相同，专家知名度与预测效率之间存在负相关关系（Tetlock，2016）。

表格 30　德尔菲法内容

形式	优势	不足	特点
发函咨询	准备时间充分	专家主观意见受限	条件、途径、手段判断
多轮答询反馈	多轮意见征询	缺乏全局视野	可能判断或概率估计
定性评估定量化	匿名方式进行	缺乏严格考证	技术产品概率估计
咨询专家选定	定性意见定量汇总	直观外推难以创新	备选方案选出最优者

来源：作者自制

经典德尔菲的步骤包括：1. 建立战略愿景，选择具有专业素养和宽阔视野的专家团，拥有高深的专业素养和宽广的战略视野首席专家，能对任务的研究提供路线指导，并保证工作贯穿始终；2. 需要市场主体的积极参与，因为市场主体在整个行业里占有主导地位，有较强影响力和号召力，更重要的是路线图最后要通过主体来落实；3. 需要对区域战略路线图的研究形成共识，这一点需要高超的协调技能，将首席专家、核心专家聚集在一起，形成对于技术路线图、具体实施办法和操作流程的基本共识；4. 制定发展策略并提供思考和讨论，沟通观点相互交叉，展开制定范围、筛选参与者、研讨互动以及形成关键内容，一些互补性观点及有效沟通可以在复杂讨论中保留下来，而人——特别是那些非传统领域的专家，是信息的关键来源。

---

[1] Philip E. Tetlock 著名战略预测专家，著有《超级预见：预测未来的艺术与科学》（*Superforecasting：The Art and Science of Prediction*）。

表格 31　经典德尔菲战略制定过程

阶段 1： 建立战略愿景，拟定工作程序。	阶段 2： 市场主体就主要研究课题进行探讨。	阶段 3： 战略路线图形成共识聚集专家。	阶段 4： 提供思考和讨论，制定发展策略。
1. 评估土地使用基本状况，考虑需求和供应能力及整体土地供应量和环境状况； 2. 专家非正式咨询； 3. 对类似大都市案例参考策略经验，包括规划过程、应对措施、解决方法； 4. 检讨主要的规划与研究，收集建议； 5. 分析政府文件，确定政策对策略规划的影响； 6. 以地区规划及可行性研究为基础，确立主要研究假设； 7. 第一阶段公众参与，咨询公众意见，收录所收集的意见。	1. 关键议题需求（例如人口预测及房屋用地推算）； 2. 确立可能达到的发展容量和环境的容纳量，评估各种发展限制因素和发展潜力； 3. 新发展机会和挑战，并融合社会经济环境； 4. 环境考虑因素与自然保育、资讯科技发展趋势及其对土地需求影响； 5. 整理需求，制定方案评审大纲； 6. 第二阶段公众参与，征询公众意见，拟备报告书。	1. 拟定评估方法，综合第一及第二阶段工作，拟定日后各个假设发展情景及其发展参数，根据现行政策及社会经济趋势制定一个基线发展情况，为发展方案拟备数据矩阵； 2. 根据已设定好的评审标准进行多方案评估、改良和评审，得到最可取的发展方案； 3. 第三阶段公众参与，就各个假设发展情景征询公众意见，拟备报告书。	1. 根据基线情况，制定短期、中期和长远的发展策略； 2. 为不同假设发展情景制定应变计划，设立"触发点"机制，调整发展大纲和修订落实计划； 3. 设立机制，借以监察成效，并用以检讨和修订拟备最终报告及摘要的草拟本； 4. 第四阶段公众参与，就推荐采用的策略建议及应变计划征询公众意见，视情况修改策略建议，拟备报告书； 5. 制备和公布最终报告。

来源：作者自制

　　引导定量型德尔菲：经典德尔菲指向性不强，它逐步进化为综合理性规划理论，盛行于 20 世纪中叶的西方决策领域，由决策者向专家提供目标和问题，或专家替民众分析疑难问题，再由专家制定选择最终替选方案，该目标导向的思维方式有利于获得系统分析中的"最优化"。德尔菲的规划实践是为了找到城市发展的规律，对德尔菲的修正是为了更好找到解决路径，在这种模式中，决策者知道掌握所有问题的目标，有权利选择项目以及选择本身的价值。在执行过程中，由决策者邀集各部门负责人进行座谈，各部门都应提供实际资料，阐明自己对未来发展情况的看法和立场，提出自己在未来时期可能完成的任务的意见，然后由总负责人综合归纳进行整理，作出预测性判断。此法的优点在于各部门意见汇集考虑较全面故失误机会较少，参加座谈的是研究领域的专家和课题的负责人，易于召集其他专家，能提出负责任的意见来，在短期内很容易产生预测结论。此法的缺点在于，过于依赖主管人员的主观判断意见，支持预测的事实说明往往不完整，容易受主管人员主观影响。定量化德尔菲方法首先评价城市的具体要求，选定若干个评价项目，再根据评价项目制定评分标准，聘请若干个代表性的专家，凭借自己的经验按此评分标准给出评价分值，再进行归纳总结。

头脑风暴法：这是德尔菲的自由形式，由美国创造学家 A. F. Osben于 1939 年首次提出，该方法选择人员在不受限制的气氛中以会议讨论形式充分发表看法。头脑风暴最早是精神病理学用语，如今转而为"无限制讨论"，其目的在于产生新观念或激发创新设想，同时保证群体决策的创造性和决策质量，管理上发展了此法来改善群体决策。头脑风暴法的要点包含：1. 组织讨论一般参加人数为 5 到 10 人；2. 会议模式主要是倾向于设想开发型；3. 会前准备工作最好是有专门的主持人，来引导创意思维；4. 会议原则尽量是让与会者畅所欲言，相互启发和激励奇思妙想，同时限制批评和过度评论。

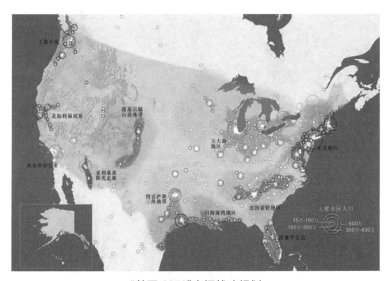

"美国 2050"空间战略规划

大都市高密度区域场景推演

未来城市理想单元方案推演

　　通过大都市战略规划的方法梳理，我们发现德尔菲在城市战略中很常见，且以头脑风暴和引导性德尔菲为主。纽约的规划促进政府机构和区域合作伙伴紧密合作，市级、州级乃至联邦政府都参与对交通运输设施、能源改革以及国家或州级温室气体政策的制定。规划中的很多提议涉及社区利益和土地权属，规划的开展将与当地社区进行紧密合作，共同打造美好的城市环境。伦敦大学学院（UCL）于 2012 年开展了名为"伦敦2062"①的研究项目，采用一系列的工作坊、论坛、研讨会、对话、讨论与辩论，都围绕主题且不拘泥于形式，其中的发言与观点记录以及引发的后续思考，都为项目成果的最终形成作出贡献。该项目分为四个部分："互联，城市安全，权力和梦想"。"互联"表述伦敦在城市功能上的多重性，作为全球城市和首都城市，影响城市发展的多元因素之间存在多重的相互作用。"城市安全"包含基础设施、水和废弃物等要素。"权力"的覆盖面很广泛，包括城市治理、经济发展和住房等问题。"梦想"包含了人们对未来伦敦的更多的期许，以及对未来发展愿景的展望。巴黎大区议会于 2004年修编了"巴黎大区总体规划"，经过四年的研究和咨询之后建立了名为"都市巴黎"的联合会，提出的"大巴黎，大挑战"国际咨询活动的框架之内，动员了十个围绕知名建筑师组建多学科专家小组进行思考，涉及战略目标、公众权利、城市建设项目、城市设计及实施性措施。"美国 2050"是由美国区域规划协会组织的第一个综合性全国国土空间战略规划，旨在应对未来挑战为提升国家竞争力奠定基础，注重人口、环境和经济一体化发展，从而推动 21 世纪美国发展，为公私政策投资提供一个综合平台，并认为"11 个巨型地区"是美国未来城市空间布局的发展方向。芝加哥规划编制由芝加哥商会牵头，半政府性质的区域规划委员会（CMAP）起到组织规划、技术支持的作用，通过网站及时和社会沟通，在这个过程中专家德尔菲反映了市场需求和政府诉求。"德国城市 2030"是由联邦德国教育科技部发起的课题，由科技联盟、城市政府以及科研机构参与，旨在研究面向未来 2030 年的德国城市和区域的发展模式，"德国城市 2030"

────────────

① 以伦敦 50 年后的未来为研究对象的项目，见于 Ubiquity 出版社出版的著作"*Imagining the Future City*：*London* 2062"。

还资助有潜力的研究机构,从而展示城市未来的发展远景(吴唯佳,2010)。"首尔2030"的德尔菲法从专家角度出发,邀请总规划师、市民代表、顾问团团长等组成小组委员会,开会确定首尔愿景与规划议题的最终版,其愿景计划的制定过程并不简单高效,但从沟通的角度看,汇聚愿景和建议将是相对公正的权衡成果(王周扬,2015)。香港城市规划建设实施来自政府、公营部门和机构多方面的共同努力,因为其具备一个全面高效率的城市规划制度和系统。香港在1996年底咨询社会大众的《城市规划条例白皮书》上,规划署在工作之初就明确"香港2030"的研究目的是"制订下一个10年的土地用途、运输及环境规划策略,指引香港未来发展和建设",通过开放的策略框架和公众咨询平台达成长远发展的共识是其核心价值和规划理念(石崧,2012)。与此同时,香港的规划系统拥有自我更新的能力,不断进行检讨以匹配社会的转变。"上海2035"规划按照"开门办规划"的原则,大都市空间战略编制搭建开放式平台,充分发挥全市各委办局、国内外研究机构、大专院校及业界专家的对战略的指导作用。"北京2049"的研究平台,分为人口经济、城市空间格局、环境资源、城市交通系统等专题,进行多专业交叉影响评估进行预测分析。《2000年广州大都市空间战略咨询》邀请清华大学、中国城市规划设计研究院、同济大学、中山大学、广州市城市规划院,就大都市未来的发展方式、空间模式和战略制定进行讨论。2015年,"21世纪城市发展"国际会议面向与广州大都市发展未来,将主题定位于"新型城乡,人本规划",主要议题涵盖城市群与区域城市发展、城乡统筹发展转型、社会公平、生态城乡和安全文化等。

案例2

"大巴黎计划"创新场景构建

巴黎与周边地区、各省、市镇和联合机构建立了"都市会议"的机构,并于2009年建立了名为"都市巴黎"的联合会,并组织了"大

巴黎塞纳河夜景　吴志强拍摄于 2006 年 3 月 5 日

巴黎计划"；2009 年 7 月,该组织修订大巴黎地区出行规划；2009
年 9 月到 12 月,该组织为实现"大巴黎计划"制定新的法律法规,确
定项目实施计划；2010 年 1 月到 7 月,国会讨论后确定了巴黎道路
宽度与限界,到 2010 年秋天,该组织以"大巴黎计划"为主题,在巴
黎王宫举办"世界城市发展"论坛；2015 年"大巴黎计划"执行中期
总结,该计划一直延续至今。

表格 32　大巴黎规划方案介绍

名称	作者	内容
延塞纳河西扩至鲁昂	法国建筑规划师	巴黎北扩建议修建高速铁路,同时利用塞纳河的航运功能,让巴黎的范围扩大到西北部诺曼底以及英吉利海峡。
现有住区更新	让努维尔团队	在"街区、居住区、大型集合住宅"的改造中停止"拆除-新建",通过精细设计对现居住区进行改造,增加交往空间。
维护自然环境与历史文化	罗杰斯团队卡斯特罗团队	在巴黎各公寓楼顶开辟空中花园,并在市内大量兴建绿化带。设计促进首都各街区之间贫富和谐混居,充分利用屋顶作为绿色空间,连接多条新的环城有轨电车与郊区。

续 表

名称	作者	内容
向巴黎倾注美丽	法国建筑师	建议在市中心建造新文化地标建筑,并在郊区辟建绿色商业区以及一座大型歌剧院,表现历史古迹和公园风貌。
克服"全球城市危机"	包赞巴克团队	通过"根茎网"将建筑有机地混合起来,大型交通枢纽将巴黎置于从伦敦到法兰克福的中心,重新引进林间空地和公园,使首都多元混合发展。
交通联系设想	法国国营铁路公司	利用"8"字快线把主要的经济就业中心联系起来,大运量规划线路,高峰单向每小时运量4万人,并且自动化安全可靠,昼夜24小时服务。

来源:作者自制

方法分析:在"大巴黎计划"中,政府动员社会各界来为巴黎的发展出谋划策,"大巴黎-大挑战"贯穿始终,规划委员会通过十个跨专业设计小组的情景构建,表现出可能的未来城市构想,为政策制定提供支撑。经过四年的研究和咨询之后,"都市政策议案"确定了创新场景构建在2030年的巴黎大区都市规划中的重要地位,同时成为社会各界参与"大巴黎计划"的平台。组织方在国际咨询活动的框架之内,动员了跨文化建筑师组和多学科专家小组进行思考,向城市建设专家和巴黎大区选民们提出了他们对于未来巴黎的思考意见,形式多元具有创新色彩,很多想法已经落实在巴黎后续实施计划中。

案例3

东京战略规划

针对自身国土狭小且资源有限的劣势,东京乃至整个日本的战略规划特点是着力于大规模的德尔菲法和技术预见,集中发展

塞纳河畔　吴志强摄于 1999 年 6 月 1 日

面向未来的高精尖技术，从而弥补自身在自然资源等方面的短板。东京 20 世纪 60 年代开始的高速发展形成巨型大都市圈，丹下健三 1960 年以功能主义手法进行了东京旧城区的改造方案，方案策略包含公交单轨铁路、精密的私人小汽车和立交系统，80 年代黄金时代的发展成果证明了这一战略方法的有效性。与此同时，大野秀敏多年来致力于东京高密度建成区的规划研究，于 2006 年公布了"纤维城市 2050"，将东京的"纤维"绿廊归纳为 4 种类型：指状、绿带、绿网、城皱。

　　方法分析：二战以来，东京的城市空间规划主要关注战略目标，与此同时以对象和动力为导向来制定规划，以此建立的预测分析方法及后续战略规划工具的选择也继承了这一思路。东京的战略规划建立在严密的大规模德尔菲计划中,但专家的构成则灵活多元,同样也纳入了建筑师、艺术家、企业家、社会学家的想法,形成了"固定流程＋多元想法"的方法平台,能够不断地根据现实情况进行调整。

案例 4

伦敦战略德尔菲

《London 2062》2013 年出版

伦敦大学学院(UCL)于 2012 年开展了名为"伦敦 2062"的研究项目,该项目为四个部分:"互联,城市安全,权力和梦想"。"互联"表述伦敦在城市功能上的多重性,作为大都市,影响城市发展的多元因素。"城市安全"包含基础设施、水和废弃物等要素。"权力"的覆盖面很广泛,包括城市治理、经济发展和住房等问题。"梦想"包含了人们对未来伦敦的更多的期许以及对未来发展愿景的展望,该空间战略站在规划技术方法的角度,以空间为载体,采取综合多维的方法和策略,整合了近 20 个议题,这些议题包含经济、社会和环境领域。基于"伦敦 2062"的空间发展战略采用次区域、机会增长地区、高强度开发地区、更新地区、城镇中心和郊区等空间类型来讨论伦敦的空间发展,并将其他政策在空间上进行叠加。伦敦规划一直强调的伦敦东部区域和伦敦剑桥走廊,是未来伦敦发展的优先地区,大量的公共资源(包括奥运会场址)都将向这个区域倾斜,规划在这里也确立大量的机会增长地区、高强度开发地区和更新地区,这都将为市场提出明确的发展信号。

方法分析：伦敦未来展望成为诸多学者研究的对象，希望通过"辩论式"的研究，为未来 50 年的城市发展提供更多的可能性，伦敦战略德尔菲和我国大都市目前的专家讨论相比，相似之处在于以空间为载体的综合规划思维，不同之处在于其"辩论式"的德尔菲始终重视政策导向、目标以及不同政策的相互关系，而不涉及具体的土地使用。这一点既明确了公共政策和公共投资的导向，又给市场留下了充足的空间，促使公共投资和私人投资能找到契合点。

3.1　对象认知

在对象研究的过程当中，直觉逻辑、趋势推导是常用方法，也需要引入开放性的视角。大都市战略发展问题常以德尔菲的形式展开论证，充分发挥跨专业智慧经验。"伦敦规划 2021"提出良善增长（Good Growth），凸显大型基础设施的社会价值，同时直面数字新基建的资金压力，保证大型项目的商业价值，为未来城市发展提供合理的操作路径。

数据模型则进行情景模拟，正成为大都市政策判断的有效工具。芝加哥招商局（WBC）为智慧城市建设的公私合营机构，该机构联动庞大的物联网基础设施，收集城市数据进行分析，评估政策对于社会经济的影响，提高政策合理性并不断优化预测分析方法的准确度，这个过程形成"最佳实践工具包"推动市民参与城市治理。

案例 5

亚太地区大都市战略德尔菲

香港、上海、广州等大都市战略搭建开放式平台，跳出规划部门的局限建立专门的编制小组，协同各责任部门（如发改委、外经委、交通委、经信委、规土局、文广局、房管局等）、研究机构，设计创新空间组织方式，支撑城市长远发展进行课题研究。

"香港 2030"基于区域层面研究，协同大珠三角地区（广州、深圳、珠海与澳门）的规划框架、全球发展趋势对香港未来的影响、第三次经济转型、创新科技和文化艺术研究,从而拟定发展情况的不同情景分析以及发展方案、相关概略经济及财务评估以及基本发展情况假设,人口及就业的基本方案考虑在中国内地居住的香港居民、人口老化及长者设施规划、改建工业大厦为家居/工作间的可行性研究,借鉴美国及新加坡混合式发展的经验及其在港适用性检讨,规划在公共设施方面考虑港口设施及日后需求的检讨。规划在交通方面提出区域性及香港交通运输网络规划大纲,增建连接广东省东部之跨界通道(东部通道),并挖掘边界禁区之发展潜力,并进行住宅密度研究,对香港北部新城计划进行了初步评估。

"上海2035"于2012年启动战略研究以及五大专题:目标定位和功能提升领域,致力于提高大都市的国际竞争力,提出"全球城市"的建设目标、框架与发展策略;区域联动和协同发展领域,致力于建设世界级城市群的核心城市,提出上海与长三角区域城镇群联动发展战略研究、交通发展战略研究、生态环境综合治理与协调机制研究与空间应对研究;空间优化与可持续发展领域,致力于增强资源紧约束条件下的可持续发展能力,大都市空间发展战略研究、资源紧约束条件下的城市规模多情景预测与应对策略研究,提出低碳城市建设发展目标与路径研究、智慧城乡规划发展目标与路径研究;宜居宜业和魅力提升领域,致力于建设以人为本的幸福城市,提出以人为本的基本公共服务体系和社区规划研究、转型发展背景下的产业结构与就业空间研究、公共交通优先导向下的城市客运交通体系研究;城市治理和规划实施领域,致力于建设民主善治城市,提出上海特大城市社会治理与规划实施体制机制研究。

方法分析:对于亚太大都市的发展,纵使需要不断探索不确定性,而首当其冲的则是学习既有胜者"试错"后的经验、技术和管理模式,将有限的资源投入到确定性的学习中，这就是后发优势。亚太大都市战略规划以欧美先行者作为范本，注重采用德尔菲等方法，其管理机制以及庞大的城市体量，需要由专业组织者进行引导给予专家组一定边界，譬如对区域发展、政策发展、产业发展、人口就业以及居住领域进行细分，由专家进一步地提出未来城市发展中的几种情景，再由组织者和专家一同研讨找出最优解，从而对城市发展提出不同的策略方案。

5. 模型预测融合定性定量

预测模型用尽可能简单抽象的方式描述预测对象，它能说明预测对象与其相关因素的联系依存、变化运动、相对稳定的关系。

第一是定量和定性之间的关系，定量预测虽然注重事物发展的定量分析，较少受到主观因素影响，但对数据资料的质量要求较高，且不易处理有较大波动的信息，更加难以预测质的变化；定性预测虽容易受到主观因素的影响，缺乏对事物发展的精准把握，但综合性比较强，容易充分发挥人的主观能动性，因此当数据资料缺乏预测对象无法定量表达的时候，采用定性预测比定量预测有更高的针对性和精准度，因此定量预测和定性预测必须结合使用才能够有较高的适用性。

第二是复杂和简单的关系，简单模型将某种统计指标的数值按时间先后顺序排列所形成的时间序列预测，是历史资料延伸的预测，反映社会经济发展过程和规律性，在稳定情况下进行引申外推预测其发展趋势。复杂模型与简单模型相比，能够提供更多的有关影响预测对象变化的信息，且能够更好地解释预测对象变化的原因，但这并不表示复杂模型的预测精度一定高于简单模型，在统计学上精细复杂的模型不一定比简单模型的准确度更高，只有在特定情况下某些复杂模型的预测精度高于简单模型，因此模型并非越复杂越好。

第三是组合与单向的关系，采用组合预测模型有效提高了预测精度，但其关键因素是否确定合适的单项预测模型及其权重这个问题，只有确定各单项预测模型适合于预测对象且权重合理，才会使基于其上的组合模型有精确性，否则组合预测模型就不能发挥其综合特点，预测精度不仅不能提高反而会下降。

第四是有序与无序的关系,如果对平稳有序系统进行短期预测,模型构建对事物的运行机制刻画得越准确,给定的初始条件和运算过程越精准,那么预测结果就会越可靠且精度就会越高。这种做法也有不奏效的时候,特别是对非有序的经济系统进行中长期预测时,其原因在于无论多么精准的数学模型,总是对现实问题的简化,模型构建总是与实际问题有差异。如果系统平稳有序且预测期限很短,这种差异不会很大,如果系统并非有序而且预测期限较长,这种差异就会被进一步地放大,因此构建模型必须要考虑到无序因素。接下来提出战略规划常用的三种模型。

灰色模型:所谓灰色系统是基于白色系统和黑箱系统之间的过渡系统,其具体含义是如果某一系统的已知全部信息为白色系统,未知全部信息为黑箱系统,那么这一系统就是灰色系统,该理论由我国著名的学者邓聚龙教授在1982年创立,是以部分信息已知、部分信息未知的不确定系统为研究对象,主要通过对部分已知系统的生成开发,提取有价值的信息,实现对系统运作规律的正确认识和确切描述,并据此进行科学预测。一般来说,社会系统、经济系统、生态系统都是灰色系统,灰色预测是灰色系统所作的预测,灰色系统理论认为对既含有已知信息、又含有非确定信息的系统进行预测,就是对在一定范围内变化的灰色过程的预测。尽管过程中显示的现象是随机的,但毕竟是有序有界的,因此这一数据集合具备潜在的规律,灰色预测就是基于这种规律建立的,灰色预测一般分成四类:数列预测、灾变预测、系统预测、拓扑预测。

组合预测模型:这是对同一问题采用多种不同预测的方法模式,它可以是定量方法的组合或定性方法的组合,但实践中更多地采用定性和定量相结合的模式,其最终目的是综合利用各种方法所提供的信息尽可能提高预测精度。组合预测法的基本模式可以有等权组合或者不等权组合,根据进行的预测结果采用不等权组合的预测方式较为准确。组合预测方法的步骤包含:1.确定应用原则;2.根据经济理论和实际情况建立各种独立的单项预测模型;3.运用系统聚类的分析方法度量各单项模型的相似程序;4.根据具体结果逐层建立组合模型进行预测。

定量猜测法:亦称数量分析法,通常是运用现代数学方法对有关数据进行科学加工处理,并建立经济数学模型以揭示各有关变量之间的规律性联系。定量猜测法又可分为两种类型：1. 因果猜测法，即从某项因素与其他相关因素之间的规律性联系中进行分析；2. 趋势猜测法，即根据某项指标过去的、按时间顺序排列的数据，运用一定的数学方法进行加工计算，借以推断未来发展趋势的分析方法。

小结：战略要素　逻辑推导　德尔菲　模型预测

综上所述，本章通过历史回顾、案例分析与方法研究，总结出大都市空间战略的制定需要围绕五条线索(社会、城市、技术、方法、思想)来展开，总结出战略方法的三个趋势：数字信息化、复频实时化、学习智能化。大都市战略首要因素是认清楚对象，对象分析的方法主要包括逻辑推导与趋势分析，德尔菲促进开放讨论，进行多元模型预测融合定性定量因素。

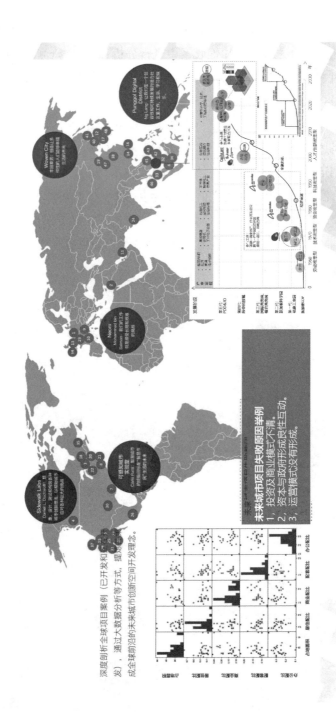

全球大都市代表项目梳理和数据分析

深度剖析全球项目案例（已开发和在开发），通过大数据分析等方式，提炼出成全球前沿的未来城市创新空间开发理念。

第四章

角色明确：治理与经营

吴志强手稿

第四章

角色明确： 治理与经营

大都市战略讲述未来故事，时间跨度基本为十年至二十年，而其并非只是宏大叙事，规划制定者更要认清楚当前自己的角色以及需要承担的责任，为战略过程中的不确定性做好角色定位与分析，策略包含权益分析、政策分析和类比分析，治理角色分为战略主体和对应客体的权力收益平衡，在逐步权力下放并转向主客体协作的背景下，主体从各自为政逐步走向区域协作，客体趋向于规模与能级相匹配提升质量。

1. 权益带动相关分析

战略协调角色的权益关系。权益就是权力和利益，权力是管理者对城市实现政策影响的能力，利益是指体制赋予城市实现其利益的力量，它对大都市的发展、崛起和衰落都具有潜在而深远的影响。在权力和利益的影响下，几乎所有大都市都曾经是封建统治地、军事驻地或殖民地，而在近百年的全球化背景下，这些城市的运作方式都深受全球化与资本化的影响，呈现出多元趋势。

战略规划需要认清利益相关者的角色关系，在权益平衡中实现"正和博弈"。利益相关者是指同城市发展有直接利害关系的角色，利益相关者理论出现于 1929 年并发展于 20 世纪 60 年代前后，目前已经成为经济学和战略规划的重要理论。从历史来看，二战以来历次危机使得世界经济呈现出周期性衰退，例如 1957 年美国金融危机（推动了经济全球化以缓解危机），1974 年的石油危机（引发日美城市建设停滞，各大城市的战略因此而改变,使得伦敦推出"企业区条例"),1982 年的经济停滞和通货膨胀(引发里根—撒切尔的反凯恩斯主义,促进公私合作开始在大都市兴起,促使纽约 1989 年提出"城市宪章"),1991 年日本金融危机(促使日本房地产泡沫破裂),1997 年亚洲金融危机(影响香港作为亚太金融中心的地位),2007 年的次贷危机乃至 2020 年后的全球新冠疫情时至今日仍在全球都市之间蔓延,灵活强有力的都市治理则能够调整战略转型进行产业升级,推动大都市获得更多持续发展,大都市战略规划从中发挥着调整结构和引领提升的作用(王兰,2013)。不论是大都市内部还是大都市之间的绝大多数竞争都是"正和博弈"而非单纯的"零和博弈",因此都市应区域统筹乃至全球协同,探索创新动力共同做大蛋糕。

利益相关者[①]分析包含历史过程叙述和观点阐述,其步骤包含：1. 选择利益相关者及专家组织研究团队；2. 团队成员综合讨论关于未来社会经济政治等可能发生的重大变迁；3. 将成员的观点进行组织整合；4. 挑

图表 15　全球大都市历史分布

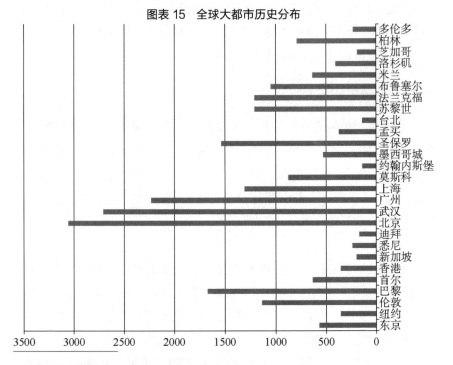

———
① 管理学意义上的利益相关者(stakeholder)是组织外部环境中受组织决策和行动影响的任何相关者。

选出一系列的最佳观点；5.根据最佳观点形成未来情景构架图，对不同的
情景展开故事描述；6.从情景中辨识出预警信号及具体发生情景的早期
标志；7.对所有情景进行监控评估和回顾。

表格 33　全球大都市制度历史

城市		建城历史	制度历史
置顶型	纽约	354 年	1776 年之前为殖民地，1776 年之后为联邦制，20 世纪上半叶成为世界经济中心。
	东京	562 年	1457 年江户城，1603 年建立德川幕府，1889 年之前封建统治，1889 年后建立近代国家体制，1943 年实行东京都制。
	伦敦	1132 年	1688 年之前为封建统治，1688 年之后是君主议会制。
	巴黎	1660 年	1870 年之前为君主统治，1870 年之后成立共和制。
防御型	洛杉矶	400 年	18 世纪前为西班牙殖民地，1850 年正式立市。
	芝加哥	181 年	1837 年前为殖民地，1837 年之后设立城市，1900 年建立现代城市，1950 年进一步复兴。
	柏林	780 年	1918 年之前为封建统治，1918 年共和国成立，1934 年开始独裁统治，1949 年之后分裂为民主德国和联邦德国，1990 年重新统一。
	法兰克福	1200 年	
	米兰	632 年	1921 年之前是封建统治，1921 年之后独裁统治，1945 年之后共和制。
	布鲁塞尔	1040 年	1830 年前封建统治，1830 年之后比利时独立。
	苏黎世	1200 年	1815 年前为封建统治和共和统治，1815 年之后宣布为永久中立国成为统一的联邦制国家。
	多伦多	225 年	1867 年前为殖民地，1867 年之后建立联邦国家，1998 年成为加拿大最大城市。
进取型	悉尼	230 年	1931 年前为殖民地，1931 年之后独立共和国，成为大都市。
	迪拜	166 年	1892 年建立酋长国同时是英国属国，1969 年开始开采石油，1971 年阿联酋成立。
	首尔	626 年	1910 年前为封建统治，1910 年被日本吞并，1945 年独立进行共和制。

续　表

城市		建城历史	制度历史
振荡型	新加坡	194 年	1942 年之前为英国殖民地,1945 年之后逐步走向自治至 1965 年完全独立。
	莫斯科	870 年	1917 年前为封建统治,1917 年十月革命后建立苏维埃政权,1922 年成为苏联首都,1991 年苏联解体继续作为俄罗斯首都。
	孟买	360 年	1739 年前为封建统治,后逐步成为英国殖民地,1858 年英国直接统治孟买,1947 年之后独立建国形成共和制。
	约翰内斯堡	132 年	1961 年前为殖民地,1961 年后南非共和国成立。

案例6

伦敦战略的权益协调

　　伦敦的发展历程是规划博弈史,其空间战略规划从 20 世纪 40 年代融合郊区化和新城运动,直至 20 世纪 50 年代资本密集提升土地价值,规划伴随用地扩张自我迭代,20 世纪 60 年代制造业衰退大量工人失业,规划扶植服务业和金融业,20 世纪 70 年代应对内城衰败规划主导城市更新,20 世纪 80 年代撒切尔主导自由主义改革,英国率先成为发达资本主义国家中宣布实践新自由主义的政府,公共行政领域被新公共管理思想影响,战略规划代表了保守党政府长达 18 年的市场化改革。直至 1990 年代,空间发展规划再次考虑经济、社会以及环境等问题,伦敦开始制订空间发展战略规划,至 2004 年伦敦制订完成了新版发展战略样本。20 世纪 90 年代伦敦战略主要应对能源危机与分配不均,21 世纪初伦敦战略主要应对金融危机和全球化,提出"伦敦复兴"并匹配一系列的市长

St James's Park & Churchill War Rooms & Downing Street
圣詹姆斯公园、丘吉尔博物馆、唐宁街吴志强摄于 2005 年 6 月 21 日

战略并获得成果,伦敦因为良好的发展预期和大都市巅峰地位,引来资本集聚并借此继续完善更进一步提升全球地位,而今伦敦没有故步自封,后续大都市空间战略达到新高度,更多关注气候变化以及社会和谐。

案例 7

纽约战略的韧性角色

纽约作为世界金融中心,城市经济会出现周期性的衰退,每次都能依靠政府作用力重新复苏,体现了纽约城市的韧性。纽约善于利用市场化手段应对危机,1975 年面对财务危机以及随之而来的"滞胀"现象,凯恩斯主义对此束手无策,里根政府追随撒切尔的步伐,20 世纪 80 年代至 20 世纪 90 年代新自由主义上台并进一步与全球化结合,纽约作为全球城经济功能的集聚中心,承接联邦政

《PlanNYC：A Stronger，More Resilient New York》2013

府救助方案(Bailout)引入私人资本进行一系列开发项目(Battery Park City、Times Square Marriott、Grand Hyatt)。20世纪80年代纽约强化全球城经济中心地位,十年后纽约面对互联网经济社会分化提出综合发展规划,引导私人资本促进城市功能转型,但也造成了社会两极分化。21世纪初纽约面对的则是次贷、反恐、环境三大危机,联邦政府被迫介入市场经济发展,并通过多种政策挽救经济。因此纽约城市战略进行发展转型,绿色经济和创意产业成为重点,规划类型更加多元化。纽约城市建设推进新能源的使用,推行 LEED① 标准和公共交通,进一步提升城市生活质量(王兰,2013)。而近十年纽约面对飓风洪水提出韧性规划,应对生态危机和社会不公,重视全球气候变化对城市的影响。

策略分析:西方战略规划制定者常常将具体的地方性规划置于政策

---

① LEED(Leadership in Energy and Environmental Design)是绿色建筑评价体系,有效地减少环境和住户的负面影响。

框架内，并把可持续发展、健康经济环境和包容性等问题上的决策应用在大都市战略中。纽约空间战略是将规划工具置于政策框架中，不但具有系统性的相关规划法案，同时规划本身也能不断进行必要的检讨，确保规划实施的有效性。伦敦空间战略所进行的改良规划方式是把集体意志置于政策框架中，例如1999年通过的《大伦敦市政府法案》第346条显示：大伦敦市长有监控伦敦规划实施的职责，年度监测报告是监控城市规划实施过程和有效性评估的重要文件，其采用"规划、监控和管理"方法框架，该规划所依据的假设条件以及这些政策的有效性都将一直被观察，其中的检测制度基于关键绩效指标（KPI），每年进行监控报告帮助确定趋势和问题，制定合适的反馈政策。

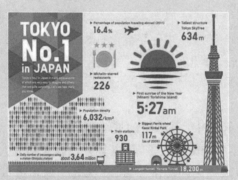

图2 "东京2030"的战略目标概况
资料来源：《创造未来——东京都长期规划》

东京在20世纪80年代跟随信息技术革命，大幅度提升服务业比重，与此同时伴随泡沫经济，战略规划以多元分散结构应对危机和技术革命。而到了21世纪初，东京战略规划则更多应对老龄化与经济衰退，提出综合功能新首都。2011年公布的《东京2020年城市发展战略》为应对东京大地震进行全面探索，规划围绕东京整

表5　东京战略目标演进

年份	规划	目标
1987	《第四次首都圈总体规划》	商务核心城市
1995	《东京都3年规划》	建设生活型城市
1999	《第五次首都圈总体规划》	提升首都圈的核心竞争力
2000	《首都圈全球城市构想》	构想中提出21世纪的新首都
2007	《十年之后的东京》	世界模范城市
2009	《东京2050》	创造一个有吸引力的和充满活力且领先世界的东京
2014	《创造未来—东京都长期愿景》	世界第一城市

体实力的八大目标展开,比以往的综合发展规划更重视城市防灾、能源和提升城市的国际竞争力,而历史证明该规划在引导东京乃至日本走出大地震阴影方面起到了积极作用。2014年,东京获得了2021年夏季奥运会的主办权,东京都规划更强调吸引力和活力,以奥运会作为契机制定了东京都长期愿景,提出目标"为实现世界第一城市而努力"。

策略分析:东京由于其独特的地缘政治地位,作为全球最大规模的大都市,代表日本参与全球竞争,其竞争力来源与其他大都市不同,主要依托日本东部腹地强大的经济总量,支撑其全球顶级世界城市的地位。观察东京在二战后能不断发展壮大的路径,东京的规划方法也注重"集中力量办大事",机制上更强调自上而下,坐拥强大城市资源,通过都市治理平台收集意见调节利益诉求,面对挑战和机遇能够灵活调整战略导向,形成合力解决重要问题。

2. 主体强调政策分析

政策分析是指分析者运用各种技术工具帮助决策者制定或优化政策的过程,包括问题的认定、制定、执行、评估、监控、终结等多个环节。它最

早是由林德布罗姆①在 1958 年发表在《美国经济评论》的"政策分析"中
提出的，政策分析的作用包括减少政策的失误，提高政策效率并给决策者
更好的建议。政策分析也分为定量和定性两类，确定性定量分析方法包
含线性规划、排队论、统筹法等，而随机性定量分析方法主要应用于风险
决策领域，主要包含数学统计、概率论、计算机模拟、随机库存论、决策树、
贝叶斯和损益分析等。与此同时，定性分析方法主要是对信息材料的分
类描述、综合归纳，并在此基础上面提出定性结论的过程，包含的方法有
连续接近法、举例说明法、比较分析法、流程图法和创造性分析方法等。

　　在城市治理的主体层面，首先需要设立区域化、灵活性的规划主体，进
行资源统筹和规划协调，有助于大都市圈层的资源整合。在规划实施中，设
立具有法定资格的、行使规划和投资权力的权威机构，这有利于提升地区的
开发品质，也是城市竞争对于外部环境的必要回应（武廷海，2016）。在大伦
敦和巴黎大区，空间规划的编制权在 1970 年左右从国家层面转移到了区域
层面，分别建立了大伦敦议会和巴黎大区议会作为编制主体，并发展为现在
的大伦敦市长办公室（GLA）和巴黎大区政府（PRG）。在东京和首尔，虽然
编制权力仍属于国家政府，但国家政府逐步开始注重与地方政府的沟通以
及规划实施协作，权力转变从严格控制到灵活弹性，控制方式从直接限制到
间接引导，进一步体现出较为灵活务实的政策和制度手段。区域规划协会
（RPA）在 1929 年纽约区域规划基础上，进行大纽约地区规划，表明区域是
研究城市问题所必要的尺度与背景，同时区域规划是适应社会风险、处理经
济危机的重要工具，区域规划模式使得政府的事务走向跨政府、跨区域合
作，促进区域整体发展（Johnson，1996）。在纽约研究区域规划时，区域规划
协会主要依靠规划自身的科学性、权威性以及研究成果的可信度，来推动规
划实施和执行，由公共组织推动的规划组织方式如今成为常态，全球化时
代中的规划组织管理逐步依托于各种跨国的公司或组织机构，同时以工
业化为前提的社会政策治理正逐步转变为全球化与去全球化共生背景下
的"政治经济学分析"（Castel，1989；Sassen，2001；Harvey，1989）。

---

① 林德布罗姆（C. E. Lindblom）是美国著名政治经济学家、当代西方著名学者，其奠定的"渐进
　决策"模式，认为决策是一个渐进过程不应大起大落。

　　2000 年之后,规划主体由来自公共部门、私人部门和第三部门的广泛利益相关者组成,他们在结构和形态上形成多中心的治理共同体(姜涛,2009)。今天,领导人仍然对大都市战略具有极强影响力,最常见的"市长规划"就是权力产物,但"市长"是代言人而非决策主体,城市规划都是由市长办公室主导、多部门协同的方式展开的;而另外一些大都市已经没有实体的行政机构,2016 年大温哥华区域局①进行政策改革,对温哥华及周边 21 个市镇出台针对外籍人士加征购房征税,这项政策就来自于全民公投而非行政长官,原来的规划决策者转变为制度框架的设计者,并不影响政策产生的主要过程。面对多元复杂的不确定问题,治理城市需要一个更为综合跨界的编制主体,这可能是"市长"也可能是"机构",它们通过更为强势的治理手段和市场策略,在区域层面整合推进城市持续发展。

　　城市竞争能够激发各自潜力,优势协同能够提升整体效益。资本在全球范围内流动,大都市角色的重新分配伴随着局部"玩家"的得利和繁荣,在支撑全球资本主义市场结构的城市网络中,赢家城市承担重大跨国经济功能,而普通城市则可能沦为配角,鲜有人问津。在竞争过程中,作为利益主体的各个城市之间相互竞争,推动了经济的增长,也付出了高昂的生态环境和社会成本。区域内部的城镇群体互相竞争,垄断发展、贴边发展不可避免,但造成了区域整体的资源浪费,例如京津冀地区的行政区划内,北京的诉求是环境保护,而河北则更倾向于房地产开发,最后造成整体性的环境污染(雾霾、交通等),京津冀一体化的战略规划针对的就是此类问题。大都市在走向区域联盟的同时,并非依靠某个强势个体来统筹,基于都市圈的区域统筹管理机构被建立起来,发挥协同网络效应。

　　大都市战略实施需要较长时间周期,而决策者未能准确进行低效调整,使得战略及相关政策制定缺乏连续性。纯粹的学术派认为通过重点发展管制措施就能实现对城市的管理,而几乎所有城市都制订了这种大都市空间战略,但是图纸和指标不足以使得城市发展的机遇最大化。战略的协调执行力很重要,成功的城市发展经验表明,战略规划基于不同的

---

① 大温哥华区域局(Metro Vancouver),管理温哥华在内的都会区。其历史可追溯至 20 世纪初,大温哥华污水处理局与大温哥华水务局分别于 1914 年和 1926 年成立,为区域合作奠定先基。

价值利益取向整合各种利益相关者,有助于形成整体价值观,并以此为基础来进行相应的规划与执行机构的创新,维护寻求创新与突破性发展之路。塑造价值观和机构创新改革是一个复杂工程,需要经过长时间检验、逐步调整优化和多方博弈,其内容不仅仅包括战略规划的具体内容,其过程更是多个利益集团政治竞争,涉及不同团体对于区域及城市发展各自不同的理解,以及政策发展的方式和走向。博弈的结果最后会以整体价值观的形式输出到城市发展之中,如果整体价值观背后的动因影响到了政府的投资行为,也势必会对城市发展的动力机制产生深远影响。对于大都市战略的分析以及对整体价值观的判断,不可忽视对规划背后利益方进行深入研究,从而寻找新的战略发展机遇,才能对现有规划执行进行循序渐进的优化。因此,未来跨行政区域与部门的战略规划将在国家发展中变得日益重要,如何在不同机构进行协同工作值得进一步研究。

全球都市区域发展机构历经40余年发展,相应建立起来的机构在规划政策、管治能力和重大项目领域展现出重要作用。纽约RPA区域规划协会具有规划和投资能力,历任市长尊重规划的权威性,并认可具有每个历史阶段的问题,倡导项目以推动规划实施,Edward Koch市长(1978—1989)使纽约免于濒临破产,Rudolph Giuliani市长(1994—2001)保障纽约公共安全的重要性,Bloomberg市长(2002—2012)在创新经济领域给纽约注入活力,Blasio市长(2013—2021)使得纽约更为公平和多元化。东京都厅"自上而下"的治理模式,主要体现在其对地方政府总体规划的最后审批权以及相应资金支持,后藤新平在关东大地震之后提出东京重建,东京都知事猪濑直树(2012—2013)为东京都赢得了2020年奥运会主办权,舛添要一(2014—2016)面向未来制定《东京都长期愿景》,小池百合子(2016至今)带领东京成功应对疫情、举办奥运会并重整经济。大伦敦政府由直选市长和分级选举议会进行协同治理,历届大伦敦规划都是请市长负责任,统领工作由各行政区和众多机构组织机构共同完成,工党布莱尔(Tony Blair)通过伦敦首个民选市长,政策独立竞选人工党市长利文斯通(Ken Livingston)制定了2004年"大伦敦规则",保守党市长鲍里斯(Boris Johnson)市长制定了2008年"大伦敦规划",并担任两任大伦敦市长,陆续发布了交通、家庭暴力、住房等一系列市长战略,2016年工党候选人萨选克汗(Sadiq Khan)当选伦敦市长,他承诺社会公正并保护弱势群体。受到伦敦影响的约翰内斯堡由两级政府向一级政府转型,市长主要应对城市化、移民、贫困和失业。

巴黎城市布局曾经混乱和无序,改造后的城市则以秩序和规范闻名于世。1852 年拿破仑三世提出:"我们的努力是建设一座伟大的巴黎,来让我们开辟一条新的道路吧,来让我们将具有光照和新鲜空间的工人阶级的住所变得更加卫生安居。"他任命奥斯曼主持了 1853 年至 1870 年的巴黎重建,使得这座城市有了辐射状路网以及环形铁路,在新建的道路两侧,奥斯曼设置了饮水器、报刊亭、公厕、长椅、路灯等设施,规划了独立于车行道的人行道,使出行成为巴黎人的一种享受。奥斯曼还下令在街道两旁广植树木,今日巴黎著名的林荫大道即出自他之手,香榭丽舍大街上遍布着的小花园、咖啡馆和剧院,成为巴黎人闲暇之时的好去处。巴黎街道既有宏观上的科学规划,又有细节上的人文关怀,旧貌换新颜,为巴黎的迷人风情奠定了坚实的基础。萨科齐 2007 年当选总统后不久就提出了建设"大巴黎"的构想,建立大巴黎地区委员会成立,以全球区域观规划管理城市,从而加强其国际竞争地位。

香榭丽舍大街　吴志强摄于 1999 年 5 月 31 日

芝加哥大都市区域管理机构包含城市规划局(CMAP①)、东北伊利诺伊规划委员会(NIPC②)、都市规划组织(MPO③),在其发展历史上戴利(Ridard Daley)市长成功连任五次,主持了千禧广场建成,带领芝加哥成为绿色、环保和总部之都。柏林市政府对城市经营创新举措很多,克劳斯

① CMAP: Chicago Metropoliten Ageney for Planning.

② NIPC: Northeast Illinois Planning Commission.

③ MPO: Metropolitan Planning Organization.

沃维莱特①(Klaus Wowereit)使柏林从污染严重的"雾都"成为节水节能的"环保城市"和"新兴文化之都"。彼得费德曼(Peter Feldmann)市长带领法兰克福市政府以及城市经济发展、旅游会议公司和法兰克福-莱茵-美茵地区市场开发公司,提供国际化与形象策划方案,做强服务业使得城市均衡发展,促进了法兰克福的高速公路网建设,提升城市的文化多样性和凝聚力。1987年比利时首相查尔斯皮克带领布鲁塞尔环境咨询委员会和都市行动设计工作室,提出把高速铁路车站移到贫困区域中部的南站,为城市更新提供重要的推动力。苏黎世第一任市长鲁道夫布伦(Rudolf Brun)塑造了苏黎世的金融里程碑,现任市长科琳毛赫注重保持苏黎世金融中心地位,并加强与世界的联系沟通,这座独特城市于2012年编制了其2025年的发展纲要,指出未来城市多元化发展的方向。悉尼委员会对悉尼大都市区域管理发挥着重要的智力支持,成员包括企业、大学、非政府组织和地方政府,专业涵盖规划、治理、交通、生活和竞争力,该委员会的研究为政府决策提供了参考,市长克劳馥摩尔(Clover Moore)推出《韧性悉尼战略》计划,概述了悉尼将如何应对包括极端天气、网络与恐怖袭击、住房负担能力、不平等和交通拥堵等方面的重大挑战。"悉尼2030"推动网络化战略,悉尼市政府拓展卫星城镇进行产业和文化经济的转型发展。迪拜市政府希望打造智能政府,开启政府服务的新时代,2007年迪拜酋长穆罕默德殿下发起的"迪拜关怀"倡议,成为世界上规模最大的人道主义运动之一,2013年后迪拜政府又相继提出旅游战略、智慧战略、数据战略、清洁能源战略、健康战略、3D打印战略、自动化运输战略以及2030工业战略,显著推动了社会经济发展。首尔市政府具有极强执行力,同时公众对其保持监督力,政府复原清溪川工程于2005年10月启动,将6公里清澈的清溪川泉水以及宜居环境还原给首尔市民。香港战略没有法定效力,但在策略中所设定的发展目标和方向会延续过滤,并通过规划或实施项目来实施,特首董建华1997年提出"八万五"建屋计划为普通人提供房屋,林郑月娥大力推动香港融入珠三角大湾区,开启沪港合作城市管理经验与长三角对接。新加坡首任总理李光耀作为新加坡国

---

① 德国政治家,2002年和2006年两次被选为柏林市长。

父,将新加坡塑造成为世界贸易和金融中心,李显龙于 2009 年签订了中新贸易协定,吴作栋在治理金融危机和 SARS 方面有很多建树,新加坡政府重视规划编制,设立了多个委员会对一系列战略事项进行研究,其中宜居城市中心成立于 2008 年,旨在重新审视政府制定的关键政策,刘太格作为新加坡规划之父,要求规划必须具有严肃性,不能随意修改。在上海大都市发展过程中,关键人物提出思路非常重要,孙中山 1919 年"建国方略"明确提到东方大港就定在上海浦东,朱镕基 1990 年提出开发浦东,徐匡迪主持 1995 年提出"上海迈向 21 世纪的发展战略",21 世纪第一个十年韩正将上海与长三角进行融合,李强 2018 年提出"长三角一体化"打造城市品牌。北京市人民政府联动规划、发改委、经信委等部门支持编制其战略规划,王岐山积极处理北京 SARS 危机,蔡奇提出建设北京副中心,陈吉宁①提出建设智能城市。武汉市周先旺于 2018 年通过了长江新城的决策。多伦多都市治理理事会由市长和直选理事组成,理事会下辖 6 个职能委员会,各专项职能委员会研究处理城市各项具体事务,大多伦多委员会以及市长由民间直接选举产生。2010 年,福特(Rob Ford)当选多伦多市长,推进滨江公园改建计划,主张用大型商场替代绿地公园,该计划并未与公众达成共识,遭到城市规划专家以及大多伦多委员会的反对,之后规划进行调整。1990 年代,莫斯科在城市规划建设委员会领导下,莫斯科总体规划设计研究院和莫斯科政府共同组织制订了 2020 年莫斯科城市发展总体规划方案。2011 年在莫斯科扩大版图后将主要的国家行政机关包括议会上下两院、总检察院、审计署与其他执政机关办公地点迁至外环公路以外的"新莫斯科"。斯大林定位莫斯科为世界上第一个无产阶级国家的首都,苏联解体后卢日科夫②使莫斯科恢复了秩序,一手制造了"莫斯科神话",使莫斯科一直保持高速发展,跻身世界大都市之列。但他在 18 年间也主管了将莫斯科市大量土地私有化的工作,使得交通更加混乱,房地产价格持续高企,继任者谢尔盖索比亚宁称城市发展将借鉴中国大都市经验。俄前总统、现任总理梅德韦杰夫在 2011 年 6 月提议建立"首都联邦区",取

---

① 陈吉宁 2018 年开始担任北京市市长,2023 年开始担任上海市委书记。
② 卢日科夫(1936—2019)1992 年至 2010 年之间担任莫斯科市长,缔造了"莫斯科神话"。

名新莫斯科，主要参照了印度首都新德里，孟买大都市区域发展局在政策制定、管治能力建设和协调区域重大项目等方面发挥较大作用。

　　领导者在战略制定中具有关键作用，大都市领导阶层将愿景和实用主义进行平衡，结合长远思维和短期利益从而制定战略。考虑到各城市所面临的挑战，想要在一个管理周期内解决所有问题是不太可能的，可行的路径是设定共同的努力方向，为政策的连续性创造条件，此类连续性在很大程度上基于政治意愿，同时需要城市管理贴近市民阶层，这就要求领导人不单单关注长远战略，也要关注眼前变化，近 20 年来市长如同企业家一样治理城市，可实现的议题和具体项目帮助他们塑造了城市。纽约自 1665 年起共有 110 名市长，毕尔巴鄂自 1935 年起共有 89 名市长，市长尊重都市发展规律、长远战略和行政机构格局，关注当下的内外环境，利用当前任期内的资源参与全球竞争，获取短期与整体利益的最大化。针对大都市区域规划治理则更强调分层管理，由于部门分割实际存在，整体性协调指导职能难以发挥，特大型城市区域的制定还需以开放视野来促进部门合作（赵景亚，2013）。

　　主观概率法：客观概率是根据事件发展的规律统计出来的一种概率，领导者凭经验或预感而估算出来的概率，这与客观概率不尽相同。在很多情况下，世界发展的趋势并非线性，人们没有办法精确计算事情发生的客观概率，因而只能用主观概率来描述事件发生的概率，主观概率法是一种适用性很强的统计预测方法，可以用于人类活动的各个领域。用主观概率法有如下的步骤：1. 准备相关资料；2. 编制主观概率调查表；3. 汇总整理；4. 判断预测。

案例 9

纽约区域协作中的领导者机制

　　纽约都市圈跨区域管理采用非政府组织形式，避免与地方政府及其权力发生冲突。1921 年由支持纽约和周边地区改善工作的罗素赛奇基金会资助，查尔斯诺顿建立了纽约区域规划委员会。该委员会是非政府机构,历经 8 年于 1929 年颁布了《纽约及其周边地区的区域规划》,决定区域公共设施的布局,当时政府未正式采纳规划,劳森帕蒂建议成立私人公司在 1929 年正式成立纽约区域规划协会(RPA)。在纽约发展历史上,RPA 担当起区域协同的重要角色,由其提出建立的高速公路计划被实施。RPA 与区域政府通过协商共同建立协调机构,对于区域间利益协调、资源共享乃至区域规划方案的制定等均起到了重要作用。与此同时,区域之间除了合作也有可能存在摩擦,例如纽约市与新泽西州之间,众多纽约的工作人口居住于新泽西州的郊区,纽约市的财政收入又高度依赖这些地方,这给纽约市的财政带来了牵扯和管理困难。两地政府一直在争夺优质人口资源,一方面纽约市多次向州政府申请征收"通勤税",另一方面新泽西州一直以来为纽约市的公司企业提供优厚的税收优惠和服务,曾经多次引发地方恶性竞争和尖锐的利益冲突。20 世纪末开始的20 年高增长期,泽西城靠近哈德逊河一侧的商务办公区域接收从曼哈顿"溢出"的产业人群,哈德逊河两侧的产业也发展起来,形成新的发展能级,使得这个城市比预期更快地成长,并与纽约的利益相关者进行长效合作持续发展,为共同增长出谋划策。RPA 2010 年之后开始编制第四次区域规划,团队成员包含新泽西的前长官、纽约的前副市长、交通运输局(MTA)的前 CEO、港务局的前主席,这些成员持续对话协商并延续至今,形成"共赢合作"的态势。

表格 34　纽约战略演变

年代	1921—1929	1968	1996	2001	2007	2015	2018
问题	大萧条	城市骚乱	财政危机	9·11事件	金融危机	时尚盛典	社会公平
规划	第一次全球城市圈规划	第二次城市圈规划	第三次城市圈规划	纽约空间战略规划	更绿色、更美好的纽约		第四次区域规划
挑战	工业上升阶段生产性服务业起步	生产性服务业为经济增长点	工业全面衰退,生产性服务业是经济支柱	可持续发展的经济影响社会挑战、人口持续增长、基础设施重新投资、环境挑战			

来源:作者自制

方法分析：在纽约战略规划发展历程中，社会机构 RPA^① 成绩显著，区域规划战略是适应社会自然风险、经济危机的重要手段，城市公共治理走向跨政府区域合作并合理统筹资源（武廷海，2016）。纽约就分别于 1857 年和 1866 年成立了负责治安和健康的全球城市委员会，这些治理机构是实现区域协调发展的先驱，RPA 基于这一思路建立协同规划策略，注重通过委员会制度促进区域整体协同和共同发展。在具体规划编制中，第一次和第二次区域规划由于经济萧条导致私有化终止，引发基础设施建设的投资减少制约了区域整体的竞争力，而第四次区域规划得益于地区雄厚财力，通过现代化基础设施投资扩大产能并成功提高城市的经济竞争力。RPA 具有规划和投资权力，其规划策略之所以能够被政府采纳，主要是因为规划科学性和市场可行性，它依靠制定利益相关者的权威性、研究成果的可信度以及其倡导项目的有效性，来推动规划实施和执行。在战略制定过程中，RPA 组织大学、科研机构、政府以及社区市民，促进公众参与论证协商，并与联盟组织以及市民一起为区域领导人提出发展建议。纽约区域规划的经验在于，由非政府区域与发展协会主持的战略规划，与政府主导的规划相比，虽然少了很多政策工具和刚性投资，而更多时候其具备沟通渠道和中立技术路径，客观分析问题、解决方案和展望未来，反而带动更多资源去达成目标。

案例 10

大伦敦区域协作

英国是全球最早开始区域规划实践的国家，而伦敦也是最早开始区域化发展的大都市。第一次区域规划于 1944 年提出"田园城市"，计划伦敦由内向外划分为四层地域圈，外圈计划建设 8 个具有工作场所和居住区的新城，将土地发展权收归国有，并强化了规划对于土地的干预，使得绿带政策得以大规模的执行。20 世纪

---

① RPA（Regional Plan Association）作为一个独立的非营利性民间组织，致力于发展和推广各种想法，以改善纽约都会区的经济健康，环境适应能力和提高生活质量。

60年代,大伦敦理事会(Great London Council)诞生,1971年英国颁布《城乡规划法》奠定了结构规划的重要地位,由于当时地方政府70%的费用来源于中央政府,中央政府对于地方干预程度很高。而到了70至80年代,受到1979年石油危机的影响,里根撒切尔主义使得地方政府在公共政策方面地位抬升,区域规划角色弱化。90年代以来,由于区域规划的衰败而受到影响的地方机构、私有团体和公众都呼吁恢复区域规划,因此大伦敦地区于1986年引入大都市空间战略指引,同时为了维持大都市空间战略的延续性,英国规划体系形成了《一体化发展规划》(Unitary Development Plans),1994年工党大选提倡第三条道路,《区域规划指引》(Regional Planning Guidance)指导大都市区进行一体化发展。2000年大伦敦政府成立,由直选市长(执政官)协同一个分级选举议会进行城市治理,伦敦空间发展战略重新开始编制。第二次区域规划于2004年提出,大伦敦政府编制了一系列的"市长战略",包含经济、交通战略、生物多样性、空气质量、废物管理、城市噪音、文化战略等内容专项,全面开始转向空间战略,强调开发决策、空间政策、资源综合运用,把完全由政府主导的规划变为政府、公共机构以及社区共同参与,强调自下而上的网络化格局。第三次区域规划于2016年提出,伦敦变得更加有雄心,应对经济人口增长挑战,最终回归到了城市的市场化地位,反映规划向物质形态空间规划螺旋式的回归,伦敦确认"不会再集中发展",未来发展态势为"多中心、分散式"并强调自下而上地逐步更新。

大伦敦外围与内城住宅　吴志强摄于2006年6月23日

策略分析：伦敦战略通过立法引领、规范发展以及顶层设计的法定化是较为有效的做法，大伦敦都市圈经历过经济萧条、环境恶化和交通拥堵等问题，通过产业升级，积极构建区域协同的创新系统，以科技创新有力反哺区域综合发展，通过历次区域规划逐步建立起具体可操作的协商机制促成整体发展。根据英国规划政策框架，大伦敦市长以及毗邻的郡政府，在准备或修改其规划时，负有相互协商和告知的职责，国务大臣也不会唯命是从，而是通过法律和规划政策充分贯彻国家意志。都市圈内各地方政府则在法律政策的指引下进行角色利益调整，通过举办地方政府峰会建立政治领导小组、官员联络小组等机制，加强跨区域协同事务的沟通、组织和领导，各地方政府实施路径清晰并职责明确。

案例 11

大巴黎区域治理

大巴黎规划经历 2008 年、2013 年、2030 年三版，大区区域行政机构及参与规划的各部门高度协作，规划由选举产生的议会通过，规划纲要承载了大家共同的愿望，寻求互补促进区域战略的实施。从 2007 年起大巴黎的行政区划变革持续了整整 10 年。2008年萨科齐提出的宏伟蓝图中，巴黎连同周边城市都将被划归为"大巴黎"，同时他发起"大巴黎"的 21 世纪城市远景，面向全球进行规划设计竞赛(阿贝赛报，2018)。2010 年国民议会提出了城市治理主体的计划以及"大巴黎快线"工程，它将是巴黎地铁现有长度 214公里的两倍，建成后的大巴黎地区将额外增加 200 公里的地铁线路以及 68 座新地铁站，成为欧洲的头号经济区，容纳 1200 万人口，占法国国内生产总值的 31%，并创造 600 万个就业岗位，同时将成为世界主要的旅游目的地。法国议会也支持"大巴黎"计划，批准了一笔 17 亿欧元的额外投资，随后在 2012 年的选举中，偏左的奥朗德成为了法国总统，萨科齐所说的全球经济竞争力被奥朗德关注的平等所代替,但奥朗德同样支持巴黎地铁扩建计划。巴黎正沉浸在重新打造"光明之城"的计划中,这将是150年来最大规模的城市改造,以便在英国退出欧盟后,尽早将巴黎变成欧洲的金融中心。2016年,巴黎"大都会行政区划"诞生,2017年区域管理机构初步成立,预计2020年后大巴黎选举可以产生大都会议会议长和议员,拥有环境和经济发展、土地整治和住房等管理职权,集聚区的扩展和人口的增长也将得到更多重视,"大巴黎"正逐步走向其宏伟蓝图。

策略分析:在法国城市规划体系中,SDRIF①取代"大区国土规划纲要"(SRADT)在法律上等同于"空间规划指令"(DTA),它既有战略性规划因素,又在土地使用方面具有指令性。未来10年的大都市群落将是充满不确定性的,区域管理机制以及协调型战略尤为重要,大都市区域的规划政策不再尝试从零开始建立新的城市,而是提倡对现有城市进行改进,大规模的区域性行政机构、长期韧性政策以及灵活的应对机制能够产生效力,并对持续产生的不确定性进行破解。

大巴黎区域航拍　吴志强摄于2005年10月22日

---

① 法国《城市规划法典》中明确规定了"巴黎大区战略规划"(SDRIF: Le Schémadirecteur de la régionl le-de-France)的特殊法定地位及其编制要求。

特罗卡德罗广场及远处德方斯　吴志强摄于 1988 年 8 月 1 日

案例 12

东京规模之争

　　日本政府从 20 世纪 50 年代后期开始制定大都市圈发展规划，每 10 年修订一次，一共完成五次规划，期间经历了日本经济从高速增长、稳定发展到泡沫经济的发展历程，每版首都城市圈发展规划都会对国土资源、产业结构等方面提出前瞻性安排，除第一次首都圈规划以东京火车站为中心，半径为 100 公里的地区以外，其余四次首都圈规划都是包括一都七县的全部区域。

　　对于以东京为核心的首都圈，高层次的计划决策以及保证计划实施的连续性极为重要，因为建设这样的功能性设施和使得设施能在区域范围内发挥作用的系统（如交通网），需要持续投入。东京的国家战略特区（NSSZs）旨在通过政府强有力的支持，提高产业的国际竞争力。日本的制度环境使得其城市空间结构极为稳定，但同时也会受到技术进步、土地价格、产业结构、人口结构和社会观念的影响。规划要改变城市发展趋势可能很难，但是可以对其结构集聚和扩散程度进行引导或者限制。

　　东京规划不仅仅包含技术预测分析，也包含各方利益的协调与博弈。在 80 年代之前，日本的中央政府也比较强势，主要体现在其对地方政府总体规划的终审权,以及大量的资金支持(如轨道交通的补助资金一度占到总投资的60%以上)。80年代之后,日本经济发展放缓,地方分权运动兴起,中央政府的管制开始削弱而地方力量开始增强。中央政府对于地方政府的很多规划权力都下放,其财政支出能力也相应削弱,地铁等补助资金下降至总投资的20%以下,所以其对地方发展的影响力也下降。东京都的首都功能疏解,主要是疏解机构但企业核心总部还在,同时东京都中心进行了大规模的城市更新和功能进一步混合,使其更适合居住生活并提升了商业活力。

案例 13

东京经历五次迁都

20世纪50年代,为了促进战后重建、经济恢复、都市产业和制造业轻工业振兴,日本颁布《首都建设法》,提出以东京为中心,在半径50公里范围内开展新城建设,1956年颁布"首都圈整备法",提出以东京都为中心向外延伸100—120公里,总面积2.6万平方公里。20世纪60年代,东京长期作为日本工业化龙头,经济年均增长超过10%时,工业化带来的污染问题已令人不堪承受。自1960年起,日本学术界、政府规划部门以及科研机构一起,提出多项首都功能转移的构想。1964年6月,日本首都圈整备委员会首先提出迁都动议,1965年颁布《首都圈整备法改》,将首都圈扩大到一都七县全域。20世纪70年代,以东京为中心半径50公里范围之内的1%国土上,已居住着32%的日本国民,人均公园面积只有1平方米。当时日本海沿岸地区发展严重滞后,于是一些专家学者从均衡利用国土资源方面考虑,主张迁出国会、行政和司法等主要

东京铁塔　　　　　　　　　巴黎埃菲尔铁塔
摄于 2011 年 2 月　　　　　吴志强摄于 2014 年 9 月 13 日

政府机构。20 世纪 80 年代，东京都核心人口开始减少，远郊新城建设进入成熟期，持续进行功能提升和布局完善。1985 年日本国土厅的《首都改造规划》中，反映了"分都论和展都论"的思想，该规划提出东京中心地区部分政府机构应开始向位于其周边的千叶、横滨迁移。20 世纪 90 年代，日本经济达到巅峰，经济过分集中于东京一地，地价暴涨引发了产品服务价格上升，伴随"广场协议"签订随后房地产价格跌落，引发的金融风暴和社会危机，面对负面效应日本朝野都在思索如何消解集中化经济。随后，日本民间机构、大学、政府规划部门以及民间机构深入研究迁都计划的可能性，日本虽未能成功实现迁都，但已成功研究了"迁都"这个议题。

策略分析：东京都的扩张是伴随着政策分析的方法演进而不断推进的，从 1960 年开始，专家、学者和政府针对首都的规模问题提出了不同的政策情景，给决策者以供参考，不同的政策供给针对不同的内外环境、不同利益群体之间的分歧和价值冲突，因此政策制定并非持续稳定而需要因地制宜。当城市的公共设施供给和治理能力难以满足发展需求的时候,人口集聚与密度增长确实会导致严重的城市问题,但当公共设施供给与治理能力和高密度人口匹配时,人口规模反倒会成为一个大城市重要的竞争力。因此,对某一个城市发展的重要议题研究透彻,通过更广泛的社会利益相关者和专家参与讨论,可以为政策决策提供一个更广泛的评估空间,使得战略制定更具远见。

3. 客体顺应类比分析

大都市战略是以空间课题作为研究对象,后发展的都市战略常常以先发展的都市发展经验作为参照。历史都是呈螺旋式渐进上升的,假如说 20 世纪还是单个城市控制着世界城市网络的话,那么在 21 世纪单打独斗的城市已经没有未来。"全球区域 Global Region"正在替代"全球城市 Global City",在世界中发挥统领地位。据联合国发布的数据,到 2030 年世界上将存在 41 个巨型城市拥有超过 1000 万人口的大都市区域,没有群落的都市将变得脆弱,在迈向大都市区域的过程中,战略不仅要考虑这个城市本身,也要考虑它周围普通城市的发展路径,以及这种多元路径给不同城市带来的挑战和机遇(吴志强,2018)。在都市空间布局上,类似于伦敦、巴黎、东京这样的大都市将进一步强化"多中心"发展格局,在"尺度重构"理论的国家权力下放过程下,区域层面的都市化过程将向更大空间范围扩展,并按不同距离的圈层进行再集聚,从而促进了区域多中心的形成。

结合大都市的发展历程,竞争场景总是在不同的历史阶段和技术背景下迭代。大都市竞争就是研究对手的目标策略(Michael E. Porter,1980),类比法是很普遍的做法,因为各个城市演化过程是具备共同要素和可参考要点的,可以与有机体的发展机制相类比,相关行为者对于过去的记忆和对于将来的期望都发生作用(周振华,2018)。在走向网络化的发展格局中,大都市即使形成多中心也更倾向于集中发展一到两个副中心,用地模式也更加趋向于功能混合与密度增长。值得关注的是,大都市的发展模式在人口密度和用地分布两方面都表现出了相似的中心化与去中心化趋势,多中心与专业化合并趋势常常同步进行。

大都市必然走向区域，扩张形成的副中心常能与主中心相得益彰，而卫星城则发展缓慢。从大都市的副中心来看，应该具备相应的培育条件：与主中心保持一定空间距离，避免发展要素被主中心过度吸引；具有较强的经济基础和人口规模；与主中心之间具有便利的交通条件；具有可以辐射带动发展的经济腹地；具有承载城市综合功能的用地条件；具有良好的生态环境和较高水准的配套服务设施水平（伍江，2018）。另一方面，与副中心同步的"卫星城"在全球范围内十分普遍，然而独立自主的卫星城只是乌托邦式的理想，国际上成功的例子很少，因为新城注重就业与居住的发展，忽视了产业、购物、休闲娱乐设施的建设，人口聚集缓慢难以形成气候，因此70年代末英国内城复兴计划开始，政府停止了对卫星城的政策与资金支持。1946年至上世纪90年代，伦敦进行了卫星城建设但大部分都并未成功，如今"大伦敦"模式仍被包括北京在内的多个国家及城市效仿。

比例类推法：战略规划的常用方法，利用事物之间存在的类比相关性，从一事物的已知情况推断另一事物的未来发展变化趋势，并可以根据某项指标同另一指标的历史资料所显示的相对稳定系数，来推算该项指标的未来发展趋势。城市研究中，比例类推法简单方便，易于被人们理解和接受，但不尽科学合理，且对有些情况不适用，甚至会得出错误的结果，在大都市类比中应正确掌握其适用范围。

1940年纽约都市区中仍有近70%人口集中居住于市区，1961年东海岸城市群开始形成，1968年纽约提出"再集中"战略，第一次"纽约及其周围地区的区域规划"造成"铺开的城市（Spread City）"，导致1970年战后出现的郊区化人口已超过50%。第二次大城市圈规划强调"再聚集"，1975年引入私人资本参与开发（PPP），新城市格局以曼哈顿作为纽约中心城区，副中心分布在布朗克斯区、布鲁克林区、皇后区、斯塔滕岛四区。布隆伯格在策划《纽约规划》的时候，运用类比分析方法从多个角度学习其他城市案例，如南美洲的波哥大库里奇巴都成功地为公交车提速，欧洲的哥本哈根、巴黎用创新政策鼓励自行车，柏林鼓励居民建造更多的绿色屋顶，巴黎加强对其他全球城市的竞争分析，以政府为主导的角色需加快融入市场要素。

巴黎 1952 年开始有机疏散,直至 1974 年法兰西岛规划提出区域一体化,1988 年巴黎开始戴高乐机场地区建设,1994 年巴黎统筹委员会解散"巴黎大区规划"提出"大都市范式",2007 年大巴黎构想提出建设多中心、联邦化的"全球城市"目标,2010 年提出环形快速路联外围城镇,在此基础上 2016 年 1 月 1 日成立新大巴黎都市区,空间范围与法兰西岛的内环区(包括巴黎市以及内环的三个省)接近,并纳入两个机场以及外环区的七个镇,集中力量实现区域重大项目。芝加哥 1970—1990 年的人口只增加了 4%,内环减少了 8 万居民,而外环人口的新增将近 100 万人,芝加哥 1900—2005 年投入巨资修建基础设施,造成居职分离与地区发展不均。2005 年《芝加哥 2040 区域框架规划》形成并确定了多中心格局(包括 1 个全球中心、41 个全球城市区中心、106 个社区中心、127 个镇中心和 17 个村中心),共同特征具有混合使用的紧凑形态、适宜居住、具有场所感、富有经济活力、倡导公交导向的开发。伦敦 1946 年《新城法》标志卫星城运动开始,1964 年大伦敦政府成立,1979 年"企业区条例"持续引入私人资本开发伦敦,2004 年"大伦敦规划"提出引领全球大都市空间战略。大伦敦政府 2016 年提出多中心、分散式的发展格局,并强调以市场为主的理念,未来伦敦城市格局仍然会纵向分布在泰晤士河两岸,除伦敦金融城外,周边散落 13 个相对较大的城市中心,形成"多中心"集聚格局。

伦敦泰晤士河滨水区航拍　吴志强摄于 2005 年 6 月 21 日

东京 1945 年二战后开始重建，并在 1946 年提出卫星城计划，发展至 1963 年开始控制内城人口，并于 1976 年形成"区域多核心功能分散"的都市圈结构，东京都 1983 年围绕城市中心形成 7 个副都心，并增加 5 个城市为次核城市，1985 年中心城功能开始外迁至横滨。1987 年东京土地泡沫已经严重，与此同时开始多核心扩散，八年后东京提出建立"生活型城市"，1999 年开始提升首都圈竞争力，2011 年提出网络状都市群结构并强调城市韧性管理，新宿副都心已经在东京都的西部形成，东京都格局从市中心向郊外延伸分布，体现了 TOD 交通指向型发展的态势。

洛杉矶 1956 年开始环形公路模式，带动了多中心和低密度的"中心城镇"，这种细分特权提高了地方控制优势，小型城市成为居住优选地。洛杉矶 1970 年强调中心区复兴以及多中心发展，2000 年提出精明增长，形成这座大都市卫星城众多的格局。法兰克福 1925 年起开始大规模城市扩张，政府于 1989 年启动绿带项目，加强成为多中心的城市区域，该城市 2006 年发布的城市规划忽视了城市原有功能结构和联系，导致大量关于土地划分的冲突产生，未能有效指导城市发展。多伦多 20 世纪 60 至 70 年代创建了区域范围内的铁路和公共汽车体系，之后 25 年大多伦多地区由 5 个不同的两级政府来管理，1990 年这座大都市发布了《2021 年的大多伦多地区战略——城市未来所面临的挑战》，整合区域治理模式一直延续至今。

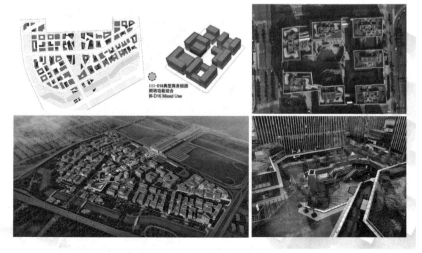

虹桥商务区 & 虹桥万科中心方案

悉尼人口 1971 年 300 万,在 20 世纪 80 年代及以前澳洲各大城市曾出现郊区化低密度的发展模式,而在此之后,澳大利亚各大都市转向"再中心化"转变的显著趋势,同时其人口 2000 年增长到 400 万,2016 年增长到 500 万。2018 年"悉尼 2056"提出区域化设想,对该都市圈的三个城市进行综合定位与谋划,以既有的 CBD 为核心的东部城区、以帕拉玛塔市为核心的中部城区,以及新建悉尼第二机场为核心的西部城区共同发展的空间构想。迪拜急速发展 40 年,1968—1978 年的十年之间大都市建成区扩大了 12 倍,之后扩张增速开始减缓但质量持续提升,1990—2005 的十五年之间都市区扩大了 2 倍,2005—2015 的十年之间都市区扩大了 0.6 倍,近 20 年涌现一批全球化地标,规划大量被突破,2021 年世博会项目成果推动未来全球都市的发展方向。约翰内斯堡在 1994 年民主化之后,大量的人口从城市外围涌入市中心,但仍旧无法容纳如此大量的新增人口。约翰内斯堡主城区却出现明显的"底特律化"衰落趋势,基本是"黑进白出"(秦辉,2013)。现代服务业集聚的城市北部郊区,人口稠密的城市南部,以及外来贫民占据的内城,之后内城复兴期望吸引全球精英并不成功,反而大量平民被驱逐带来空心化(汤伟,2017)。

亚洲大都市首尔(2005 年前名为"汉城")1394 年成为韩国首都,从保持东西轴向发展开始将结构改变为南北轴结构,1964 年韩国政府实行了控制人口措施,如《首尔人口分散计划》(1975)、《首都地区人口再分配计划》(1977)、《首都地区对公共建筑的建设限制》(1982)以及《首都地区再调整计划》(1984)。该都市自 20 世纪 80 年代起就积极地推动卫星城,在1981 至 1990 年期间,传统的工业城市首尔、釜山、大丘就业增长速度比全国平均要低,与此相反的是,首尔卫星港口城市仁川就业增长速度为106%。在 1989 至 1992 年间政府批准新建 5 个卫星城,以服务业为主要经济支柱。2010 年"首尔 2030"提出对中心区体系的改造,设定 5 个核心区域的规划,解决首尔大都市圈扩张,确定大都市区域协调战略(丁成日,2007)。新加坡除了中心城更新外,基本是采用新镇模式,辅以近年来出现的城市副中心,整体城市结构具有鲜明的"城—镇"层级关系和多中心特点,新加坡自 20 世纪六七十年代就开始建设卫星城,到 20 世纪 90 年代,已有 16 个新城建成,分别可容纳 15 万到 35 万人(丁成日,2007)。

中国大都市上海1949年开始有机疏散发展，1960年第一代卫星城启动，1980年第二代卫星城启动，1994年开始浦东大开发，1996年第三代卫星城建立，直到2001年确定多核多中心战略，包括"提升主城区功能，完善新城功能，促进新市镇协调发展"。在这个过程中也产生对于"卫星城"的思考转变，1986版总规提出上海城市结构由中心城—卫星城—郊县小城镇组成，形成以中心城与市郊城镇有机联系的城市组群，其中卫星城是以某种产业为主，基本与产业基地类似解决城市功能不足。2001版总规反思并决定取消卫星城，提出了"新城"这个概念（具有城市综合功能的中等规模的城市）。北京1993年提出城市规模需要进一步扩大，整体形成"分散集团式"格局，中心城区基本完成去工业化，工业正在向外围扩散，同时不同功能的空间计划和扩散开始显现。2004年提出"两轴、两带、多中心"的空间结构希望解决北京摊大饼的问题，此规划实施十年收效甚微。北京2016年提出优化提升首都功能，有序疏解非首都功能，计划建设通州、顺义、廊坊等副中心，对城市发展战略做了重大调整。国家2017年提出建设雄安，选择容城、安新两县交界区域作为起步区先行开发并划出一定范围规划建设启动区，合理把握开发节奏，提出长远的发展计划（河北雄安新区规划纲要，2018）。孙中山1919年在《建国方略》明确提到未来南方大港定在广州，继而孙科确认了广州的新市制，开启了大规模城市建设，半个世纪后的1984年广州进一步发展，启动卫星城开发并且控制中心城区人口，1993年广州总规提出《新城开发与旧城改造并进》，1997年为了抵御金融危机提出扩大内需持续进行城市化发展，2000年广州在国内首次提出大都市战略，确立了"多中心网络城市"空间结构，2007年提出建设"亚运城"助推新城开发战略，2010年亚运会后，广州亚运村面临多头管理，早期入住居民生活不便，世界级场馆曾被闲置4年。2010年后广州多中心结构的框架已经形成，但多中心之间发展不均衡，外围新形成片区的功能单一不完善，广州为了优化提升中心城区功能，提出重点建设区城市副中心。武汉1980年提出建设卫星城，1996年提出主城和卫星城齐头并进，武汉新区按照"独立成市，产城联动"的思路，吸引产业人口集聚，2018年长江新城作为都市副中心通过审批。

莫斯科1950年开始的工业化和住宅建设构成了总体布局，1960年

莫斯科购物中心
吴志强摄于 2005 年 7 月 27 日

开始的总体规划将莫斯科分为八个分区,每个分区有 60—100 万人,后近郊的卫星城被划入市区。1970 年莫斯科规划确认了发散加环路的格局,1971 年又提及外围建设卫星城的计划。进入 21 世纪,莫斯科新一轮扩容发展战略是建设多个城市中心,缓解城市人口和就业机会过分集中的矛盾。发展卫星城的思想一直贯穿在莫斯科发展历程中,早在 20 世纪 30 年代莫斯科外围建设小城镇,随后 20 年公路和铁路网的建设促进了郊区化,莫斯科单中心的发展模式导致了许多城市病的出现,需要新城市发展空间,莫斯科由此准备在西南方向发展新莫斯科,新莫斯科大都市战略提出集聚卫星城发展方案的诸多要素,推崇"多中心主义模式"。

香港 1948 年开始战略性有机疏散发展,1960 年市区拓展建立第一代卫星城,1966 年拓展新界扩展市区中心,1984 年重新开始内城复兴,直到 1997 年应对金融危机全港地区进行"发展策略检讨"。2015 年"香港2030+"提出城市持续成长的可能性,并提出发展多个卫星城市,进一步明确香港的未来区域角色,联动大湾区发展为香港争取后续发展空间。2020 年开始,政府加大力度推动"香港优才计划"(Quality Migrant Admission Scheme),吸引了全球优质人才促进经济有质量的发展。孟买为应对快速的人口增长,在 1960 年代末期及 1970 年代初期实施了为《发展新孟买计划》,城市发展模型按多中心模式发展,大都市区域包括 17 个市,包含四个人口超百万的城市和 4 个即将突破百万人口的城市,这 8 个城市采用地方联合机构模式,其他城市采用市政议会模式(沙永杰,2017)。历史证明这些节点上没有实现截流流向孟买的新移民的目标,每天通勤上班的人数从 1987 年到 1995 年几乎翻了一番(Jacquemin,1999)。台北早期形态沿着河道水系呈现带状群组发展,之后进行稳定块状发展、向外伸展,并呈现同心圆再次向外伸展,形成稳定块状发展至稳定状态。台北市未来将趋于多核心及节点式的发展形态，整体格局趋于多核心，向北则跨越基隆河向士林、北投伸展，向东则继续伸展至南港、松山，且加以信义计划区的开辟（苏毓德，1997）。苏黎世 1893 年和 1934 年城市发生了两次大规模的扩张，之后苏黎世与许多周边的城市逐渐合并，最终发展为 12 个区。苏黎世西工业区和 Binz 地区的发展都证明了创意产业的强大（卡萨瑞娜海德，2012）。

大都市的发展历程是多中心城市扩展、伴随螺旋式上升的迭代。不论是置顶型、震荡型都市还是防御型都市，这个过程都可能持续 30 至 50 年，历史证明大都市周边中心不可过多，否则重复建设并无法同步导入人口岗位。进取型、振荡型城市的成长过程还有一段很长的路，发展中的城市应避免防御型、置顶型都市曾经所犯的教训，例如"摊大饼—鬼城—贫民窟"等。

案例 14

伦敦城市战略转型

大都市的成长都伴随着资本增值的过程，作为老牌大都市的伦敦，经历了百余年发展，总体强调自下而上的发展理念，发展为多中心、分散式的态势，发展中心将以资本和人力的聚集为导向。依据"伦敦2040 规划"，未来伦敦城市形态将与城市和区域中心环环相扣，城市中心很大程度上会从东至西分布在泰晤士河两岸，十三个相对较大的城市中心周围仍散落着多个次级中心。前

金丝雀码头区街景
吴志强摄于 2005 年 6 月 25 日

英国伦敦经济与商业政策署署长 John Ross[1] 提到"5 分钟走 400 米是大都市公众出行的定律",这引导伦敦的城市设施复兴大潮,例如英国很多政府机构搬离金丝雀码头将空间留给新兴企业——路透社、每日电讯、镜报、独立报等媒体,并开始建设科技企业孵化器,促进了内城更新成为全球精英和创意阶层的聚居平台。由数据和物联网推动的智能应用场景也在持续,蒙特马利广场是英国第一个商用 5G 的试点,提供世界级的网络连接,由 EE 与沃达丰联合完成商用 5G 试点场景,主要测试金融、政府、媒体等行业的未来应用。同时,交通对于内城更新尤为重要,金丝雀码头集团为挽留区域内的各大机构,由 John Ross 带领召开多次会议并成功引入 4 亿英镑协助修建城铁,争取设立金丝雀码头站,大大提升了该地区的出行便利。

策略分析:大都市的发展决策成本巨大,有实际案例的经验摆在前面,决策者会将特别重视并将其作为发展方针。伦敦一直是其他城市的对标,引领着大都市向前发展,例如纽约、东京、莫斯科乃至上海的城市结构都参考过伦敦案例,今天大都市的扩张规律基本上还是沿用着"多环多带向外成长"的道路。然而这种学习有时候会角色转换,例如 1980 的伦敦"自由港"计划又反过来学习 1960 年代的香港,而今天"伦敦 2040"又引领其他城市指出了未来 20 年的发展目标:中心集聚与多中心并存。未来大都市之间的竞争模仿态势仍会继续,伦敦以金融业主导的大都市战略核心,资本要素地位不言而喻,而单一资本要素面对未来不确定性具有脆弱性,管理、技术、数据等要素的韧性迭代是促进地区发展的制胜要素,这也将成为未来大都市的发展方向。

---

① John Ross,中国人民大学重阳金融研究院高级研究员,前英国伦敦经济与商业政策署署长。

案例 15

莫斯科超级工程

1918 年 5 月，苏联国家建设委员会成立，负责未来国家的城市建设规划。1932 年苏联完成第一个五年计划后，建筑设计的风格转而保守化，建筑师们设计大型公建时必须借鉴新古典主义，并融入俄罗斯的民族风格。在第二个五年计划当中，《莫斯科重建总体规划》于 1935 年通过并影响深远，莫斯科将成为"世界上第一个社会主义国家"的首都典范。1946 年苏联最高苏维埃批准了战后第四个五年计划，对莫斯科也进行了新的总体规划，苏维埃宫工程再度提议上马，以这座超高层摩天大厦为核心，在莫斯科的四周建造八座风格与其相似的摩天大楼，从而构成莫斯科的天际线。俄前任总理梅德韦杰夫在 2011 年 6 月提议建立"首都联邦区"，并在莫斯科扩大版图后将主要的国家行政机关迁至外环公路以外的"新莫斯科"，将莫斯科西南部划入莫斯科市并逐步发展成为新莫斯科。新莫斯科的目标包含：发展现代交通基础设施，为该区域提供可信赖基础设施工程，为居民提供娱乐和文化事业，保护环境并确保最佳数量的工作岗位，提供高质量的社会保障，保障环境可持续性进而为居民创造舒适环境（大莫斯科市政规划，2010）。

策略分析：20 世纪 80 年代以来的莫斯科总体规划有三个可供选择的原则方案：密集发展方案，依靠市区向周边扩张来保持莫斯科地域发展的原有历史趋势；定向轴线发展，沿着东线、西北线、南线走廊布局新的建设项目；卫星城发展方案，围绕莫斯科市建设和发展一系列人口在 15—30 万的城市中心安排新的建设项目，并吸收不属于莫斯科的部分功能，但卫星城规模不足无法提供社会多样性的劳动岗位。莫斯科的战略规划来源于对其他大都市的经验学习，始于蓝图式的形态规划，到上个世纪 80 年代开始有情景规划等方法为政策制定提供支持,2010 年之后融入由梅德韦杰夫提议的区域化,建立了稳定路径也考虑到了可供选择的政策可行性。莫斯科战略选择了自上而下的路径,决策者通过情景方案分析未来的不确定性,对于政策选择、识别和制定提供方案支持,同时通过推动创造性的思考进行政策模拟,分析政策与情景的关系从而得出最优路径。

莫斯科街景　吴志强摄于 1988 年秋天

案例 16

"长三角"结构分析

　　长三角城市群起源于宋朝,公元 1138 年南宋定都临安,使其成为当时世界上最繁华的城市之一。今天,"长三角"核心包含上海、杭州、南京、苏州等城市,都市圈产业结构更稳健,轻重工业齐备,高新企业发展也有条不紊,以 2.2% 土地、10.4% 人口创造了中国 20% 的 GDP,《长江经济带发展规划纲要》与《长三角城市群发展规划》将这块区域定位为亚太地区重要的国际门户、全球重要的现代服务业和先进制造业中心、具有较强国际竞争力的世界级都市圈，"上海市加快实施人才高峰工程行动方案""苏州人才新政40条""杭州市人才发展十三五规划"的文件相继出台，促进"星期日工程师"现象和人才吸引驻留。未来"长三角"仍然将以"发展＋创新"作为主要命题，政府干预经济的手段不可能单单依靠"政策导向＋资金投入"，而应该以政策导向为先导，多个资金渠道相互协同来推进长三角新型城镇化的建设（郑迪，2016）。

珠三角起源于宋朝，核心城市海上门户城市广州以及近十年崛起的深圳，《泛珠三角区域框架协议》将这块城市区域定位为国际门户、进出口口岸、现代服务中心、亚太最具活力的国际竞争力城市群，珠三角"一小时城市圈"已初现雏形，未来将进一步促进珠三角城市间贸易投资和经济的一体化发展。珠三角国家自主创新示范区于2015年9月29日正式获得国务院批复同意，未来大力实施创新驱动发展战略。珠三角城市群的体量和财富呈现等比例梯度增长，两个超大城市广州和深圳（人口千万以上），深圳的人均GDP遥遥领先达到4.5万美元，人口密度达到5960人/平方公里，且未来发展潜力仍然巨大，而广州作为珠三角的核心城市，突出信息化时代各种"流"的集聚与辐射，人口增加和产业发展都很迅猛，思科、GE、富士康等巨头先后布局广州，这和广州作为一线城市同时生活成本较低有关，未来提出2500万管理服务人口，相信未来人才涌入仍会继续。

京津冀城市群兴于明清，历史上因私有化、雇用劳动力、银器和武器的贸易而繁荣，京津冀城市群发育程度都相对不高，北京、天津人口密度分别为1320人/平方公里和1310人/平方公里，人均GDP都基本维持在3万多元左右，面临着城市病的困扰。首都北京是中国国家的首位枢纽与门户，需要成为影响乃至控制世界经济的重要节点，30多年来，总部设在北京的金融机构占据大半，成为对内对外最大的金融服务业中心。2012年世界500强地区总部

84 家(包括日、美、英、德、法等国一批世界级企业的地区总部)在北京,北京成为全球 500 强企业总部最多的城市之一,2013 年北京有48 家企业入选"财富"世界 500 强,这个数量首次超过东京(陆大道,2015)。未来"京津冀"整体功能定位在"世界级城市群",强调网络化布局、多节点、网格状、全覆盖的交通网络,战略将"宜居"予以突出强调,衍生出"疏解非首都功能"和北京副中心的建设。北京市引进人才管理办法已经确认京津冀人才绿卡制度,区域开展京津冀重点产业协同创新试点示范,围绕创新链配置资金链,以创新集群带动产业集群,提高产业价值链并加快产业转型升级。

策略分析:长三角城镇群在国际竞争中"打群架"而不是孤立作战,因此大规模地采用了类比法,分国际国内两个层面,在国际上与其他五个世界级的城市群进行比较,主要是在体量能级、经济指标以及区域治理上面进行分析。在国内和其他两个都市圈——京津冀和珠三角同样有很多可比之处,在整体形象目标、经济协同政策、人才政策、创新机制等方面进行分析借鉴,这些有利于中国的城镇群进行竞合发展、共同参与国际竞争。长三角在国际上其他五个都市圈,借鉴了这些国际大都市的战略方法,吸取了大量国际专家的建议和意见,而恰恰在我们吸收别人理论经验的同时,世界与中国也在发生深刻改变并且相互影响,中国城市也在成为全球的发展典范,战略制定趋势正由"一元"转化为"多元"。

表格 35 世界城市群与长三角城市群

都市圈名称	中心城市	城市个数	总人口(万人)	GDP(亿美元)	人均 GDP(美元/人)	地均 GDP(万美元/平方公里)
美国东北部大西洋沿岸城市群	纽约	40	6500	40320	62030	2920
北美五大湖城市群	芝加哥	30	5000	33600	67200	1370
日本太平洋沿岸城市群	东京	20	7000	33820	48315	9662

都市圈名称	中心城市	城市个数	总人口（万人）	GDP（亿美元）	人均GDP（美元/人）	地均GDP（万美元/平方公里）
欧洲西北部城市群	巴黎	40	4600	21000	45652	1448
英国以伦敦为核心的城市群	伦敦	30	3650	20186	55305	4485
中国长江三角洲城市群	上海	42	12000	20652	11900	974

案例 17

孟买城市治理

　　孟买与上海有相似之处，都是因港而兴，都有很长时间西方殖民历史。当代孟买和上海都是两个从计划经济转向市场经济的城市，政府都很重视总体规划，1974 年《孟买全球城市区域发展局法案》为协调城市化发展而发布，经过 40 多年的发展，公共治理涵盖从区域规划、土地开发、机制建设、重大项目设计、协调公私合作投资以及环境修复相关问题。1980 年孟买已经建立了相当完善的保护规划，与此同时孟买的城市人口密度仍然是全球最高城市之一，而上海在历史保护和开放空间建设方面则落后很多。"上海 2035"和"孟买 2035"几乎同时启动，也同时向公众公示新一轮规划草案。市政设施方面，上海比孟买拥有更先进发达的地下轨道网、高速公路、现代化高楼群，而孟买在 2020 年开通三条轨道线，总里程达 85.5km，只相当于上海轨交总里程的十分之一。在住房方面，孟买大多居民生活在贫民窟里，而预计到 2036 年住宅缺口达到 440 万居住单元。近年来，孟买全球城市区域发展局推出管治策略：在市区以外推进新中心建设，促成区域层面的多中心格局；强化交通、水资源开发、固体垃圾管理和住宅开发（沙永杰，2017）。

策略分析：类比分析在大都市战略的研究当中是常见的方法，上海和孟买在人口规模、空间规模、殖民历史等方面具有可比性，与此同时这两座城市在近几十年的发展历程当中，经历从计划经济向市场经济的转变，在近十几年的发展历程中都面临着快速城市化的压力，两城的总体规划都贯彻多核多中心的发展思路。与此同时，与上海规划中强调"卓越全球城市"不同的是，孟买规划更多关心城市的实际问题——住房、交通、基础设施建设等，建立友好对话机制是可行的，两座城市的规划决策团队可以合作，包含经验共享和信息联动平台。

4. 政策选择促进公共治理

战略规划制定需要长远眼光，确定分阶段地对真实需求做出回应，将有助于确保政策得到长久实施。城市发展最终是市场选择的结果，规划作用其中构成了相互作用的复杂过程（张尚武，2018）。企业战略方法对于城市政策制定具有指导作用，即在约束和挑战下支持城市发展的关键因素，这需要洞察力和提出正确问题的能力。"全球城市"的关键因素具有共性：支持贸易的专业化；吸引驻留多元创业人口；培育创新能力并提升影响力；率先发现新的市场、商路、产品和服务；善于利用地缘政治机遇。一个城市之所以进化成为大都市，必然是鼓励开创和进取的价值导向，如果它缺乏远见和不能对实际问题有效回应，在时代变迁政治议程变动时很容易被淘汰。

大都市战略政策选择需要多方面的利益相关者（Stakeholder）及专家群参与分析过程，基于不同的假设发展多个情景。大都市战略政策模型构建是通过专题讨论会或者利益相关者分析来进行，需要专家和利益相关者从不同的领域出发，结合当地条件发展出最为现实可行的结果。与此同时，规划政策模型制定在封闭的状态下，仅仅由技术专家构思进行机械分离的评估，可能并不适用于所有情况。成功的大都市空间战略政策经验表明，创新需要充分结合利益相关者的诉求，并与当地文脉相符的规划政策结合，而整体政策体系内又包含子系政策，既强化了战略的操作性和实时性，又保证总战略有计划、有步骤、有成效地逐步实施，并保障了政策体系的逻辑连贯性（吴志强，2003）。

表格 36　大都市政策工具包

政策维度	置顶型都市	攀升型都市
人口政策	说服上级政府不要限制移民的迁入，同时防止人才外流。	对于人口增长和农民工，建立更透明的管理制度。
住房政策	通过多项措施增加住房供给，安抚城市中业主反增长的情绪。	提供优质的可持续的保障性住房，以满足居民需求。
社会公平	通过社会、空间和教育等政策提高城市包容度。	消除社会隔离与排外，扩大公共服务的覆盖范围，建立包容的公共交通体系。
可持续政策	在适应气候变化的国际潮流中处于领先地位，提高城市韧性。	制定更具韧性的发展战略，以应对气候变化、水资源短缺、洪涝和地震灾害。
土地政策	通过大规模市区重建推动城市空间品质的提升，有效利用土地。	提高城市土地的利用率，建立更有效的空间治理制度，加强城市和都市圈的联系。
商业政策	建立服务于企业和创新经济的税收制度和营商环境。	提高劳动生产率，完善法律、税收和监管制度，提高透明度，增强商业信心。
人才政策	帮助人才进入相应的就业市场，建立区域层面的劳动力市场信息公开制度。	保持对国际人才的开放性，培养国际视野和营造多语言环境。
基础设施	大力推进基础设施和智能化整合建设，例如多式联运，水、废物、能源处理等。	发展快速装配项目，解决基础设施和基本住房短缺问题。
经济发展	确保新兴创新产业的创业者能够负担起生活和工作成本。	为新经济和新兴创新部门提供更大的支持。
城市品牌和形象	在大都市竞争加剧的环境下，保持鲜明的城市形象。	在全球打造鲜明的城市形象，实现自身的品牌承诺。
大都市治理	在区域内展开网络化协作式治理，加强大都市圈治理，避免监管体系过于复杂。	加强城市政府的治理能力，增加城市政府的治理措施，推动治理体系的完善。
府际关系	完善与中央政府之间的财政安排，与二线城市发展更紧密的合作关系。	推动中央政府对大都市空间经济的支持，改善财政和激励体制抓住机遇。

来源：作者自制

　　信誉是大都市的核心资产,责任、透明、合法等关键特征为都市长期创造价值提供了基础。健全的法律框架对于战略实施是必不可少的,因为它规定了所有社会角色都在确定的责任义务下行事,明确的行动规则可提供均等机会促进竞争,从而有助于创造就业机会并增加投资。决策偏见、任人唯亲以及不透明的决策机制都会危害公众对都市政府的信任,不利于竞争力形成。许多在战略上取得成功的城市,其立法也确保了战略是有法律约束力的,包含了对不遵守战略的企业和个人的处罚。大都市系统是复杂的且可能出现重叠和缺口,构建战略规划的努力也许要花数十年,而战略可能在其执行之前就已经过时,战略也会因为忽视了制度、技术和资金的约束被最终放弃,因此战略的前瞻性和实施保障同等重要。因此,政策分析平台采用一种需求导向的方法,构建实用框架,才能保证执行力。政策分析的基本步骤是:1.收集信息,确定应考虑的因素及其中无法控制、由环境决定的因素;2.用经济学和社会学的理论和数据来分析要素间的关系;3.建立目标体系和评价指标体系;4.建立模型,常用的政策模型有理性模型、经济合理模型、启发式模型、程序决策模型、超理性模型和突变模型等;5.对不同的政策方案进行评价。

柏林勃兰登堡(郑迪摄于 2014 年 2 月)

　　纽约战略规划以“目标＋策略＋项目”表述为主,由市长主导的独立机构编制完成,与地方规划局没有密切的关系,更像是一届政府的施政纲领。战略规划对纽约市、纽约州和联邦政府的法律政策进行研究和分析,从中找寻规划的依据和规划实施的途径。为了避免规划成为一纸空文,纽约规划(PlanNYC)对于每一项措施和建设项目都配套相应的融资方案,以保障规划内容能够实现。规划的核心主导机构是市长办公室,规划大部分内容都有明确的规划目标和责任机构,有的还建议成立新的机构，以保障规划实施。规划还建议区域政府、社区等多层面的合作以实施规划，明确了地方法律中可以为规划的实施提供保障和支持的法律条款，并号召市级、州级乃至联邦政府的相关政策调整和改革。东京自1979年以来开展了五次行政改革，机构设置逐步扁平化，治理简约化同时职能整合化，其制定的战略针对性和政策指向性都很强（例如地震、奥运会、疫情等）。同时东京在城市管理建立环境影响评估制度，尽量降低城市建设、运行对环境的影响，充分调动社会力量，完善城市管理的参与和监督机制（蔡玉梅，2017）。大伦敦政府法案明确政府工作的主要目标是"三促进"：促进经济发展、促进社会发展和促进环境改善，大伦敦政府法案明确市长应制定交通、住房、空间、生物多样性、市政管理、空气、环境和文化方面的八项战略。《大巴黎计划》包含事前评估和事后评估，战略本身包含大区愿景、大区空间计划、规范性导则和土地总体利用、环境评估及纲要提议。洛杉矶市长统领各部门建立一整套战略，包含城市战略、弹性战略，同时各个基金会提供资金、工具、资源推动政策落地。芝加哥根据社会经济的发展阶段持续修编区域规划，自1990年代以来就编制了"芝加哥2000"、"芝加哥2020"、"芝加哥2030"、"芝加哥2040"，单个规划不期望能够管多年，而是在不断调整。"芝加哥2040"强调高效治理，突出了问责制和透明度，同时面临有限财政，提出愿景"拥有政府间高度协调的管理体系"，实现战略与医疗卫生、公共安全、教育及社会服务等体系的相互关联。在制度支撑方面，"芝加哥2040"提出加强信息共享、政府透明度以及政府间的协作，并消除地方、地区、州以及联邦层面的项目面临的人为障碍。"芝加哥2050"虽然提出包容性增长，但学者认为其欠缺机制、资金来源、实施主体等方面的考虑，这并不会改变如今化石能源主导的城市发展模式。柏林采用法定规划工具（土地使用规划、地方规划）制定了一套有针对性的非正式规划工具，旨在实现战略目标和法定规划的互动机制。战略规划控制全局，在规模、位置、模式上进行控制法定规划，包含三种规划方法，私人项目应对被动规划方法；公共项目应对主动规划方法；公私合营项目应对混合规划方法，长期发展框架会定期更新以考虑到当地发展规划要求。

大悉尼委员会根据最新发布的《悉尼总体规划》（A Plan for Growing

Sydney)为悉尼六大区域制定分区规划,这些分区规划随后将作为依据,指导地方政府《地方环境规划》(Local Environmental Plan,简称 LEPs)的定期审核,确保地方政府在修订其规划时依照分区和区域规划的指导方针,基于区域规划以及悉尼发展规划的方向和贯彻效果进行评估和报告。"悉尼 2056"倡导多方协作,需要州政府、地方政府、企业和社区等共同协作来实施规划,特别是在基础设施和住房领域。2015 年顿士顿编制的《畅想波士顿 2030》超越具体的建设计划内容,以创新思路赋予了邻里开放参观(open houses)、社区作坊、愿景工作坊(visioning kits)等内容。迪拜以其独特的城市治理模式,在市场营销方面将其打造成一个投资者的乐园,由于这座大都市大部分行业免税,政府在交易环节盈利,提供世界一流的公路、空港、海港和物流服务,得以将战略中的想法真正落地。首尔于 1995 年开始实行市长选举制,每四年由公民投票选举产生首尔的市长和区长,大都市政府实行"两院制",包括上层首尔市政府以及下层地方政府,首尔市政府负责在全市范围内制定相关政策,同时统筹管理 25个独立的区,地方办事处负责具体政策的实施并提供区级服务。新加坡城市规划、建设、管理分别由相互独立部门承担,城市规划由城市重建局负责,城市建设是由建屋发展局负责,城市管理由国家发展部以及环境部负责,这些部门相互协作保障战略实施。在规划体系中,新加坡政府机构所作的概念规划就是将整体型的政府行动合法化,将可用的相关资源进行整合,提供综合方法的结构化框架。概念规划谋划新加坡有限土地的不同用途,提出了新加坡土地长期需求的战略构想,代表各发展机构不同利益并形成有机整体,将概念规划中的宏观战略转化为 10 到 15 年具体执行规划,每五年审核一次保证各项发展符合长期需求。上海市市长办公室统筹进行过多次未来战略的研究,发改委主导的发改委"上海2049",规划局主导的"上海 2035",原建交委主导的"上海 2030",在开放经济、消费社会、科技创新、多元文化、智慧治理等领域进行未来预测推演。北京总体规划建立"一年一体检,五年一评估"的机制,对城市总体规划的实施情况进行实时监测、定期评估、动态调整,确保城市总体规划确定的各项目指标得到有序落实(中国建设报,2018)。约翰内斯堡在种族隔离制度下,在 2000 年建立"单一性"市政体制,城市管理者、居民、顾问以及研究者在合作平台机制下,以共同利益为核心持续推动城市扩张(汤伟,2017)。多伦多市与周边五个城市共同构成多伦多都市圈,"共识搭建"推崇公民以及其他利益相关者,将政治权力广泛分散到公众层面,一同协商并影响公共决策。孟买高达 4 万人每平方公里的密度决定了区域管理协调困难,大都市区域内各行政实体之间的利益协调压力很大,因此"孟买2034"着重解决廉价住房、增加就业、高质量生活、改善自然环境。

纽约、芝加哥的多元治理

Allen J. Scott[①] 认为曼彻斯特是"工场和作坊"时代的模式代表,而芝加哥和底特律是"福特制工业"时代的模式代表,洛杉矶则成为"后福特制"时代的模式代表。1950 年之后美国最大 16 个城市里有 6 座人口降低了一半,其中最典型的是底特律,由于汽车、造船以及发动机产业的转型,加之底特律本身对创新技术的忽视,使其在 1950 至 2009 年之间人口减少了 100 万,占其总人口的 58%。芝加哥在 1950 年至 1980 年,也由于钢铁产业的衰弱而进入萧条,而 1980 年之后,由于基础设施更新和产业重组,重新恢复了活力。纽约 1989 年提出《城市宪章》推动了规划编制,改善了城市环境(滨水规划、综合规划、社区规划),形成城市环境质量审批 CEQR 机制,规定绝大多数用地项目都要经过 CEQR 评审程序,保证开发建设计划没有违背地方的环境法规。其中,规划影响评估必须承认存在一个不确定的未来,并采用定性的情景描述法来表达多个结果,对于未来的可能性变量(土地利用、交通、基础设施和社会经济),规划影响评估会建立定量模型推演未来规划方案的走向。

---

① Allen J. Scott,加利福尼亚大学洛杉矶分校公共侦测和社会研究学院的教授,致力于工业化、城市化和区域发展等问题研究。

表格 37　纽约城市政体演变

年份	背景	策略
1950 指示型政体	城市扩张	联邦政府的城市更新政策
1960 让步型政体	城市危机与空心化	民权运动和种族骚乱
1970 保守型政体	城市陷入经济衰退,纽约能够慢慢恢复经济	社会底层阶级影响力减退,资本所有者的利益重新受到重视
1980 政企联合	民主党 Edward I. Koch 任市长,城市状况改善,开发商介入市场化	中央政府减少了对城市政府的直接资金支持,城市政体和私人部门协作更加紧密,通过物质性规划和区划调整适应经济结构变化
1990 城市级决策	未来发展思路,城市中产阶级化	1989《城市宪章》通过实施后,纽约五个自治区区长的权限减少,市长行政权力增加,市议会人数增加,拥有更多决策权,权力下放趋势减缓,城市发展决策从区级回到城市
2000 平台政体	技术发展,公众参与治理意愿强烈	都市管理体制更为透明,采用信息平台进行专门管理运作,将各种意见整合并实时反馈

来源:作者自制

表格 38　芝加哥区域规划机构演变

时间	机构名称	举措
1923 年	民间组织芝加哥区域规划协会(CRPA)	1956 年发表区域规划方案,统筹区域内的产业、土地利用、水资源供给
1956 年	芝加哥区域交通研究机构(CATS)	区域规划统筹区域交通、协调交通项目以及开发资金使用
1957 年	东北伊利诺伊规划委员会(NIPC)、芝加哥大都市区域综合规划机构	将伊利诺伊州东北部作为规划范围并展开其区域规划整合
2005 年	东北伊利诺伊规划委员会(NIPC)和芝加哥区域交通研究机构(CATS)合并为芝加哥大都市区规划署(CMAP)	会同芝加哥市长委员会、都市区内587 个公共机构以及众多社区组织,共同实施芝加哥城市振兴计划及大都市协作发展战略

来源:参考王逸凡,2014

方法分析：纽约和芝加哥的管理者深刻理解城市发展的规律，承认未来不确定的因素，持续研究在市场经济条件下，如何调动城市利益相关者积极共同参与治理城市。这两个城市在战略层面逐步从物质规划转向城市治理，大规模地采用政策分析的方式为决策提供支持，由专业部门负责起草城市发展规划方案，通过的规划将作为法定文件，由行政机构和司法机构保障执行，并建立评估制度保障持续调整。1990年之后，纽约不再要求编制城市总体规划，代之以战略发展和政策报告，2000年之后采用了计算机手段建立数据平台并一直延续至今。

芝加哥城市鸟瞰　郑迪摄于2013年3月1日

大伦敦规划治理强调程序逻辑

《大伦敦规划》的编制、实施、监督、评估和反馈是动态过程，具有总体规划、结构规划、控制性编制单元规划和控制性详细规划四个层次。伦敦规划实施框架的目的是促进规划高效合作实施，以次区域规划作为规划政策的空间落实。方法创新在于分区规划，根据总规确定的城市发展战略，统筹协调分区内各系统内容，根据城市整体发展特征提出战略,并划示策略分区为下一步系统策略的落实提供基础,确定地区内未来需制定特定政策的区域类型、规模及政策目标。同时,设立专门的监督小组促进各部门合作并形成《年度监测报告》,该报告定期监测和评估发展框架,实时反映规划实施水平。

方法分析:《大伦敦规划》以区域作为空间基础,从未来大都市战略的角度确认未来发展目标,将战略规划与行动计划相互协同,促进多层次区域主体、部门主体的纵横合作,其秉承的"实施—监督—反馈"的空间战略体系,保证 2011 版的伦敦规划能够持续编制并不断改进,形成严密的法定程序,每年依法进行必要的检讨,确保规划动态稳定实施。

5. 城市经营实现公私合作

大都市战略是对利益与规律的平衡。全球化进程中的大都市战略作为顶层设计产品,必须要能有效地协助政府完成两套体系:对外需要政府主动参与全球资源的竞争,对内政府还要维护社会公正和稳定(吴志强,1996)。

大都市规划实际治理的过程都经历了规律和权益的博弈。伦敦就是最典型的自我批判和螺旋上升过程典范,二战以前的伦敦增长依靠城市蔓延式增长,经历了从 1938 年开始的 30 年凯恩斯主义的国家干预,促进国家主导的投资放大,二战后伦敦的空间发展方式逐步转变为疏解与新城建设,直至 1970 年代石油危机和战后开始实施福利政策消耗下,英国政府已经出现严重的财政危机,在此背景下,撒切尔及其保守党政府占得了主导权,其政策核心思想在于限制国家的权力,释放企业和市场自由度,鼓励市场机会和私营企业,建构市场化与最优规模投资。伦敦规划体系上的改革表现规划程序提升效率,规划内容对各种规划许可申请更宽容,通过成立城市开发公司来绕过现有规划体系,复兴一些主要城市的内城区,与此同时引入"企业区",使得区域中许多正常开发更快得到落实。1980 年代越来越多的开发商诉求得到中央政府的支持(Taylor,1998),而到 1986 年,经济危机促使撒切尔政府提倡新自由主义并取消大伦敦政府,从此伦敦市的城市发展更多是由地方政府自行组织,结构规划(期限15年)由地方政府编制,经"公众评议"后报中央政府的规划主管部门审批。之后的15年由于缺乏统一管控,企业区(例如Docklands)得以发展壮大,但大伦敦整体竞争力一度削弱,直至2000年后工党布莱尔采用更为成熟平衡的"第三条道路",寻求在市场和政府间的平衡。2004年开始编制的"大伦敦规划",强调自下而上,开始运用先导研究、全球网络以及大数据工具,以资本和人力聚集为导向,成为全球公认的大都市战略典范,同心圆模式、轨道交通、外围防护绿带、卫星城以及城市更新路径等发展思路,被后来很多大都市(东京、莫斯科、米兰、北京)都争相效仿。

由伦敦所代表的城市经营模式是推进不同角色之间共赢合作。正如世界经济论坛所提出的宗旨:"致力于通过公私合作改善世界城市状况。"通过对大都市进行的未来城市项目的扫描研究,我们发现多数项目是空间、科技和政策相互融合的实践产物,在新自由主义经济之下,城市的发展受制于资本,每个大都市都在通过各种办法吸引外资,它们迫切需要新兴治理策略来提升大都市的生产效率。大都市有必要建立都市政府和上级政府之间的沟通协作,推动城市融入国际市场,通过综合财政手段、吸引私人投资以及说服上级政府下拨权力来建立更强大的投资体系,围绕城市品牌营销和创新体系构建话语体系。公私合营在基础设施投资上同样适用,通过大都市的研究发现,发达国家和发展中国家城市在基础设施供给上差异较大(World Bank,1994),一般基础设施投资都是由公共部门提供的,而现在私人部门对基础设施的投资正在增加,这种公共服务私营化比由政府来做更高效集约。

大都市战略空间控制着全球社会、经济和产业的最重要因素,决定研发、生产、市场的过程,只有这些空间的高效执行才能完成整个大都市的战略(吴志强,2016)。从1811年纽约形成完整城市街道网络开始,大都市技术进化形成四代战略空间,每个历史发展时期的技术创新对战略空间的影响具有相对滞后性。全球1900年至1958年经历社会动荡,城市技术不断完善,战后全球人口资本集聚增长,形成了第一代战略空间(Sassen S,1991);1960年至1989年,以金丝雀码头作为引领,多元角色参与的第二代战略空间(Derruder B,Hoyler M,Taylor P,2012);1990

年至 2010 年,亚太城市引领的第三代战略空间崛起,中国大都市战略空间开始参与全球竞争;2010 年之后,随着计算机信息技术、联网交通工具进化以及新社会形态发育,单纯的资本与技术投入已经不能满足需求,管理、数据乃至智慧等也作为独立要素投入空间生产,全球大都市集中探索未来城市模式。

表格 39 战略空间发展阶段

年代	定义	要素	时间	城市创新	未来发展方向
1800s—1850s	第一代战略空间	土地、劳动力、资本驱动	1811 年纽约	街道网络	数字街区
			1838 年美国	蒸汽机	分布式再生供能系统
			1851 年世界博览会	电梯	多方向磁悬浮电梯
			1854 年伦敦	疾病地图	城市健康数据平台
			1859 年伦敦	卫生管道系统	全自动自循环再生系统
1860s—1900s	第二代战略空间	土地、劳动力、资本深化融合	1863 年伦敦	引擎驱动地铁	超高速管道列车
			1869 年伦敦	信号灯	适应自动驾驶的智能信号系统
			1880 年英国	安全自行车	共享单车系统
			1893 年芝加哥世博会	电气照明	光学高速通讯系统
1900s—1980s	第三代战略空间	资本金融化、文化导入、劳动力精英化、生产性服务	1912 年美国	消防技术	传感器辅助灭火
			1937 年伦敦	110、112、911	城市智能服务系统
			1916 年纽约	都市区划	万物互联的智慧街区
			1956 年新泽西	海运集装箱	集装箱餐馆、办公楼和住房装配化
1990s之后	第四代战略空间	信息智能化、城市级设施、创新加速	1990 年海湾战争	GPS	自动驾驶系统
			2005 年波特兰	GTFS公交数据标准	交通众包系统
			2017 年硅谷	人工智能	AI城市规划革新

来源:作者自制

通过全球 22 个大都市的 34 个战略空间研究,本书揭示出战略空间发展的四大趋势:空间营造加速融合技术与数据要素;资本集聚、多元融

全球大都市领先案例分布图

资杠杆率显著提升(Wallbaum H, 2016);人口迭代从单纯的导入劳动力到多元人才集聚活力,推动地方创新生态形成;技术迭代从单纯技术累加到多因素复合更新,更强调产业升级。

表格 40 大都市经营案例

	城市	项目	时间	人口迭代	技术迭代
第一代战略空间	柏林	亚历山大广场更新	1901	私人投资者承诺与公共规划部门配合	卓越的建造工程技术提高了空间的品质与容量,促进地区吸引力提升
	纽约	纽约中央火车站	1903	人流量达 75 万人/日,60%为创新人群	地上地下空间的综合技术释放了大量的街面空间,使其成为生活的场所
	法兰克福	法兰克福展览中心	1909	每年累计人流量达 200 多万,为德国提供 3.25 万个就业岗位	卓越的空间设计使其成为世界第三大展览中心,已经将法兰克福打造成了著名的国际展会 IP 以及业界标杆
	东京	新宿区	1950	注册资本在千万美元以上的企业达到 143 家,占总数 5%	抵御风险的城市基础设施及金融系统,重视商业发展,通过智能化提升办公服务能力,完备的立体交通以及绿地系统
	巴黎	拉德方斯	1958	入驻公司 6500 余家,容纳 15 万人就业	柯布西耶"光辉城市"样板,TOD 交通系统优化人车分流,公共空间体系和绿色建筑设计促进可持续发展
第二代战略空间	伦敦	金丝雀码头	1970	未来十年人口增长超过 50%,至少将增加 3 万人,人口结构年轻化 20—30 岁	金丝雀码头一期城市开发由大型银行、金融企业总部占主导地位,二期东扩吸引上下游的中小型科技创意公司,满足现代企业办公需求汇聚了 50%以上的英国百强公司、100 多个欧洲 500 强企业
	台北	信义区商务区	1970	政府机构,金融机构以及众多服务设施聚集地	通过优化基础设施供给吸引高附加值产值的技术性产业入驻,促进都市经济结构转型
	纽约	Hudson Yard	1980	将为新西区市民带来超过 5.7 万个就业岗位	和纽约大学数字中心、Sidewalk 等企业的协同建立北美首个"量化社区""城堡"式城市综合体,实现能源安全与资源自给自足

续 表

城市	项目	时间	人口迭代	技术迭代
伦敦	伦敦国王十字区	1987	增加 2.2 万个就业机会，2000 套住房	通过整体改造空间设计，在创新发展与保护特色寻求平衡，引入三星、油管、路易威登、卫报等入驻
柏林	波茨坦广场	1989	拥有包括索尼欧洲在内的企业总部	出色的建筑建造技术提升空间容量，强化空间体验，采用绿色生态技术如雨水回收利用促进其可持续发展

（第三代战略空间）

城市	项目	时间	人口迭代	技术迭代
上海	陆家嘴	1990	跨国公司地区总部达 107 家，世界 500 强企业投资设立的机构超 340 家	陆家嘴三大地标建成，立体交通、地下环路以及金融科技融合 5G 环境，对接业务场景、专业服务等资源，积极完善金融科技生态圈，打造金融科技场景
北京	金融街	1993	区域内共有各类金融机构 1800 多家，总部企业 175 家	智慧基础设施如 AI 公园使得整体空间质量提高以及交互吸引力增强，金融科技强强联合，相互融合赋能金融与科技产业进行融合变革
广州	珠江新城	1997	引入了 130 多家世界 500 强企业旗下 170 多家项目机构	促进金融、科技、商务等高端产业集聚成为地方发展的引擎，CBD 核心建筑在结构创新、智能安全等处于领先地位
迪拜	棕榈岛	2001	每年访客流量千万人，容纳 6 万居民的就业岗位	世界上最大的陆地改造项目之一，堪称世界第八大奇迹；人工智能技术促进游客的交互体验。
新加坡	纬壹科技城	2001	全球科学家、科技创业者和研究人员，相关就业岗位 4.7 万个	聚焦信息科技、生物制药、文化传媒等产业发展，促进地方产业结构转型，建立跨学科、跨领域、跨国界的研究平台，政府管理部门与企业跨部门合作，链接产学研一体化的合作平台
洛杉矶	Downtown 复兴	2002	拥有超 50 万个工作岗位，超过 5 万居民定居	迎接 2028 年洛杉矶奥运会，以智慧治理作为项目核心，设立首位"创新官"和"数据官"，成立新技术中心，聘请"居民创业家"为市政府出谋划策

续　表

	城市	项目	时间	人口迭代	技术迭代
	东京	六本木	2003	约有 2 万人在此工作，每日人流达 10 万人	先进的垂直空间技术，复合且极具魅力的公共空间体系，成为著名的旧城改造、综合交通开发的代表项目
	首尔	清溪川	2003	累计提供 20 万个工作岗位	数字技术应用于辅助地区环境治理，建立动态环境检测平台
	米兰	CityLife 商业区	2004	每年 700 万来访者，创新岗位供给翻倍。	领先的建造技术提升空间品质，地铁站和商业区利用钢架混凝土盖板进行上盖整体开发，铂金级 LEED 认证确保能源可持续性
	芝加哥	千禧公园	2004	2017 年累计接待量达 2500 万人次	"云门"运用现代科学技术的最新成果，增强设施与人之间的互动性，树立了城市公共空间的科技典范
	香港	西九龙文娱区	2005	2037 年累计提供设计创意行业的就业岗位 21540 个	集中聚集全球文化科技资源，善用现代信息科技，降低建筑营运成本、提高能源效益和减少温室气体排放，通过设施智慧化为全球艺术家提供交流平台
	阿布扎比	马斯达尔	2006	预计将创造 7 万个工作机会	塑造世界上最具可持续性零碳环保城，引入长途轻轨电车、个人运输系统、食物生产系统及 Masdar 理工科技中心
	纽约	高线公园片区	2009	吸引创新精英，新区人口增长了 60%。	通过交通系统的疏导、社区自治以及空间资源的活化，对内港地区的滨水区进行再开发，实现要素的创新组合
第四代战略空间	上海	虹桥商务区	2013	截止到 2020 年提供就业岗位 60 万个	面向未来的高标准基础设施，聚焦 5G 示范区、城域物联网建设，建设成为智能互联的智慧虹桥
	东京	虎之门	2014	虎之门站点人流量增加 7%，就业创新供给能力	下一代 TOD 开发技术促进交通系统的复合设计，实现站城一体化梯度开发，出色的建筑建造技术提升空间容量

城市	项目	时间	人口迭代	技术迭代
米兰	后世博创新区	2015	"大学进驻＋科技企业引进"推动地区发展转型	通过"人性化科技中心"计划、兴建国立大学相关院系、吸引欧洲制药企业入驻，将米兰世博园区打造成为科技和创新园区
约翰内斯堡	老城区复兴	2015	住房空置率从 2003 年的 40％ 降低到 2008 年 17％。	建立商业促进区 CID，通过创新空间塑造、地区交通系统疏导以及生态环境治理等，促进地方活力提升
迪拜	迪拜塔购物中心	2016	年访客数量达 8000 万，有大约 1200 个商店	世界顶尖建筑施工技术，在规模和空间品质均位于世界前列，拥有豪华酒店、溜冰场、虚拟现实主题公园和水族馆，是世界上最大购物和娱乐目的地之一
波士顿	Seaport	2017	14 家世界 500 强公司总部入驻，创造了 5000 个新工作岗位，并形成了 200 多家新公司。	通过推动绿色技术、医疗保健、信息等尖端行业的发展将海港区重建为信息时代工作的枢纽，位于创新区的公司中有40％共享工作空间和孵化器，建造了 6600 多个住房单元，包括 300 个创新微型单元
多伦多	谷歌未来城（2020 年终止）	2017	约增加 4 万个高质量的就业岗位	前瞻性的城市设计和先进的人工智能技术的介入，将打造一个以人为本社区，成为可持续、经济适用、机动性典范
武汉	长江新城	2017	至 2025 年，长江新城常住人口达到约 110 万，重点目标是促使高端人才留汉	吸引高端高新技术企业，大力发展高端装备制造、生物技术、新能源、新材料、节能环保、新一代信息技术等战略性新兴产业，构建高端制造业和生产性服务业融合发展的现代产业体系
新加坡	榜鹅数码园区	2019	吸引高增长的科技公司入驻，提供就业岗位 2.8 万个	被新加坡列为首个试行的"企业发展区"，将社区生活，科学研究与企业运营结合，建立数字建设平台

续　表

城市	项目	时间	人口迭代	技术迭代
海牙	荷兰海牙中央创新区（CID）	2025	新增 2.5 万个工作岗位,5 万居民,每日 2 万次人流量	通过智能基础设施将 CID 打造为一个更具有创造力与包容性的创新区,强化科研机构与地方社区融合度,约有 3 万名应用技术研发方向的科研人员定居。
沙特	NEOM 新城	2020	面向世界,面向人才的大平台,采取优惠政策吸引人才定居	建立全球首个跨国工商新城 NOEM,主攻再生能源、生物科技、先进制造业,重点发展人工智能、大数据等新兴产业,聚焦零碳交通系统、生态修复技术。

来源：作者自制

经营(管理)者意见调查法：指规划预测人员向经营者作调查,听取他们对未来城市情况的意见和他们自己预期完成的任务,经过综合归纳,作出预测的一种调查方法。本书通过对于伦敦、纽约、毕尔巴鄂三城经营者的调查分析,作为方法的实证分析。

案例20

伦敦道克兰港区公私合营

主要由于集装箱化的趋势,航运转移河口港,大都市内城港区逐渐失去市场,伦敦道克兰港区的临时雇工制度结束于 1967 年,保守党于 1973 年委托顾问撰写了一份报告《特拉弗斯摩根报告》提出 5 个未来候选方案,受到当地社区团体的猛烈抨击,直至 1970 年中期,自上而下的大规模城市规划受到质疑,当地社区团体通过道克兰联合委员会来代表公众,方才形成 1976 年的道克兰大都市战略。然而英国于 1977 年出现了金融危机,延缓了道克兰的再开发进程(杨滔,2009),这次金融危机也导致 1978 年的大选中撒切尔政府胜出，新政治团体逐渐瓦解了1960至1970年连续几届政府维持的伦敦空间战略规划体系，并于1980年重新颁布《城市规划土地法》，提出建立企业区（Enterprise Zone）并赋予城市开发公司权力。道克兰城市开发公司从1981年成立直至1998年结束使命，促成了道克兰的城市更新，推动核心区金丝雀码头成为伦敦的新地标。Peter Hall提出的理论允许企业进入企业区并享受全额的资本折让、免征土地开发税和许多常规规划限制，累计到1985年免税额达到15000万英镑，因此企业区极大吸引了私人资本（冯禹丁，2010）。在一份1987年的评估中，企业区3/4的公司认为他们从免税政策里获得了好处，道克兰作为企业区实践的典型，其新城更新采用了PPP模式——"杠杆规划"，即政府用一小部分投入撬动更大规模的社会资本，双方协作共同投资的模式。对于"杠杆规划"，英国前任财政大臣诺曼蒙特对道克兰直接总结为"那就是资本主义"，正如Peter Hall所说，当全球资本主义从商品处理转向信息处理的过程中，每个大都市都为了吸引资本而进行投机开发，这是一种为房地产周期所利用的复兴方式，当然它可能成功（Peter Hall，2009）。

在公私合作的制度创新方面，伦敦规划采用次区域机会增长区、高强度开发区和更新区、城镇中心、郊区等空间类型来讨论伦敦的空间发展问题，并将其他政策在空间上进行叠加。通过历史经验，公私合营的一个重要优点是既明确了公共政策的导向和公共投资的方向，又给市场留下了充足的空间，其目的是期望通过规划的引导，使得公共投资和私人投资能够找到契合点。21世纪开始的全球化进程中，公私合营的红利有限，而伦敦的创意产业异军突起，使得伦敦的中央活动区又重新增加了大量的就业岗位。伦敦金融城的集聚水平较高，多层次的金融机构形成高效成熟的金融体系，使得伦敦成为全能型的国际金融中心。大量的国际移民进入伦敦，也使得伦敦的社会结构更加复杂，加上本已具有的老龄化问题、单亲家庭问题,如何在规划中考虑这些复杂群体尤其是弱势群体的需求,成为规划最终成功的重点。

20世纪中期制造业开始由英美等国向外转移,1970年代末伦敦废弃的工业或仓库土地等待着再开发,当地市政部门受制于财政削减或公众反对而无法施行,彼得霍尔(Peter Hall)提出"自由港"(Freeport)解决方案,即挑选某个小片地区进行各种尝试,让自由市场力量来启动衰败地区的复兴。1979年撒切尔夫人领导的保守党上台执政后,实行了私有化、减税等一系列新政,对城市建设的政策也转向以市场为主导,引入"企业区条例"。1980年伦敦东南部道克兰地区就被选中作为第一批UDCs的试点,1971—1981年间由于工业衰败,该地区人口数量下降了18.15%,失业率比伦敦城内高113%,83%的居民住在出租房里。1981年半官方性质的伦敦道克兰发展公司(LDDC)成立,随着经济回暖道克兰土地价值提升,LDDC从土地增值中获得了巨大利益。1981—1987年,LDDC共投入公共资金3.8亿英镑,吸引了20亿英镑的私人投资,道克兰因此成为1980年代"杠杆规划"的样本。1985年LDDC与开发商奥林匹亚和约克(O&Y)达成PPP模式的合作,一期项目是金丝雀码头(Canary Wharf),O&Y公司擅长大规模公私合营。1986年大伦敦委员会撤销,英国开始关于城市行政管辖的独特实验。1988年企业区土地价格从1981年的每英亩8万英镑上升到1988年的每英亩800万英镑。1989年奥林匹亚和约克达成朱比利线(Jubilee Line)延伸到道克兰的协议,该项目销售额达到主体总收入50%,LDDC被允许保留所有收入。但是当年产生财政危机,只有5%销售额被兑现。1991年LDDC已经购买了2109英亩土地,占道克兰总面积的40%,其中483英亩用于基础设施,1225英亩出售给私营部门用于开发。在西方国家整体经济萧条影响下,伦敦的商业办公面积需求大大减少。1988—1994年间码头区的不动产价格下跌了43%,并伴随45%的空置率。由于金丝雀的地产项目滞销，负债累累的 O&Y 最终资金链断裂于 1992 年申请破产。1993 年 LDDC 发布了为期 14 年的财务计划，计划投资 16 亿英镑用于提升交通设施，同期英国经济形势重新转好，对商务办公空间的需求大幅增长，而伦敦其他地区办公面积的供应不足，大量企业将选择转向道克兰地区。1998 年该区共建成约 232 万平方米的商业办公面积和 2.4 万余套住房，1990 年代后期该区的办公面积出租率达到 98%，价格上涨了 30%。2004 年 Wood Wharf 开始开发。

方法分析：金丝雀码头的成功得益于多元角色的公私合作促进空间、资本和具有创新力的人才高度集聚。1970 年以后的新自由主义鼓励市场要素配置资源，Peter Hall 提出了"自由港"的解决方案，撒切尔政府通过该方案的大力推动推动工业重地金丝雀码头（Canary Wharf）更新金融集聚区。1990 年新伦敦战略体现了公私合营的第三种道路（The third way），依据《城乡规划法》的"规划义务"，允许土地开发商通过支付偿金或者履行额外的公共设施建设义务获得开发许可。在具体操作模式中，伦敦市长负责城市空间战略规划，区域负责地方规划的编制和实施，而开发公司将在住房、交通、经济发展等一系列的政策目标上与政府合作，促

金丝雀码头开发历程图示　来源：Pelli Clarke Pelli Architects

进城市再开发行为。然而,完全要素市场化配置下容易造成政府失灵与规划制度失灵,使得大都市战略地区发展面临偏离中央政府所设定的可持续目标的风险,例如建筑师理查德罗杰斯 1990 年称金丝雀码头开发计划是"一个大失败",其质疑金丝雀码头的工作岗位并非新增而是转移,开发公司凌驾于地方政府之上,没有考虑地方居民的利益。

案例 21

纽约都市公私合营

与伦敦不同,纽约从一开始就更为看重公私合作的规划模式,最初的城市营销始于 1825 年,纽约商人修建了苏伊士运河,将纽约市和五大湖乃至美国中西部连接起来,这条水路的贯通推动了当地制造业和贸易的飞速增长,衍生的新兴金融业和保险业为纽约的都市经济注入活力。从 20 世纪 20 年代开始,美国区域规划协会(RPAA)、区域规划协会(RPA)就"纽约未来"展开争论,之后的几版综合规划希望强调区域合作。从 20 世纪 70 年代开始公私合营走向深化,数次金融危机中受州政府注资而复活的半独立机构——城市规划委员会(CPC)和城市开发公司(ESDC),其决策过程市政府无权干涉,规划编制过程也可独立于原有的区划要求。2016 年,由区域规划协会(RPA)编制的第四次区域规划兼顾各方利益,强调人的重要性和规划参与的多元化。

方法分析:大都市容纳各类居住人口、工作人口、创意人群,更加强调多元功能和宜居生活,通过全球网络和虚拟营销承载新兴经济要素,同时在建设城市经营项目时,日益提升技术创新和文化地标的重要性,同时文化交流、时尚传达的需求变得越来越重要。区域规划由非官方机构主导编制形成规划平台,如果一个规划是用来为土地使用法规进行解释,那么该规划必须清楚说明为什么该形态符合社会利益,以及如何通过专业分析达到该形态规模(LewisD. Hopkins，2013)。在应对技术迭代方面，区域规划平台同样适用，需要城区的面积和人口规模足够观测采用新技术所带来的影响，并且便于对其干预、调整、数据收集、进展评估并经验总结。关于未来城市探索，需要规划、综合实验和执行相互融合，更加需要在城市物理环境和社会经济转型之间平衡，区域规划是进行利益平衡的理想平台。在区域协调的规划组织方面，RPA 是民间组织，纽约大都市区没有综合性的、官方的区域协调和战略制定机构，其三轮区域规划从未能得到市议会的通过从而具有法定效应。港务局在财务上独立，拥有相对较高的自主权，其重大决策需要纽约州和新泽西州两州州长批准，从职能设定和权力范围上来说，港务局是纽约大都会地区最适宜担任区域协调职能的实体。

纽约 Hudson Yard

Hudson Yards 规划建设吸取伦敦金丝雀过分强调资本单一要素的教训，利用多角色投资、混合多业态创造 2.3 万个工作机会，完全建成后每年为纽约市贡献 190 亿美元 GDP（约占全市 GDP2.5%），并吸引更多重量级公司总部入驻。美国从 70 年代以来由于财政资金低迷，联邦政府主导的城市更新模式，逐渐被政府与市场共治的模式所取代。80 年代，由于政府对于衰败地区定义模糊以及政策工具的使用不当，城市更新受到房地产等私人利益的绑架，让社会公众对城市更新中的利益存疑。90 年代以来美国政府开始修正政策，通过转变政府角色，致力于通过有效调控兼顾私有权、开发商投资利益和社会公共利益的关系，该项目融资模式逐渐从政府单一投资转变为多元主体参与。自从 2013 年开发以来，Hudson Yard 活力离不开政府对各个要素的综合治理，重点在于引资的同时引智。

表格 41　Hudson Yard 项目开发历程

年份	大事记
1980 年	MTA(大都市运输局)建立火车站。
1985 年	O&Y 公司提议进行轨交上盖再开发,但随后公司破产未实施。
1985—2002 年	政府曾三次试图更新此区域,但屡次受经济周期波动搁浅。
2002 年	政府提议申办 2012 年奥运会,建设体育场馆实现 Hudson 复兴,政府出资 24 亿美元建设通达 Hudson 的地铁线路及步行景观大道。
2005 年	申奥失败,体育场方案废弃但重建愿景保留地铁线路与林荫大道,并由城市规划部进行重新区划。
2008 年 3 月	第一次竞标,纽约最大开发商都参与了竞标,由于瑞联的确保承租人 New. Corp 中途退出,导致瑞联放弃,铁狮门联合体赢得竞标。
2008 年 5 月	第二次竞标,政府邀请高盛作为股权合作方拿下竞标。9 月受金融危机影响,高盛退出。
2010 年	政府邀请牛津地产(加拿大养老基金地产业务)作为合伙人(40%股权)与 MTA 重新签订协议,项目建设正式启动。
2012 年	第一座建筑 10 Hudson Yard 动工。
2019 年	一期 A 区完工,2020 年一期 B 区完工,2025 年西区完工。

来源:作者自制

　　空间要素上,Hudson Yard 通过整体的土地复合与立体化开发使得城市空间更加紧凑,利用弹性区划促进空间的经济与社会效益的统一。在资本要素上,通过公私合作基本实现了良性循环,资本来源渠道的多元化大大降低了政府的开发压力。在信息与创新要素上,由于未来全球化创新合作的趋势,要求全球人才在任何时候能妥善处理信息,具备流动性和适应性的办公空间对未来新生代雇员至关重要,因此 Hudson Yards 建设美国首个"量化社区"(Quantified Community),促进空间和信息的深度融合,集聚全球智慧。

表格 42　量化社区功能技术表

	项目	技术内容
物理设施	量化社区	热电联产工厂、热回路以及 Con Edison 公司的连接成本将近 2 亿美元。
	能源系统	天然气热电联产（natural gas-fired cogeneration），可同时产生电能和热能。
	灌溉系统	公共广场是西区院子的通风区域，也是雨水径流的场所，流入广场的雨水被重新利用。
	废物再生	回收废物的气动管道（每小时 72 公里/小时运行），可替代垃圾车。
数字设施	设备	科学与进步的设计与哈德森码的开发者的基础设施，使用者可以使用传感器来收集建筑物内的各种数据。
	数据	创新数据包括：空气质量监测、热力图跟踪人群、能源使用、用户健康和活动数据、车辆交通监控数据、微电网数据、环境数据。
	运营体系	光纤环路连接到屋顶的卫星天线，转发器和双向无线电，将形成一个覆盖 6 公顷的开放空间以及 160 公顷的商业空间的网络。
收益		数据基础洞察人类与机器的关系，园区内的整体成果包括为租户和游客设计的智能入口，并包含成本节约和盈利机会。

来源：作者自制

案例 23

多伦多滨水区

　　2017 年 10 月，Sidewalk Labs 和多伦多政府开始计划对滨水区 Quayside 进行开发合作，其愿景立足于建立可持续性和可负担性的社区。2019 年 6 月，Sidewalk Labs 推出 MIDP（Sidewalk Labs Master Innovation and Development Plan），在全球产生巨大影响。Sidewalk 的逻辑主线是以数据为主线串联起城市的规划、设计、运营、管理，通过基础设施的数字化改造完成城市运营的物联网化改造，以数据资源形成城市战略空间的价值闭环。然而，谷歌希望探索的新模式与多伦多政府谈判的进程存在诸多不顺，同时该项目的数据隐私以及盈利模式一直引发争议，因此在 2020 年5 月，该城市创新公司宣布这个项目搁置。

方法分析：多伦多 Sidewalk 项目对于传统要素迭代升级进行试验探索，该模式包括技术、劳动力、土地、生产、信息等因素，各因素围绕技术核心建立数据平台，呈现为开放可逆的开发模式。然而该模式过于强调技术，对于资本收益平衡考虑不够，且缺乏考虑对项目内外各社会阶层的融合，让公众担忧产生"信息黑箱"的问题[1]。从根本上看，该创新模式将开发的各个要素数据化，这种更为灵活的公私合营方式产生诸多潜在利益，涉及到政策修改[2]和多方利益的博弈，对既有机制形成压力，终究难以落地成为空谈[3]。相比之下，纽约的高线公园项目利用社区的力量更新城市空间，在六要素的分析模式中，资本量有限，技术也并非前沿，但协调了多元人群诉求，获得多方认同。

6. 公众参与获取社会支撑

都市治理的顶层设计、市民机制以及决策体系保障了公众参与的执行。大都市战略影响城市未来，与民众利益息息相关。城市经常缺乏足够的人力资源来制定规划并实施。而通过更多的角色包含社会团体、利益相关者参与，能够提高地方规划部门制定并实施规划的能力，这是解决问题并制定更好战略的关键战略。透明决策机制中，政府能够以公开直

---

① Star Editorial Board. Sidewalk Labs has walked away. That's a lost opportunity for Toronto. 2020. 05.

② 涉及延长轻轨和保障住宅. Sidewalk Lab. Toronto Tomorrow.

③ Sidewalk-labs-abandons-ambitious-waterfront-project-toronto.
Don Doctoroff. https://www.blogto.com/tech/2020/05/.

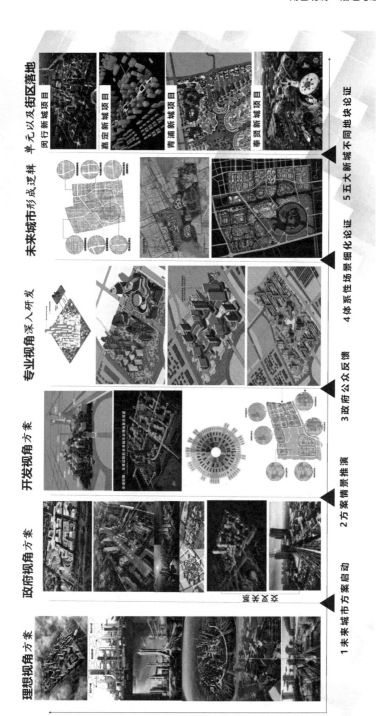

基于 AI 城进行四轮推演：多元角色视角预见未来

图表 16　预期与公共参与希腊三角
(The Greek Triangle of Prospective)

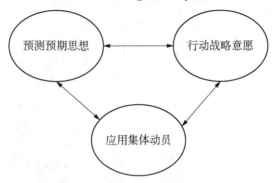

接的方式响应公众的要求,而公众的反馈会进一步促进信任并持续参与都市治理,继而形成良性循环并创新都市发展。大都市愿景的落地是多方协作的成果,包含多种渠道让民众了解城市发展现状、存在问题和发展方向,激发民众参与规划的热情并给予更多参与的途径,同时借助专家的力量,将市民的集体诉求整合为真实图景。Peter Hall 曾经被问道,城市规划会消亡吗?他指出当一个社会逐渐富有时候,它的人民对于周边环境会提出更高需求,人们会花费更多时间和资源去保卫自己的环境,预示了公众参与城市规划将变得越来越普遍,而这一点正在几乎所有大都市中实现。

大都市的公众参与需要渐进过程。西方城市在从增量规划转向存量规划的过程中,传统战略编制耗费社会资源巨大且时间周期较长,往往流程走完但社会形势已经变化,最终无法对接公共供给和需求。当下都市治理方式越发重视公众参与,公众参与的目的就是使得城市的真正使用者参与管理城市,真实进行的公众参与效果往往立竿见影。信息媒体技术的大幅度改善给公众参与更多的可能性,信息收集和规划反馈的时间间隙大幅度降低,网络平台的互动机制大幅度提升了公众参与的效率。

智能技术融入公众参与提升了效率。早在 1971 年赫伯特西蒙就给出答案:"信息的丰富促成了注意力的缺乏。"可见海量信息面前,信息过滤和个性化定制显得尤为重要,如果没有过滤机制,公众将面对海量的信息无所适从,而规划师将成为"守门人",智能技术无法替代专业人员对公共利益进行决策和判断,因此作为公众利益代表的规划师,需要了解城市需求收集、清晰、处理、应对的全过程，同时对最终决定权负责。视频流的领军公司 Netflix 就拿出 100 万美元征集优化系统 10％效率的方案，这一点在规划系统优化中同样适用，未来能提升沟通效率的系统规划师是城市迭代的重要推动者。

美国城市公众参与一般由城市规划委员会、市议会、公众会议和听证会组织，形式包括问题研究会、邻里会议、听证会和比赛模拟，关注重点包括如何激发公众参与、选择合适的参与方式、公众教育和协调各方的利益等。"服务纽约"已经连接了 900 万人，促使志愿者利用资源去解决教育、环境可持续性、公共健康、灾害预防等问题，为居民区提供帮助并改善社区，2013 年 540 万名志愿者参与了 38 个以上的服务纽约活动，这些活动包括居民参与、企业圆桌会议、顾问委员会、区域协调、在线调查网站、电话调查等等。洛杉矶的公众参与体系以法律的形式确保实施推进，加州的规划法律体系设定了公众参与流程，各城市制定市政法规时候都会贯彻法律精神，保障地方自治与整体利益的平衡。NIPC 在编制《芝加哥 2040 区域框架规划》和企业机构合作，在 ArcView 平台开发了互动工具——"共识：区域行动的蓝图"，使用了投影、网络、电子投票器等技术工具，基于管理的基本单元强调共同协作和区域兼顾的重要性，目的是使地方政府和公众最大程度地参与到规划过程中（黄玮，2006）。该计划通过干预行动完善城市模型，利用分析模型来评估政策突发事件对经济环境和过程具体影响，对预测模型所产生的模拟值进行分析，评判其与历史实际值拟合程度，再结合当时的政策制定与后效评估，从而提高城市政策的合理性并不断优化预测模型的准确度。波特兰的区域规划倡导的"共识搭建"模式，波特兰都市圈内不同城市、不同社区之间，强调"理性协商"具有极高的自治性。东京提出联合各种主体推进扩展城市创新事业，如垃圾管理颁布了促进循环型社会建设基本条例；在城市绿地维护上，很大程度依赖于民间志愿者；企事业单位也必须履行生产者扩展责任[1]，家电

---

[1] 生产者扩展责任（extended product responsibility）由瑞典隆德大学（Lund University）的托马斯·林赫斯特（Thomas Lindhqvist）在 1988 年提交给瑞典环境部的报告中最早提出的，报告认为生产者的责任应该延伸到整个产品的生命周期，欧盟把生产者延伸责任定义为生产者必须承担产品使用完毕后的回收、再生和处理的责任。

生产企业、销售商以及消费者有回收和循环利用废弃家电以及负担部分费用的义务;在环境影响评估体系中,政府设立市民反馈意见提交程序,举办听证会讨论市民对具体项目的建议(王伟,2013)。

英国城市公众参与一般由环境事务大臣、公众审查、地方规划局和相关人员组织,采用公众审核、调查会、公众审查资料、意见收集分析、规划编制、民主协商等方式(杨晰峰,2011)。1969年斯凯夫顿委员会提出"人与规划",强调了让每一个利益相关人都能参与规划决策中,也深刻影响了伦敦战略的公众参与机制。大伦敦战略规划内容与绝大部分人的生活利益相关,需要各界(包括政府组织、社会机构和企业等)协力形成广泛共识,公众就大都市战略达成社会共识之后,规划将得以延续发展形成机制,避免因政府官员更换而出现政策变化(大伦敦规划,2008)。格拉斯哥居民通过城市数据中心,利用在线地图工具和移动应用包贡献他们宝贵的知识、开发新的移动应用(共享单车、能源应用等),设计师们则通过社会人口、公共交通枢纽布局、服务频率和教育设施等数据包创造城市更新项目,作为公众参与的一部分,该地区企业和居民也利用"开放格拉斯哥(OPEN GLASGOW)"网站上的互动地图来绘制他们心中未来城市的模样。巴黎市政府市长、省议长、大区长主要负责公众参与过程,"大巴黎计划"提出规划来汇集参与者(地域综合体、公民社会、经济社会等)的建议。德国城市公众参与一般由社区管理机构、法院、上级规划管理部门和市民参与主体负责,采用的方式包括公告、宣传册、市民会议、方案宣传、方案编制、组织座谈。柏林公众参与一般需要大概一到两年,步骤包含向市民公布所有规划信息,在规划局里将所有相关图纸向市民开放,市民到规划局进行更详细的问询、集会和公投,规划局将市民的意见有选择地采纳并记录在案,再进行规划调整(杨晰峰,2011)。法兰克福提出"责任和参与"的主题,公民参与作为整个城市社会的一项任务,将其列为城市行动纲领。多伦多公众参与由市议会、法院和上级规划管理部门等负责,采用方式包含设想展示、电话热线、组织意见设想、可视化模拟和规划反馈等,邀请一些商界和社区领袖来参与讨论,然而普通市民中只有少数人被邀请参加了信息会议,大部分居民只能通过电子邮件来表达自己的意见,多伦多战略的公众参与有待提升。悉尼公众参与由市政厅组织,采用城市宣讲、绿色现场、愿景展示方式，甚至包含"一通打给未来的电话"，广泛咨询市民、土著对"悉尼 2030"的意见，超过 200 名居民接受了问卷调查以及参加征询会议，他们提出的意见包含"改善公共交通、更多安全设施以及限制市中心的汽车"等。迪拜公众参与由酋长与官员组织，推进方式比较薄弱，迪拜常常按照资本和市场导向进行城市开发，将城市作为一个企业来管理运作，反映了城市追求管治方面的效率，虽然同样采用透明和问责等先进模式，但规划开发缺乏公众参与流程，公共和私人开发的界限模糊。开普敦与公众协商制定的城市发展蓝图，关注选民诉求，旨在建立一个充满关怀、运行良好、充满机会与安全的城市。"约翰内斯堡 2040"中提到，该规划并非强制性指令，而是提供一个开放平台，让城市使用者可以参与进来。"莫斯科 2025"缺乏有效的公众参与，制度封闭性和言论自由性共存，精英规划制定替代了公众利益。

亚洲城市中，首尔公众参与由市民、专家、政府官员共同推动，推进方式包含问题研究会、邻里会议、问卷调查、听证会和网站平台等，《首尔 2030 基本规划》强调了市民参与首尔规划的重要性，通过法定程序进行每年的评估监测，市民参与邀请 450 名市民直接参与了规划编制过程，市民不仅参与选定规划愿景，而且还扩展到政府预算安排等议题。香港公众参与由市政府、规划署、城市规划委员会推动，推进方式包含公众论坛、专题研讨会、问卷展览以及巡回推广，2011 年 2 月香港公布了市区更新策略，提出"以人为先，地区为本，与民共议"，建立市区更新地区咨询平台（DURF）以及香港都市更新区计划，其过程包含：1. DURF 初期规划研究；2. 第一阶段公众参与；3. DURF 制定市区更新计划初稿；4. 社会影响评估 SIA 及第二阶段公众参与；5. 初稿修订市区更新计划定稿。新加坡公众在城市管理中采取了多种促进公民参与的方法，由市区重建局组织，包含规划、建设、房地产、研究等版块。早在 1984 年，民意处理组开始将市民聚集起来进行规划磋商。2006 年民情联系组取代了民意处理组，对政府机构和民众之间的广泛参与进行考虑。公众咨询的规划方法在新加坡 2002 年概念规划时得以提出，有关私营部门利益、学术界以及在审核阶段首次出现的普通市民团体讨论模式，后续战略规划都把公众参与充分融入网络平台，提升了战略编制平台的信息化程度。

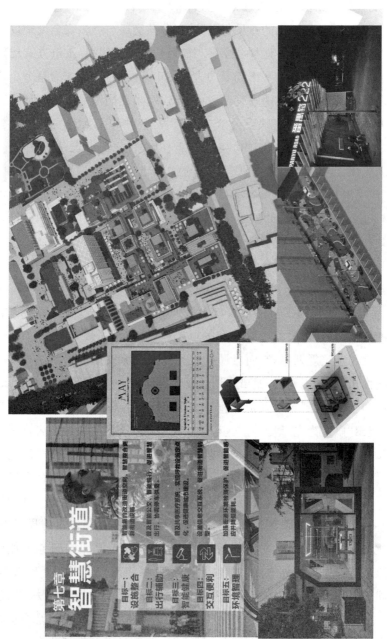

上海新华路街道更新以及上生新所

中国城市的公众参与主要由市政府办公厅与规划局组织，形式包括问卷调查、市民论坛、现场展示、网站微信、传统媒体等。"上海 2035"公众参与包含电子邮箱、热线电话、传统媒体等方式，公众参与主体参与面非常广泛，涵盖各年龄段、收入段和多种类型的人口；"北京 2035"十分重视公众参与，提出"阳光规划"并设计了完备的公众参与制度；广州战略的编制过程中广泛征求包括社会组织、企业等各方意见，采用咨询交流公示等方式，还尝试召开民主党派、各地方代表座谈会等；武汉的公众参与非常具有特点，市民规划师、开展城市沙龙、筹划公共活动，以东湖绿道规划为试点探索"众规武汉"的工作框架内容，包括问卷调查、概念方案征集、开门规划、众规武汉和 2049 城市沙龙。

案例 24

纽约规划公众参与

纽约在人口迅速膨胀、社会丰富多元背景下，能够稳定并保持吸引力。从 1960 年代和 1970 年代开始，纽约市民越来越多地参与进城市建设和规划，包括城市重大项目讨论、环保意识和社区意识以及对于未来的开放性思考。与此同时，纽约市政府致力于机构改革和权力下放，打通政府与市民之间的多种沟通渠道，设立城市政府和市民之间的协调机制。RPA（Regional Plan Association）组织高校、科研单位、政府机构以及市民，参与宣传、论证，协商解决大都市问题的措施。纽约这座大都市具有异质性（Heterogeneity），大约 300 万的纽约居民（占纽约总人口 37%）的出生地不在美国，49% 的居民在家中不说英语，但是他们仍然依赖于纽约的公共服务，公众参与链接不同人群对大都市融合至关重要。在制定"一个纽约"计划的数个月内，纽约政府征集纽约市民讨论最关心的问题和富有创意的想法，居民对社区的知识、文化、兴趣、技巧和经济资源贡献良多。规划通过征询各界人士对于"什么是我们心中的纽约"问题,经历数轮大规模讨论得出一个核心思想,即纽约的优势在于其"集中、高效、密集、创造力和多样性",从而准确把握了未来战略必须强化的关键点。

方法分析:"纽约城市规划"的公众参与是重新确认而非重新定向,这些修改和补充逐步完善纽约整体发展的轨迹,但真正实现目标不仅需要市政府参与,也需要所有纽约人的积极参与。如纽约大都市区除了纽约区域规划协会外,还有多个组织机构,其成员大多是具有专业知识的志愿者,其选拔条件、任期权责都是法定的。公众参与是专业决策的补充,形式包括公民咨询、听证、访谈、社区讲座、圆桌讨论、在线调查等方法,研究成果及相关建议必须提交由公众定期进行讨论和确定,在决策之前进行分阶段目标、多渠道的评估,规划部门在编制的每个阶段都向公众做出了充分咨询。公众参与在政府主导的基础上,增加了社区和公众、私有企业以及非政府组织的参加环节,规划尝试在编制和实施规划中纳入更多的利益相关主体(郁鸿升,2013)。

表格 43　纽约战略调查方式

调查方式	人数	内容
居民参与	1300 人	通过一对一会议、圆桌讨论和市政厅论坛,工作组与 1300 多名纽约市民、宣传小组和官员进行了面谈,谈论议题包括老年人、学校、住房、环境、公园和交通等方面。
企业圆桌会议	125 人	大量富有创新精神的大型企业雇主与工作组会面,讨论如何成功留住员工、雇用新员工和企业发展等问题,倾听他们关于住房需求、劳动力交通、宽频基础设施、儿童照管服务以及文化社区等方面的内容。
顾问委员会	38 人	市长可持续发展顾问委员会也为工作组的想法提供指导建议,此委员会由五个市镇 38 名民间领袖、政策专家、社区领导组成,来自可持续发展、社会服务、商业社区、学术、房地产和健康等领域。
区域协调	15 人	15 名来自纽约州、新泽西州和康涅狄克州的市长和区县执行委员会人员在纽约会晤,讨论当前影响区域的主要挑战,包括基础设施、住房、工作和气候变化等议题。

续　表

调查方式	人数	内容
在线调查网站	7500人	2015年3月6日"一个纽约"计划在"Nyc. gov/ideas"网站上开展在线调查，向纽约市民征集意见，7500多名人员以七种不同语言提供了公正意见，大多数受访者提到居住成本和经济适用房问题。
电话调查	800人	800多名电话调查受访者提出了他们关心的问题。他们认为，教育、工作和住房是城市当前面临的最重大问题，同时他们认为多样性是城市最重要资产。

来源：作者自制

　　作者曾经与纽约大学的教授进行访谈，整理出纽约大学新选址的长达两年公众参与流程，在该项目的甄选过程当中，管理机构为此制定一套公众咨询策略，定出每个阶段咨询活动的目标和渠道，将整个项目分成若干个议题逐步进行决策，从中可以看到纽约对于公众参与的重视以及程序的完备。

表格44　纽约大学规划征询过程

序号	一般流程	纽约大学专题流程
1	规划局确认变更开始	公众参与开始流程，规划局审查材料
2	街道办事处提出建议，有60天投票时间	街道办事处50个委员都是当地居民，表达了反对纽约大学扩张的意见
3	区长有30天时间作一个决定	区长考虑到纽约大学的社会地位会促进他的政治前途，学生能促进当地的就业，校长和区长协商之后（建筑工会施加压力），纽约大学做了妥协（最终建筑面积减少20％）
4	规划委员会具有决定权，值得注意的是，共和党和民主党的成员都分布在规划委员会内部，互相制衡	城市规划委员会是从全局进行统筹协调，进行了方案的进一步协调：建筑面积再减少5％，同时修改方案取消部分项目。规划委员会也召开了听证会，开发商进行介绍，大部分居民都是持有反对意见的，博弈的整个过程非常漫长，最终方案得以通过
5	市议会批准，最后市长还有终审权	辖区市议会代表了全市利益，但是市议会在地方化问题上也听取了很多居民利益，在民主决策的过程中本辖区的市议会提出了有条件支持意见

来源：作者自制

案例 25

首尔总规公众研讨

首尔都市圈的公众参与由来已久,2003 年《新行政首都特别法》得到通过,因为公众对于所有资源、机构都集中在首尔颇有不满,时任韩国总统卢武铉作出将韩国政府机关从首尔迁往韩国中部地区的决定。韩国的另外一些重要城市规划也在扩大市民参与方面取得良好成效,例如《首尔 2030 基本规划》强调了市民参与首尔规划的重要性,突出首尔规划的评估监测体系的客观性,在市民参与环节里,共 450 名市民直接参与规划"愿景"和"核心议题",还扩展到预算安排方面,部分市民被邀请对重点项目应给予意见(王周扬,2015)。

方法分析:首尔的公众参与方法吸取大都市的经验,其特点是程序合理、公众多轮参与,每一轮参与审批程序紧密衔接,同时参与议题由专家制定,并由专家带领公众进行有目的的商讨,公众团体由居民代表进行组织,逐层收集意见逐步推进,下表包含了首尔公众参与研究流程和公众参与研讨内容。

表格 45　首尔公众参与研究流程

组建专家咨询团	召集市民参与团	首轮二轮预备会议	正式会议	制作议案	提交议案
设定推进体系、市民参与方案	抽样选取 100 人避免个人利益	事先培训	选择愿景、主要课题	由市民制作	正式提交至市长

来源:作者与首尔市政府办公室访谈整理

表格 46　首尔公众参与研讨内容

流程步骤	内　容
预先准备	召开专家咨询会确定工作方案
确认核心问题	首尔规划推进委员会负责制定,市民参与团参与

续　表

流程步骤	内　容
首尔未来形象和分领域重要问题的调查	首尔先后进行两次"首尔的现在与未来，以及各领域主要问题"问卷调查，受访人数共计 2500 人（第一次问卷调查有 1500 名为一般市民，专家、公务员 440 名；第二次问卷调查有 1500 名为一般市民）。先后五次以人文、经济、环境、科技、历史为主题的"协作讨论会"逐步开展，市民们共同探讨了首尔的主要变化及其未来展望。
分析各圈层问题	专家，一般市民，召开自治区、居民代表专题讨论会（75 人）
未来形象、规划课题的设定	市民参与团：19 岁以上一般市民 100 名，青少年 16 名。专家咨询团：20 名。
专家研讨咨询团会议	多领域学界、机关、市民团体等专家、首尔研究员，召开两次圆桌会议，从专家角度出发确定首尔愿景与规划议题。最后市民代表、总规划师、分科规划师、顾问团团长等组成小组委员会，开会确定首尔愿景与规划议题的最终版。
设定愿景及核心问题	由首尔研究院召集，随机抽样百人市民参与团，发挥市民主导作用的平台，市民参与团经过两次预备会和一次主会（2 天 1 夜），确定愿景与规划议题，负责制定有关所选首尔愿景与规划议题的提案书，并上交给首尔市市长。
制作总体规划方案	推动研究并与计划调整室，以及相关部门协商。
核心问题规划	市民、专家、市议员、各部部长、首尔研究员等 108 名。
生活圈规划	首尔 25 个自治区的居民代表、公务员。
审批程序	市民听证、部门及国土部协商、市议会讨论、城市规划委员会审议，方案公示。

来源：作者自制

案例 26

香港总规公众研讨

　　香港进入发达城市的成功经验，来自政府、部门和机构的共同努力，也来自于高效率的城市规划公众参与系统。1996 年底咨询社会大众的《城市规划条例白皮书》提到，香港在全面检讨规划法规之后，社会各界希望通过城市规划为市民带来组织更完善、效率更高、更称心的工作生活环境，为了达到这个目标，近四十年来香港不断对规划研究、规划标准与准则、各类规划图件及实施规定进行探索,并取得了成效。"香港2030+"是以积极行动为本的规划策略,形成更符合民意的土地规划、基建发展以及建设环境愿景,令香港成为更宜居、具竞争力及可持续发展的亚洲国际都会。

方法分析:通过公众参与获取社会支撑"香港2030+"展开了大规模的公众咨询,第一阶段对规划目标进行公众咨询,第二阶段形成公众咨询报告书,第三阶段重点对未来发展模式、生态环境等征询民众意见,第四阶段形成文件内容并持续更新电子论坛。在研究过程中,规划通过回应公众意见,对研究作出修正和调整,以建立发展方向的共识,加强社会人士对研究的接纳。为了让社会全情投入,政府采用多种咨询方式,组织大规模公众咨询,如举行咨询论坛和专题论坛,向多个法定及咨询组织、专业团体等举行简介会、举办巡回展览以及开设电子论坛等形式,并形成大量过程性文件记录,例如举办多种资讯论坛和专题工作坊,并就特定主题进行深入讨论,"香港2030+"网站上设立的电子论坛,引起年轻人对策略规划兴趣。在此基础上,2022年9月28日香港特区行政长官李家超提出,把香港发展成为全球瞩目的国际创新中心,推动香港成为国际虚拟资产中心。

案例 27

台北公众参与

"台北2050"愿景是由台北计划委员会推动、市民集体参与的系统工程,其中细分任务包括:各大区域都市再生计划、松山机场迁建及再生规划、大信义计划区发展计划等。市民可以在台北迈向2050过程的议题中选择有兴趣的部分,以网络报名、社群聚会推广等方式申请成为"未来市民"。

案例 **28**

盐湖城公众参与

盐湖城地区的区域规划"展望犹他"在 Metro 基础上进行电子模型和空间游戏，该区域规划机构（Metropolitan Planning Organization）提出需求：需要知道增长区域在哪里，才能进行交通改善；整个区域发展应该以一个发展愿景来引导，发展愿景可以是一个土地利用模式，然后由交通规划部门来支撑落实。在规划过程中，顾问们将方案加以区分，成为一系列的政策和行动，规划师还设计了一个交通游戏，参与者都会获得一根代表道路的彩色条带，条带代表了道路，其长度由交通改进的总预算控制，每个桌子能够以一种交通条带来交换另一种交通条带，但要根据条带的费用按比例交换。这个游戏包含土地利用和交通游戏两部分，它向参与者传递一个信息：在改进成本和预算限制方面，如何将极为有限的预算分配至不同类型的个案中，这是游戏要解决的关键问题。

方法分析：台北、盐湖城案例分别阐述了两种公众参与的方法，台北案例注重社会活动，在市民论坛中，台北市民与专家学者、NGO 讨论有关台北未来的相关议题，而盐湖城案例注重技术融入与整合，社会活动和计算机手段常常综合使用，参与者在顾问的引导下，利用计算机进行关键想法的探索，从而形成一系列土地利用情境。在长期预测中，根本性问题是对关键要素（例如人口、经济等）的数量、时序的分配，而关键因素的变化又会反过来影响规划策略与资源分配，利用计算机交互平台，我们可以把参与过程和结果输入到 GIS 数据平台里，从而模拟出多种情景，也为决策者提供参考意见并支持政策制定。

7. 多元融合动态空间平台

城市空间平台战略融合多元角色需求。大都市战略本身作为空间政策协同的平台,从系统平台、数据信息库和要素模块等部分展开工作,将多种价值链进行优化整合成一个整体,发挥"多规统筹"作用加强对各类公共政策要素之间相互支撑关系,聚焦规模、结构、节奏、空间各方面加强路径设计(张尚武,2018)。城市数字平台搭建需注意:一是基于对城市基本关注点、大量城市样本、数据案例评估度量共同构成的城市诊断方法;二是城市数据平台有助于在城市规划的"设计思维"中增加理性的成分;三是海量城市数据存在各个体系和部分中,智能城市提倡数据的虚拟化,即系统不必将所有数据归集起来,数据形成数据目录便于检索访问。

数据平台借助"云雾感知"支撑底层基础。大都市战略力图建立信息共享平台,成为制度与管理的协调者,数据开放不仅可以提高政府透明度和工作效率,挖掘数据中蕴含的巨大价值,通过大量创新增加就业机会。政府可以通过组织各类公开数据的活动竞赛,与公众形成交流互动并汇集众智,通过各种反馈了解公众需求。成熟大都市都建立了自己的"DATA. GOV"数据平台,借助这一平台对社会开发各类数据,政府需要做的是制定好规则并开放政务数据,引导需求鼓励市场端口开发应用。国际上很多国家例如美国的 DATA. GOV 提供的数据集成高达 18 万多个,其中与城市规划直接相关的有千余个,间接相关的有两万多个,中国大都市都已跟上这次革命打通"数据集成,存储管理,数据处理"的逻辑。

人工智能提升"共同治理与群体智能"决策质量。全球大都市内外环境复杂,并非依靠政府就能管理好,需要由独立专业机构发起形成高度自治的联合体,立法主导大都市战略,塑造信息互通沟通机制。数据研判需要权责明确、便捷明晰的制度设计,而一般情况下组织内部的权利结构会阻碍不同观点的辩论自由进行,参加会议的人员通常会对会上职位最高者的意见随声附和,德尔菲采用很多方法来规避权利附和带来的意见偏差,联合体结合数字平台能更有效规避权利影响客观性的问题。这一点在很多大都市都得到了部分实践，例如纽约港务局与新泽西州共治航运交通，温哥华地区污水处理局对环境水资源的统筹，大芝加哥区域规划局对区域规划的落地管理等，这些案例反映出区域整体协调发展正在逐步走向混合基因、自治联合的管理机构。很多人也把信息平台看作黑箱，以为传统计算机模型依靠算法就能找到最优答案，实际上数据管理和工作组织形式更为重要。因此，算法模型的前台和后台需要一体化，在共同治理下的神经网络可利用城市案例进行深度学习，动态优化管理模型，节省大量人力物力进行都市的精准预测和深度管理。

城市的数据平台有战略决策（政府平台）、城市指挥（企业智库平台、专业平台）、自组织（自媒体平台）三种形式。

表格 47　多元数据平台

系统	战略决策系统	城市指挥系统		自组织 Apps
平台	政府平台	企业智库平台	专业平台	自媒体平台
内容	地理位置信息；交通数据；建设开工、完成情况，规划最终成果	专业团队提供数据分析、智能服务等增值功能	公告公示各区域规划编制进展	试点区域规划数据城市各类边界数据
种类	信息＋数据	信息＋数据＋硬件	信息	数据
使用者	公众App 开发者	企业用户	公众，规划相关行业，规划工作者	各类研究人员，规划相关行业，规划工作者
功能建议	移动 App 开放支持	提供专业服务运营	提升用户体验，动态地图、报告生成等功能	挖掘用户使用需求与习惯

来源：作者自制

纽约提出愿景"连接的城市"，以纽约公共战略数据库（NYC Open Data）为基础，利用纽约市规划局的 PLUTO 数据库形成服务模型。"东京无所不在"计划利用泛在 ID 识别技术，赋予东京市内所有物品唯一固有识别码，将真实世界资讯进行数字化处理与虚拟世界相结合，形成数字孪生模型。芝加哥土地利用、规划与交通形成模型后发布"数字字典"。

香港 2012 年成立了云端运算服务平台和标准专家小组,将土地利用规划与运输优化模型整合一站式服务平台,HKAI LAB 自 2018 年开始营运至今,一直致力于利用尖端技术和专业知识拓展人工智能的应用领域,协助小企业利用人工智能计划将发明成果商业化,已有大约 50 家初创公司跻身进入该项目,涵盖的领域包括城市规划、B2B 方案、金融科技、建筑物检测等。"虚拟新加坡"是动态城市模型和协作数据平台,供公私个人和研究部门使用,它将使来自不同行业的用户开发复杂的工具和应用,"整体发展设想-人口结构规划-建立交通模型",从而应对新加坡新出现的复杂挑战。"北京人口 2049"建立了城市分析模型,结合城乡规划综合分析模型,利用实时数据完善模型,预测未来发展情景,实现自我迭代发展。迪比克 2009 年开始和 IBM 合作,旨在建立全球第一个智慧城市。

　　智能平台采用的数据类型一般包含如下五类:规划资料类主要包括城市化地区的名称范围面积、土地使用地理信息数据、住房社区信息、数据信息涉及城市总体规划等成果;统计数据类主要包括人口、性别、年龄构成、就业情况和失业率、住房调查统计数据以及年度报告等资料;城市更新类主要包含名称、范围、面积等数据信息;道路交通类包含道路网系统图、公交、小汽车和出租车数量,地铁刷卡记录,交通事故数据等;更多开放数据主要应用于专项研究、网站和 App 的开发,包括基于数据的问题诊断(通过数据精准定位城市问题),基于行为的空间方案研究(公共设施选址对人流、交通流、建筑用途、租金的影响),城市问题的创新性解决策略(以创新视角寻求解决策略)。

案例 29

伦敦开放数据库(LDD)

　　伦敦开放数据库(LDD)是动态监测系统,利用伦敦各自治区提供的数据对伦敦的规划许可和完工情况进行监控管理,在大伦敦市政府中发挥着中央统筹和管理的作用。LDD 为监测大都市发展趋势提供了宝贵资源，并为"大伦敦规划年度监测报告"（AMR）的编写提供支持，年度监测报告这种模式是"规划—监测—管理"的关键组成部分，使市长及其他部门注意到全面审核"大伦敦规划"中的趋势。过去，年度监测报告一直是该规划发展中的一个重要因素，市长利用年度监测报告来评估"大伦敦规划"带来的未来影响，并确保其时效性及相关性，同时发布"执行规划"对"大伦敦规划"中所需的关键活动进行说明。在 LDD 基础上，伦敦为了应对新技术的挑战，于 2013 年底提出智慧计划（Smart London Plan），着眼于机遇与挑战利用先进技术并以集成创新的方式解决伦敦所面临问题。

方法分析：伦敦作为全球最早的大都市对复杂性认识深刻，即便如此，任何市长也都无法预料到瞬息万变的情况，就变化作出应对的城市系统就显得很重要，它为战略调整与情景规划建立基础——一个稳定强大同时可以实时更新的战略数据库。这个平台的数据提供方在名称、内容和类型都有专门规定，并且有专门机构进行常态运营，数据收集和反馈机制是客观的，核心是"规划—监测—管理"流程，任何专家或管理者可就此提供意见，并以完善的监测及报告为输出，最终汇总在平台内供管理决策者查阅，信息可追溯同时内容可调取。

表格 48　伦敦 LDD 数据类型

数据名称	数据内容	数据类型
Housing Zone 住宅区规划	年度住宅区规划图	JPG、GIS、EXCEL
LVMF protected vistas 伦敦视线风貌保护规划	实现通廊控制图	地图格式整理
Planning Application 改造或建造前需向政府递交申请	各开发者递送建筑申请文件	建筑申请文件，每周更新一次

续 表

数据名称	数据内容	数据类型
London Plan Opportunity Area 大伦敦规划机遇区	机遇区的 GIS 数据图	GIS
Town Centre Opportunity Area 镇中心机遇区	对各个镇中心进行 MAP 落点	GIS
GLA Population Age Tables 大伦敦人口预测	分自治镇和分网格人口动态数据	EXCEL

来源：The Greater London Authority 大伦敦政府

案例 30

东京泛在计划

　　日本政府通过"东京泛在计划"构筑高度普及的信息基础设施,在此基础上推动 ICT 信息技术应用产品,目前无线互联已在重要商业区开展应用。东京利用完善的智能交通体系,打造快捷通勤圈,区域的交通运行由交通控制中心管控,平台通过收集、处理、发布道路交通信息进行交通实时管理,并将信息对外发布。东京内阁于 2018 年 6 月提出"未来投资战略 2018",提出面向未来的"社会 5.0",构建数据驱动型社会,打造现实空间和虚拟空间高度融合的社会。

　　方法分析：东京用了 70 年从"工业城市""生活城市""新首都""世界模范城市"向"世界第一城市"转变,下一步东京该怎么走？这给整个世界提出了一个议题,东京都未来的展望是建立在非常严谨的技术预测和多元融合的动态分析之上的,未来趋势预测方法不限于智慧城市建设决策,也包含方法体系的创新,基于智能数字平台进行"约束条件、循证决策、情景模拟、柔性合成"的分析预测。

案例 31

"纽约 2050"智慧城市计划

纽约是全球领先的数字大都市，2011 年提出了《数字城市路线图》，该图景描绘了如何把纽约建设成为世界领先的数字城市，该计划包含五个版块，分别为网络接入、教育、政务公开、公众参与和信息产业。"纽约 2050"智慧城市计划利用信息互联政策感知城市的运行状况，实现精准治

《OneNYC 2050：Building a Strong and Fair City》2019

理和实时干预，"首席数字官"布隆伯格市长建立了全新部门——"数据之桥"。布隆伯格利用数据终端改造纽约政府办公室，联动打通 25 个机构施行 127 个举措实时监控城市管理状态，建立纽约消防大数据分析系统，把有限的资源精准投放到可能发生危险的区域，使用后消灭了 25％的火灾隐患。纽约的大部分基础设施都有一个世纪的历史，其下水道有 85 年历史，水管有 70 年历史，都存在不堪重负的问题，"纽约 2050"重点提到城市系统急需更新换代。2015 年，为了解决洪水的困扰，纽约投资 19 亿美元建设了一个覆盖全域的排水系统。2017 年，纽约成立了网络司令部（NYC3）主导开发系统性方法预防、检测、响应和降低网络风险。纽约市设计和建设局（DDC）建立了一套评判标准，用以表述 2050 年的纽约："90％居民日常通勤低于 45 分钟，离家 200 米，即刻接入免费 Wi-Fi，90％的居民能获得满意的医疗服务，城市垃圾总量极低，空气质量在美国大城市中排名第一，85％的居民可以步行到达公园，饮用水安全有保障，不需要暴雨时在城市里'看海'，25％的居民是志

愿者"。战略规划将目标设定在经济、环境和社会效益的最大化，考虑移动性、宜居性、环境可持续性、弹性公平性等方面的评估要素，以此来评判城市系统建设的必要性。

方法分析：纽约从 2004 年开始规划将 25 个市府机构聚集到一起，以更绿色、更美好的纽约为奋斗愿景，编制了 127 个举措，到 2011 年 4 月其中 97% 的举措已推出。在此基础上，纽约坚持以市长办公室为主导，2015 年向"公正而富强"的愿景转变，战略规划的每个举措都有明确的规划目标和责任机构，有的还建议成立新的机构以保障规划实施。未来纽约的控制指标以及关键技术将有赖于一套精密的数据系统，未来的规划编制和决策反馈都将建立在这套系统之上，从而进行情景分析、研判和决策，而每一步的政策实施也将在系统上可监测可追溯。纽约数据平台通过统一的网络平台收集数据、分析数据，进而对外来的城市运行进行预测，已经成为全球其他大都市战略的标杆。该平台将复杂问题进行综合分析，并实时匹配评估指标、建设规范以及动态模型，该模型能学习并迈向人机协同、规划管理以及智能化辅助。

小结：权益　政策分析　公私合营

本章强调角色分析重要性，近代大都市战略管理主体常常可以因为权力更迭而发生改变，现代大都市的管理方式逐步从尊重城市客体发展的客观规律，转向多元融合的动态空间平台。管理平台明确角色的策略包含权益相关分析、主体政策分析和客体类比分析，主体端负责政策选择和公共治理，客体端则依靠市场力量进行城市经营，角色明确方法包含政策选择促进公共治理、城市经营实现公私合作、公众参与获取社会支撑、多元融合动态空间平台。

纽约高线公园　郑迪摄于 2013 年 2 月

纽约地铁多元人群　郑迪摄于 2013 年 2 月

第五章

目标博弈：确认与分解

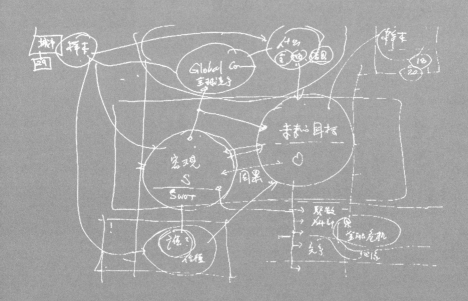

吴志强手稿

上海环贸 IAPM 黄昏　郑迪摄于 2021 年 6 月

目标博弈： 确认与分解

　　大都市发展目标具有空间和时间的双重属性,在空间层面需要关注城市自身和全球竞争环境,在时间层面需要回顾历史沿革同时展望未来趋势,传统的单一目标越来越表现为多变和不确定,未来体现为多目标、多方案的弹性,需要进行结构和逻辑双向分析。

1. 全球视角下的网络分析

　　在全球化扁平竞争的态势下,大都市的发展目标界定了竞争模式以及具体专项目标,涵盖经济发展、智能系统、可持续、公平创新。经济全球化导致世界城市体系呈现出多极化,中国的"全球城市区域"逐渐显现并发挥着重要作用(Peter Hall,2009)。大都市已经进入了"全球城市"(Global City)阶段,"全球城市"的节点地位越来越高,城市之间的相互作用越来越强(吴志强,2006)。大都市的未来预测应融合多目标(建设全球城、引入世界 500 强总部、引入外部资本投资)、多战略(科技创新城市营销、城市美化)和多方式(低碳生态建设 CBD、滨水复兴、旧城改造社会公平)。在全球大都市空间战略中,设定目标相比一般的预测方法更为重要,因为它是把握不确定未来的关键,从而对未来发展路径作出全面的判断和安排。

　　全球化进程并非线性统一的,国际环境的变化、全球事件的发生对大都市产生深刻影响,同时大都市崛起也不可能脱离周期生命规律和地缘区域支撑。大都市不仅仅拥有国际顶级的资讯、人才、技术、资本、市场与节庆,而且它也拥有了本土的文化、传统的特色、绿色的田园、适宜的劳力、韧性的可持续和广阔的创业空间,核心城市与周边城镇群之间这一呼一吸的结合,构成了全球城镇群的核心思想(吴志强,2017)。总览国际大都市目标,伦敦提出要成为"卓越的全球城市",纽约要建设"一个公正而富强的城市",东京为保障 2021 年东京奥运以"世界第一城市"为目标,巴黎要确保"21 世纪的全球吸引力"重视绿色可持续与遗产保护,芝加哥提出"可持续、公平、创新",悉尼则想成为具有全球竞争力和创新性的城市,柏林城市战略维护平衡同时关注经济、可持续和社会性,并对智慧城市提出倡议。中国的大都市也在积极参与全球化竞争,北京要成为国际一流的"和谐宜居之都",上海提出"不断追求卓越的全球城市",广州提出"活力全球城市",武汉要成为"更具竞争力、更持续发展的世界城市"。大都市具有多元的人群、丰富的需求、深厚的文化、高度集聚的资金和科技浓度,当出现对城市重大利好的事件时,比如伦敦奥运、东京奥运、上海世博会等正向事件,大都市战略提供支持引导,当出现不确定的危机时,比如 2020 年的新冠疫情、巴黎黄衫革命、纽约 9·11 等负向事件,战略规划同样需要进行调整应对。

图表 17　大都市目标分布

来源:作者自制

表格 49　大都市目标与事件

城市		年限	重要阶段战略目标	全球事件
置顶型	纽约	20—25 年	"纽约 2030"：更绿色更美好的纽约（2007 年）。"纽约 2040"：建设公正而富强的纽约（2015 年）。"纽约 2050"：建设强劲公正的纽约（2019 年）。	2001 年 9·11 事件；1964 年世博会、纽约时装周；2012"桑迪"飓风；2016 年国际传媒之都。
	东京	10 年	《东京巨变：10 年规划》：世界城市典范。"东京 2020"：向 21 世纪展示更加成熟的世界城市典范，举办有史以来最好的奥运会及残奥会、解决挑战并确保走向可持续发展的未来。"东京 2030"：世界第一城市。	国际会议数全球第四，1923 年大火，1931 年羽田机场启用、1945 年东京大空袭二战结束和 1958、1964 年亚运会，1978 年成田机场落成和 2003 六本木落成，2011 东京大地震，2013 年获得 2020 年奥运会主办权，2021 年东京奥运会举办。
	伦敦	16—20 年	《大伦敦规划》：世界可持续发展的模范城市（2004 年）。"伦敦 2030"：成为卓越的"全球城市"。	1908 年、1948 年、2012 年奥运会；1851 年、1862 年、1908 年世博会；伦敦时装周，1966 年世界杯，2016—2018 年脱欧。
	巴黎	20 年	《大巴黎地区纲要》：确保 21 世纪具有全球吸引力，保障基础设施、自然与生活环境、文化遗产、政府效率、科研培训能力（2012）；均衡发展，应对气候变化，鼓励紧凑化发展，增加科研投入；采用多中心模式来组织城市发展。	国际会议数全球第二，1900 年、1924 年奥运会，1938 年、1998 年世界杯；1855 年、1878 年、1889 年、1900 年、1925 年世博会；巴黎时装周；2015 年恐怖袭击，巴黎协议，2017 年巴黎获得 2024 年奥运会，2018 年黄衫革命事件。
防御型	洛杉矶	30 年	"洛杉矶 2035"：以健康、宜居以及公平城市为目标，强调精明增长的发展路径。	1932 年、1984 年奥运会，1994 年世界杯；1992 年洛杉矶暴动。
	芝加哥	30 年	"芝加哥 2040"：更具经济活力和全球竞争力（2010 年）。"芝加哥 2050"：包容性增长（2018）。	1871 年大火、1893 年主办了世界哥伦布博览会，1900 年人口达到 170 万，1933 年世博会，1994 年世界杯。
	柏林	20 年	"柏林 2030"：使柏林在 2030 年成为世界创意中心。	1936 年奥运会，1974 年、2006 年世界杯。
	法兰克福	20 年	"法兰克福 2030"：网络城市，涉及城市合作、知识共享、物流网络、通信共享等。	该城市于 1240 年获皇家博览会特权，已成为欧洲金融中心，全球会展之都，春（秋）两季国际消费品博览会，国际汽车展览会，国际卫生洁具、供暖及空调博览会，法兰克福书展。

城市		年限	重要阶段战略目标	全球事件
	米兰	20 年	"米兰 2020"：加强米兰同世界的联系。 "米兰 2030"：全球网络节点、城市更新基础设施、基础设施。	2015 年米兰世博会，米兰时装周，分春夏两季，米兰家具展，米兰设计周。
	多伦多	30 年	《未来 30 年的多伦多发展计划》：建设一个健康充满活力的城市。	1976 年多伦多电视塔，2013 年"年轻城市指数"多伦多居首，2018 年城市排名进入世界一线。
	渥太华	20 年	"渥太华 2020"官方计划、公共事业计划、艺术和遗产规划，经济发展战略和环境策略。	1763 年渥太华沦为英国殖民地，1800 年建立了第一个欧洲人定居点，1926 年加拿大独立渥太华成为首都，2001 年渥太华与周边地区合并，成为大都市区。
进取型	悉尼	20 年	"悉尼 2020"：确保未来悉尼是一个世界城市。 "悉尼 2030"：具有全球竞争力和创新性城市（2008 年）。 "悉尼 2055"：强化城市适度聚集优势，以国际化角色面对未来。	1938 年英联邦运动会，2000 年悉尼奥运会及 2003 年世界杯橄榄球赛，燃放烟花的方式庆祝新年的世界级都市。
	墨尔本	20—30 年	"墨尔本 2030"：供居民生活的宜居城市，供企业发展的繁荣城市，供游客旅游的魅力城市。	澳洲文化之都，1956 年墨尔本奥运会，澳大利亚网球公开赛，一级方程式赛车，墨尔本时装节。
	迪拜	8—10 年	"迪拜 2015"：经济发展和基础设施建设。 "迪拜 2021"：伊斯兰经济金融中心。 《迪拜经济战略 2030》：稳定社会与多样化开放经济。	2008 年经济危机同时迪拜购物中心开业、中东会展枢纽及棕榈岛完工，2009 年迪拜开通地铁，2010 年世界最高楼哈利法塔封顶，2013 年迪拜阿勒马克图姆国际机场完工并赢得 2020 年世博会主办权。
	首尔	20 年	东北亚经济中心（1995）； "首尔 2030"充满沟通与关怀的幸福城市（2013）。	2002 年世界杯，国际会议数全球第三，城市面貌、生活质量、城市竞争力、可持续发展。
	香港	10 年	"香港 2030"：亚洲国际都会（Asia's World City），贯彻可持续发展概念，致力于均衡满足这一代和后代在社会、经济和环境方面的需求，从而提供更好的生活素质。情景预测，高值 840 万（香港 2030,2011）。	1928 年启德机场启用； 1973 年股灾； 1979 年地铁通车； 1997 年香港回归中国； 2005 年香港开业全球第 5 个迪斯尼乐园。

续　表

城市		年限	重要阶段战略目标	全球事件
	新加坡	15 年	花园城市（1971）。 完美的热带城市和引人入胜的岛国（1991）。 新加坡则要建设一个"繁荣兴旺的、21 世纪的世界级城市"（2011）。 面向所有新加坡人的高居住环境质量的城市（2020）。	1819 年新加坡建港； 1959 年新加坡自治被称为亚洲最优秀会议城市； 1996 年启动"智慧岛"计划； 2006 年启动"智慧国 2015"； 2018 年北韩美国峰会，国际会议数全球第一； 2020 年经济大幅度滑坡。
	上海	20 年	"上海 2035"：不断追求卓越的全球城市（Striving for the Excellent Global City）。	2010 年世博会； 2018 年人工智能大会； 2018 年进博会； 2022 年奥密克戎疫情暴发。
	北京	20 年	《北京城市总体规划》确定：国家首都、国际城市、文化名城、宜居城市（2004）。 "北京 2035"：伟大社会主义祖国首都、迈向中华民族伟大复兴大国首都、国际一流和谐宜居之都。	1860 年火烧圆明园； 1919 年五四运动； 1949 年中华人民共和国建国； 1990 年亚运会、2008 年奥运会； 2016 年提出副中心建设。
	雄安	30 年	绿色生态宜居新城区、创新驱动发展引领区、协调发展示范区、开放发展先行区。	北京非首都功能疏解集中承载地，创造"雄安质量"和成为推动高质量发展的样板。
	广州	20 年	"广州 2035"：经济繁荣、和谐宜居、生态良好、富有活力、特色鲜明的现代化城市。	1980 年设立经济特区； 2007 年金融风暴； 2010 年亚运会。
	武汉	35 年	"武汉 2049"：更具竞争力、更可持续发展的世界城市。	1929 年国民政府迁都武汉； 2020 年新冠疫情暴发。
振荡性	约翰内斯堡	30 年	Monito"Goli2002"：成为世界城市（2002）。 《约翰内斯堡 2040》：未来的世界级非洲城市（2011）。	1886 年建城； 中非合作论坛； 2002 年世界可持续发展峰会； 2010 年世界杯。
	孟买	20 年	《孟买全球城市区域规划 2025》：平衡发展、创造就业、交通建设、保护环境、城市扩张（2005）。 "孟买 2034"：智慧城市，设备、传感器、通信网络、智能应用程序和应用程序的公众采用。	1995 年改名为孟买（Mumbai）； 针对女性的暴力较多； 板球赛流行； 2017 年天桥踩踏事件； 2008 年孟买恐怖事件。

续　表

城市	年限	重要阶段战略目标	全球事件
台北	20 年	《台湾都市计划》：全球城市（1964）。"台北 2030"：生态城市。	2003 年当时世界最高建筑"台北101"落成；2010 年台北国际花博会；2012 年台北世界设计大展。

来源：作者自制。

　　城市发展目标是多元主体对未来发展的理想共识，也是对城市战略达到预期水平的表述，因此战略研究应更加注重目标导向和前瞻性考量。大都市战略确认的目标是长期性的，时间周期在 20 至 50 年。如何确定大都市的目标体系？战略制定可以通过历史标准衡量逻辑借鉴其他大都市的发展历程，通过外部标准比较的衡量来设定目标，也可以通过对其他大都市的目标定位参照来设定愿景目标。表述大都市目标的形式可以是多元的，变化中的发展路径可以采取多情景，未来大都市的发展可进行多视角、多层次并行发展的形式进行分析预测。针对诸多未来情景做全面的分析预测，需要战略系统集成的能力，并建立在多因素关联性预测之上，大伦敦规划将目标导向贯穿整个规划过程中，分为市长确认的行动目标、战略性目标、规划实施目标与其他空间政策目标等四类，并建立平台对目标实施过程进行动态监测。

　　更高等级的城市合作常常建立在全球范围而非区域范围。泰勒等人的研究表明世界网络并不是简单的等级关系，而是在区域等级网络中存在共生关系，这使得大都市网络表现出复杂结构。大都市网络结构的推演分析表明这种格局依然是相互交织的，老牌发达国家正普遍丧失绝对主导权，而东南亚、中国、中东地区大都市链接性在增强。全球化时代下，影响大都市未来的是网络关系而并非单纯的物理距离，美国西海岸真正接入全球网络的是旧金山湾区和洛杉矶两个大城市，其他大部分地区都是沙漠与农业区，而真正享受到硅谷"带动效应"的是新竹、班加罗尔、深圳、东京、首尔；与西海岸的纽约来说关联度最高的城市不是波士顿、华盛顿，而是伦敦；在中国，北京的央企服务全中国，北京的人才、技术、资本与"上广深杭"的创业公司走得更近；珠三角的广州、深圳和武汉的关联度要远大于更近的长沙，同时也带动了郑州、武汉、长沙和合肥，甚至还带动了东南亚。

大都市战略普遍强调环境适应性,增强了都市转型的灵活弹性,而目标稳定性则反映出都市发展的基本导向。空间层面,大都市制定目标需要关注全球网络联系,并理解未来世界的发展趋势,才能在大都市网络环境中认清形势、克服缺陷并占据有利地位,获取资源要素(吴志强,2018)。时间层面,大都市必须适应不断变化的环境、坚持始终不变的目标,战略的内涵可以不断丰富,主导的方向却必须坚定不移(石崧,2012)。伦敦、纽约、东京、香港、上海都拥有相似的地缘政治演化历史,从滨海滨江的小城镇转变为举世瞩目的国际都会,都扮演着国家与世界交流的门户窗口角色,这些城市很早都以"国际全球城市"作为发展目标,这也决定了其战略规划的发展方向,大都市策略的挑战和战略举措的实施,都将为围绕这一目标的实现来展开。

在恰当时机营造合适全球事件是达成未来目标的有效途径。全球事件的理论来源于"城市触媒"理论①,其中激发与维系城市关系的"触媒体"主要是地标建筑物(Wayne Atton & Donn Logan,1989)。城市触媒理论提出,城市事件的发生能够"激发并维系城市发生化学反应",引发城市发生强烈的连锁反应,并具有一定的延续性。在全球化的背景下,大都

图表 18　大都市大事记

来源：作者自制。

---

① "城市触媒"概念来自《美国都市建筑——城市设计的触媒》,Wayne Atton & Donn Logan 著。

市形成多级格局,城市竞争发生在各个领域并呈现白热化局面,特定机会和全球事件的竞争不同于传统要素的竞争,其更具备穿透性且辐射面更广。大都市的全球事件实例表明,成功的城市事件可以快速吸引投资和人才,实现城市竞争力的提升,北京、上海由于奥运会、世博会的筹备、举办乃至后续效应,促进城市结构进一步完善扩展,城市地位得到全面提升。

案例 32

格拉斯哥的战略复兴

格拉斯哥 1674 年因美洲商船抵达而建立城市,1769 年格拉斯哥蒸汽机代表的工业革命,促进纺织、机车制造、造船、重型机械制造等工业部门发展,19 世纪初格拉斯哥成为英国最大的工业城市。1970 年开始,英国传统工业城市步入衰退期,格拉斯哥走向"郊区化和逆工业化",形成大量空置、废弃和污染土地,损害了城市面貌。1983 年格拉斯哥开始产业转型,发展文化产业开放了一批场馆(伯勒尔珍藏馆),举办了艺术节日和市场开发活动。1985 年,格拉斯哥以艺术推动城市更新,成为英国首个制定文化战略的城市,争取大型会议、文化节庆和运动会的主办权,创造"周期性市场"。1988 年格拉斯哥园艺节吸引了 300 万参观者,1 亿英镑的资金借此注入当地经济,随后 5 年内引来了 1.7 亿英镑的直接投资。直至2000 年,文化建设与投资使格拉斯哥在 1999 年获得了欧洲文化城市称号。格拉斯哥从一座日渐衰退、犯罪率居高不下的城市,到如今以新兴产业及新能源产业为经济支柱的苏格兰都市,较之大西洋对岸的巴尔的摩和底特律近些年的艰难挣扎,这座全英人口第三大都市的复兴归功于当地政府的灵活策略,利用城市事件形成与期望的都市战略目标之间的有效联动,依托城市本身的历史文化基础、人口规模与资源协同,配合相关政策与一系列设施建设,很好地完成了城市更新与产业转型的战略目标。

策略分析：从格拉斯哥的经验可知，城市事件组织应该结合战略目标，达到提高本地区城市形象和生活质量的目的。在城市事件塑造中，行动制定者需善于讲城市故事，在城市范围做好重大事件的宣传推广，利用"城市营销"的具体策略推广"城市产品"，对城市事件影响因素建立科学的政策评估体系，把城市居民参与热情与塑造城市形象结合起来，战略规划应与重大事件"触媒效应"保持同步。

来源：朱煜臻摄于 2016 年

2. 多元时空观的逻辑分析

大都市战略具有综合复杂的目标体系，离不开多学科多专业合作，需要灵活多元的目标制定方法，涵盖学科包括城市规划、交通规划、项目管理、环境心理学、信息设计等，战略规划所引领的项目类型包括区域交通线路、轨道交通、大型市政设施等在内的公用事业、房地产和其他非住宅等。通过下表对全球大都市的各个大都市战略目标进行分解后，我们发现，置顶型大都市战略分为各个分目标并进，主要关注经济、公正、生态、文化、住房等领域，进取型大都市战略除了关注内容以外，因扩张诉求的原因更为注重交通、土地、区域等领域的发展。

表格 50　大都市战略分项目标

	城市	经济	文化	住房宜居	健康安全	公正	生态	治理	交通	国土
置项型	纽约 2050	包容经济 4 项	活力民主 4 项	活力街区 4 项	健康生活 4 项	公平卓越教育 3 项	宜人气候 4 项	现代设施 3 项	高效出行 4 项	无
	纽约 2040	城市繁荣 18 项	无	无	无	公平公正 15 项	可持续韧性 23 项	无	无	无
	东京 2040	国际领先地位 10 项	文化艺术 4 项	公平居住 4 项,多彩社区 3 项	无	公共安全 7 项,社会福利 19 项	可持续发展 14 项	无	实现自由流动 7 项	无
	伦敦 2030	具有国际竞争力的成功城市 8 项	成为一个令人感官愉悦的城市 7 项	拥有多元、强健、安全、生活工作便利的邻里社区 6 项	无	人人都能便利安全地获取机会 6 项	成为改善环境的世界领先者 8 项	无	无	无
	巴黎 2030	增强吸引力 促进转型	无	便于获取的住房和就业机会 3 项	无	无	城市自然和谐 7 项	无	出行方式自由选择 4 项	无
防御型	洛杉矶 2035	促进经济发展 3 项	无	环境提升 2 项,提供经济住房 4 项	犯罪预防 4 项	高效廉洁政府 4 项	无	无	改善交通 5 项	无
	芝加哥 2040	无	无	宜居社区 4 项	无	人力资本 2 项	无	高效治理 3 项	区域机动 3 项	无

续　表

城市	经济	文化	住房宜居	健康安全	公正	生态	治理	交通	国土
柏林2030	经济、科技、就业等领先的城市	成为艺术、文化、旅游、体育中心	打造市民互相关爱并乐于居住、具有责任感社会的现代社区	无	可为市民提供多样化的城市生活	建设环境及能源友好型城市	无	无	无
法兰克福2030	突破金融业	无	新住房方案	无	无	无	无	无	无
布鲁塞尔	无	文化教育	无	人性化治理	无	环境可持续	无	治理交通拥堵	无
苏黎世	金融业和创意产业	激活创意空间	无	无	无	无	无	提倡公共交通	无
米兰2020	无	无	城市保障房	强化社会服务,体现居民关怀	无	建设生态网络保护农业生产	无	无	保护环城绿带
多伦多战略	经济活力	无	无	良好的管治	社会发展	环境可持续	无	无	城市建设
攀升型 迪拜2021	全球经济的枢纽中心3项	保留迪拜价值、文化和遗产	理想的居住、工作和旅游地4项	社会治理、社会安全3项	幸福创新平等的城市居民,包容凝聚力3项	可持续发展的智能城市3项	领先以及远见和卓越的政府4项	无	无
首尔2030	产业/就业3项	历史/文化3项	无	无	福利/教育/女性5项	环境/能源/安全3项	无	无	城市空间、交通、维护、供给3项

续表

城市	经济	文化	住房宜居	健康安全	公正	生态	治理	交通	国土
香港 2030	提升经济竞争力4项,信息咨询2项,城镇群发展1项	塑造地方感5项,活化旧城区和郊野地区3项	善用空间及建筑布局3项,适时提供充足的房屋用地3项	无	提供有利于发挥人力资源的环境2项	提供优质生活环境4项,改善环境素质3项	无	加强枢纽功能5项,加强与内地的交通联系4项	充分发挥边界地区战略优势2项
新加坡 2030	经济活力	文化传承保护	无	无	良好的管治	社会发展	环境可持续	无	城市建设
上海 2035	核心功能高效集聚4项,就业创业环境塑造成2项	15分钟生活圈2项,历史遗产2项,城乡风貌1项,历史文化氛围4项	保护山水格局1项,塑造景观风貌3项,塑造公共空间3项	形成防灾能力2项,韧性城市4项	无	应对气候变化2项,绿色网络3项,环保体系2项,可持续发展3项	突出区域引领5项	追求枢纽门户地位2项,交通服务能力优化2项	人口调控2项,国土利用3项,新空间塑造2项,空间格局4项
北京 2035	经济模拟	无	无	无	社会模拟	环境模拟	无	交通模拟	人口用地政策模拟
广州 2035	航空、航运、科技创新三大枢纽引领	彰显城市历史与文化特色,实施最广州文化路径	优化居住格局,构建四级公共服务中心体系	打造广州医疗卫生高地	构建优质均衡的公共服务,强调公共服务均衡	建设人与自然和谐共生的魅力宜居花城	构建枢纽型网络城市空间结构	建设世界级空港、海港和铁路枢纽	2035年人口控制在2000万,优化人口布局
武汉 2049	竞争力提升	文化魅力彰显	宜居城市建设	无	无	无	枢纽城市打造		空间格局优化

续表

城市		经济	文化	住房宜居	健康安全	公正	生态	治理	交通	国土
振荡型	莫斯科2020	无	保护历史建筑和城市风貌	大规模住房拆迁工程，住宅建筑从城市中心逐步转移至城郊	无	工程性基础设施和服务性基础设施	构建有利于人类生命活动城市环境	多中心取代单中心，自带服务系统综合体	公共交通系统的飞跃发展	
	孟买2025	经济增长创造就业	公共交通策略私人交通策略	棚户区改造，房屋价格控制	良好管制，缩短审批时间	安全环境供水、教育医疗	无	无	无	为居民提供更高质量的生活
	台北2030	重点发展绿色环保经济文化信息产业	文化发展战略	住房节能	无	无	无	无	无	充分利用地下空间，尤其是地铁周边
	约翰内斯堡2040	包容性的劳动密集型、弹性和有竞争力的经济可持续的经济	无	无	以智慧的、高效、可靠的方式为公民提供优质服务的城市	具有社会包容性，结合本地和全球竞争力的城市	提供弹性的、宜居的、可持续的城市环境	无	无	无

来源：作者自制

总结上表,全球多极化和城市化趋势将进一步提高大都市战略的灵活性。战略需要认识到不同区域之间的功能性互补作用,体现出多目标、多方案的弹性特征,就需要弹性灵活的生态系统,以具备更大的应变性,防范各种不确定因素和风险境况。大都市战略的编制常常陷入"经验主义",面对一片混沌的情况之下容易以关键词和论点代替细致分析,这势必造成战略只盯住一两种情况或专项,而并非为全局制定灵活全面计划,战略预测大概率会失败。

表格 51 大都市典型控制目标细分

	经济层面	社会层面	环境层面
政府	■ 产业发展 ■ 就业情况及政策 ■ 交通设施及政策 ■ 基础设施建设	■ 人口发展 ■ 文化事业 ■ 治安状况及管理 ■ 应急预警应对	■ 资源利用状况 ■ 能源利用 ■ 环境现状及保护 ■ 生态环境建设
企业	■ 市场发展趋势 ■ 产业政策 ■ 选址可行性	■ 劳动社保政策 ■ 劳动力市场情况 ■ 社会治安与保障	■ 环境政策规定 ■ 能源状况 ■ 城镇生态承载力
市民	■ 住房交通状况 ■ 城市市场 ■ 就业市场 ■ 日常生活品物价	■ 医疗保障系统 ■ 社区安全性 ■ 管理透明度 ■ 财产安全	■ 水和空气质量 ■ 食品安全 ■ 公共绿地状况 ■ 交通拥堵情况

来源:作者自制

大都市战略的核心属性是时间上的预测和控制,如果把城市认定为一个空间范畴,那么规划与城市的结合后,战略规划就是对空间发展目标的设定和达到这项目标中时间上的制导(吴志强,2000)。因此,战略需要复频的趋势分析,何为复频? 大都市是复杂生命体,战略编制必须尊重其生命规律,从编制、发布、传播、批判直至调整,其生命周期具有持续性和顺延性,也必须尊重相对概率的不确定性,而在大都市战略中,确定与不确定性因素常常是多个时段同时进行,可以最大限度地涵盖城市多情景内遇到的挑战、风险和机会,实现城市走向的"多层次叙述",为城市未来的发展定调。大都市发展都是百年大计,产业、建筑、道路生命也是长远谋划,对于置顶型、稳定型的大都市,战略编制可以是时间驱动型的,世界

大都市每5到10年都会进行战略的修编；对于震荡型、进取型的大都市，
战略编制也可以是事件驱动型，如重大发展机遇、人口增长超出预期或者
金融危机，战略需要分析各个事件之间的关联，每1到2年就进行变化调
整，都市规划和建设运营的过程线都是多个进程复合发生，复频使得战略
可以在行动中进行变化迭代。

表格 52　大都市复频规划

城市		年限	大都市战略目标
置顶型	纽约	20—25 年	"纽约2030"：更绿色更美好的纽约(2007年)； "纽约2040"：建设一个公正而富强的纽约(2015年)。
	东京	10 年	"东京巨变：10年规划"：世界城市典范； "东京2020"：向21世纪展示更加成熟的世界城市典范，举办有史以来最好的奥运会及残奥会、解决挑战并确保走向可持续发展； "东京2030"：世界第一城市。
	伦敦	16—20 年	《大伦敦规划》：世界可持续发展的模范城市(2004年)； "伦敦2030"：成为卓越的全球城市； 《伦敦规划年度监测报告》《伦敦市年度监测报告》。
	巴黎	20 年	"大巴黎地区纲要"：确保21世纪具有全球吸引力的基础设施、自然与生活环境、文化遗产、政府效率、科研培训能力(2012)；《大巴黎计划》：均衡发展、应对气候变化、鼓励紧凑化发展、增加科研投入，采用多中心模式来组织城市发展(2020)。
防御型	洛杉矶	30 年	"洛杉矶2035"：以健康、宜居以及公平城市为目标，强调精明增长的发展路径。
	芝加哥	30 年	"芝加哥2040"：更具经济活力和全球竞争力(2010年)； "芝加哥2050"：包容性增长(2018)。
	柏林	20 年	"柏林2030"：2030年成为世界创意中心。
	法兰克福	20 年	"法兰克福2030"：涉及城市合作、知识共享、物流网络、通信共享网络城市计划(2014)。
	米兰	20 年	《米兰战略框架》：加强米兰同世界的联系； "米兰2030"：全球网络节点、城市更新以及基础设施。
	多伦多	30 年	《未来30年的发展计划》：一个健康充满活力的城市。
	渥太华	20 年	"渥太华2020"官方计划、公共事业计划、艺术遗产规划、经济发展战略和环境策略。
进取型	悉尼	20 年	"悉尼2020"：确保未来悉尼成为一个世界城市(2000年)； "悉尼2030"：具有全球竞争力和创新性城市(2008年)； "悉尼2055"：强化城市适度聚集以国际化角色面对未来。

续　表

城市		年限	大都市战略目标
	墨尔本	20—30 年	"墨尔本 2030":供居民生活的宜居城市,供企业发展的繁荣城市,供游客旅游的魅力城市(2002)
	迪拜	8—10 年	"迪拜 2015":经济发展和基础设施建设(1995) "迪拜 2021":伊斯兰经济金融中心(2015) "迪拜经济战略 2030":稳定社会与多样化开放经济(2016)
	首尔	20 年	东北亚经济中心(1995) "首尔 2030":充满沟通与关怀的幸福城市,注重生活质量、城市面貌、均衡发展、城市竞争力、可持续发展(2013)
	香港	10 年	"香港 2030":亚洲国际都会(Asia's World City),贯彻可持续发展概念,致力于均衡满足这一代和后代在社会、经济和环境方面的需求,从而提供更好的生活素质,情景预测人口高值840 万。(香港 2030 战略,2011)
	新加坡	15 年	花园城市(1971) 完美的热带城市和引人入胜的岛国(1991) 建设"繁荣兴旺的、21 世纪的世界级城市"(2011) 面向所有新加坡人的高居住环境质量的城市,建造可负担住房,一个花园一个城市,加强交通链接提升流动维持经济活力(2020)
	上海	20 年	"上海 2035":不断追求卓越的全球城市(Striving for the Excelent Global City)
	北京	20 年	《北京城市总体规划》确定:国家首都、国际城市、文化名城、宜居城市(2004) "北京 2035":伟大社会主义祖国的首都、迈向中华民族伟大复兴的大国首都、国际一流的和谐宜居之都(2015)
	雄安	30 年	绿色生态宜居新城区、创新驱动发展引领区、协调发展示范区、开放发展先行区(2018)
	广州	20 年	"广州 2035":经济繁荣、和谐宜居、生态良好、富有活力、特色鲜明的现代化城市(2015)
	武汉	35 年	"武汉 2049":更具竞争力,更可持续发展的世界城市(2016)
振荡性	孟买	20 年	《孟买全球城市区域规划 2025》:平衡发展、创造就业、交通建设、保护环境并促进城市扩张(2005) "孟买 2034":智慧城市,设备/传感器/通信网络、智能应用程序和应用程序的公众采用(2020)
	台北	20 年	"台北 2030":生态城市

来源:作者自制

新加坡规划的多元目标机制

新加坡领导人推行战略规划的宏观愿景以及稳定的政治环境，通过整合概念规划、总体规划和开发管制体系，有意识形成综合性的规划与实施途径。新加坡战略促进形成透明的规划体系，对私有部门调动更具有效率，土地出售计划等机制也促进了政府和私有部门在城市开发中建立合作。在规划的各个阶段，新加坡都充分利用了行政和市场手段，设立了多个委员会，各委员会包含有政府多个机构，对一系列影响主要用地的战略事项进行研究。这些平台实质上又能起到提前解决用地争端的作用，还能推动对创新构想的探索，调动规划积极性，地产开发商可以访问市区重建局网站，查看总体规划、浏览潜在用地和开发强度，并了解开发意愿是否符合城市发展方向。战略规划允许所有执行机构在规划草拟过程中都表达了自己的意见，所落实的具体细节包括公共设施、基础设施及私人资本开发。

策略分析：根据长远目标原则，新加坡战略确定长期开发思路，编制总体规划将战略中的意向转化为具体的指导方针，同时开发管制机制确保开发进程与总体规划保持一致，为新加坡城市发展提供指导意见，并发现未来可能存在的忧虑，采取措施解决问题。新加坡重建局 URA 协同多个组织，决策和行动统一形成平台，同时其能力出众的行动型机构在执行方面发挥了重要作用，例如建屋发展局、经济发展局、裕廊集团和公共工程局等政府机构，这些部门制定各种政策和计划，减少了政策传达的阻力并建立公众回馈机制，使得上下沟通顺畅促进规划实施落地。

案例 34

东京战略的复杂生态系统

"东京2020"预见到即使世界人口持续增加,日本社会人口在2020年则开始减少,并朝向超老龄社会发展。因此,东京将通过最尖端的科学技术力量克服自身问题并开拓未来,采用新的人才培养系统,并通过与东亚诸城市的合作,及时增加发展动力与人口取得动态的发展。东京为提升东京的国际竞争力、提高产业能力和城市的魅力,设计积极目标体系,包含实现防灾能力极强的城市、向世界展示东京的安全性、用低碳打造高效率能源社会、被水和绿色的回廊所环绕、振兴美丽的城市东京等等,让东京加入新的增长轨道。例如东京打造少子老龄社会中的城市模型,在世界上作出典范;打造谁都能够挑战的社会,让世界上的人才都能方便来到东京;打造谁都爱好体育,并且能够给予孩子以理想的社会。同时,为达成目标,东京启动了包含抗震、防火、防灾、电力、智能城市、河流绿化、立体交通、企业总部、保育、银发、孩子、旅行、体育设施工程等项目,并将这些项目融入五大主题以及KPI体系中实时监测保障其得到实施:(1)"平等和谐以人为本的城市"通过最低收入标准保障率、地区公共保健机构数量、老人休闲福利机构、终身教育经验率以及保育分担率来落实;(2)"充满就业机会与活力国际化共存城市"通过创新群体比重、社会经济就业比例、雇佣率来落实;(3)"历史渊源流传的快乐的文化城市"通过文化环境满意度、文化基础设施数、外国旅游者人数来测度;(4)"充满生命气息的放心城市"通过公园服务覆盖地区比重、新再生能源利用率、灾难受害者增减率来落实;5."居住稳定、交通便捷的居民共享城市"通过职住平衡指数、绿色交通工具分摊率、公共租赁住宅比例来落实。

策略分析：东京战略由专家机构主导编制并维护，专家组体系庞大，其战略预测分析方法不断更新优化，与东京大都市发展的命运息息相关，立足于当下而面向未来，不会跟随地方政府决策者意志而随意更改，例如"东京2020"提出八大目标体系面向长远未来，十二个重点项目解决当下重点问题，同时采用指标体系监测目标的完成，在经济、社会、生态三个方面建立实时动态的评估体系。

3. 竞争分析确定目标

竞争对手分析（Competitor Analysis）是系统性对竞争中参与者进行分析的工具，分析主要目的在于分析对手的竞争性行动，从而有效地制定大都市的战略方向及措施。大都市战略的核心目标是参与竞争，竞争要素包含人才、技术、资本、制度、产业关系等，而战略制定的目的是为大都市未来发展拟定方向，但由于竞争要素的有限和稀缺，"参与竞争"本身将成为未来大都市战略的核心情景，这一情景的目标是城市未来的可持续发展。大都市战略中愿景是根据空间发展、当前状况和未来挑战，对区域发展的未来空间提出方向，具有如下三个重要特征：为空间结构提供目标指引，为规划过程提供方向，为空间规划的项目制定原则。城市发展目标制定就是把利益相关者拉近到一起，促使更多人的智慧融入未来目标制定中，比如纽约提出要"更绿色、更美好"，悉尼强调"生态、国际、网络"，都经历了大规模的征询过程。

"全球城市"综合排位中，纽约、伦敦各项排名都基本稳定在全球首位，置顶型都市也具有危机意识，纽约认为竞争对手不仅仅是芝加哥、洛杉矶和东京，也包括新加坡和上海，为了保持对全球人才、资本的持久吸引力，纽约战略定位于更绿色美好、公正富强，从而确保其核心竞争力。东京作为最发达的亚洲城市以及全球人口最多的城市，GaWC排名稳定在全球第五、第六，GCI指标稳定在全球第四，东京未来将自己定位于"亚洲总部城市"甚至于"全球第一城市"，将与其他大都市竞争跨国资源。巴黎各项排名都基本稳定在全球前五（GaWC排名在2000年至2016年稳列全球第4名，CO排名逐年上升至2016年的全球第3名，GPCI排名从2008年的全球第3转变到第4名）。洛杉矶各项排名都有所下跌，GaWC

从 2000 的全球 15 跌到 2016 年的全球 28 名,GPCI 从 2008 年的全球第 9 名跌到 2017 年的第 13 名)。芝加哥各项排名震荡较大,GAWC 和 GPCI 排名徘徊在全球 10 至 20 名之间,GCI 相对稳定在全球 6 至 7 名。柏林各项排名差异很大,GAWC 排名徘徊在 50 至 100 名之间,CO 排名维持在全球 10 名左右,GCI 排名维持正在 10 至 20 名之间,GPCI 排名维持在 5 至 10 名之间。法兰克福各项排名震荡较大,GAWC 排名在 10 名之外,GCI、GPCI 排名在全球 20 名左右。米兰各项排名都在 10 名之外,其中 GAWC 稳定在全球第 11、第 12,CO 排名逐年上升至全球第 19,GPCI 排名一直在全球 25 名之外。悉尼各项排名都在 10 名左右,GAWC、GPCI 和 CO 排名稳定在全球第 10,澳洲国内,布里斯班和珀斯已经从人口以及资源型行业获得收益,墨尔本从 1900 年代初的衰退中恢复起来。在亚太地区相比于香港、上海和新加坡等竞争城市,悉尼尚能维持"适宜居住"的优势,但在公共交通以及在文化娱乐方面逐渐衰弱并丧失优势。在排行大都市生活品质的"美世指数"里悉尼表现强劲,在近年排行第九位。迪拜开始进入世界舞台,GAWC 排名从 2000 年的全球 30 上升到 2016 年的全球第八。香港各项指标稳步走高(GAWC 排名维持在全球第 3,CO 排名维持在全球第 8 到第 9,GCI 指标稳定在全球第四,GPCI 排名从 2008 年的全球第 17 上升到全球第 9),其与全球主要城市的联系紧密。上海各项排名逐步提升(GAWC 排名 2018 年全球第 6,CO、GCI 排名徘徊在全球第 20 左右,GPCI 排名从 2008 年的全球第 25 上升到全球第 15)。北京各项排名有升有降(GAWC 最新排名已到全球第 4,CO 排名逐年下降至 2016 年的全球第 19,GCI 指标从 2008 年的全球 12 逐步提升到 2014 年全球 8,GPCI 排名从 2008 年的全球第 28 上升到全球第 13),北京与亚太城市联系密切,但与其他大都市联系较弱。

全球城市的竞争分析逐步从城市等级转向网络流动,大量学者致力于这些领域的研究,全球目标排名来自于 Friedman、Sassen、Castell 的理论。Friedman 定义"世界城市",关注建立跨国公司组织结构与全球城市体系结构变化之间的联系,利用"Forbes2000"指数研究福布斯排行榜中跨国企业总部的全球布局,分析全球系统中的产业功能和地位方面,建立"世界城市"位序等级的评价体系。Sassen 认为"全球城市"是服务和金融产品的生产基地，它们协调全球经济活动，从而成为开发、生产和提供创新金融商业服务的战略点，Sassen 利用"GaWC"指数研究 ASP 高级服务企业布局数据，形成"全球城市"网络连通度的评价体系。Castells 提出了网络视角，他认为网络构成了新的社会形态，因为信息和通信技术（ICT）正在重塑社会的物质基础。他设想建立一个全球网络，将不同强度和规模的中心连接起来，并在全球层面整合它们。

全球网络的研究方法有连锁模型及其改进算法、社会网络分析方法和位序规模法，在分析全球网络态势的时候常将这些方法组合利用。连锁模型最早是由泰勒在世界城市网络研究中提出来的，随后被不同的学者在国家和区域尺度中利用，最早由阿德尔逊于 2004 年引入世界城市网络研究，其涉及的中心度、中心势以及核心边缘概念，对理解城市网络具有重要的作用。位序规模法是最早基于中心地理论研究城市等级关系的重要依据，近年来被荷兰学者迈耶尔什等人引入多中心城市区域的功能进行分析，该方法的核心思想是将在网络中的连接度以及对应的排名进行线性回归，回归系数介于零和负无穷之间，系数越大说明区域的功能多中心程度越高。

案例 35

香港战略治理强调目标稳定

自 1991 年 7 月起香港总督①委任了两个规划小组，即规划委员会、郊野及新市镇规划委员会，执行城市规划委员会授予的职责，使香港在 21 世纪初发展成为一个现代化的国际商业金融和旅游中心，以及资讯发达的多元化轻工业中心。在长达几十年的转型过程中，香港始终坚定其亚太国际都会的目标，才成为亚太经济枢纽。规划小组委员会促进新机场建成后，推动启德机场旧址的

---

① 香港总督（简称港督）香港英国殖民地时期（1842 年—1997 年），由英国派驻香港的英王代表，共历 28 任。

城市更新项目,再加上有计划填海,让整个香港在重建区及各小区交汇成一个策略性的导向网络,使居住环境得到整体改善,同时环境噪音及污染问题、山泥倾泻等问题也得到通盘处理。在"香港2030"战略中,未来发展维度分为三个方向,方向一为提供优质生活环境,"营造地方感"策略提出加强地区特色与认同、多样化及包容性规划、促进建筑设计的和谐平衡,"善用空间布局"策略提出实施立体规划、鼓励土地楼宇循环使用并限制城市的扩展,"改善环境质素"策略提出协调环保、良好土地使用规划并鼓励优质城市建筑设计,"确保适时提供充足的房屋用地"提出综合现有发展机遇、促进市区重建与新发展区规划;方向二为提升经济竞争力,"加强枢纽功能"提出确保在策略地点提供充足办公室用地、更有弹性地供应特殊工业用地、提升港口及机场设施并提升旅游品牌,"活化旧市区及乡郊地区"提出活化旧市区、修复旧乡镇、促进有力乡郊地区发展用地,"提供有利于发挥人力资源的环境"提出提供优质的生活环境、加强教育设施、充分利用本港与内地的紧密联系;方向三"加强与内地的交通联系"提出加强区域联系、国家级国际联系,"充分发挥边界地区战略优势"提出在禁区确认具发展潜力的地区,"促进资讯交流"提出进一步加强政府之间资讯交流,并促进城市群体发展。

方法分析:战略目标是战略规划的起点和终点,它是确保战略顺利实施的基础,香港由于其特殊的地缘政治环境,更加强调战略目标需要维持稳定性,从1984年《全港发展策略》提出建设亚太地区经贸中心市,1996年《全港发展策略检讨》提出迈向国际都会,2007年《香港2030:规划远景与策略》提出亚洲国际都会,直至《香港2030+:跨越2030年的规划远景与策略》让香港稳固亚洲国际都会,提出土地及基建发展提供跨越2030年的空间规划框架及方向,香港跨越40年的渐进发展维持了目标的一致性,同时在经济、政治和生态格局上也通过策略手段支撑了目标实现。如今,香港大都市战略经历三次转型,仍然维持目标的一致性,在坚持全球化战略的同时,进一步提出从"离地全球化"转向"本地全球化"(Localized Globalization)。[①]

4. 反推论证分解目标

大都市战略的目标制定基于超过 5 年期的趋势分析,保留调整的余地且每年进行评估调整。城市发展目标是城市管理者和公众对自己城市的理想设定,其目标体系来自于城市高层系统性的策划、预期和计划(吴志强,2003)。领导者、规划制定者和公众所捍卫的共同愿景,是影响规划的基础,历史上成功的案例充分说明,愿景必须使城市从前瞻性规划和计划性实施中获益,如果没有明确的职责、目标以及用以实现其的资源,并在一开始不确定战略目标和策略,就无法追溯责任,而责任的缺乏将使目标遥不可及。目标分解法的研究路径,首先搜集来自各个子系统的目标构建一个目标库,这些目标来源于实操职能部门的需求、城市居民意愿以及科研机构的研究成果,并进行筛选修正合并重复性目标,形成一个相互独立、相互依存的可达性目标组。这些目标需要通过精细的抽象和描述,并将它们归纳到具有层次结构特性的目标体系(吴志强,2003)。

表格 53 世界主要大都市目标构成

全球城市	总体目标	指标总和
纽约	城市繁荣 18 项、公正 15 项、可持续发展 12 项、韧性 11 项	4 大项 56 小项
东京	公共安全 7 项、社会福利支持 19 项、国际领导地位 10 项、可持续发展 14 项、区域政策 5 项	5 大项 55 小项
首尔	福利/教育/女性 5 项、工业/就业/职业 3 项、历史/文化/文化 3 项、环境/能源/安全/能源/安全 3 项、城市空间/交通/设施供应/城市空间/交通 3 项	5 大项 17 小项
巴黎	城市和谐 4 项、交通选择 4 项、居住就业权利 3 项、自然资源的最大价值 3 项	4 大项 14 小项
新加坡	土地利用价值 4 项、可负担居住结构 3 项、花园城市 5 项、提升交通和可达性 5 项、保持经济和就业 3 项	5 大项 20 小项

---

① 2022 年 10 月 29 日第 19 届中国城市规划学科发展论坛上,香港立法会议员洪雯女士发表主题演讲"探索香港'本地全球化'的新路径"。

续　表

全球城市	总体目标	指标总和
伦敦	应对发展和人口增长的挑战 7 项,成为具有国际竞争力的成功城市 8 项,多样强健安全便利生活的社区 6 项,成为一个宜居城市 7 项,提升环境的世界领导者 8 项,人人都可以获得安全保障 6 项	6 大项 42 小项

来源：作者自制

图表 19　目标分解方法流程

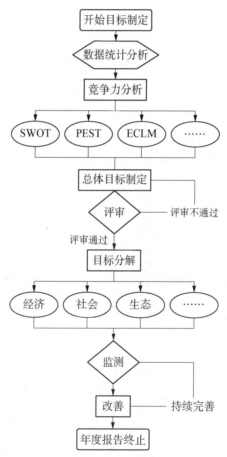

来源：作者自制

　　大都市未来战略目标的制定可反推促进相应的规划策略形成。系统反推法并非关注所有的未来可能,而是关注如何实现可期望的未来。该研究方法从所期望的未来反向推导现在,来确定未来实现的可行性,以及现在该采取什么样的政策。反推法不是从现在的形势和趋势着手分析，而是从未来入手倒推回来寻求解决目前问题的方法。反推法一般包括：根据人们的期望目标建立可行合理的标准场景，由未来场景回到现实系统，找到实现场景的途径方法（仝允桓，2003）。反推法和正向预测逻辑不同，反推法是站在规划所期望的目标来考虑问题，从未来倒导现在，可能是从将来 50 年、20 年乃至 10 年依次倒推，正向预测是由现在的发展趋势进行外推，面对同一对象，由于视角、方法和路径不同，反推法和预测法一般不会完全符合（饶祖海，2010）。因此，趋势推导与目标反推法可以相互验证，为制定切实可行又具有前瞻性的目标提供战略思想，并将其整合进战略规划中，对相关政策、法规制定与实施施以影响。

反推法是对长远未来各种可能的预判以及相应后果的驱动力分析，反推法定位于解决长期、复杂问题（例如东京圈规划对于大地震的应对、香港规划对于金融危机的应对、纽约规划对于飓风的应对），其目标是让城市决策者、投资者以及市民拓宽对问题解决方案的认识，有利于利益相关各方在不同的价值观中形成对未来的共识，从而合力采取对策。反推法预演各种相应后果的影响，区分确定性与不确定性的差异，在此视角下的目标制定应明确稳定性和灵活性导向，稳定性突出城市发展的基本导向，而环境适应性反映了城市转型的灵活弹性，以下通过纽约、东京两个案例来阐述目标的分解和反推差异。

表格 54　反推法与传统预测的差别

研究方法	传统预测	反推法
哲学观点	因果关系、决定论、判断内容	因果关系、目的论、局部不确定
前景看法	占支配地位的趋势、可能未来、边际调整、如何适应趋势	需要解决的社会问题、期望的未来、市民选择的范围、战略决策、行为保留权
途径	未来趋势外推、敏感性分析	定义期望未来、分解条件、未来情景
方法技巧	各种经济模型、各种数学运算方法。	局部的、有条件的外推来突出所期望的倾向以及技术条件限制、形成系统的动态模型、德尔菲法。

来源：作者自制

案例 36

纽约目标分解

近百年来纽约制定发展目标注重多学科合作集思广益,主导机构 RPA 作为非官方、非营利性组织,研究报告能够发挥独特社会影响力。从纽约 1980 年到 2010 年的发展历程可见,纽约城市的经济发展具有周期性,目标制定引领大型项目开发,在不同时期的规划组织和空间调整方式有所不同,例如《下曼哈顿岛复兴规划》是城市对曼哈顿岛办公楼空置率高的应对,《纽约市滨水地区综合规划》顺应曼哈顿的发展诉求引导公私合营推动城市空间改善,《197 - A 社区规划》《红钩:社区振兴规划》针对社区居民多元诉求改善住房、交通、文化环境,《曼哈顿 BIG-U》计划是对气候不确定下韧性发展模式的回应,规划不仅对区划调整和物质性建设提供指导,更提供政策导引与开发根据,结合税收减免等财政支持吸引资本与开发商(王兰,2013)。

方法分析:大纽约地区区域规划融合经济学、生态、法学和社会学,并通过调研、数据分析与趋势判断,形成情景模拟的多方案必选,可见纽约战略对多专业融合的重视。在此过程中,区域规划通过定性、定量分析判断发展趋势,通过公众参与获取多种目标的反馈,形成社会共识适应多变趋势(武廷海,2016)。"多元"也体现了纽约城市治理的弹性,每当城市经济出现周期性的衰退,纽约都能及时调整定位重新复苏,让城市战略依照城市发展长远目标,调整城市空间和用地布局,应对不确定性并适应经济发展需求。

案例 37

东京目标反推

本书整理了二战后东京战略目标的演变历程:20 世纪 40 年

代面对战后重建和经济恢复诉求，1945年《战灾复兴计划》提出"将来的工业城市"；20世纪50年代面对都市产业振兴和近郊新城建设需求，1955年《首都圈规划草案》、1958年《第一次首都圈总体规划》持续提出"建立都市圈"；20世纪60年代石油危机、技术革新、大规模建设需求解决由人口及城市功能的进一步聚集，东京开始远郊新城建设，1963年《东京都长期规划》提出"控制并分散人口和产业设施的过度集中"，1966年《今后的东京——20年后的展望》提出"积极引导东京都市圈"，1968年《第二次首都圈总体规划》推动实施"区域复合体"设想；20世纪70年代面对东京都人口流入减少同时政府开始控制首都圈增长，1976年《第三次首都圈总体规划》提出"多核型区域城市复合体"。

20世纪80年代东京都人口减少，出现人口老龄化、国际化、信息化趋势，远郊新城建设进入成熟期伴随泡沫经济，1982年《东京都长期规划——以21世纪为目标》提出"就业居住平衡的多核心城市"，1983年《首都改造构想草案》提出"纠正单一中心的结构"，1987年《第四次首都圈总体规划》提出"商务核心城市"；20世纪90年代面对单一中心结构以及公众对东京都心的依赖，1995年《东京都三年规划》提出建设"生活型城市"，1999年《第五次首都圈总体规划》提出"提升首都圈的核心竞争力"；2000年后面对人口深度老龄化、出生率降低同时全球信息技术加速发展趋势，《首都圈全球城市构想》提出"21世纪的新首都"蓝图、商务功能转变为多方面综合功能；2007年面对防灾、能源安全、国际竞争力需求，《十年之后的东京》提出"世界模范城市"，两年后的2009年"东京2050"进一步提出"创造一个有吸引力的和充满活力且领先世界的东京"；2010年后，为了迎接奥运会并践行可持续理念，2014年《创造未来——东京都长期愿景》提出"世界第一城市"，2016年"都市开发通盘规划"针对未来城市发展需求，进一步提出"可持续的科技发展和社会发展"愿景。

　　方法分析：东京城市发展规划和行动计划强调发展目标的前瞻性和实行计划的可操作性，"2000 年发展规划""十年后的东京"和最新版的"2020 年的东京"行动计划，均从制定时起以十年为期限，围绕几个重点关注的问题提出阶段发展目标，以目标反推主要的规划策略及支撑项目，具体内容如下表所示。

表格 55　东京战略规划策略及支撑项目反推

阶段行动	内　　容	
1. 以十年为期制定空间战略规划	战后日本共编制五次东京都市圈的广域，21 世纪以来基于发展质量的出发点，将《2020 年的东京》《东京都长期愿景》计划作为东京都行政运营的基本方针，展开相关政策。	
2. 以实际影响力为标准确定规划范围	都市作为经济、社会和空间复合体，将发展规划和行动计划中的规划范围确定为城市的实际影响范围，更有利于从城市发展的长远利益的观点出发，推动城市与区域的共同发展，因此东京都市区战略中规划范围确定以东京的实际影响力范围作为标准，较少受到行政界限的约束。	
3. 围绕行动计划每年制定实施计划	动态制定的实施计划是推动发展规划真正有效实施的关键，能保证到规划期限时实现东京的城市形象和目标，并且明确工作重点、实施举措和经费安排等。东京都政府 2007 年制定《十年后的东京》规划后，从 2008 年开始每年制定不同的试行计划，明确工作重点、实施举措、预期目标和使用经费等，以八大目标为依据制订各年度的工作方向和重点，年度实施计划始终保证随时检查对策的进展状况和成果。	
4. 鲜明提出核心问题和有限的阶段发展目标	防灾	实现高度的防灾城市，向世界展示东京都的安全性。
	能源对策	让东京恢复成为清水环绕、绿意盎然的美丽城市。
		打造低碳、高效的自立、分散型能源社会。
	国际竞争力	连接海陆空，提升东京的国际竞争力。
		提升产业力和城市魅力，让东京走上新的增长轨道。
	充分考虑人的需要	构筑并向世界展示少子高龄社会的都市模式。
		创造谁都可以进行挑战的社会，向世界大量输出优秀人才。
		创造谁都可以亲近体育、赋予孩子们梦想的社会。

来源：作者自制

5. 矩阵分析综合因素

目标的过程演绎同样重要，因此单纯确定目标的终点还是不够的，而引入过程管方式（矩阵分析等）是有必要的，能够在合适的时机创造适合的事件是目标达成的捷径（吴志强，2008）。米兰以创意兴市，其战略分析方法主要以直觉逻辑和趋势推导为基础，发掘发展动力方面卓有成效，未来目标分解兼顾不同阶层的利益方面值得借鉴。矩阵分析是对于战略规划目标的结构性分析，如同 1962 年钱德勒的《战略与结构》①研究环境、战略和组织结构之间的关系，经典战略理论形成了两种矩阵分析的工具，SWOT 和 PEST 分析方法。设计学派就 SWOT 模型体现了组织内外部关系对制定战略的重要性，同时分析都市或者企业的优势和劣势、机会与威胁，强调高层管理人员的角色，提出战略制定过程中的创造性和灵活性。SWOT 分析是指既定内在条件分析，S 代表优势，W 代表弱势，O 代表机会，T 代表威胁，该方法力图找出企业的优势、劣势及核心竞争力。从 2000 年的广州战略规划之后，SWOT 分析手段构成了大都市战略不可缺少的组成部分（李晓江 & 杨保军，2007）。典型矩阵分析 SWOT 的步骤包含：1. 确认当前的战略；2. 确认外部环境的变化关键因素；3. 确认大都市关键能力；4. 按照通用矩阵打分评价；5. 将结果在 SWOT 分析图上定位；6. 制定行动计划。另一种矩阵分析 PEST 战略应是大都市"能够做的"（内部组织的强弱项）和"可能做的"（外部环境的机会和威胁）的组合。PEST 更强调指宏观环境的分析，P 是政治，E 是经济，S 是社会，T 是技术，战略想要了解大都市所处的时代背景时，通常是通过这四个因素来进行分析。

未来目标分解兼顾不同阶层的利益方面值得借鉴。

---

① "战略与结构"由 Alfred D. Chandler 在研究美国企业组织结构和经营战略的演变过程时提出，钱德勒的结构跟随战略又称"钱德勒命题"。

案例 38

沈阳战略目标

表格 56 沈阳战略 SWOT 举证

		1			2	3	4	5	6	7	8
内部	S	—	—	—	自然资源好	人力资源好	具备建设资金	文化多元融合	工业基础雄厚	发展心态开放	空间要素丰富
	W	—	—	—	旅游开发不足	高端人才缺乏	融资渠道缺乏	开发手段单一	工业发展滞后	产权制度不全	城市形象平庸
外部	O	东北亚枢纽	东北中心	辽中首位城市	—	—	—	—	—	—	—
	T	全球化边缘	地位受到挑战	服务能力不强	—	—	—	—	—	—	—
分析层面		全球	东北	辽中	自然生态	人力科技	资本资源	历史文化	产业资源	社会制度	城市形象
			区位资源								

来源：2003 年《沈阳城市在发展战略规划研究》

方法分析：一般的战略规划在主要影响要素分析时都会采用 SWOT 分析，但在城市战略应用中技术洞见常常被忽视，大部分城市追随迈克尔波特所说的竞争优势，即利用最有利优势发展到邻近市场，缺乏对外部竞争环境的前瞻性预测分析。未来具有更多的不确定因素，智能信息技术呈现指数级增长，将必然成为新的生产力，SWOT 分析是一种二乘二的矩阵设计方式，但是现实情况则比二乘二的矩阵更为复杂，如何解决这一矛盾？战略性思路是利用四到五个关键不确定因素，利用所有可能性的组合来创建多个二阶矩阵，这样就能够清晰地看出有些不确定因素是高度相关的，因此可以整合到一起，另一些不确定因素是不能整合，则各自称为主要因素。这就形成了多目标规划模型（Multi-Objective Programming，简称 MOP），利用数学规划方法将分析者所设定的不同目标以及现实经济系统中的各种限制，采用不同的决策方式求出一组供决策者选择的非劣解。值得注意的是，多目标规划强调目标选择的弹性和情景方案间的替代性，使决策者在政策选择上有较大弹性，它可以同时考虑解决多个目标间相互冲突的问题，并处理优先次序问题。

小结：确定分解　反推分析　矩阵　多元时空

本章基于大都市目标经常出现两方面的"缺失"：其一，战略目标局限于过去经验多以蓝图描绘为基础；其二，以单一目标为典型的思维方式无法解释城市这复杂系统的内在规律，使城市规划的理性遭到质疑（吴志强，2018）。因此，关于目标设定有两种策略，第一种是网络分析在全球竞争环境进行定位，第二种是多元时空观下进行路径分析。基于上述战略思想和预测方法，目标博弈方法包含竞争分析确定目标、反推论证分解目标和矩阵分析综合因素。

巴黎埃菲尔铁塔　郑迪摄于 2015 年 3 月

马斯达尔 Mist & Mit 风器(捕风塔)　郑迪摄于 2016 年 7 月

第六章

动力争夺：
技术与社会

第六章

动力争夺：技术与社会

大都市战略需要准确的发展动力判断,科技变革、文化培育或机制创新都可能推动城市进步并塑造未来。城市发展动力是战略制定的核心,大都市百年发展融合经济技术与社会政治两大因素,在这个过程中科学技术与政治社会利益的因素相互博弈,战略制胜点是要识别不确定因素中的核心驱动力。本书是在技术预测规划和社会经济研究基础上,基于如下七大类型的驱动力识别工具进行分析研究。

表格 57　驱动力分析方法

方法类型	分 析 因 子
波特五力 (Porter，1980)	供应商的博弈能力、购买者的博弈能力、潜在竞争者的能力、替代品能力、行业内竞争者当前能力。
STEEP	社会 Social、技术 Technological、经济 Economic、环境 Environmental、政治 Politcal。
STEEPLE	社会 Social、技术 Technological、经济 Economic、环境 Environmental、政治 Political、法律 Legal、道德 Ethical。
PEST(Joghson，1999)	政治 Political、经济 Economic、社会 Social、技术 Technological。
PESTLE	政治 Political、经济 Economic、社会 Social、技术 Technological、法律 Legal、道德 Ethical。
PESTLIED	政治 Political、经济 Economic、社会 Social、技术 Technological、法律 Legal、国际环境 International、环境 Environmental、地理 Demographic。
SLEPT	社会 Social、法律 Legal、经济 Economic、政治 Political、技术 Technological。

来源：作者自制

1. 科技动力：以创新为驱动

科技创新是驱动历史发展的确定性要素,而科技发展的过程包含不确定性(包含探索性、试验性和实验性的特点),大都市未来战略首先要考虑到如何适应技术发展。大都市面临着因为资源过度利用、环境污染所造成的政治、经济和环境问题,解决路径最终要依靠技术创新。世界多极化和城市化趋势将进一步提高创新发展的重要性,良好创新生态将为城市发展引擎提供技术支撑。纽约市市长比尔德布拉西奥(Bill de Blasio)提出:"纽约要成为 21 世纪的全球中心,科技将发挥特别重要的作用。"伦敦市长萨迪克汗(Sadiq Khan)提出:"伦敦市要成为全球科技中心,科技领域提供了高质量的就业机会,吸引了来自世界各地的创新人才。"亚特兰大市长卡西姆里德(Kasim Reed)说过:"城市处于气候变化前沿,创新改变来源于城市。"北京市前副市长卢彦说:"企业产值达到 100 亿,首钢用了 71 年,联想用了13 年,小米才用了 3 年。"科技创新是企业发展的加速器,技术创新同样推动全球大都市区加速成长。未来的都市创新应该针对当前的成就与长远的不确定性,进行扬长避短保障都市稳定与正常发展,并保护城市的创新发展环境。全球科技龙头正在借助于资本力量进行都市创新实践,当面临重大的城市问题时,大都市与创新企业应加深合作,利用高效融资机制与创新基础平台,将全球资本、智力相互融合,集中运用于克服城市危机。

创新城市群落建构和发展取决于"创新流"的交互网络,核心在于人才群体之间的创新交互。大都市没有创新就没有生命力,集中表现为三个特征——交流、交换、交融中心。著名城市学者科特金(Joel Kotkin)指出:"当先进企业在全球范围内选址时,他们将寻求一种新的地方,符合他们价值观的具有吸引力的地方(Joel Kotkin, 2010)。只有辐射力强、能够向世界提供产品、服务和想法的城市,才是具备竞争力的大都市。未来,决定国家竞争力的重点是创新力,其来源是全球科技创新城市引领的具有内在生态体系的创新城市群落。创新都市一定是对高科技人群具有深度吸引力的城市,城市不仅能出色地解决科技人才在衣食住行方面的需求,而且能满足科技人才更高层次的精神需求。在纽约,科技"独角兽"的企业家们都热衷于到纳斯达克上市,到华尔街寻求融资同时也在百老汇享受戏剧。新加坡能容纳全球金融领域最具冒险性的对冲基金,几乎所有全球知名的基金公司都在新加坡设立了分支,这便是新加坡金融开放的特质,使其成为重要的世界金融节点,同时金沙湾和乌节路也是东南亚的文化创意中心,全球的艺术家在这里汇聚。

通过国际城市群发育过程,可以看出智力因素是关键。世界500强企业总部的90％集中分布在全球都市圈,并进一步辐射到100个创新中心城市中(美国26座、中国16座、德国8座、英国4座、加拿大4座)。1990年代依赖数字经济崛起,美国92％的专利属于大都市区,几乎所有风险投资也集中在大都市区域,研发活动更多集中在以加利福尼亚湾和东部沿海纽约至波士顿城市带(Buzard,Carlino,2013)。欧洲以及亚洲的相关研究反映了类似趋势,法国6个区域集中了75％的研发人员,中国大都市圈承载了80％的上市公司,京津冀都市圈有300多家A股上市公司,长三角和珠三角都市圈有近300家上市公司。

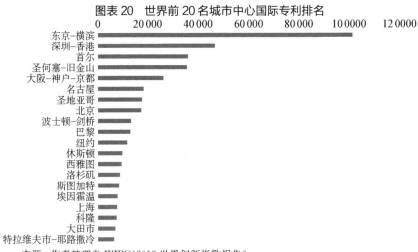

图表20　世界前20名城市中心国际专利排名

来源:作者整理自WIPO《2018世界创新指数报告》

表格58　大都市核心技术

	城市	建城历史	城市技术创新	核心技术
置顶型	纽约	354年	1890—1990S 工业发展持续100年。	内燃机、电动机、区划技术(1916)、海运集装箱(1956)。
	东京	562年	亚洲最发达的大都市,战后重建至今70年。	微电子、半导体、电视、集成电路近年东京建成世界上规模最大共同沟。

续　表

城市		建城历史	城市技术创新	核心技术
	伦敦	1132 年	1788—1890S 工业发展持续100 年。	蒸汽机、卫生管道系统(1859)、交通信号灯(1869)、电梯技术(1851)、地铁(1863)。
	巴黎	1660 年	1860 年奥斯曼巴黎改建计划理想城市,1930 柯布西耶光明城市,1940 有机疏散。	拿破仑时期积累大量技术,城市美学,供水系统和巴黎美院理论的实践经验。
防御型	洛杉矶	400 年	1924 年建立世界上最大的电车系统开始郊区化,1980 至今信息化持续近 40 年。	微处理器、晶体管、集成电路、液晶屏以及军工技术转化。
	芝加哥	181 年	1909 年城市美化运动开始至今110 年。	重工业,现代都市样本,电气照明(1893),城市美化运动(1909)。
	柏林	780 年	德国工业革命的开端。	科学、工业以及商业领域关键技术。
	法兰克福	1200 年	世界上最小的"全球城市"。	金融、展会、化工产业。
	米兰	632 年	世界文化中心发展 400 年。	文艺复兴引领文化技术的变革。
	布鲁塞尔	1040 年	1200S—1350S 商业秩序开端持续 150 年。	三区轮作、方向轮。
	苏黎世	1200 年	瑞士银行业的代表,世界上的金融中心之一。	金融业。
	多伦多	225 年	加拿大经济中心、第二大汽车制造中心、第二大食品饮料加工中心、最大旅游城市、信息中心和加工中心。	汽车制造业、电子工业、金融业、科技产业、软件业、教育、生命科学绿色能源、时装设计、传媒业。
进取型	悉尼	230 年	因金矿而发端,后成为大洋洲经济文化中心。	金融业、科技服务业、信息媒体。
	迪拜	166 年	1970 年发展至今 50 年,力图摆脱石油依赖。	珍珠业、石油业、可持续技术。
	柏林	626 年	德国最大城市。	电机电子产业。
	香港	219 年	二战后香港城市继纽约、伦敦后世界第三大金融中心。	东西方金融枢纽。
	新加坡	194 年	全球最大的集装箱码头、世界第三大炼油中心、第四大外汇交易中心和亚洲第二大金融中心。	贸易加工、交通运输、造船业,如今新加坡拥有了全球最高效的海关系统贸易网络,与高效的科技管理系统。

城市		建城历史	城市技术创新	核心技术
	上海	1300 年	中国的门户城市,东方大港(孙中山,1840)。	1949 年前金融业,1949 年后工业,1980 年之后金融业复苏。
	北京	3050 年	华夏文明中心。	建筑业。
	广州	2222 年	中国珠三角南部门户。	纺织业。
	武汉	3500 年	中国工业的发源地,百年来建立了完整的工业体系,近代工商业大都市。	曾经是钢铁,目前是汽车、电子信息、装备制造等,二战后与芝加哥并称为东西方大都市。
振荡型	莫斯科	870 年	东西方重工业之城,1930 柯布西耶功能主义实践。	汽车制造业、金属加工业。
	孟买	360 年	1860 年代成为世界棉花交易市场,印度纺织业发源地。	纺织业、皮革化工、制药械、食品、石油化学、化肥。
	台北	134 年	亚洲四小龙之一。	集成电路、传感器。
	约翰内斯堡	132 年	淘金之城到金融中心,素有"黄金之城"之称。	矿业、金融业。

来源: 作者自制

　　技术创新是推动 1980 年以来城市更新发展的最重要因素,推动了大都市复兴、产业迭代乃至空间创新。大都市需要倾听技术,因为特定的技术会选择特定的空间模式,比如说工业流程会倾向于人体所不适应的高温和高压,促使制造的场所离人们越来越远,并向大规模中心化的工厂演变(Kevin Kelly,2008);而数字科技(计算机、互联网、移动应用)则倾向于廉价复制,并使科技转向了大规模社交并与城市功能空间相互融合。在上述这两个例子中,我们需要理解科技所偏好的方向,并使我们的期待、管理和产品服从于这些科技内在的基本趋势,才能从未来科技发展中获得最大利益(Kevin Kelly,2008)。今天,大多数学者都同意 1980 年代的历史不会重演,金融服务不会再是城市发展的核心动力,这一动力可能会由其他部门来担当——科技发展、文化创意、生物技术或下一代基础设施,纵览大都市的发展路径,呈现出机动化、智能化和分布式的发展趋势,机动化拉近了空间距离,智能化提升了时间效率,而分布式则可能颠覆现有的都市发展格局。

伴随大都市蔓延产生机动化,机动化应尊重自然资源的承载力,并发掘技术的可能。大都市"Metropolis"由"Metro"和"Polis"组成,机动化技术(轨道交通)的确使得大都市成长越来越快。在 18 世纪末至 20 世纪之间,机动化方式以铁路、地铁、有轨电车等方式为主要支撑,巴黎 RER 线、东京 JR 线路、首尔电铁开始构成大都市的骨架。第一次世界大战之后,伦敦学者开始系统性分析铁路建设与设施拓展可行性之间的关系,显然铁路建设可以缓解失业压力,就此引发了一种新的开发模式:初步围绕铁路站点进行投机性扩张,后续特大城市的每一次扩张都是基于铁路线延伸建设卫星城,引导推动了都市蔓延。轨道交通发展至今速率不断被超越,地铁时速都可达 80 km/h,通勤铁路的时速可达 120—160 km/h,而伊隆马斯克的 Boring 公司打造的超级高铁将在洛杉矶地下以 240 公里每小时运行,交通塑造了大都市形象,"曼哈顿地铁"成为一种文化现象,洛杉矶 Garcetti 市长表示:"洛杉矶一直在吸引创新者,我们希望这种全新的交通运输技术能够为我们建设更好的未来城市。"

表格 59　世界各大都市轨道交通数据列表(截止 2019 年数据)

城市	开通时间	密度(公里/km^2)	地铁(公里)	快轨(公里)	简介
东京	1927 年	3.7	334	2691	东京地铁系统拥有 285 座车站,线路总长 334 公里,年客流量达 25.8 亿人次(2015)
北京	1971 年	2.0	573	77	北京地铁运营线路共有 19 条地铁线路,运营里程 574 公里,共设车站 345 座,年客运量 36.6 亿人次(2016)
上海	1993 年	2.3	683	56	线路总长 831 公里(2022 年),年客运量 34 亿人次(2016 年),车站 508 座(2021 年含磁浮线 2 座)
广州	1997 年	1.2	308	—	广州地铁共有 10 条运营线路,总长为 308.7 公里,共 167 座车站,年客运量 25.7 亿人次(2016)
香港	1979 年	2.7	168	—	香港地铁综合铁路系统全长 168 公里,年客运量 19.5 亿人次(2016),由 10 条市区线共 84 个车站组成

续　表

城市	开通时间	密度	地铁	快轨	简介
纽约	1904 年	1.8	368	1632	纽约地铁拥有 468 座车站，营运路线长度为 369 公里，年客流量 17.2 亿人次（2015），用以营运的轨道长度约 1050 公里，总铺轨长度达 842 英里（约 1300 公里）
巴黎	1900 年	0.10	214	1883	巴黎地铁总长度 215 公里，年客流量达 15.2 亿人次（2015 年），含 303 个车站（387 个站厅）和 62 个交汇站
伦敦	1863 年	0.12	415	2125	世界上第一条地铁线，今天伦敦已建成总长 408 公里的地铁网，年客流量达 13.4 亿人次（2016），共有 12 条路线，共 274 个运作中的车站
芝加哥	1892 年	0.5	80	90	总长 170.6 公里，年客运量 2.3 亿人次（2012），前共有 7 条路线。
洛杉矶	1990 年	1.2	120	—	洛杉矶曾一度拥有全球最广泛的电车系统：太平洋电力铁路，但于 1961 年停驶，当代轨交系统 1990 年重新开始，总长 117.6 公里，年客流量达 0.5 亿人次（2014 年）

来源：作者自制

　　大都市空间高速扩张的同时，利用信息化手段进行空间创新，有效提升城市服务能力。以东京为例，信息化发展并没有促进城市分散，与之相反的是信息技术企业在进行区位选择时，更多考察产业布局在首都圈的领先地位，反而更加集聚在东京中心城区，从信息服务业的现实布局情况来看，首都圈的企业数量明显高于周边。当前世界的共享产业繁荣也印证了这个趋势，共享居住①、线上购物已经反映了线上共享平台对于线下实体空间的支配作用，就如同共享单车对于传统自行车服务的颠覆（郑迪，2016），当都市人、生态、交通与物流借助信息技术快速运转的同时，都市空间"液化"的趋势愈发明显。

　　机动化使得都市可以加速成长，而智能化则丰富了城市产品内容。未来 50 年是虚拟信息改造实体世界的时代，我们应该跳出既有思路，不

---

① Co-Living（共享居住）包含 Living（居住）与 Co（一起、共享、共同）。

要去单纯纠结于规模、制度,而应该关注人类社会的发展、技术规律的演变。信息共享在促进产业集聚的同时,通信、区块链技术也在促进城市去中心化。麦肯锡研究团队曾称,到2030年,自动驾驶汽车将占到全球汽车销量的15%,同时路面车辆将减少20%,基于网络、传感器、移动信息的技术和社交方式也已经渗透到城市空间(马修克洛代尔[1],2015)。依据谷歌科技城市计划Waterfront Toronto项目构想,无人驾驶技术对TOD模式进行了修正完善,物联网以及自动驾驶技术使得每个路口都可能成为车站,城市通过感知数据共享确保人车安全,街道进一步人性化,从而给景观与运动提供更多空间。无人驾驶移动业务将会以流动服务设施以及零售店面的形式重生,传统零售业一直思考如何将顾客吸引到商店,当我们进入一个高度移动的市场,商家可把商店移动到消费者所在的地方。相信城市的发展具备创新的可能性,大都市的创新集聚特征尤为明显,当交通、空间因为技术创新而提高使用效率时,城市可以以存量空间基础纳入多种流动要素提供高品质服务,这在人口高密度的亚洲大都市(东京、新加坡、香港)实践中已经得到验证。而大都市集聚所造成的人地矛盾只是暂时的,通过技术创新促进城市发展会逐步缓解这一矛盾,逐渐培育城市产业并迭代城市空间。

大都市的竞争逐步演变为跨国企业之间的创新战争。大都市的理论研究已经走过半个世纪,在支撑全球资本主义市场结构的城市网络中,赢家城市承担重大跨国经济功能,而普通城市则沦为配角,鲜有人问津。在大都市区域的整合形成过程中,不仅仅要考虑这个城市本身以及跨国企业的产业活动,也要考虑它周围普通城市的发展路径,以及这种多元路径给不同城市带来的机遇挑战。大都市区域竞争需关注四点:其一,吸引科技创新的要素来此集聚;其二,建设与创新目标相适应的产业平台;其三,组织多层次相互链接的创新空间,即各种功能平台和群体的决策与运作空间;其四,使各种平台与空间成为彼此互动,在某一地点或几个地点形成创新空间枢纽,在枢纽附近即可获得更大的创新优势(陆大道,2018)。

---

[1] 麻省理工学院可感城市实验室研究员。

表格 60　大都市创新要素

城市（企业）		主要产业类型	全球 500 强企业总部代表
置顶型 4 城	纽约(22)	银行、人寿与健康保险、制药、多元化金融、娱乐	辉瑞制药、百事公司、大都会人寿、花旗集团、摩根大通公司、威瑞杰电信、美国国际集团、摩根史坦利、高盛、美国教师退休基金会、时代华纳、国际资产控股公司、菲利普莫里斯、二十一世纪福克斯、美铝公司、百时美施贵宝、时代华纳有线电视公司
	东京(59)	炼油、车辆零部件、电子和电气设备、贸易、人寿与健康保险	新日铁住金、三井住友金融、东京电力、Seven&I 控股、三菱日联金融、新一生命控股、三菱商事株式会社、丸红株式会社、JXTG 控股、索尼、软银集团、日立、日产汽车、日本电报电话公司、日本邮政控股公司、本田汽车、KDDI 电信、富士通、佳能、东芝等
	伦敦(20)	人寿与健康保险、银行、公用设施、航天与防务、采矿与原油生产	劳埃德银行集团、英国法通保险公司、联合利华、英杰华集团、汇丰银行、保诚集团、英国石油集团、力拓集团、森宝利、巴克莱、英国电信、英美烟草、BAE 系统、英国国家电网、渣打银行、罗尔斯罗伊斯公司、Greenergy Fuels Holdings、英国国家电网
	巴黎(28)	银行、人寿与健康保险、公用设施、食品店和杂货店	Finatis、BPCE 银行集团、法国兴业银行、法国电力公司、法国农业信贷银行、法国巴黎银行、安盛、法国国家人寿保险公司、迪奥、Orange 公司、赛诺菲、布伊格集团、法国荷兰航空集团、威利雅环境集团、达能、法国邮政、维旺迪、拉法基、阿尔卡特-朗讯、巴黎春天
防御型 7 城	洛杉矶(12)	管道运输、油气设备与服务、炼油、采矿和原油生产、批发食品	西斯科公司、飞利浦、康菲石油、斯伦贝谢、Enterprise Products、Plains GP Holdings、哈里伯顿、贝克休斯、西方石油、Plais All American Pipeline、马拉松石油、Enterprise GP 控股
	芝加哥(5)	航空、公用设施、航天防务、食品生产	AMD 公司、波音、美国联合大陆控股有限公司、Exelon 公司、联合航空公司
	柏林(1)	铁路运输	德国联邦铁路公司

续　表

城市（企业）		主要产业类型	全球500强企业总部
	法兰克福（4）	银行、商业储蓄	德意志银行、德国中央合作银行、德国商业银行、德国复兴信贷银行
	米兰	电信、财产与意外保险、银行	联合信贷集团、意大利电信、Premafin Finanziaria公司
	布鲁塞尔	银行、人寿与健康保险、食品	德尔海兹集团、德克夏、KBC集团、Ageas集团
	苏黎世	财产与意外保险、银行、人力资源雇佣服务、人寿与健康保险	苏黎世保险集团、瑞士再保险股份有限公司、瑞银集团、瑞士ABB集团、安达保险公司、瑞士信贷、Migros集团、德科集团、Swiss Life公司
	多伦多	人寿与健康保险、银行、多元化金融、食品和杂货	布利金融、布鲁克菲尔德资产管理、加拿大皇家银行、乔治韦斯顿公司、加拿大丰业银行、Onex公司、宏利金融、加拿大永明金融集团
进取型8城	悉尼	银行、炼油	澳洲联邦银行、西太平洋银行、加德士
	迪拜	航空、石油	阿联酋航空集团（EMIRATES GROUP)
	首尔（15）	炼油、电子电气设备、车辆与零部件、人寿与健康保险、银行	韩国电力公司、韩国浦项制铁公司、LG电子、SK集团、现代汽车、三星电子、起亚汽车、韩华集团、现代摩比斯公司、三星人寿保险、GS加德士、KB金融集团、LG Display公司、CJ集团、乐天购物、S-oil公司、韩国友利金融控股、斗士、韩国GS控股集团、乐金公司
	香港（10）	专业零售、人寿与健康保险、制药、计算机和办公设备、贸易	华润集团、联想集团、招商局集团、怡和集团、友邦保险、来宝集团、长江和记、太平保险、万州国际、和记黄埔
	新加坡（3）	半导体、电子元件、贸易、食品生产	托克集团、丰益国际、伟创力公司
	上海（10）	车辆与零部件、银行、人寿健康保险、房地产、商业服务	交通银行、宝武钢铁、上海汽车、中国太平洋保险、浦发银行、绿地控股、中国远洋、中国华信、百联集团、上海汽车工业
	北京（53）	工程与建筑、银行、航天与防务、金属产品、能源、贸易	中国银行、人寿保险、农业银行、建设银行、工商银行、中建国际、中石油、中石化、国家电网、国家开发银行、京东集团等。
	广州	公用设施、贸易、车辆与零部件	中国南方电网有限公司、广州汽车工业集团、雪松控股集团

城市（企业）		主要产业类型	全球 500 强企业总部
	深圳（6）	互联网服务和零售、人寿与健康保险、房地产、网络通讯设备、金属产品	正威国际集团、华为投资控股、中国平安保险、招商银行、腾讯控股、万科企业股份
	武汉（2）	车辆与零部件、金融产品	东风汽车公司、武汉钢铁
振荡型3城	莫斯科（10）	炼油、金融产品、银行、公用事业：天然气和石油	俄罗斯石油、卢克石油、俄罗斯天然气工业、俄罗斯联邦储蓄银行、俄罗斯外贸银行、俄罗斯 Sistema 公司、俄罗斯电网公司、俄罗斯秋明英国石油控股、谢韦尔钢铁公司、耶佛拉兹集团
	孟买	炼油、车辆与零部件、金属产品、银行	信实工业公司、印度国家银行、印度塔塔汽车公司、巴拉特石油公司、印度斯坦石油公司、塔塔钢铁
	台北（10）	计算机、人寿与健康保险、电子电气设备	鸿海精密、和硕、仁宝电脑、国泰人寿、富邦金融、宏基、华硕电脑

来源：依据财富世界 500 强 2018 年数据

百年来，大都市基于科技创新和文化教育进行战略演进发展。巴黎提出为研究创新提供土壤，包括围绕创新计划、确保科研和创新网络并提供高质量的大学，打通全球网络，其科学技术、行政服务业的援助则占政府总开支的 20％；墨尔本重点研究新兴产业、科研创新以及教育领域，为创新知识经济的发展创造机会，提供硬件和软件支撑。首尔随着 IT 技术中心的尖端化发展，信息服务业大幅增加专业科学及技术服务业的比重占到 10％。东京的信息通信产业的比重增加，金融及保险业、学术研究、专业技术服务业各占比 5％左右。新加坡提出通过体育与艺术来增加城市魅力，其信息通信业占比金融及保险业的比重大幅增加。纽约的金融及保险业与不动产租赁业占比超过 10％，而教育保健、社会服务业的比重也大幅增长。伦敦对创意产业情有独钟，专业科学及技术服务业比重大幅升至 14.9％。法兰克福以"教育，科学，创新、研究和发展"为主题，提出"作为职业教育聚集地的法兰克福"。东京利用文体运动赋予接班人梦想，提出"培养下一代的健康成长、构建自由选择劳动方式、在战略上培养有益于亚洲未来的人才"。

　　大都市之间争夺创新企业和高素质劳动力,企业在考虑选址布局时也对大都市提出多元需求。面对未来,全球区域的竞争力越来越依托有创造力的企业而不是地缘关系,改变城市的力量更多来自于科技创新企业。雷库兹韦尔在《奇点临近》提到,改变世界的思想力量本身也在加速,技术与更高的信息可达水平,可以帮助企业分析不同地址的成本和收益,企业选址决策都会建立在基础设施、劳动力、地区生活设施以及总体商业环境等基础上。地区的均衡发展就是人的均衡发展,作为建立在自组织结构上的复杂综合体,城市有意识和知觉,具备自组织性和主体性特征,能够对外界变化产生反应进行加速进化(吴志强,2015)。

　　而相对于治理和服务,创新则是未来大都市发展的核心动力。吴志强认为:"大都市可能被国际资本绑架,城市的发展动力除了重视发挥跨国资本的作用,不能忽视来自底部的创新力量。"今天我们看到城市发展的动力不只是来自于政府,更多来自于企业,各个科技龙头都在寻求城市创新的方向,从最基础的城市家具和传感器,到住宅建设、道路交通乃至垃圾处理、物联网技术和新能源技术,城市空间会以新的方式被重新定义。2006年世博会规划设计时有一个口号"智慧地球",由此成立了第一个IBM-同济大学的智慧城市研究中心,这个词造成了后面一连串的结果、挂牌、课题最后成为了"智慧城市"。2016年由中国起源的共享单车热潮也是顺应这个趋势,物联网技术的融入创新重新定义了城市公共自行车服务,2017年共享单车市场规模相比2016年对应增长率为惊人的735.8%,提升了轨道交通站点的覆盖范围,也显著降低了社会整体交通能耗。不论是国际还是国内,科技企业正在全面介入城市服务领域,抢占"智慧城市"这个越发清晰的未来先机。

表格61　国内外科技龙头的城市创新

国际龙头	关键城市技术	国内龙头	关键城市技术
IBM	提出智慧城市,人工智能WATSON解决方案,形成城市数据和自动化控制系统。	阿里巴巴	云计算基础投资、物联网及城市大脑,运用摄像头系统监控杭州城市交通,提升交通效率。

续　表

国际龙头	关键城市技术	国内龙头	关键城市技术
苹果	可穿戴技术、苹果汽车可以支持未来智慧城市。	百度	无人驾驶，Apollo 计划，可以用于公交、出租及相关运输服务。
谷歌	旗下 Sidewalk Lab 公司正在构建未来城市，例如多伦多滨水城、加州山景城计划。	海康威视	以视频为核心的物联网解决方案提供商，为全球提供安防、可视化管理和大数据服务。
亚马逊	实施无人机物流服务，提高其运输系统的整体安全性和效率。	腾讯	腾讯智慧城市服务，为各个城市的用户提供了基础服务的入口，城市百姓可以快速享受城市提供的各项服务。
西门子	基础设施与城市业务领域利用其全球专业经验，为城市基础设施建设智能技术。	鲁班	建立智慧城市的核心基础技术架构：GIS＋BIM＋物联网，投巨资为智慧城市建设提供设计服务。
思科	在医疗、楼宇、能源、制造板块具备系统硬件优势。	碧桂园	建立产城创新业务，推动森林城市、物联网、智慧社区等业务。

来源：作者自制

案例 39

伦敦产业创新

伦敦就是一个依靠智力与文化创新螺旋式上升的大都市，伦敦曾利用工业革命奇迹成为典范，20 世纪 50 年代初伦敦制造业发展高涨，产值约占英国 GDP 的 40%。伦敦在 1961—1981 年期间维持在 260 万人的产业工人规模，之后随着撒切尔启动改革，对外开放金融服务业，伦敦成为全球金融中心（郭巍，2016）。1980 年应对英国私有化政策的推行与城市服务业发展，《英国地方政府规划与土地法》引发的公私合营开发，使得英国的贫富分化加剧以及发展不平衡，并出现了很多衰败的"剥夺社区"。20 世纪 90 年代

Belgravia 街区　　　　　　　　　Belgravia 工人建造过程
吴志强摄于 2005 年 6 月 23 日　　吴志强摄于 2005 年 6 月 23 日

初,英国最早提出发展创意产业,颁布《英国创意产业路径文件》详细诠释概念分析策略,推动伦敦享有世界"创意之都"的美誉。20世纪末,伦敦重新规划重视空间问题(诸如内城疏解、新城发展、绿带建设等),成功转型为服务业城市,成为全球最重要的金融中心。2004 年"大伦敦规划"引导都市圈长足发展,着力提升伦敦作为大都市之巅的影响力,由此开始新一轮大都市发展。2010 年伦敦提出确保伦敦有高质量街区,使伦敦人有良好的生活质量,并缓解贫穷和不平等问题。大伦敦政府开发基础设施提高城市连通性,拓展商业机会并创造更多的住房和就业需求,确保伦敦在全球大都市竞争中的应有地位。理查德罗杰斯作为当时伦敦市市长的首席建筑师,完成了一份题为《迈向城市的文艺复兴》的研究报告,用以支持英国政府提出的"让城市精英阶层重回城市中央"的复兴计划。

策略分析：纵观伦敦的城市发展历程，从工业革命初期追求自由市场贸易，到一战以后凯恩斯主义的盛行、政府的强势介入，以及 80 年代以来的"新自由主义"回归，都是智力因素融入大都市实现螺旋成长的过程。利益相关者融入科技创新也尤为重要，据 2015 年 3 月版伦敦空间开发和大都市战略指出，地方政府自主设定空间战略目标，就是为利益相关者（含原住民、中产阶层、老年人以及投资者）的沟通建立一个平台，提供战略框架促进多方合作，使城市再生达成各方都可以接受的目标，而之后"迈向城市的文艺复兴"形成更为持久的沟通平台，从而支撑高强度的科技创新。

案例 40

东京产业复兴

在东京首都圈规划中，政府积极改善单中心结构，建立多中心"分散型网络结构"的设想，依靠规划中心城区保留了高技术制造业大企业总部，利用业务核心城市重组空间职能，而将小企业分布在城区外围，依靠便捷交通和信息网络将东京与周边地区相联系。从目前首都圈的功能来看，东京城市核心功能在都市区 60 公里范围承担，建立 1 个中心区和 4 个自立都市圈，不同圈层功能特征不同：0—15 公里圈层建立新闻、出版、金融总部集聚区；15—30 公里圈层建立总部研发、教育科研、创新研发地区；30—60 公里圈层建立电子电器、汽车产业等先进制造产业集聚地区。东京通过产业链的协作分工，大中小企业在擅长环节实现专业化生产创新，进入 21 世纪后不断加大文化创意产业支持力度，从事文化创意产业的人员占总就业人口 15%，其中动漫产业发展最快，目前已成为全球规模最大的动画创意展览，每年 3 月都会在东京举办。

策略分析：大都市战略和企业战略之间存在着相通之处，首尔转向工业4.0和东京转向文化创意,都在于规划制定者和产业界紧密地沟通联系从而寻找新的发展动力,这两个城市都将竞争动力模型应用到城市发展转型中,并在城市空间落地。然而该模型的实践运用一直存在着争论,更多的是理论思考而并非实际操作工具,这造成其落地过程存在着大量不确定因素,它需要战略制定者识别未来发展的不同情景以及其所导致的不同结果,从而不断积极调整战略适应新形势。

2. 社会动力:以文化为支撑

大都市的发展动力来源于积极的文化战略。大都市的发展受到诸多事件呈现出非线性的趋势走向。纽约的文化产业与百老汇脱不开关系,其成功的关键是文化聚集区和科技聚集区的叠加,以科技助力文化发展,硅巷(Silicon Ally)有相当多的科技都被用在了百老汇,两者的互动创造了很多文化事件。法兰克福二战期间遭受英美联军的轰炸,城市几乎被夷为平地,文化标签悉数被毁,当重新崛起建设成为欧洲金融中心后,以其强大的经济基础重振法兰克福的文化,这座城市采取了极具特色的商业运作模式——以艺术基金会运营城市文博区,赋予投资人博物馆的"投资人命名"来激励民间资本参与文博区管理建设。西安曾经是中华民族历史上第一个大都市,在唐朝时代位居世界经济政治首位,来自世界各地不同的人和商品在这里汇聚,形成了东西方文化中心。随后由于地缘政治的变迁,西安的地位逐渐下降,而后在2015年至2020年城市政府进行文化振兴战略,引入全球文化资源大幅度抬升城市整体品牌。

全球都市文化战略中,纽约帮助全体市民享受丰富文化资源,参与多种文化活动,建设文化空间进一步为居民的生活质量提供支撑,提升纽约吸引和保留人才的能力。东京提出清算"20世纪负遗产"、创造舒适便利的高质都市生活、实现"美丽街道、安全街道","东京文化资源区"是日本在快速城市化进程中幸免下来的宝贵历史资源(王伟,2013)。"大伦敦规划"鼓励持续支持伦敦多样化文化、艺术、职业体育及娱乐企业的发展,市长带头促进文化活动,促进文化设施的社会及经济利益向其居民及工人、游客等阶层转移。《大巴黎计划》保持经济多样性支持商业更新,优先发展可持续基础设施,如超高速数字宽带建设、居民生活圈设施、通勤配套

伦敦泰晤士河滨伦敦眼(London Eye)航拍　　吴志强摄于 2005 年 6 月 21 日

网络、分布式能源等，匹配专业性接触和交流活动，例如沙龙、展览会、论坛会议等。"柏林 2030"战略聚焦创意产业释放城市的潜能，使柏林在 2030 年成为世界创意中心。新加坡提出人才战略发展增值产业，提升本国公民的素养，关注独特性的人才导入，在人才选择方面提出"8 个步骤进入新加坡"，在整个亚太地区吸引最优秀的人才快速进入新加坡。"芝加哥 2040"：大都市未来成为文化创新领域的领袖，需要支持创新发掘商业价值，同时进行体制改革扫清制度障碍。"法兰克福 2030"提出要以"教育、科学、创新、研究和发展"为核心主题，提出"通过教育获得集成，作为职教基地、科学城市，探索科学、邀请科学家、区域知识中心"。米兰时装周以及后世博区规划力图塑造一个功能复合的文化功能区。孟买维护多样化的文化，居民承载多元复合身份。台北提出建设"信息高效的社会"：推动信息基础建设、发展信息产业的服务，并建设"国际互动的城市"，提供国际标准的城市生活设施、发展国际化投资环境等。"迪拜 2030"重视保留迪拜的文化价值和自然遗产。首尔 1997 年金融危机之下，遵循韩国"文化立国"的战略，重视建设文化产业的重要载体，提出"首

尔 2030"战略，保护历史文化资源，提升全球竞争力。北京坚持老城不能
再拆，恢复性修建应保尽保，凸显北京文化整体价值，塑造首都风范的城
市特色。《河北雄安新区规划纲要》提出要坚持顺应自然进行平原建城，
坚持中西合璧做到疏密有度，形成中华风范的淀泊风光。"约翰内斯堡
2040"强调多元文化融合，注重文化遗产保护，建立社会和谐体系。"广州
2030"要统筹协调发展与保护的关系，按照整体保护的原则，构建传统格
局、时代风貌和岭南特色有机融合的城市景观。"武汉 2049"通过历史街
区的功能提升，彰显文化特色、促进国际交往；同时积极建设文化战略地
区、文化产业园区；策划重大节事活动，引领城市文化发展，并扩大影响
力。多伦多各个市镇政府逐渐形成了不同的政治文化，其各自的规划和
发展模式相融合，这一区域规划和发展的模式被认为是将区域规划、基础
设施建设与地方特色相结合的成功典范。莫斯科市的"文化和历史遗产
日"，俄总统建议设立文化古迹"红皮书"，市内多个博物馆及文化机构完
全免费对外开放。"悉尼 2030"提出继续保持全球化城市及国际门户地
位，培育、吸引和留住全球人才，接受创新和新科技，成为全球文化网络的
一部分，悉尼未来更加多元化和更有包容性，增加住房和公共服务的公平
性，增加城市文化活力。香港注重文化的塑造，推进艺术文化及旅游业发
展，使香港作为一个具有独特文化的世界级旅游目的地，如西九龙文化
区。上海坚持核心价值体系，进一步挖掘城市丰富的文化内涵，强化对历
史城区风貌格局的整体保护，彰显传统和现代有机交融、东西方文化相得
益彰的城市特色（国务院对上海总规的批复，2018）。

克林姆林宫（Kremlin）　吴志强摄于 2005 年 7 月 27 日

　　文化动力受到政治机制影响，伦敦由英国的保守党和工党交替执政，工党主导"福利政策、新城、卫星城"等政策，而保守党则主导"新自由主义和企业特区"等政策，不断为全球大都市发展作出表率；东京受到日本顽固的财阀政治势力、地理环境、土地制度的影响，在保守与改革中不断前行；纽约面对自然灾害、恐怖袭击和经济衰退，不断调整自身站位，提出可持续、卓越进取和公正多元化的发展导向，但始终坚持经济发展第一原则；巴黎并没有拘泥于历史成就，而是协同周边地区发展文化，广开言路提出要成为世界之都。由此可见，城市的发展很大程度来自于管理者与市民价值观进取，当一座城市融合人文地理环境与历史重大事件之后，它所形成的价值判断也决定了这座城市的未来走向。

蓬皮杜中心　吴志强摄于 2004 年 11 月 17 日

案例 41

毕尔巴鄂工业转型文化

　　1973 年石油危机对 20 世纪 80 年代西欧的产业转型政策造成了影响，重金属行业和造船业等传统产业基地面临转型和迁移，相关行业工作会缺少 50%，这些行业在 20 世纪 70 年代几乎为零的失业率被打破，在 20 世纪 80 年代攀升到了 25%，继而导致劳资冲突爆发。自20世纪80年代早期以来,毕尔巴鄂的人口急剧下降,这些严重的社会问题都在城市剧烈的自然衰退中有所反映。毕尔巴鄂大都市战略提出向知识经济的过渡,文化是此次过渡的重要因素,该规划被认为是毕尔巴鄂的竞争优势,成为国际范围内文化中心。该规划的结论是,一个拥有知名文化资产以及艺术特质的形象将成为塑造未来大都市毕尔巴鄂的优势,但是为了达到该目的,需要对资产和基础设施进行投资。古根海姆博物馆正是在这个背景下修建的,它基于前造船焊工厂原址,邀请知名建筑师Frank Gehty重新打造保证了该博物馆非常规造型,同时也解决了再就业的问题。古根海姆博物馆是20世纪90年代中期一项大胆的建筑挑战,其要求采用从未尝试过的建设性解决方案,并成为了城市转型的地标。

策略分析:毕尔巴鄂复兴空间战略规划,被证明是一种普适性的中小城市的综合转型方法,规划工具和行动计划的框架以1989年的毕尔巴鄂规划为基础,为国家、政府以及公民等利益相关者创造了一个推动复兴的对话空间,于1991年开始实施,并于同年成立专门机构毕尔巴鄂大都市复兴协会,加快重建进程,在1994年扩展至全球城市网络。

案例42

武汉战略转型创新(再工业化)

"武汉2049"强调竞争力与可持续发展两条主线,在城市竞争力上,首先把城市竞争力放在全球区域网络中识别城市的价值区段,并把城市的发展动力同"再工业化与世界城市"的模式关联起来,从而识别城市的发展路径。规划者从竞争的角度进行了关联网络与价值区段分析武汉发展路径：这座城市在中三角关联网络中的层级是最高的，在总部和分支机构的关联上比长沙略高，长三角也将经历从点到线到廊到网的发展过程，到 2049 年会形成一个五角形的网络关系。武汉是中三角区域中价值区段最高的城市，制造业价值区段集中在技术密集型产业，城市应发挥自身的比较优势，利用情景模拟方式看到武汉在 2020 年之前将处于再工业化阶段，2020—2030 年是三产开始超过二产的阶段，2030—2049 年是生产性服务业超过一般服务业的阶段。通过以上分析，战略规划确定了武汉选择国家中心城市的模式与发展路径(郑德高，2014)。

策略分析："武汉 2049"并非集成传统扩张型规划，也并非给城市制定理想蓝图，而是用更长远的价值观来指导目前的行动，采用了一种新的战略思考方式，对思考产业转型和可持续发展进行关联，在全球化的背景下提升城市的竞争力。未来发展存在大量不确定因素，武汉战略编制采用了多元研究方式，它强调趋势判断的重要性，关键在于方向上的正确性并不拘泥于细节，包含专家研讨、理论务虚、国际合作研讨、公众参与、企业参与等方法。

3. 技术预见获取科技动力

大都市的发展方式复杂多变，不断加速发展的技术将深刻影响都市生命体的生长发育。就像生物存在生命周期一样，历史通常也是通过相对明确的生命周期，而生命周期每个阶段的目的(Ray Dalio，2021)，是技术文化乃至社会形态的进化迭代，世界已经经历了五个经济技术周期：早期机械化技术周期，蒸汽动力和铁路技术周期，电力和重型工程技术周期，福特制大生产技术周期以及信息通信技术周期。全球大都市目前仍然处于信息和通信技术周期的早期阶段，颠覆性的技术会不断重塑我们的大都市，在未来的三十年里，只有技术预见能力的城市才能拥有全球控制力。信息通信技术后期，对于任何事物都将在无形的数字领域中进化，没有任何静态的东西(凯文·凯利,2016)。既有产品将会液化成服务和流程,例如汽车可能会变成一种运输服务,这种运输服务可定制、升级、联网。城市规划和区块链技术完全有可能深度融合,借助信用体系构建技术将互联网推向价值互联的物联网,构建新的商业模式和运行合作模式,对于数据应用、智能计算、分布式计算的多式联运组织具有巨大的应用价值,这些技术的发展将催生新的城市服务业态、经营模式和决策方式,人工智能在城市技术运行、运营模式紧密结合之后将推动一场城市的体系性变革。

技术预见以创新为核心,创新是未来城市发展的源动力。英国斯普鲁研究所的 Ben Bartin 教授 1995 年的描述可以作为其官方定义:对未来较长时间的科学技术、经济社会发展进行系统研究,其目的是确定具有战略性的研究领域,选择对社会经济利益具有最大贡献的技术群。国内学者认为技术预见是通过对科学技术、经济社会进行整体化前瞻,对其具有战略意义的通用技术进行系统选择,利用市场最优化配置手段来最终实现综合效益的最大化(李万,2009)。标准的技术预见必须包含:1. 对未来科学技术的系统研究;2. 预测的时间跨度应该是长期的,可能在 5 到 30 年之间;3. 预测是研究者用户和政策制定者之间相互咨询、相互交流的过程,而非单纯的纯技术研究;4. 目的是及时确定对社会经济多方面带来好处的技术群,而这些技术群目前仍然在孕育阶段;5. 为战略研究对特定的技术研究提供坚实的技术资金储备。

表格 62　战略技术路线图和产业技术路线图的差别

	战略性技术路线图	产业技术路线图
研究主体	科技创新管理部门	产业部门、行业协会以及企业
研究范围	侧重科技创新战略、决策路径选择	侧重产业和产品
研究方法	注重需求拉动、科研推动,实际上是明确支撑引领产业化的技术能力	注重市场需求拉动,实际上是从需求出发寻找研究项目
服务对象	科研部门、产业部门、企业	产业部门、企业
时间维度	5—10 年	1—5 年
技术重点	竞争前应用技术及部分竞争性应用技术	支撑商品化和产业化的技术

来源:作者自制

区域技术预见的研究组织已经从精英驱动和自上而下的模式转向更为广泛、更具参与性的方式，对于未来大都市战略制定尤为重要。决策者愈发认识到了分布式知识与参与性决策的重要性，区域技术预见已经从对强调预测向方法模式探索转变，从基于挑战和机遇的单次研究向连续重复迭代的过程转变，从单一专家参与转变为多元主体协同模式。上海战略科技预见采用的筛选模型，立足于上海在未来 15 年发展的重要目标——定位为"全球城市"网络的创新中心节点，以国际、国内、区域三个地理上的层级逐层分析整个时代背景和基本态势。区域技术预见是通过对具有战略意义的研究领域、关键技术和通用技术进行系统化选择，来支撑区域发展战略目标的实现。"筛选"的上端是态势汇聚和收敛，是输入为主的研究阶段，"筛选"的下端是技术发散和收敛，是输出为主的研究阶段。在技术的选择上有从面到线及点的过程，这个过程是一个预见内容逐级落地的过程，是从战略选择到战术选择的逐级转化。社会动力方面，上海战略研究成立了公众参与的咨询团，有效地引导公众参与，包含来自各个专业的代表，进行多轮汇报并形成参与成果。

世界各国都在大规模投入创新进行科学技术竞争。从近年国内外区域技术预见的动态来看，越来越多的区域技术预见立足于多元的社会经济发展需求，开展举国的专题预见研究，大都市参与国家依据区域层面的技术预见，以综合预见行为的组织和落实环境服务于整体目标。美国从法制上确保科技战略的制定，始终高度重视创新战略的设计，从 2007 年的《美国竞争法》、2009 年的《美国创新战略：推动可持续增长和高质量就业》到 2011 年的《美国创新战略：确保我们的经济增长与繁荣》，联邦政府于 2015 年宣布的《白宫智慧城市行动倡议》并建立"都市实验室网络"，促进高校资源协同合作采用创新方法解决城市问题。德国的大都市区域注重与国家创新系统的对接，技术预见战略主要考虑未来产业体系的需求、教育和研究体系的需求，反映了国家未来发展的诉求。

表格 63 各国技术预见战略

城		创新战略	优先领域
置顶型	纽约	美国 2050：城市群一体化 (2009)；美国创新战略：努力实现可持续增长和高质量就业 (2009)；美国创新战略：保障经济增长繁荣 (2011)。	将智慧城市、国家信息基础设施和全球信息基础设施计划作为未来保持美国竞争优势的根本：从智能电网、智慧交通、城市基础设施入手，基于人力资本、基础设施和创新型企业发展，探索清洁能源、先进制造、空间技术、医疗信息技术。先进制造、精密医疗、大脑计划、先进汽车、智慧城市、清洁能源和节能技术、教育技术、太空探索和计算机新领域。
	洛杉矶		
	芝加哥	I6 挑战计划（2010）	包含生物技术，纳米技术，信息技术，教育应用。
		先进制造伙伴关系计划	包含生物技术、信息技术、纳米技术。
		趋势 2030：变幻的世界	包含信息技术、自动化和制造技术、资源技术、医疗技术。
		美国智能制造战略	以"软"服务为主，注重软件、网络、大数据等对于工业领域的服务方式的颠覆，专注于制造业、出口、自由贸易和创新，提升美国竞争力。
	东京	2025 创新战略（2007）	生命科学、医疗与健康、纳米、基础研究、环境与能源、信息技术、材料。
		新增长战略（2009）	能源环境、智能电网、新材料、信息通信、低碳经济。
		第四期科学技术基础计划	信息通信、纳米技术、材料技术、航空航天、海洋探测。
		第九次技术预见；人工智能科技战略	与能源、资源、环境相关，与健康医疗相关，与电子通信技术、基础技术及管理相关的领域。
	伦敦	技术与创新的未来：21 世纪 20 年代英国的增长机遇（2010）	材料与纳米技术、先进制造、能源与低碳技术、生物与制药技术、数字与网络技术。
	格拉斯哥	英国生命科学战略（2011）	粮食安全，生物能源与工业生物技术，支持健康的基础生物科学。
		英国研究愿景（2010）	激励探索性研究的发展，激励应用性研究的商业化。
		技术与创新的未来：英国 2020 年的增长机遇（2012）	生物技术和制药领域，材料和纳米领域，数字和网络领域，能源和低碳技术领域，新兴主题。

续　表

城		创新战略	优先领域
振荡型	巴黎	国家研究与创新战略(2009)	健康、福利、食品和生物技术,环境、自然资源、气候生态、能源、交通运输、信息通信、互联网、计算机软硬件、纳米技术。
		绿色产业增长战略(2010)	清洁汽车,海洋能源,生物燃料,海上风力发电,节能建筑,碳捕获与封存。
		可持续发展 2010—2013 战略(2010)	可再生能源,绿色化工,循环利用,碳捕获与封存。
		生物多样性 2011—2020 战略(2011)	保护生物多样性。
	柏林	2020 德国高科技战略(2010)	气候、能源、健康、营养、交通、安全、通信。
		鲁尔 2030(2000)	煤炭、钢铁、运输、新能源、材料、物流。
	法兰克福	2050 能源技术研究与发展重点(2010)	电动汽车,可再生能源。
		信息与通信技术战略: 2015 数字化德国(2009)	信息网络,信息通信技术,网络设施,集成新媒体技术。
		生物经济 2030:国家研究战略(2010)	全球粮食安全,可持续农业,网络设施,集成新媒体技术。
		2006—2007 区域技术预见议题	纳米技术、安全技术、医疗、生物技术安全、能源效率、工程服务。
		2008—2009 区域预见	涵盖测量仪器、能源、E-mobility、光学技术等。
		德国工业 4.0	通过价值网络实现横向集成工程以及端到端数字集成,横跨整个价值链、垂直集成和网络化的制造系统,涵盖智能工厂、智能生产、智能物流。
	莫斯科	创新 2020:至 2020 年俄罗斯	核能,航空航天,无线电,复合材料,基础研究。
		经济发展五大战略方向(2009)	节能与提高能效,宇宙航空和核能技术,医疗和医药,通信基础设施,大型计算机。
		俄罗斯联邦科学、技术与工程优先发展方向(2011)	安全与反恐,生命科学,先进武器装备,自然资源合理利用,交通运输系统与航天系统,能源系统,能源效率、节能与核能。
		俄罗斯联邦关键技术清单(2011)	分布式计算,高性能计算系统技术与软件,信息系统,控制技术和导航系统技术。

城	创新战略		优先领域
孟买	国家人工智能战略		利用 AI 促进经济增长和社会包容,使印度人找到高质量工作,并提高技能,投资能够最大限度扩大经济增长和社会影响的研究部门,创造 AI 解决方案并推广到其他发展中国家。
	孟买 2035		提供一个智慧城市样板,配备新基础设施,为印度 100 个智慧城市提供样板。
布鲁塞尔	欧洲 2020:智能、可持续与包容性增长战略(2010)		应对气候变化、能源和资源效率,健康和人口变化,提出智能型增长打造基于知识和创新的经济;可持续增长促进建设一个更具有竞争力的经济;全面增长建设高就业的经济。
	地平线 2020 战略		机器人多年度发展战略图。
苏黎世	欧盟能源 2020:竞争、可持续和安全的能源战略(2010)		节约能源,加快欧洲能源网络建设,积极推动低碳技术升级,强化能源服务管理。
	欧盟 2050 能源战略路线图(2011)		节约能源,可再生能源,提高能效,智能电网,能源存储,碳捕获与封存,核能安全,第四代核电,热核聚变等低碳技术。
	地平线 2020:研究与创新框架计划(2011)		信息技术,纳米,先进材料,生物,先进制造,空间科技。
	2050 低碳经济路线图(2011)		绿色经济,智能经济。
鹿特丹	兰斯塔德 2040(2008)		可持续发展且具有国际竞争力的领先地区;区域一体化、社会凝聚力、城市与区域特性。
米兰	眼界 2020(Horizon 2020)		全球最大的资助项目,用于科研和创新的欧盟资助项目,聚焦工业 4.0,关注时尚、设计和建造。
多伦多	泛加拿大人工智能战略(2017)		人工智能包含四个目标,增加研究者数量,创建卓越科学团体,培养理解 AI 经济伦理思想领袖,支持专注于 AI 的研究团体。
悉尼	澳大利亚科技政策白皮书(1992)		叙述创新、科技意识、教育和培训科研基础,其主旨是充分鼓励开发科技成果,进行技术革新,推动生产发展并为社会创造财富。

续 表

城	创新战略		优先领域
攀升型	迪拜	智能迪拜	利用技术实现城市愿景,提供智能出行工具,目标到2030年利用智能车辆出行达到25%,包括无人驾驶舱和飞行巴士。
		迪拜2030工业战略	提升工业总产出和制造业部门附加值,加强知识储备和创新水平,使迪拜成为全球企业热衷的制造业平台,打造环境友好型及能源高效制造业,使迪拜成为全球伊斯兰产品市场中心。
	首尔	新增长动力战略(2009)	绿色技术产业,高科技融合产业,高附加值服务产业。
		科学技术未来愿景与战略(2010)	涵盖新能源与可再生能源技术,气候变化监测与应对技术,先进功能材料技术,新技术融合制造技术,知识服务业相关技术,新概念医药技术,普适计算技术,虚拟现实技术。
	新加坡	智慧国战略(2014)	涵盖网络、数据和信息通信技术。
		新加坡人工智能战略(2017)	向AI研究的下一个浪潮投资,解决主要的社会和经济挑战,以及扩大AI技术的工业界的采纳和使用。
	上海	科创板	包含互联网、大数据、云计算、人工智能、软件和集成电路、高端装备制造、生物医药、新材料、新能源。
	广州	中国制造2025	举国之力实施智能制造工程,包含新一代信息通信技术产业、高档数控机床和机器人、航空航天装备、海洋工程装备及高技术船舶、先进轨道交通装备、节能与新能源汽车等。
	武汉		
	北京	新一代人工智能发展规划	加大力度开发智能和网络产品,加强开发人工智能支持系统,鼓励智能制造业的发展,通过投资行业培训资源、标准化测试和网络安全等方面改善人工智能的发展环境。
	香港	面向2035的中国海洋工程技术预见	海洋环境立体观测技术与装备、海底资源勘查与开发、海水和海洋能资源综合利用、海洋环境安全保障、海洋开发装备。

续　表

城	创新战略	优先领域
	迪拜自动化运输战略	旨在 2030 年使全部交通方式的 25％实现自动化,主要应用领域为地铁、公交车和出租车,主要控制要素为: 个人、科技、法律框架和基础设施。
	迪拜网络安全战略	主要包括 5 个方面,网络安全认知、创新、网络安全、网络恢复力、国内国际的网络安全合作。
	迪拜物联网战略	实现迪拜建设全球最先进的物联网生态系统,实现 2021 年智慧迪拜规划中设立的 100％无纸化政府目标。
	2017AI 战略	降低政府成本,实现经济多元化,战略领域包含交通、卫生、太空、可再生能源、水、技术、教育、环境及通信。
约翰内斯堡	南非国家研究与技术预见项目(1998)	农业农产品、生物多样性、预防犯罪、刑事司法和防务、能源环境、金融服务、卫生、信息与通信技术、制造材料、采矿冶金、旅游。

来源:作者自制

　　技术预见研究步骤包括:1.明确课题的任务;2.明确分析预测对象;3.收集和研究历史数据;4.建立预测模型;5.确定预测方法;6.得出预测结果;7.将预测结果交付决策。2000 年之后越来越多的国家、大都市和企业开展了技术预见,并愈发重视综合应用多种技术预见方法,技术预见根据作用定位的层级,主要分为超国家层面、国家层面、区域层面和企业技术预见,同理技术预见将成为未来都市空间战略规划中的重要工具,除了技术手段和规范流程之外,开放心态、超前思维、广博知识、独特视角和卓越执行力是运用好这一工具的必要条件。

案例 43

日本技术预见

　　日本科技技术厅自 1971 年开始,运用大规模的德尔菲法进行

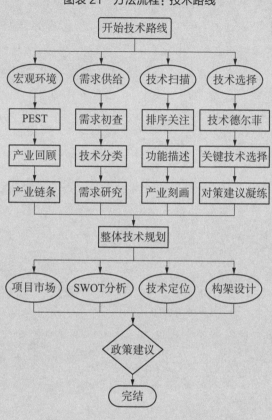

图表 21　方法流程：技术路线

资料来源：笔者基于 Flowdia Diagrams 平台绘制行动路径形成。

技术预测、科学选举活动，以后每五年左右实施一次，到 2010 年已经完成第九次技术预测了。而今，很多未来学者与未来预测小组通过高度结构化的、花费数周甚至数月的过程，提出关于未来的推测，以便国家、企业和个人提前做准备。日本第九次技术预见于2008—2009 年启动，由国家科学技术政策研究所组织实施，于2010 年完成报告，重点围绕 2025 年的社会发展需求进行技术预见，由研究者、企业、政府、市民研讨地区生活方式，绘制了理想的社会图景，从而进行了可实现的产业、服务业以及相关联科学技术研讨（张锋，2016）。战略规划"东京 2020"就是用第九次技术预见作为主要内容手段,来对东京未来进行分析和预测。其中,文献综述法从过去实施过的科学技术预见案例、绿色革新报告书以及其他科学技术课题中,提炼出相关的科学技术、服务以及相关制度,并在网络上收集专家建议。两轮德尔菲法使用同一问卷,对统计结果串联分析。在第二轮调查时向参与者提供第一次的调查结果,参与者可以改变或者坚持观点。调查统计中将完成两轮调查的答题人视为有效答题人,原则上将第二次调查结果作为最终答案。

在地区研讨会上,进行各个地区理想的未来社会图景研讨。在少子化趋势下,预想到未来还有很多外国人在日本居住,以筑波市在住的外国人研究者为对象,进行研究讨论,参与者包含大学(研究者)、政府(相关地方自治体)、产业(一二三产并包含工商总会)、市民(NPO或教育相关者),每个研讨会包含15—20人左右,各个年龄层次(年长、中坚、青年)组成3—4个组进行研讨,8个地区举行的研讨会参加者总数达到129人。综合研讨进行各地区特征对比,研讨未来理想社会图景,并进行疑问解答。在此基础上,全体人员讨论了为实现各地区理想的未来社会所需要的新产业、服务以及就业相关的科学技术。

方法分析:东京依托举国机制支撑其长远科技战略,采用大规模德尔菲的调查法并辅助情景分析,技术预见系统由调查研究系统和咨询专家系统构成,专家咨询人数多达上千人,主要着眼于未来30年的技术预测,从20世纪20年代开始组织十余次技术预测,重视研究萌芽技术、技术发展路径和技术突破,以此来支撑大都市具有"冗余度"的迭代增长。交通方面,日本技术预见将未来目标定位于省时舒适和效率,健康生活方式、低成本交通以及公众可得的交通模式,力求减少交通提供服务商的经营成本,达到零排放、零碰撞、零伤亡、减少噪音和无障碍设计,整个国家计划建立结合信息平台,进行通讯技术应用和模型的多系统整合,交通系统同时包含灵活请求的电子化交通、自行车和步行设计机动交通的电气化、无人驾驶技术。能源方面，日本技术预见提出推广新能源、混合发电、地区供暖制冷、低成本能源储存和智能微电网。建筑与住房方面，日本技术预见将目标定位于可支付住房、健康的生活工作环境，提供舒适温度、提高韧性以及不贵的创新和创业空间，未来计划建立新的设计与建造技术、生命周期设计与优化、实时空间管理、利于创新的融资规范标准。环境方面，日本技术预见将目标定位于活跃的生态整合、供水排污、防洪农业和环境的智能整合于韧性体系，未来提供整合的水系统设计与管理、地方循环智能测量节水、建筑与地区水的再利用。制造业方面，日本技术预见将定位于创造新就业机会、培训和教育、城市空间的转化和再利用、工作和生活的紧密整合，未来将重点发展高科技、按需小批次生产、人力资本和设计投入的高附加值活动、创意产业园。农业方面，日本技术预见提出重点发展城市农业和垂直农业，目标立足于低用水量、洁净运输与新鲜产品。2022 年 5 月日本首相岸田文雄表示"WEB-3.0"①可能会引起日本经济重启高度增长，并进一步升级东京的基础设施与城市格局。

4. 数据挖掘依托群体智能

1）数据挖掘分析

大都市战略的人工智能平台应具备跨媒体、自主进化和人机协同三个特征。都市的复杂性和不确定性在于它是人口、经济、设施、信息和数据高度聚集的集合，因此大都市战略始终面对城市运作的系统应对难度、信息孤岛难以发现内部规律、数据缺少长效稳定的数据来源。在未来大都市，人工智能正在加速从解决专业化特定问题走向通用人工智能，从计算智能走向感知智能、认知智能到整体智能平台。智能平台已有的雏形聚焦"大智移云"四项技术，而远期洞察人工智能、物联网和机器人三大技术进行跳跃式迭代，分析视角要从纯粹的数据模型转向空间预测与建设，从单系统局部优化转变为复杂系统全局优化。

---

① Web3.0 是建立在区块链技术之上的去中心化、去信任、无须许可、全球化、互操作性的下一代互联网。

　　大都市战略借助技术手段已经可以实现互动提问机制，避免信息"黑箱"解决真实需求。"东京泛在计划"构筑高度普及的信息基础设施支持"未来剧本：东京2035"中提出"三步走"的都市战略建议。日本内阁发布了"未来投资战略"，面向"Society-5.0"构建数据驱动型社会，打造现实空间和虚拟空间高度融合的系统。香港于2011年底提出《市区更新策略》——"以人为先，地区为本，与民共议"为宗旨，建立市区更新地区咨询平台（DURF），采用自上而下的方法，确保居民可在平台上发表意见。新加坡推出的"智慧国平台"，具有"链接""收集"和"理解"三大功能，平台系统收集的数据来自全岛的感应器，系统将确保数据是匿名、受保护且完善的管理，并可以适当地与其他机构分享信息，这些信息都将用于整个城市的规划治理。

　　伦敦前市长鲍里斯约翰逊建立伦敦发展数据平台，利用先进技术的创造力提高伦敦市生活质量，应对2020年的机遇和挑战的大都市战略，包含智慧市民、公开数据、创新人才、创新企业生态、应对未来挑战的适应性。洛杉矶1998年开始建设自动交通监测和控制中心，运用计算机技术对交通流进行控制和引导。芝加哥城市科技计划，确保市民与企业都能参与数字化经济改革，使技术真正能应对未来城市挑战并富有使用价值，吸引科学技术、工程科学方面的专业人员一同工作为芝加哥形成创意解决方案。芝加哥城市运算和数据中心的物联城市项目（Array of Things），通过搭建传感器网络为居民、专家提供分析改造城市的平台。法兰克福利用智慧城市系统化平台整合被动节能、装配住房、大气控制、垃圾利用、水资源管理等技术，进行技术应用统筹管理形成城市产品体系，从而应对未来城市需求。首尔拥有世界一流的信息和通信技术基础设施（ICT），公共数据网站"首尔开放数据广场"上公布实时的人口数据，将城市设施智能化使其成为新的经济增长极，并扶持城市IT产业新兴应用技术。巴塞罗那早就开始智能城市计划，物联网供电系统（配备传感器）在无人时候会自动将灯光调暗，灯柱还可用作Wi-Fi网络热点，并配有传感器来监控空气质量；大多数停车位都配有专门设计的地下停车传感器，提供有关城市各地免费停车位实时信息，根据该计划推出的移动应用程序也可以帮助司机预留停车位，同时城市建立了与地下真空管连接的下落式集装箱网络。新加坡"智慧国"计划规划了物联网供电系统,几乎安装在城市每个角落的摄像机和传感器网络都可以分辨居民行为。"北京2049"建立多情景空间模拟平台,利用GIS技术等开始组建多情景空间模拟工作平台,协同人口、环境、交通和空间各课题组共同合作,并开展了多情景分析的模型研究工作。"广州2035"提出城市治理体系智能化,围绕城市治理指标体系,通过数据多维度观察城市发展,提升地方公共治理水平。"众规武汉"在线规划平台提出"一张底图众人规划"模式,建立平台扩大公众参与的广度、深度和开放度。该模式以东湖绿道规划为试点,工作包括问卷调查、概念方案征集、节电设计方案。该模式技术成熟度有待提高,专业人员需要拓宽与社会大众的交流渠道。谷歌旗下Alphabet公司在多伦多Sidewalk Labs计划——该公司将在滨水规划区打造一个名为"码头区(Quayside)"的智慧社区,利用谷歌技术Replica,通过设置各种传感设备,将在区域发生的交通、噪声、空气、能源、垃圾等信息加以收集,形成持续的数据流,他们还将利用摄像头捕捉居民的情绪、习惯等"看不见"的信息,利用这些数据流塑造未来城市空间。莫斯科战略提出实现2000个公共机构的电子化,该市已在每年1400百万份文件的处理工作中节省下7亿卢布(1215万美元)。该市联合1400个机构进行云计算,形成了统一核算体系,实现了"一键报告、实时计费和实时报告"以及大数据分析平台。台北1988年开始实施"信息通信发展方案",在2002年到2007年推动数字台湾计划(E-Taiwan),在2005至2009年推动"移动台湾计划"(M-Taiwan),以"移动台湾、应用无线、跃进新世界"愿景,推动智慧台湾计划。2016年台北市副市长林钦荣致力于把台北打造成"强而有力的智慧城市品牌"(SCWFS)"Smart City Wien Framework Strategy"。维也纳政府提出的到2050年的长期发展战略"智慧城市维也纳框架战略",目标是最大限度地保护资源,通过前沿的研究成果、强劲的经济和教育创新,确保良好的生活质量。开普敦开发了一个大数据管理系统,以便从智能仪表和行政系统中获得定位、计量和计费数据,所有数据将反馈给管理人员,也会传送给地面工作人员,从而提升城市管理质量,并节省城市的运营成本。

　　大都市的智能平台是应对未来不确定性的解决路径。都市政务管理系统发展至今已经有 30 余年的历史，其在大型城市开发建设研究、模型建设、政策论证以及各种战略编制中存在四大问题：重技术模型算法忽视思路过程，重现象描述忽视机制分析，重时间序列分析忽视情景推演，重原型搭建而忽视系统迭代。而今时代新技术层出不穷，城市规划与管理热衷从复杂科学的角度寻求答案，而人工智能与城市的结合归根到底是要回归到真实场景，而不是陷入到模型和算法里。人工智能是城市规划师和管理者的助手，它可以为人类收集数据、分析问题、进行计算可视化，把人从重复性劳动力解放出来，但它替代不了人的思想和梦想。未来都市人工智能存在四个方向：更易于业务交付，AI 公众化，即时人工智能，自我进化（IBM，2018）。在人工智能的带领下，智能城市将成为分布式的群体智慧，也是不同层面的可持续平台。大都市规划方法的创新来源于智慧技术的革新，未来规划工作不只是单纯的编制管理工作，更加是一个智能平台和整合机制，因此以未来规划学科发展与都市模拟推演架构为核心，引入分析模拟推演、创新规划分析法、物联城市产品等技术，采用大数据、社交媒体数据等进行主动式公众参与，借由大都市发展过程不断迭代智能平台。

在人工智能的技术影响下，智能规划平台可识别高度破碎化的信息和随机变化的诉求，分析深层次的时空问题，将传统规划信息结构化形成方法平台。聚类分析起源于传统分类学，当时规划者主要依靠经验和专业知识来进行分类，很少利用到专业的数学或计算机工具，但有时仅凭经验和专业知识难以确切地进行分类，于是人们将数学工具引用到分类学中，形成"数值分类学"，并将多元分析的技术引入到数值分类学中形成了聚类分析。聚类分析是根据"物以类聚"的道理，对城市样本进行分类的多元统计分析方法，即使在没有先验知识的情况下也可以进行此类分析，并将大都市内部各个部分进行数据量化，进一步进行相关性分析从而能够找到内在规律。这就是本书研究的主要目的，研究大都市规划公认的框架结构、成熟的成果形式以及从中显示出的普适规律，这是建立智能规划信息平台的基础。

大都市战略成果形式中，"纽约 2030"以"问题挑战—十项目标—计划—127 项具体措施—实施"作为内容框架，时限为未来 20—25 年，成果包括政策文件、政府行动指导性纲领、启动项目、网络平台、实施进展报告。"东京 2020"以"总体定位——八大分目标——支撑战略目标的 12 个项目"为内容框架，时限为未来 10 年，成果包括空间战略规划、政策措施、启动项目行动路线。"大伦敦规划"以"空间愿景——空间战略——住房基础设施——气候变化——生活空间和场所——执行和监控评审"为内容框架，时限为未来 16—20 年，成果包括空间发展策略、年度评估报告、数据库以及住房、交通、经济、空气等专项战略。"巴黎 2030"以"愿景挑战——大区空间计划与目标——规范性导则——环境评估——实施建议"作为内容框架，时限为未来 20 年，成果包括政策文件、网络平台、环境评估等内容。"洛杉矶 2030"以"规划框架——土地利用——机动交通——自然保护——安全防灾——经济投资——规划实施"为内容框架，时限为未来 30 年，成果包括综合战略报告、网络平台等内容。"芝加哥 2040"以"挑战和机遇——宜居社区（水资源/开放空间/可持续）——人力资本（劳动力教育/经济创新）——高效治理（税务政策/信息可达性/投资）——区域机动性（交通投资/公共交通/物流）"为内容框架，时限为未来 30 年，成果包括区域战略报告、公众参与报告、策略本书、大型项目书、交通财政计划、经济验证、空气质量达标测定和出行模式研究。"亚特兰大 2040"以"规划框架——规划历程——预测情景——目标价值——发现原则——监测政策"为内容框架，时限为未来 20 年。"波特兰 2040"以"框架——愿景——战略——规划——展望"为框架，为未来 20 年提供预测展望，成果包括城市规划发展管理方案、2040 年发展的概念性指标等内容。"柏林 2030"以"概述——框架——愿景——战略——规划——展望"为内容框架，时限为未来 20 年，成果包括战略报告、网络平台、环境评估等内容。"悉尼 2030"以"问题与挑战——战略主题——目标——策略分目标——行动方案"为内容框架，时限为未来 20 年，成果包括战略报告、网络平台、绿色网络、活动枢纽、可选择情景、绿色系统等九个具体项目。"迪拜 2021"以"未来挑战——原则与愿景——分目标——落地政策"为内容框架，时限为未来 8—10 年，成果包括战略报告、政策路径等内容。"多伦多 2030"以"愿景选择——城市结构——规划政策——土地用途——实施计划"为内容框架，时限为未来 30 年，成果包括规划报告、研究报告、公众参与报告。"约翰内斯堡 2040"以"增长和发展范式——挑战和机遇——面向实施——增长战略—实施过程"为内容框架,时限为未来 30 年,成果包含城市发展目标、城市规划文件、城市规划评价指标等。"首尔 2030"以"制定方向—愿景—大主题规划—空间结构及土地利用规划—生活圈规划—实现手段"为内容框架,时限为未来 20 年,成果包含综合规划、生活圈规划、市政规划、政策路径以及相关专题研究。"香港 2030"以"回顾检讨—远景挑战—规划方案—方向主题—措施与行动计划"为内容框架,时限为未来 20 年,成果包含规划报告、行动纲领、公众咨询文件、网络平台、相关专题研究。"新加坡 1991"以"人口预测和土地供应—战略问题审议和评估—长期要求和政策建议—用地规划战略以及整体发展设想—人口结构规划—建立交通模型"为内容框架,时限为未来 20 年,成果包括综合规划、网络平台、智慧城市报告、可持续报告。"新加坡 2030"以"土地利用—住宅供应—生态、交通与就业策略——社会保障"为成果框架,时限为未来15 年,成果包括综合规划、网络平台、智慧城市报告、绿色报告等。"上海2035"以"背景概述—回顾审视—发展模式和人口调控—空间体系—总体目标与分目标—规划实施保障"为内容框架,时限为未来 20 年,成果包含综合报告、SDD 网络平台、年度报告、规划论坛等。"深圳 2030"以"历史回顾—问题挑战机遇—宏观远景—七大策略—空间布局—近期计划—公众参与"为内容框架,时限为未来 20 年,成果包含战略报告、网络平台、公众意见集萃、规划论坛等。"北京 2035"以"战略定位—功能疏解—可持续发展—历史保护与城市治理——城乡统筹区域化—规划实施—评价体系"为内容框架,时限为未来 20 年,成果包括综合报告、对外公示板、网络平台、年度报告、规划论坛等内容。

基于战略成果的框架内容,各个大都市都已经在进行智慧规划信息平台的建设工作,植入愿景选择、挑战机遇、治理策略、评价体系、公众参与等方法模块,将复杂信息汇总到信息平台中,试图将城市复杂系统进行结构化,实现"地上地下地面、过去现在未来"等各类空间数据融合,也可以采用图形化、动态化、层级化等方法进行模拟预见。

图表 22　识别方法流程（未来竞赛 & 头脑风暴）

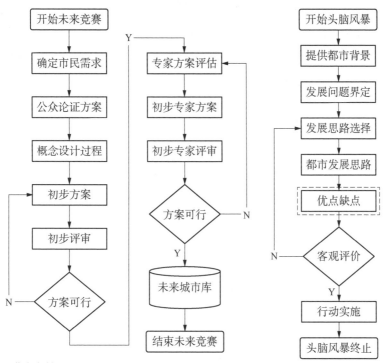

来源：作者自制

案例 44

伦敦、波特兰规划公众参与

英国 UCL 开发的"伦敦社区参与系统（Mapping for Change）"是一个有社区参与的地图网站，服务于志愿者、社区团体、商业组织和政府机构，让用户自主建立城市规划所需要的地方性知识。该系统能实现基本的路程分析功能，集合由社区熟悉者提供的信息进行网络存储，能为理想路程提供更多信息和选择参考。这个开放的主题地图可让社区内外的居民在特定地图下标识信息，特定地图下有许多标签，包括个人记忆、社区问题、问题回复、环境质量、开放空间、改善意见等。在项目中,政府致力于让所有相关机构和个人了解伦敦规划,同时在任命规划官员时候,除社会精英外,政府成员是否具有社会代表性也是考虑之列。政府鼓励居民收集自己身边环境的信息并上传到网络实现用户产生数据,有多年社区志愿服务经验的社区规划师协助居民组织社区参与活动,地图信息整理和可视化使信息更易理解。

俄勒冈州编制战略进行人口预测,且必须使得州的预测和各县相互匹配,即城市和各个县的人口预测加成等于州的官方预测值。20世纪90年代中期,波特兰 Metro 机构征询区域内市民的增长意愿,得知该地区增长可能比较小,可选方案只有三种:1.增长引导波特兰边界之外实现低于标准预测值的增长;2.以低密度在城市边缘区的农田和森林上实现增长;3.通过增加区域的指定中心和廊道密度来实现增长。Metro 使用一个空间分配游戏与公众进行互动:在公共会议上,给每桌市民发放一张地图,展示出当前的用地使用情况;另外,再发送一套代表不同住房密度彩色的筹码,筹码数量根据所预测的未来45年的人口住房增长来确定,所有筹码都必须被摆放完毕。其结果是,市民参与者都不喜欢延续现有的比重在城市边缘区进行低密度开发的形态,而主张在已经有的城市化地区增加密度。后来这一方法被广泛运用于其他都市区,在盐湖城、西雅图、芝加哥、洛杉矶等地获得显著成效(LewisD. Hopkins,2013)。

方法分析:伦敦和波特兰的案例提示我们,传统规划方式倾向于乌托邦式的未来,而依靠公众群体决策形成的未来更具有可行性,因为它综合了多方利益诉求。实施大都市战略需要社会各界的协力合作,大都市战略的内容与绝大部分人的生活利益相关,才会得到民众的支持配合,规划才能够顺利有效实施。公众可能并不了解工具,但当我们为公众分拆简化这些工具,使得他们可以利用这些工具来完善自己心里的未来图景,让未来的规划更加切实可行,与此同时也改变了规划模式。

新加坡未来城市计划

新加坡战略规划是为了认识一个国土十分狭窄的"城市国家"的合理容量与"终极"布局模式（李晓江，2003），新加坡的新镇模式自有其特点，社区具有结构清晰的生活模式，除了中心城更新外基本是采用新镇模式，有鲜明的层级关系和多中心特点。每个新镇人口规模为 15 万，在社会组织制度方面，新加坡要求公共住宅必须保持严格的人口构成，以确保不同文化和种族融洽相处，这种严格比例的种族融洽是有效的，不仅仅体现在住宅社区里，也体现在工作、教育等场景中（王才强，2012）。2017 年 6 月 29 日，新加坡在城市可持续发展研发大会上，宣布了由国家发展部主导的"未来城市计划"（Cities of Tomorrow Programme），将专注四个领域的科研，包括先进建筑方法、具韧性的基础设施、新的空间及永续城市。新加坡希望在研究成果的基础上，培育新的国家竞争优势，成为一个未来城市实验室，让世界各地的研究人员快速试验城市问题解决方案，并展现如何积极落实创新概念。通过加强新加坡的科研能力，开发创新城市问题解决方案，我们也能将它们商业化，出口到其他城市（国家发展部长兼财政部第二部长黄循财，2015）。

表格 64　新加坡战略发展空间五阶段

年代	国际环境	战略空间	发展模式	经济战略
1965—1975 阶段一	殖民体系瓦解，新兴地区工业化	裕廊工业区	荒地开垦、简单的工业厂房为主	摆脱殖民地经济，开展以出口为导向的工业化

续　表

年代	国际环境	战略空间	发展模式	经济战略
1976—1985 阶段二	全球衰退，贸易保护主义盛行，石化与服务业迅速发展	新加坡科学学园一期（1983）大士湾化工区	出现产业组团概念，依据不同产业门类形成专业化集聚区	经济结构现代化，发起"第二次工业革命"
1986—1998 阶段三	发达国家对石油与造船需求下降；周边国家开放市场倒逼新加坡转型	IBP 国际商务园区（1992 开园）樟宜商务园区（1997 开园）	花园式商务园区，将城市生活、商业等要素融入产业园区工业区，包含新型中高密度厂房	1985 年衰退后的"国际化、自由化、高科技化"影响战略制定
1999—2009 阶段四	后亚洲金融危机；全球互联网经济发展；中国、印度迅速崛起；东盟自贸区	纬壹科技城 OneNorth 清洁产业园	取消工业/仓储用地类别，产业用地根据环境影响划分为 B1/B2，增加白地类型，园区功能进一步混合。	"21 世纪产业计划"（IT、国际商务、先进制造）
2010—2020 阶段五	智能经济兴起；逆全球化潮流；中国成为全球第二大经济体	裕廊创新区 JID 榜鹅数码园区 PDD	作为智慧国的试验区，预先进行智慧平台及基础设施建设，发挥数字经济最大价值	"未来经济"重点产业智能化转型，培育下一代数字产业

来源：作者自制

案例 46

新加坡 PDD 榜鹅数码区

新加坡在过去 55 年的时间里在社会治理、经济发展、环境建

表格 65　PDD 科技设施内容

设施	目标收益	科技应用
数字基础设施	精准运营 资产管理 企业服务 城市服务	环境、交通等传感器系统
		物联网平台
		开放数字平台（ODP）
		数字孪生城市
		数字共享停车
		智慧工地
可持续能源	节省 30% 的能源消耗	多能源微电网系统（MEMG）
		分布式能源管理系统
		智慧楼宇管理系统
		区域冷却系（DCS）
交通运输	30 分钟直达市中心，200 米直达地铁	无人配送系统
		无人公交系统
		气动式垃圾系统
水与环境	提高水资源利用效率，减少 50% 固废	雨水回收再生系统
		智慧农场

来源：作者自制

设等各方面创造了发展的奇迹，今后新加坡将持续提升国家本土创新能力。新加坡的战略空间经历五阶段的迭代，逐步趋向信息智能引领的数码园区，Punggol Digital District（简称 PDD）是新加坡首个试行的"企业发展区"（Enterprise District），作为新加坡智慧国战略的核心项目，PDD 园区将吸引网络安全、数据分析、人工智能等新兴领域的高新企业进驻。数据智能要素运用到园区建设中，PDD 采用"即插即用"数字系统和开放数字平台（ODP）推动城市规划、建设和运行。ODP 的建立允许多个系统和服务提供商相互接口并集成其数据，可以将其视为 PDD 的统一操作系统。ODP 带来的直接影响包括：为企业和学生提供从数字云系统访问实时数据的平台，以及在实时和模拟环境下测试其想法的平台。企业和个人可以使用数据为生活、工作和服务提供解决方案，降低运维成本。由于所有物理关系都已映射到数字系统中，因此运营方将能够预测组件故障的下游后果，并对系统的相关部分执行预测性维护。

方法分析："未来城市计划（CoT）"是由新加坡国家发展部（MND）牵头的多机构工作，旨在识别城市面临的挑战并开发研发解决方案，来自新加坡所有高等院校、公共部门机构、非营利研究实验室以及公司都有资格申请，领导小组使用的方法综合且步骤清晰，对新加坡2029年的战略规划起到了支撑作用。这个计划促使大量创新人才聚集在新加坡，该城市2017年后不断推出具有引领性的战略规划。下表是作者整理的新加坡未来城市工作步骤。在该计划影响下，2020年发布《规划新加坡低碳和适应气候的未来》的长期低排放发展战略（LEDS），该战略从城市基础设施各个方面提出节能减排对策。

表格66 新加坡未来城市工作步骤

	工作步骤	人员及工作内容	方法及组织	意图及产出效果
1	调研国际发展背景与趋势	核心研究确定任务的层面和对应的产业领域，组织技术类专家研讨，搜集整理研究任务相关产业的国际动态和发展轨迹	文献检索专家研讨	形成对相关产业发展及其技术创新的规律认识
2	研究相关产业发展策略路径	核心研究组将背景趋势发给课题组专家，并在社会及产业经济类专家帮助下，寻找国际上发展相关产业及技术创新、服务创新的典型范例	文献检索专家研讨标杆对比	提取技术创新的标杆，为后续路径选择提供可借鉴案例
3	分析区域经济社会发展需求	核心研究组在社会经济和软科学专家帮助下，界定研究任务背后的经济社会问题，凝练"创新远见"	文献检索需求分析情景分析头脑风暴	明确研究任务及其重要内容的选择依据，为情景效果奠定基础

续　表

	工作步骤	人员及工作内容	方法及组织	意图及产出效果
4	描绘未来效果	核心研究组向专家解释工作涉及的愿景、情景、技术功效，并在专家的帮助下，从具体需求出发，建构研究任务完成后预计产生效果	文献检索 情景分析 头脑风暴 专家研讨	对产业和民生的直接、间接、长远效果的定性或定量描述
5	搜索研发战略性方向	首席专家及其团队提出初步建议，核心研究组进一步凝练和选择出支撑未来效果产出的重要研发战略性方向	创新需求矩阵 头脑风暴 专家研讨 德尔菲法	确定研发战略性方向及其框架重点，为后续技术体系和路线提供框架
6	分析技术功效	核心研究组在首席专家及其团队的工作基础上，建立技术功效的分类与指标体系	文献检索 专家研讨	得到研发目标参数的定性或定量描述
7	绘制情景图	核心研究组将以上结果进行汇总，根据实际特点进行绘图，并征询有关方面的意见和建议	情景描绘 专家研讨	涵盖趋势、需求、效果、研发战略性方向的情景图

来源：作者自制

2）群体智能认同

大都市纷纷提出智慧战略，最终归集为多元共性平台。大都市战略是融合多方智慧形成"工具箱"，根据每个都市的特征、机遇和挑战，在上位政策、城市发展战略的基础上，提出城市发展所需要的未来工具，对战略目标进行化解，明确创新性策略项目。在机制上，城市战略与城市目标应具有一致性、均衡性、导向性，通过 KPI 指标进行分解。在技术上，传统信息化依赖算力数据传输受限，战略制定脱离实际亟待改善。可以预见未来 5G 网络会成为基础设施标配，使得"端到端"处理能力显著提升，提升计算效率、缩短计算路径，实现云端联系紧密化、AI 运作场景化、终端设备智能化。在此基础上，未来智能城市所有物品都连上物联网进行全面感知、进而透过网络进行传递，在智慧家庭、智慧医疗、智慧交通、智慧节能及智慧零售等领域进行创造增值服务。美国运输部的"智慧城市大挑战"，依托知名科技公司的支持，主要关注"中型"都市智慧化方案（奥斯汀、哥伦布、丹佛、堪萨斯城、匹兹堡、波特兰、旧金山），关注技术元素

（自动化、联网车辆、智能、传感器和基础设施），智慧城市元素（架构标准、信息通信技术和智能土地利用）和城市交通的创新方式（城市分析、城市配送和物流、战略业务模型和合作机会），将这些元素与不同的规划愿景、数据集合和业务模式结合，探索都市交通与基础设施的解决方案与商业模式。

群体智能：战略制定利用互联网进行群体协作已经十分广泛，智能平台可以汇集社会各界群体智慧，打造众规跨行业的生态系统，优化任务管理和知识管理系统，形成自下而上的数据收集和任务管理模块，完成目标建立、分解、落实和监测的全生命周期体系。具体在目标制定过程中，通过系统平台进行数据统计，明确城市发展的核心动力所在，通过多个战略模型（SWOT、PEST、ECIM等）进行推演形成总体目标，而总体目标可以分解为多个层次的专业目标，这些目标的实现和制定同样进行实时监测逐步完善。

决策树（Dicition Tree Analysis）：决策树就是运用树状图表示各个决策的权重优先级，通过计算最终优选出效益最大、成本最小的决策方法，它是一种根据原始数据的目标变量和预测变量，以树形结构标识分类或决策集合，产生并识别决策规矩，从而预测新数据的方法。在流程设计上，决策树注重决策点和机会点，从决策点分出去的分支点为决策选项，从机会点分出去的分支标点表达决策后果的可能性，一个战略可以用决策树的路径表达，路径由效果、概率、重要性和权衡来

图表23 路径决策树流程

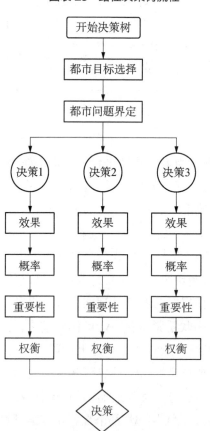

组成。决策树的步骤包含：1. 绘制树状图，根据已知条件排列出各个方案的状态和概率；2. 将各状态概率及损益值标在概率之上；3. 计算各个方案期望值，并将其标于该方案对应的状态节点上；4. 进行剪枝比较各个方案的期望值，并标于方案之上，将期望值小的减掉，所剩即为最佳方案。

5. 整合创新推动战略平台

整合创新以战略实施为目标，通过并行方法将城市各创新能力和实践整合在一起，通过有效管理自下而上产生核心竞争力。整合创新不同于技术创新，不仅基于逻辑推理和线性预测，还要以城市人的需求作为核心推动力，关键在于创造、创新与技术的持续融合，通过并行的方法将创新主体、创新要素、创业能力充分地融合在一起，将横向、纵向角度贯穿大都市的生命周期，从而产生持续的核心竞争力。大巴黎提出的"博物馆城市"，纽约 2050 提出的"多元化与公正"，新加坡提出的"地下城市"和"智慧岛"，都是基于众多因素分析之后的创新战略思考。

表格 67　智能城市空间战略规划路径

类型模式	理性路径	资本路径	协作路径
参与角色	政府 （工程人员主导）	私营部门 （互联网巨头主导）	政府与公民 （数字化协调员）
目标	高效可控制	大数据挖掘	众包、公众参与
方法工具	封闭式管理平台，利用大数据挖掘算法	市场化机制，利益相关生态圈和封闭平台	参与式机制，协作共建和开放平台

来源：作者自制

战略预测的最佳路径就是将其实现出来，实施过程应尊重城市发展的规律。未来城市的实现取决于政府战略制定、企业资源实现的整合，需要引入运营主体和关键技术，聚焦典型城市场景，说清楚商业和运作模式。政府从传统视角出发，以企业的管理方式来治理城市，有利于发挥市场的作用更好地提升生活质量，但需要精细化的监管机制，智能的介入将加强这种管理效率，智慧城市市场早期主要做政务管理流程的数字化改造，这与政府当前的公共管理和运营条线相匹配，城市基础设施和生命线系统还是由政府在管理,短期内无法交由企业去运营和补贴。而随着物联网技术发展,政企合作的领域将更为广泛,城市场景在物联网化之后具备了自主运营能力,许多城市产品应运而生,传统城市基础设施和公共服务模式正在变得多元化。2018 年在堪萨斯举办的智慧城市发展推广会议上,各方认为智能城市将促进城市活力可持续,而随着技术在大都市政中越发使用广泛,智能化在战略中的地位将变得越来越重要。5G 技术具有高速率、低时延的特点,不是在 4G 基础上进行简单加成,5G 以及人工智能对新城市场景具有引领作用,城市空间的孪生,模拟与推演更新已经是必然趋势,每个大都市必须抓住这个机遇。

表格 68　智慧城市策略

城市		应对问题	主要项目举例
置顶型	纽约	生活便利	LinkNYC 项目实现多个智慧街道的功能。
	东京	数字孤岛	ID 识别技术、电子病历系统、智能电网。
	伦敦	交通拥堵	开放城市数据生态系统、传感器基础设施、智能街道设施和电动汽车充电点,并与 NBBJ 公司合作推出移动走道取代地铁。
	巴黎	社会治理	开放数据、路由应用、公共反馈平台。
防御型	洛杉矶	社会治理	智能互联路灯设施、5G。
	芝加哥	生活便利	开发电网、数据平台、智慧健康中心。
	柏林	绿色节能	电动交通(奔驰 Smart 的 Car2go 项目)、节能住宅。
	法兰克福	绿色节能	环城绿带(GreenBelt)、节能建筑、垃圾再利用。
	米兰	绿色节能	绿色交通、Wi-Fi 接入自行车租用点。
	德里	基础设施	智慧电线杆、太阳能板公交站。
	布鲁塞尔	金融安全	国际区块链创新中心。
	苏黎世	基础设施	智能建筑管理系统。
	多伦多	综合服务	全自动驾驶汽车、不使用化石燃料的供热网、用途多样的低成本模块化建筑、机器人快递服务、零污染排污系统。
进取型	悉尼	基础设施	智慧城市计划 ENE-HUB 公司设计的智能街灯。
	迪拜	综合服务	迪拜物联网战略、迪拜区块链战略以及迪拜无人驾驶交通技术、Hyperloop One 超级高铁、自动驾驶公交、3D 打印办公室。

续 表

城市		应对问题	主要项目举例
	约翰内斯堡	绿色节能	建立空气污染分析与预测模型，为决策者提供量化决策支持，帮助约翰内斯堡的空气质量管理与可持续发展。
	首尔	基础设施	开发数据广场、开发电子政务，提出智慧首尔地图，可以轻松查询市政信息以及行政信息等。
	新加坡	城市形象	数字化与传感器平台、国家数字身份证。
	北京	空气污染	IBM携手北京市环境保护监测中心成立了"联合创新实验室"，共同致力研发基于大数据分析的城市空气质量决策支持技术。
	上海	城市形象	数据中心、健康大数据、政府信息系统。
	深圳	基础设施	城市运营平台、预警系统。
	重庆	基础设施	智能社区管理、交通支持系统。
	广州	生活便利	数字身份证、人工智能天气预报。
	维也纳	生活便利	电子健康、开发公共数据、虚拟办公室。
振荡型	桑坦德	社会治理	云计算中心、交通监控。
	伯明翰	基础设施	大数据走廊、智能交通管理、公共电子服务、照明控制。

来源：罗兰贝格 2019 年智慧城市战略指数

　　城市产品的迭代实时为未来的不确定性预留空间。伦敦政府建立了数据开放用户社区平台，鼓励应用开发者挖掘开放数据，将开放的数据用于自己的 App 和服务中，这些应用整合市场需求、消费服务、政府运作等方面的需求，将有助于伦敦提高执政的透明度、促进效率以及为技术革新创造更大的可能性，企业和市民将容易与政府一同合作促进城市良性发展。目前我国智能城市实践需要抓住城市需求的本质，顶层设计与市场脱节，建设目标虚高难以实现，错将"智能当万能"，将与智慧城市有无关系的指标都纳入体系范畴。这种脱节是由于政策缺失协调整合，造成市场主导作用发挥不出从而显得效率低下。未来的智能城市实践是以人本需求为导向，利用政策、资本、科技、企业以及公众等要素，服务内容及站位逐步从政府端走向市场端，实验近未来可实现的技术，以数字共构为核心理念，为未来城市打造适度超前的基础。本书梳理了过去 170 年来的城市经典创新，梳理已有的技术趋势并进行未来技术展望，大都市区域的活力源于不同产业融合之后形成的多元创新格局,各具特色的产业环节共建完整价值链条,从而满足城市的多元需求。

表格 69　城市经典创新及未来发展

时间	城市创新	描述	未来发展方向
1852 年世界博会	电梯	城市如何向上生长	多方向磁悬浮电梯
1859 年伦敦	卫生管道系统	城市清洁系统溯源	全自动自循环再生系统
1869 年伦敦	信号灯	以行人的自由为代价让汽车行驶更安全	适应自动驾驶的智能信号系统
1956 年新泽西	海运集装箱	促进航运贸易	集约餐馆、办公楼和住房
1916 年纽约	都市区划	城市规划法规与社会准则	万物互联的智慧街区
1893 年芝加哥世博会	电气照明	都市夜生活的曙光	光学高速通讯系统
1880 年英国	安全自行车	脚踏板如何驱动城市进步	共享单车系统
1863 年伦敦	引擎驱动地铁	让公众使用大容量公交	超高速管道列车
1838 年美国	蒸汽机	赋予城市工业动力	分布式再生供能系统
1990 年海湾战争	GPS	数据驱动下的公共交通标准	自动驾驶系统
2005 年波特兰	GTFS 公交数据标准	开源的公共交通调度数据格式	交通众包系统
1912 年美国	消防技术	消防通道和紧急出口提升了城市安全	传感器辅助灭火
1854 年伦敦	疾病地图	当新技术遇上古学科推动城市化	城市健康数据平台
1811 年纽约	街道网络	一个城市不可磨灭的印记	数字街区
1937 年伦敦	110、112、911	数字城市服务	城市智能服务系统
2019 年北京	双碳技术	碳中和为目标的技术体系	分布式能源革命城市体系

来源:作者整理自《创新城市特编》,2016

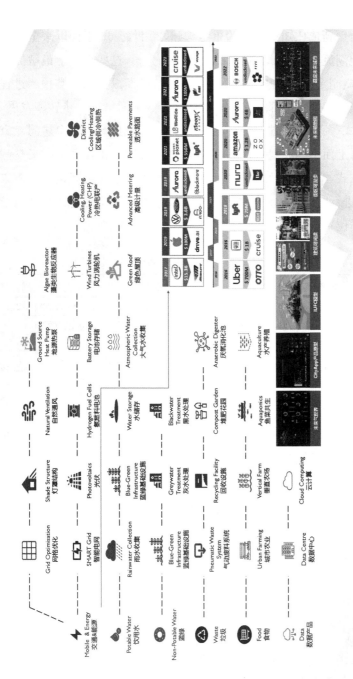

预见大都市未来的城市创新模块

整合创新依托知识网络的重组构建，20 世纪 60 年代以来全球城市战略制定潮流中涌现了一系列的头部咨询公司，这些世界上最敏捷的团队，将战略制定的过程进行体系化、产品化，已经成为了人类预测过程的重要组织者。如今头部咨询公司正在基于数字网络进一步转型发展，新兴"分布式"预测分析方法正在显现，不同于传统以政府平台协同专家资源进行自上而下的大规模预测，专业化的头部团队正在重新定义"智慧"的组织方式，全球化的知识网络和数据咨询平台正在延展预测分析方法的边界，进行"自下而上"的快速迭代，将跨界专家智慧迅速组合并精准配置到合适位置，进一步提升预测方法效率。

表格 70　战略规划创新角色

头部咨询团体	服务类型	成立时间
贝恩维克多(Bain Vector)	以数字平台作为服务产品(Software-as-a-Service SaaS)	2018
波士顿数字化风险投资(BCG Digital Ventures)	提供咨询、设计和技术服务，迅速开发、推出并发展数字化平台和业务	2014
波士顿伽玛(BCG Gamma)	由数据科学家和人工智能专家组成，分析数据库进行商业洞察	2016
埃森哲(Accenture)	数字化业务转型愿景、加速器资产开发和合作伙伴生态系统	1989
德勤边缘(Delloite EDGE)	2010 年发布《科技与人：伟大的创造工作机器》，并建立 EDGE 平台	2010
麦肯锡黑色量子 Mckinsey(Quantum Black)	通过大数据和高级数据分析来改善客户的组织绩效	2015
全球知识网络平台		
奥法赛(Alphasights)	为客户提供大量的快速发展的行业信息以及创新商业模式	2008
高临(Third Bridge)	匹配客户需求提供包括电话咨询、私人会晤、电话会议、圆桌会议等形式的定制化专家咨询服务	2007
格理(GLG)	为各行业的世界 500 强企业、全球领先的投资机构、管理和战略咨询公司等提供专业的定制化专家咨询服务	1998
数据咨询平台		
帕兰提尔(Palantir)	CIA 投资，主要业务涉及国防、反恐、监视等非常规领域	2003
维林特(Verint)	利用机器学习技术和高级分析，将信息转化为情报与决策洞见	1996

来源：作者自制

预见大都市未来的城市创新机构

城市更新迭代依托技术革新与社会发展。过去城市的开发经历了两种模式，一种是行政主导的增量开发，一种是以资本主导的增量开发。未来基于共享理念，我们可以预测城市开发的第三种模式，即基于信息主导存量的开发，信息会成为开发的主导元素，该模式的雏形在香港、伦敦的数据经营产品中已经显现。

案例 47

伦敦 DataStore 开放平台

大伦敦基础设施从 2011 年开始与欧洲城市哥德堡、科隆、热那亚和鹿特丹合作 CELSIUS 项目，该项目立足于低碳发展与分布式能源，是智慧伦敦战略重要的一部分。大伦敦政府（GLA）收集了大部分建筑许可（Planning Permission）数据，并将其在（LDD）伦敦发展数据库地图上予以可视化，作为基础承接各种城市应用程序。智能电网（SmartGrid）可以很大程度提高用电效率，例如它可以收集和利用发电厂生产的多余电量、在用电高峰智能降低用电量。智能水表（SmartWaterMetering）可以更高效地管理和监测水消耗。伦敦学校地图促使教育工作者和家长能够第一时间看到学校图片，App 还提供了学校数据以及学校对学生年龄的要求。伦敦工作空间地图建立了一个互动地图，最初该地图提供了超过 130处友好的工作空间和 200 处艺术工作室，这些信息有助于帮助中小企业找到适合的空间。市民通过该 Map 可查询到有建筑许可证的地块的建设情况，进而每一个信息点可以查看该项目的建设进程，以及更新改建的具体内容。伦敦奥运遗产开发集团（LLDC）专门为 2012 年奥运会和残奥会后奥林匹克官公园和周边的发展而设立，LLDC 致力于以高科技为手段将奥运公园及所在的东伦敦区打造成世界级的旅游及投资地，奥运公园也以此为契机成为全球领先的技术革新的试验田。伦敦从 2010 年夏天正式开始自行车租赁以来，在伦敦中心区已经累计有2500万次租车记录，成为伦敦交通的一大亮点。虽然自行车租赁历史并不长，但相关技术却发生巨大变化，这很大程度源自人们对实时信息更新的需求，自行车的数量、停车位的数量都是人们在寻找租赁服务时候的至关重要的信息，当然更关键的是告诉人们哪里可以交还车。租赁机构公开了这些信息，并衍生出大量智能手机应用软件，这些软件提供即时自行车位置、数量等信息，提供了极大的便利。"伦敦倒计时（Countdown）"提供20000个公交车站的即时车辆到达信息，乘客可通过网络、短消息和2500个路牌获得该信息，这些即时数据都对外开源，软件开发商基于这些数据目前已开发了超过60个交通相关应用。伦敦是全球最早采用智能交通体系的城市，每辆列车都使用GPS系统，站台上的传感器将数据上传控制中心，方便调度人员控制车次。伦敦牡蛎卡（Oyster Card）已使用了十余年，它引领了智能交通应用的发展，大量收集乘客出行信息，反馈到交通数据中心，使其分析当前运营问题，并与众多研究机构交叉分析，更好地服务于伦敦的都市发展。

案例48

香港服务开放平台

香港为方便公众可以便捷获得并使用人口、经济、地理、气象、历史文献等档案，增加社会在使用数据时所创造的价值，建立了香港公共资料门户网站以及数据开放平台，在网站里公布了18类资料，资料由各政府部门及公营/私营机构提供，由政府资讯科技总监办公室维护，这些资料可以免费下载、分发、复制和使用，以及为有关数据库建立超链接，用作商业和非商业用途。香港服务开放平台应用以"智能交通"见长，政府与香港泰雷兹创新中心和香港科技大学合作从而有效利用交通数据解决管理困境，并对交通运输系统进行预测性维护。

交通类经营产品中,Citymapper 依托移动端或者网页程序来帮助人们计划如何搭乘交通工具到达香港的任何一个角落。它具备了最好和最齐全的交通资料,包括港铁、城巴、新巴、绿色小巴、轮渡、轻轨、电车和 Uber。MapKing 车联网导航整合实时交通信息以及其他不同来源的交通数据(例如行车速度图,特别是交通消息,交通情况快拍图像),运用在导航系统,利用流动科技让驾驶人掌握动态的交通状况,协助他们选择较畅通的路径,缩短行车时间。香港交通点是一个崭新交通信息平台,用户可实时互通交通信息,并提供以下信息:地图、香港道路及建筑物一览无余;道路状况、天气、过海交通时间、运输署特别新闻、行车速度屏幕;就近路况,根据用户的位置显示附近八个路况;冲厕程序应对应急情况,身处闹市却找不到厕所? 所在地附近的洗手间数据就可以一目了然,功能包括全港各区洗手间的详细资料、评价及地图等。用户也可以通过程序实时向其他用户提供洗手间的位置和评价。香港交通易提供交通快拍图像,实时交通状况及消息。用户可以浏览巴士、绿色小巴、渡轮、电车等路线信息,并通过在地图上显示的路线及车站位置,轻松地找到目标车站。利用地图上的追踪功能,可以预览街景,知道下一站在哪里,使用户乘搭公共运输工具时更感方便。香港巴士通让市民可以方便快捷地找寻交通信息,此程序功能包括:快速搜寻各种交通工具路线信息、查找用户附近车站及相关路线、点到点路线搜索,并提供实时过海隧道交通情况及估计乘坐的士车费供使用者参考。

生活便利方面,香港为大都市生活开发多个 App 应用,"香港早晨"会为用户朗读天气、交通、新闻等各类信息,最适合早上使用,此程序特设无障碍模式,利用语音及字大清晰的接口,适合长者、视障人士等使用。"就近"搜罗全港接近 3 万个地点,包括图书馆、医疗及便利店等,只需要在地图上按一按就能找到你想去的地方。同时提供 360 度街景及导航等功能,方便易用且简单明确。

方法分析：在伦敦、香港公共开放平台中，政府和专业机构利用平台提供友好的界面，数据完全面向社会大众，并可以免费下载、分发、复制和再利用，针对开放的数据组织类似大赛和活动，多数应用都是由企业、机构或个人根据自身研究方向进行开发创新。今天政府网站已经变成了一个容量大、功能丰富的平台，用户可以在下载前预览数据的细节，透过数据集的不同属性（例如名称、格式、部门等）进行搜索，或者在网站上将数据图表化，同时还展示由创业者利用公共数据开发的应用程序，未来开放平台需要各个利益相关者（Stakeholder）的协同共赢。政府部门从保障公共利益的角度出发，首先需明确控制底线，企业运用自身的专业优势和运营经验，通过其商业生态系统为城市空间提供智慧服务。创新企业立足于城市规律与服务需求进行产品迭代，介入城市公共管理领域有效提升了城市服务的相应水平，同时也让大都市成为城市产品的"路演舞台"（郑迪，2021）。

案例49

上海战略政策创新

上海浦东开发当时明确提出规划先行，所以后来在陆家嘴先做了一个试点，就是"小陆家嘴金融城"。1991年10月份左右开始实质筹备规划，原来是准备做招标的，但是费用太高，所以上海就想采取"国际研讨会"的方式：请各国的规划大师们聚集过来，一共开了两次会，规划师在台上讲设计理念和方案，上海的领导在台下当学生，上海政府给了他们知识产权的费用，把成果留了下来。接下来，上海的专家对这些留下来的成果进行了消化吸收，做出了一个规划模型。小陆家嘴就这样按图索骥，建成了一个完全现代化的新城。今天看来，浦东开发有成功也有值得完善的地方，但创新试验的方法可以不断尝试下去。

浦东开发 32 周年专家回顾　王嘉潞供图

策略分析：大都市发展政策制定都需要创新试验的过程，上海作为学习者，并没有单纯地模仿学习，也不只是邀请专家进行"拿来主义"，而是在学习过程中进行"创新模式探索"，更要把专家思想导入到本地化治理中，这就需要决策管理者的智慧，上海的实验值得总结和推崇：选定独立的新城区域，将战略、规划、技术等领域的专家集中起来进行深入研讨，技术统筹组围绕总图方案设计和规划文本编制强化技术统筹职能，开展技术统筹工作，深化开展总图定位与成果形式、总图编制方法、总图标准和技术要点等与总图相关技术方案的研究；战略研究组编写完成 18 份战略议题任务书和 4 份战略议题分报告框架，完成任务书的发布工作；专项规划组编写完成全部专项规划（含专题）任务书，制定了专项规划技术导引，完成与各委办局的对接；数据技术组制作完成适用于战略研究、专项规划、区县规划使用的不同要素构成的三套数据底版；公众参与组建专业团队，完成发布平台搭建、公众意见收集、宣传短片及材料制作。在多专业全球顶尖专家与本土开放政府的合作下，浦东战略针对未来进行政策实验，在一定的时间跨度内"边建设边调整"，一旦成功则在整个大都市推广开来，从浦东的发展扩展到整体长三角的未来全球战略。未来世界发展必然伴随关键技术的引进、升级和迭代，人工智能、信息通信、物联网等数字底盘技术标准，都为城市物质层面以及社会经济发展提供了新的可能。全球战略空间将迈向"绽放空间"(吴志强,2021),这有赖于创新要素的组织和重构,浦东战略的发展要对时代机遇做出回应,在多个局部地区进行创新机制的探索,引入市场因素给予充分自由度参与城市建设。由于知识高度集聚而突显的人才优势,上海在整个中国当中选择最优秀的人才,新加坡在亚洲范围选人才,美国在全球范围选人才,孰优孰劣一目了然,未来上海的发展一定要突破人才瓶颈,将战略制定的空间放大到全球视野。上海将从过去仅从周边城镇"吸纳"资源,成为"呼出"城市生命活力,辐射到更广阔的区域空间,带动整个城镇群落的生命活力,成为繁荣永续的治理共同体。

小结: 发展动力　技术预见　整合创新

大都市战略需要准确的发展动力判断,科技变革、文化培育或体制创新都可能推动城市进步并创造未来。面向未来的新兴技术影响交通、能源、通信、环境等基础设施的运作模式,对未来城市的实践发展都有长足影响。纽约注重多种动力综合运用并相互融合;伦敦兼顾技术、社会共同发展并相互促进,战略制定注重平衡性并不断适应未来技术发展;东京未来更注重公众和市场角色的介入。创新是未来城市发展的源动力,大都市战略要在信息数字化、复频实时化、学习智能化趋势影响下,借助人工智能相关技术,以多角度多目标为导向,系统研究城市内在规律,这种新模式可以匹配城市复杂系统内部规律,从而突破蓝图描绘的局限,形成新的方法论。该方法基于技术和社会动力平台,形成以多元决策主体、辅以智能科技的战略平台,该平台的方法工具包含利用技术预见获取科技发展动力,利用公众参与获取社会支撑,整合技术和社会因素形成创新平台。

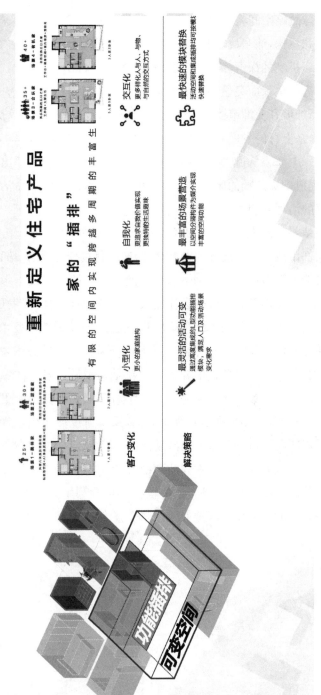

未来可变住宅模块

未来先进模块的场景落地

上海乔和项目方案图

上海乔网项目施工实景

华谊万创新所外立面

新纪万科超精工场

静安寺摩天楼宇　郑迪摄于 2022 年 10 月

第七章

路径探寻：情景与数据

芝加哥千禧公园云门　郑迪摄于 2013 年 3 月

芝加哥迪士尼音乐厅　郑迪摄于 2013 年 2 月

路径探寻: 情景与数据

　　多路径、多层次的路径是全球大都市战略的必然选择。经典城市战略注重规律层面更强调范式和规律性,而现代城市是基于工业文明和治理改革,城市化进程与城市治理是息息相关的,方法也更为开放。大都市规划手段从 20 世纪初开始趋于路径多元化(Peter Hall,2009),区域性大都市地区在发展过程中存在着各个要素之间、人工自然环境之间的相互依存共生关系,这种依存共生关系在发展过程中不免伴随内部冲突,如环境问题、过度竞争、社会公平等。基于前文共词分析,战略路径重要因素都集中于吸引人才的宜居策略、建便捷高效的交通模式以及生态可持续的韧性策略等,对应采用线性规划、情景分析、智能平台等方法工具。

1. 促进安全与公平的宜居战略

　　未来大都市用地高度混合,对高级人才的需求日益增长,居住功能比重势必增长(新桥腾飞,2019)。由于大都市发展阶段以及政策环境不同,住房供给方面存在很大差异,导致房价收入比变动幅度很大,而更为经济可持续、环境宜人的住房供给将是大都市居民和政府共同关注点。大都市的重要问题都是非均匀分布的,本书抓住重点,通过对大都市的宜居战略研究发现,公众对居住需求模式非常相似,巴黎、香港、悉尼、墨尔本、法兰克福等城市的大都市战略均体现出增强宜居性的诉求,重视可持续发展模式的目标导向(王伟,2013)。而在过去 50 年,全球大都市人口流入最明显,其住房价格伴随资产价格大幅度上涨,伦敦上涨了 106 倍,巴黎上涨了 32.5 倍,纽约上涨了 9.5 倍,洛杉矶上涨了 14 倍。而与此相对应的是,对于城市居民特别是创新阶层来说,生活成本负担加重,而这正是他们选择城市的重要因素。奥斯汀的低生活成本也是它吸引科技人群的最重要因素之一,因为与其他大都市(圣何塞、旧金山、洛杉矶、西雅图)相比,奥斯汀的房价是相对较低的。

大都市宜居战略中,2020 年巴黎市长安妮伊达尔戈(Anne Hidalgo)提出"15 分钟生活圈"的城市混合战略,为此巴黎计划建造 150 万套住房,每年提供 6 万套住房,此后全球多个都市效法提出"生活圈"战略,意味着实在生活品质的重要性被越来越重视。柏林面对不断推高的房价,在房地产开发和城市设置之间寻求平衡,新城计划都伴随住宅供应计划稳步推进。温哥华专门编制《大温哥华宜居战略》,包含保护生态、建设完善住区、发展紧凑城市、增加交通可达性,不断巩固其"全球最宜居城市"的称号①。芝加哥从土地使用和住房建设中入手提高宜居水平,到 2040 年未充分开发土地再开发量达到 405 平方公里,中等收入和低收入居民的住房和交通开支占比到 2040 年达到 45%。法兰克福重视提升都市休闲游憩空间,并提出都市友好交通打造自行车城市。米兰非常重视社会保障房项目,并与广大开发商合作,在经济效益和社会效益之间取得平衡,规定开发商进行商业开发时候,它需要无偿提供 30% 到 50% 的保障房。"悉尼 2030"应对人口变化提出多元化住房供给和建设宜居城区,提出建设行人走廊绿化带,确保人们以步行方式方便到达公共服务活动中心和交通枢纽。其愿景战略"悉尼 2056"预见到未来人口变化(老龄化、少子化与单身比重增加)与住房供给的矛盾,提出建立与人口结构变化、群体能力分级相适应的住房供应体系,并提出建立公平多中心的城市,提供多元化的住房选择。首尔提出进一步选择自由居住的舒适空间,加大供应市民可接受的住宅,供应收入可承受的住宅,引导开发商减轻市民个人住宅负担,供应市民可接受的高质量民间租赁房,推广量身定制福利房项目,促进占住宅库存 10% 以上的公共租赁房入市,为老年人及残疾人提供舒适的住宅服务,并培育公共住宅社区以及社区服务设施。上海人

---

① 该信息来源于"Demographia International Housing"报告。

口在中心城的过度集聚加剧空间布局的产城、职住问题的压力，大都市战略从居民生活视角，改善就业、居住、公共活动以及交通的关系，提出了建立"五个新城"计划腾挪更多都市发展的空间。大伦敦规划提出为更多需要住房的人提供他们满意可负担的住所，并专门对夜间的就业岗位进行分析，作为优化通勤交通的依据。《米兰战略框架》提出社会保障房项目，希望和开发商合作，在获得商品房的同时，需要无偿建设这个开发项目的30%到50%用于社会保障房。新加坡战略提出为更多需要住房的人提供他们满意并能够负担的住所，逐步淘汰居民区内的工业用地，预留海岛作为备用地，满足长期居住需求，进一步针对性开垦土地，打造高品质亲水住宅，现有居住区环境的提升与改造。约翰内斯堡提出建设一座财产和生活方式都能获得保障的城市，并提出道路建设和公共交通使用的策略，提升居职混合度。

"莫斯科2025"限制住房建设过热，明确通过立法确认城市基础设施、绿化带建设、建造商业和住宅建筑重要性。《孟买第三轮区域规划》提出至2036年整个区域内需要重建、翻新、改造和新建的住宅需求量估计440万单元，还提出了提升居住品质、发展租房市场、征收住宅空置税等政策建议。纽约住房保障计划，白豪思提出为100万新纽约市民建造更经济的住房，保证所有纽约居民居住在从家到公园10分钟步行距离之内。纽约大都市地区第三次和第四次区域规划对于单一目标进行反思，要求经济、社会和公平可持续、环境发展并存，将与人类居住相关系的经济、政治、生态、社会、文化逐渐纳入到了区域发展框架之中（武廷海，2016）。在中国大都市的战略制定中，武汉以"重建和振兴"为主题，以生活质量、公共交通为导向，支撑住房、商业和就业机会的增长。香港在1970年代"十年建屋计划"推行后，新市镇为公屋开发提供了主要建设用地。大都市始终围绕轨道交通推行TOD式开发，该模式更是成为住宅开发的基本原则。经过百年的积累和多年的改善，虽然房价问题仍然存在，香港已成为全球卫生条件最佳的城市之一。北京未来关注年轻创新创业人口、老龄化人口、财富型人口、服务型人口等分布特点、趋势，建立与功能和人口分布导向匹配的住房供给策略。

案例 50

墨尔本宜居性设计

墨尔本的规划始于 Robert Hoddle 在 1837 年设计方案，Hoddle 利用常规的街道布局和公共空间创造了高密度的都市环境，在 1929 年墨尔本启动首个大都市战略，旨在保护财产价值、防止土地滥用、控制交通拥堵和塑造游憩空间。在之后的 40 年中，墨尔本继续制定各类规划文件，然而并非所有的规划都是成功的。至 20 世纪 70 年代，由于市议会对新的开发采取放任政策，墨尔本城市中心处于衰退之中，市中心被描述为"空荡无用的市中心"，失去了其曾经拥有的魅力和吸引力，人们在城市中工作，但下班后回到郊区，留下一座毫无吸引力的空城。在此情况下，市议会的任务就是让这座城市重返生机，启动了两个项目："人本之地"和"邮编3000"。这两个项目实施至今，为墨尔本增添活力做出贡献。"人本之地"(Places for People) 开始于 1994 年，由市议会和建筑师 Jan Gehl 合作，目的是吸引了人们重返墨尔本市中心，通过改良散步场所、人行道和聚会点，在城市周围建设强大的社区和宜居的公共空间。为提高城市的宜居性，建立衡量实施进展的标准。"邮编3000"(Postcode 3000) 聚焦生态恢复，其中包括将斯旺斯顿街重新设计为方便行人的街道，对维多利亚女王都市村庄的开发以及将未充分利用的铁路沿线建设为新的河滨公园。

策略分析：墨尔本的规划是蓝图式的，此类规划需要一个长远视野的决策者以及有效的执行机制，使得墨尔本在面对变化的环境和不确定因素的情况下，能够不断地进行完善。同时，墨尔本战略规划和城市居民的利益息息相关，战略规划编制修正完善的过程中，居民的意见尤为重要，"人本之地"引导城市建立信息共享平台，吸引人们对居住地提出想法，这个参与过程比目的更为重要。

墨尔本 Downtown　郑迪摄于 2016 年 9 月

2. 兼顾效律与效益的交通战略

大都市未来交通战略趋向于机动化、可持续、慢行绿色。城市扩张同时主导步行街区的打造，并利用智慧手段进行系统管理。越来越多的纽约人选择慢行通勤，"纽约 2050"继续鼓励公共交通，花费投资用来提升地铁的设施，并完善城市充电基础设施网络，并扩建自行车专用道路，规范快递车辆、网约车服务，更强调利用新技术来提升交通治理，对城市形态产生了影响。未来交通的技术趋势将逐步改变城市道路乃至城市格局，依据 MIT Mobile Lab 的观点，未来大都市交通的发展核心是智能技术与交通工具的整合，可预见未来人车协同系统可以逐步成熟走向应用，而在城市尺度下的多模式复杂系统尚需时日。面向未来城市道路的发展，可以预见到未来 30 年传统和新兴的技术会共存，短期内将有 10％的道路设施因为智能技术的引入而逐步消失，30％的道路设施逐步进化，60％的道路设施得到改善，而在远期这些道路设施则会逐步被智能系统接管。未来城市采用无人驾驶汽车系统可以减少停车和道路面积，而把更多空间留给步行道、自行车道和集约化农业，这个趋势还将改变建筑密度，促进分布式能源和供水系统的使用，降低住房成本，吸引人们重新回到城市中心。

大都市交通战略中，"东京 2020"强化陆海空立体交通网，尽快建成三环道路，提高人流物流速度，10 年后的外环将与东名高速连接，把羽田机场建成枢纽机场，成为连接亚洲各大城市的桥梁。伦敦三任市长已依法发布 2001、2010、2018 三版交通战略（MTS），成为各个国家大都市区交通规划领域理论与实践的研究范例,其在治理交通拥堵、提升出行和营造环境方面的创新政策,如停车配建上限标准、拥堵收费、低排放区、30公里限速区、自行车高速路、健康街道等。"新加坡2040"让90%的人以邻里中心为单元,路程不超过20分钟,90%的人在高峰时段前往新加坡全岛任何一个目的地,费时也不会超出45分钟。"大巴黎规划"提出构建机动车依赖度更低的交通体系,改善高速公路网络,并确保到巴黎大区中心机场的道路通畅,该道路建立全长130km的全自动、高运载、高速公共通道。大都市战略凸显未来交通和自动驾驶的趋势,结合法兰克福车展提升未来城市道路结构。洛杉矶政府决定拨款1200亿美元,在未来40年之内解决道路堵塞,发展低成本的快速公共交通系统,建设共享车道来提高高速公路的通行能力,1998年开始建设自动交通监测和控制中心,运用计算机技术建立智能交通系统对交通流进行控制和引导,同时发展低成本公交系统替代部分地铁。"芝加哥2040"提出具有吸引力、更舒适、注重体验的公共轨道系统,提供更好的旅客信息系统,目标明确的公交措施与干道改善工程,并采用多模式交通方式。《纽约2017年实施规划》建立可靠安全持续的交通网络,提升有轨电车运量,提高铁路和水路运输比例,进一步提升公共汽车服务质量,积极建设自行车专用道。柏林不同交通系统之间整合一体化,并持续完善原有的市郊铁路网络,综合交通枢纽加快东西两个板块之间的有效拼接。首尔打造无需依靠汽车的生活便利型绿色交通环境,大众交通导向型城市改造与复合型联网交通体系建设,不断扩充以城市轨交为重点的大众交通基础设施,以交通交汇点为核心建立换乘体系,充分考虑大众交通服务的容量、扩充性、城市维护与管理,整合首尔与周边城市的广域交通网(王周扬,2015)。布鲁塞尔城市交通坚持以公共交通为主导,建立大区特快网络项目,形成完整地铁网络。悉尼内城区交通网络鼓励公共交通走廊、单车网络,加强地区交通连接,形成市中心环形轻轨铁路和交通广场,鼓励社区交通,为绿色交通提供支援和资金,通过一个全面的交通规划为悉尼内城区现存和未来交通的特别需求建立合适的模式。"重构大米兰"提出加强区域交通设施的投资,关注网络、廊道、节点。"迪拜2030"提供公共交通,提供市民在主要城市间的通勤需求,其中尤为关注旅游交通。波特兰230万人口的城市区域,综合公交系统整合轻轨、有轨、公共汽车以及独立自行车道于一身,是美国除纽约外唯一一个能依赖公共交通实现通勤的城市。香港采用混合用地的交通方式,以公共交通作为主导,采用铁路模式作为运输系统的骨干,改善混合用途内的行人环境,提升对外交通的联系,创造涵盖珠三角的一小时生活圈。上海突出公共交通主体地位,加强市域轨道交通网络布局。轨道交通网络上,形成城际线、市区线、局域线三个层次的交通网络。推动两个机场和区域其他机场的联动,加强上海港和杭州湾沿海和长江中下游港口的合作,深化江海联运、海铁联运模式。北京坚持公共交通优先,加强交通调控、完善城市交通路网、鼓励绿色出行,缓解交通拥堵。2020 年轨道交通里程提高到 1000 公里左右,2035 年不低于 2500 公里,2035 年绿色出行比例将不低于 80%(北京总体规划,2017)。约翰内斯堡投资公共交通服务来串联起居住区,使城市融为一体,同时结合策略改造升级现有的非正式的定居点,这样可以显著地加强城市的致密度,抑制了1994 年以来开发商和银行引领的城市蔓延趋势。广州铁路枢纽客运量超4 亿人次,货运量超过 0.8 亿吨,建成 2000 公里左右城市轨道网络(中国港口,2018),2035 年目标建设世界级空港、海港和铁路枢纽。武汉建设高效城市,建设门户机场,增加国际航线比重,适时启动建设第二机场;要打造铁路环形枢纽,形成对外客运枢纽界面;建设外围铁路货运通道,整合铁水公空多种运输方式,强化交通枢纽地位。《莫斯科综合规划》确保整合的城市交通方式,保证城市公共街道的完整性,给所有人提供交通无障碍设施。苏黎世规划时没有形成快速路网络,限制小汽车交通,推动公交优先战略,并提倡步行。多伦多作为北美第一个着手建设地下铁路系统的城市,那时它只有 70 万人口,"多伦多 2021"要在区域内建立有序的交通系统,以促进公共交通的使用.减少汽车数量。在后期,"多伦多 2041"提出的远景交通规划里包括地面道路、疏解线路、智慧线路。1973"大孟买发展规划"扩展大运量轨道交通网络和私人交通,形成三个南北向交通走廊,保障一节轨道车辆平均 120 人,保证每 1000 人至少有一辆铁路车辆。台北路网呈现棋盘状与辐射状路网结合,加强区域性的城市与城市间的关系,同时强调绿波交通,让城市得到疏解。市长柯文哲说,马路是给人行走的,不是让车停的。新建筑则要求停车内部化,五条捷运线形成完整网络,Ubike(公共自行车租赁）普及，形成交通闭环。

莫斯科火车站　吴志强摄于 2005 年 7 月 27 日

案例 51

伦敦交通模型

　　作为城市交通模型的典范，伦敦交通战略模型于 1962 年开发，1986 年移植至 TRIPS 平台，2013 年移植至 CUBE 平台。伦敦交通模型基于多源数据的交叉分析因果逻辑，借助逻辑认知和数据结论形成证据链条以支撑研判，利用可视化和交互现实增强决策者对数据和证据的理解。伦敦交通模型评估内容被很多城市效仿学习，比如拥堵收费政策推广到曼彻斯特，居住容积率低排放区域推广到墨尔本，公交优先区域以及停车泊位供给推广到新加坡。该战略交通模型的顶层目标是机动性（Mobility），获取公共服务、参与社会交往，并保持资源与环境可持续性；中层目标是出行和移动（Travel & Transport），关注人的移动如何产生，时间和规模如何承载组织，如何结合时空特征分配到载运工具和承载设施上；下层目标是交通（Traffic），关注方式、工具和设施的相互匹配，保障交通流高效安全。

图表 24 伦敦战略交通模型的不确定轮盘

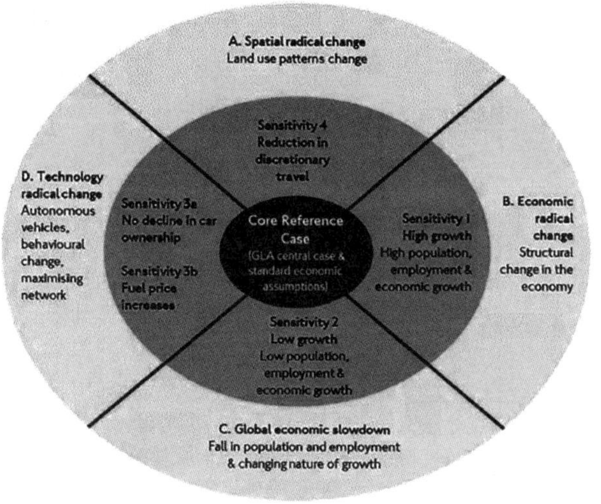

策略分析：城市交通模型就是不断认识、推演城市及交通规律的过程，伦敦交通模型规则可总结为"借助数据挖掘证据，发现规律拟定规则，模拟现状验证规则，推估未来洞察规律"的特点，该模型对于其他大都市的交通模型具有指导价值，实际上已经成为大都市交通模型的模板。伦敦城市交通模型"共识"的价值是"实事求是，因果推断"，逻辑链基于"透明化-平台化-开放化"原则，围绕"数据网-证据链-决策树"展开，采用"模型预测＋设施供给、模型预测＋设施移除、愿景期望＋模型验证、政治决策＋政策实施"的方法，跨越规划设计、建设管理、经济政治、社会治理等学科。

表格 71 London-LUTI 模型详述

交通模型	架构于传统四阶段法的宏观交通模型		
网络模块	需求模块	分配模块	结果输出
交通小区（公交小区）包含交通节点、路段信息、地面公交线路和轨道线路	年龄群体、家庭、拥车类型、目的（白领、蓝领、商务、休闲和其他）	早高峰 平峰 晚高峰	道路网络分配模型，公交网络分配结果输出模型，综合结果反馈模型

续　表

土地利用与交通互动模型	土地利用与交通互动模型 London-LUTI（London Land-Use and Transport Interaction Model）是集成 DELTA 系统和 CUBE 的定制化土地交通模型。		
交通模块	经济模块	城市模块	迁移模块
拥堵与拥挤效果的居住地与就业地间的小汽车、公共交通方式的出行时间与成本	交通出行成本影响的每个区域的经济增长或下滑情况，由城市模型输入的房地产成本影响的消费需求	居住选址与公司选址受容积率供给、可达性和环境变量影响；家庭选址受工作地和生活服务的可达性影响；公司选址受潜在劳动力和消费者的可达性影响	区域间的人口迁入迁出，其输入条件受城市模型的就业机遇和住房成本影响
轨道客流预测模型	衍生于交通研究模型 LTS，是不考虑出行分布和方式选择的公交分配模型，Railplan 基于实时更新的需求矩阵采用拥挤模型进行分配，可以更快速、准确地研判客流，提升综合服务能力		
道路网分配模型	考虑出行分布和方式选择的道路分配模型，类似于国内的交通影响评价模型、信号优化模型和局部交通组织改善模型，目前 TFL 正在开发 LoRDM 模型		
自行车网络模型	自行车网络模型 Cynemon 独立于交通研究模型		

来源：作者自制

表格 72　伦敦交通战略模型体系细分

模块	交通研究模型 LTS	土地利用与交通互动模型 LonLUTI	轨道客流预测模型 Railplan	道路网分配模型 LoHAM	自行车网络模型 Cynemon
变量因素	未来出行量	土地利用模型	公交客群选择	路线选择	路径选择
	出行来源	交通投资	客群选择路线	交通影响评估	路径时间
	出行时间	交通政策	拥堵影响	—	—
适用区域	发展机遇区规划，人口岗位经济因素变动，居住地就业地开发，交通政策限制小汽车，新增战略道路方案	土地政策（容积率配建），用地层面交通方案	新增铁路轨道方案交通政策鼓励公交使用，调整公交费率	新增战略道路方案、道路收费方案，优化交通组织，自行车高速方案	优化区域交通组织，新增自行车高速路方案

来源：伦敦 LTS 网站 Strategic Transport Models，STM

3. 应对危机与发展的韧性战略

大都市处理未来不确定性的韧性能力至关重要。亚特兰大市长卡西姆里德曾说过："城市处在气候变化的前沿，改变来自城市。"全球80％以上的大都市处于多元要素交汇的地理边界地带，雾霾、热浪、疾病、海平面上升、洪涝、风暴潮等灾害频发，对城市安全、基础设施、淡水供应都构成巨大威胁，影响广大市民的生活质量与生命安全，不少动植物也可能会因环境压力而面临灭绝的风险。根据联合国政府间气候变化专门委员会的评估，未来洪水、干旱、风暴潮和热浪等将日趋频繁且愈加剧烈。在社会经济方面，2008年美国次贷危机席卷了世界主要金融市场，2009年欧洲部分国家爆发主权债务危机，2020年发生的新冠疫情更增加全球环境中的不确定性，全球经济经历了较大起伏。联合国发布的《世界经济形势与展望》报告指出，全球经济活动未见起色，仍大大低于金融危机前的水平。

能够在周期性危机下存活发展的大都市，都得益于其灵活强健的危机处理能力。全球性经济危机会在城市之间传导，伴随资源的再次分配。在社会危机之下，经济发生动荡的地区都与大都市投资市场的来源热点不谋而合，有能力提供安全庇护和稳定环境的城市常常会吸引大量资本、企业和新移民，从而影响大都市的发展轨道。2008年次级贷的泡沫促使了世界金融危机爆发后，作为大都市的伦敦，其房地产市场的投资回报率远高于银行存款及股票投资，同时它吸引着全世界的购房者与求职者，这推动了伦敦整体房价的上涨，加剧了阶级极化。2020年新冠疫情在全球大都市圈蔓延开，中国中部乃至沿海都市圈、美国东西海岸、意大利米兰等都市圈相继受到影响，据IMF的估算此次疫情将大幅影响到全球经济，延续时间可能跨越长经济周期。2022年的上海，这座东方大都市从疫情中逐步恢复过来，全球电动汽车最领先的企业特斯拉以及计划在其既有工厂旁边建造第二座超级工厂，产能将扩大一倍。

全球大都市战略已经把环境保护和韧性政策放在重要位置。在未来，城市都需要在生态、经济、社会、防灾领域采用综合韧性的手段，并建立一个整体环境的数据系统，该系统利用城市的官方信息和线上资源建立数据库，对社会、生态环境进行信息监测、模拟推演，在危机形成前城市系统就会产生征兆,例如空气、土壤、水质、健康指数开始出现异常,甚至种族冲突会导致经济、文化指数异常,先进城市系统会侦测到这些异常数据,并提前采取措施,将危机的影响降到最低。"香港 2030"提出未来重大问题包含空气污染、水质问题、传染病和公共健康,都市战略主要通过公共政策和空间规划来应对这些问题。2011 年日本遭遇大地震,"东京2020"将关注的气候问题进一步扩展到火灾、风暴、雨洪、沙土、恐怖袭击等领域。"首尔 2030"重点提出公共健康、能源危机、供水安全和空气污染的威胁,在公共政策、空间措施、行动计划三个角度进行对策研究。2015 年通过的《巴黎协定》提出将本世纪全球平均升温幅度控制在 2 摄氏度以内,是人类第一次以有约束力协定的形式将全世界大部分国家纳入对抗全球变暖这一共同事业的尝试,而这也标志着全球各国面对气候、疾病等危机,正在形成统一框架,这一框架已经在影响大都市战略的制定。首尔就已被公认为治理结构改革的全球领导者典范,首尔针对 1997年金融危机,制定了广泛的行政改革计划,重新构建了一个由市场原则和民主精神共同推动的社会体系。针对环境问题,首尔计划到 2030 年削减40％温室气体排放,并于 2017 年发表了《首尔可持续发展目标 2030(SDGs)》的 17 个大目标及 96 个具体目标。新加坡总理主导成立了关于气候变化的部长级委员会,通过协调多方利益制定了应对气候变化的国家战略"新加坡 2040",协调公众对气候变化的态度。

1841 年时英国城市化率已超过 50％,1854 年伦敦霍乱暴发疫情地图,开启了都市治理和韧性策略的结合,促使了 1909 年全球首部城市规划法诞生。1939 到 1945 年二战对伦敦严重破坏,同时这也奠定了其重建的基础,促使《大伦敦规划》的产生,对现代城市规划产生深远影响。大伦敦地区出台了专项的绿带法律支撑使得绿环得以实施,控制了城市的蔓延式增长,这主要得益于 1938 年《绿带法》、1947 年《城市及田园计划法》、1995 年的《规划政策指引》、1998 年的《政府城乡规划白皮书》的政策保障措施,绿带实施效果较好并成为全球大都市的典范。2005 年伦敦进行了一项名为《伦敦人口变迁研究》(London's Changing Population)的研究项目,展示了这座城不断推高的房价和被迫离开的原住民,实时检测人口变化提供给决策层信息变化。2011 年开始实施的"大伦敦规划"在气候变化应对策略中围绕洪水治理提出政策建议，同时对犯罪预防、安全保卫等领域提出具体策略。如今，伦敦的战略目标是成为更具吸引力的绿色城市，Sadiq Khan 市长提出："2025 年所有领域的碳排放量降低到1990 年水平的 60％。"

纽约在漫长历史中经过多次危机，包含"9·11"恐怖袭击、2003 年的东北地区大停电、2012 年的飓风以及十年一遇的经济危机，为此纽约战略中对韧性和公正特别关心，并成立了特别工作组，重点关注风险管理、危机处理等事项。2001 年"9·11"事件深度影响了曼哈顿的发展，纽约2004 年成立了曼哈顿发展公司，并编制了"世贸中心纪念和文化项目"，内容包括建设世贸新楼、纪念馆、住宅和滨水空间复兴。2007 年开始实施的"纽约 2030"就把可持续发展放在首位，都市战略从人口增长、基础设施、经济和气候变化四方面审视了纽约在气候方面面临的挑战。2012年桑迪飓风给纽约带来了巨大灾害，也促使政府编制了"更强大更韧性的纽约"，提高纽约的抗灾能力。2014 年 RPA 发表了题为《脆弱的成功》的评估报告，针对气候危机提出韧性规划思路，将其《2030 空间战略规划》定位为"更绿色、更美好的纽约"，集中关注土地、空气、水、能源以及交通等环境关键问题。2019 年颁布的"OneNYC 2050"建议通过增加储能部署，减少城市对于传统能源系统的依赖，进行能源的分布式利用，希望在未来充分利用海上风能、太阳能、储能系统。

法兰克福为应对雾霾提出《绿带发展指导方针 2030》，包含"连接-强调-激活"发展路径，提出都市友好交通，打造自行车城市。悉尼经历1939 年热浪、1999 年大冰雹、2001 年大火、2009 年沙尘暴以及 2016 年海啸，大悉尼委员会制定"韧性悉尼战略"计划概述了悉尼将如何应对包括极端天气、网络与恐怖袭击、住房负担能力、不平等和交通拥堵等方面的重大挑战，具体策略包含促进政府基建决策与土地利用规划的整合，促进房屋供给包括可负担住宅，促进有弹性地开发解决重点问题包括气候变化、自然灾害，为公众参与大悉尼地区的环境规划与评估提供机会。多伦多气候寒冷，政府开发了广泛的湖边沿岸保护区，拆除了城市低洼地区的住房，并在那里建设了公园绿地，这些地方随后成为净化城市的绿色宝地。

芝加哥在 1909 年《大芝加哥规划》就提出以现有园林绿地、水系和森林资源为基础，建设大型连续完整的湖滨绿地，在城市内部建设围绕中心区的三大绿化圈层，这三个圈层通过区域绿带、园林大道与湖滨绿地串联。芝加哥 1998 年"City Space"计划在这个基本架构持续完善，规划局制订与规划全芝加哥市的土地使用与经济发展、架构都市绿地系统与各区块的细部规划，完成后移交各相关单位管理。洛杉矶市长 Eric Garcetti 为洛杉矶争取 2028 年奥运会主办权，他认为城市的弹性恢复能力比防灾准备能力更重要，这是指导我们在洛杉矶开展项目的价值观。

兰斯塔德地区在 1990 年代前缺乏保护绿心的法律依据，不能采用强制性手段纳入地方政府法定规划体系，因此规划实施效果并不明显。未来计划提供绿色出行计划，修复工业景观并加强河道治理，到 2025 年减少 30％的温室气体排放，超过欧盟 20％的减排目标，致力于在可持续城市管理方面成为引领欧洲和世界大都市的典范。米兰为应对雾霾，不仅有意消减排放量，在保护方法、时间跨度、承诺以及计划的自愿性上，米兰的标准将超越《京都议定书》，致力于大幅减少碳排放量，计划将温室气体排放量在 2020 年减少到 2012 年的 15％～20％，重点是住宅能源和交通领域减排。

迪拜酋长穆罕默德本拉希德称到 2050 年，迪拜的能源结构中清洁能源输出能量将占总能量的 75％，要让迪拜成为世界上碳足迹最小的地方。约翰内斯堡经历过 1904 年鼠疫后痛定思痛，提出未来成为一座环境可持续城市，预测调整并降低风险，并将贫困社区纳入整体战略考虑。莫斯科也经历生态环境恶化，市长卢日科夫加强了公园系统并提高了自然景观的连续性，"莫斯科 2025"提出构建良性生态环境、提供合格卫生条件，改善城市环境，保护居民和城市免受人为和自然灾害的负面影响。孟买常年被空气污染、水污染等城市卫生问题困扰，"孟买 2034"提出，力推廉价保障房建设为居民提供更高质量的生活，并塑造室内外宽敞的生活空间，将致力于提高城市空间品质，并改善自然环境等问题。东京经历1923 年关东大地震，后藤新平在关东大地震之后提出东京重建计划，东京工业化发展后遭遇 20 世纪 60 年代的污染，1981 年实施环境影响评估制度，并设立环境评估委员会。2000 年之后东京面临重建的城市复兴课题,提出先进环境政策并持续推进"减少碳元素东京十年计划"。洛杉矶历史上经历了 1933 年长滩地震、1938 年洪灾和 1994 年大地震,这座全美第二大都市在成长中适应环境,它经历了 1950 到 1970 年雾霾威胁,随着美国在 1970 年至 1990 年之间的环境保护运动的大力推进,洛杉矶政府颁布了一系列法令,重要规划《健康洛杉矶规划:总体规划的健康要素》中积极的污染气体排放管控与净化工作使得洛杉矶空气质量得到明显改善。2015 年"亚里索瓦斯"泄露事件又把洛杉矶推到风口浪尖,2018 年《韧性洛杉矶》提供了合作、财政、技术、社区和专家方面的战略支持,这项全面的战略计划包括 96 项需要立即实施的行动,以便于为市民提供相应的工具,使其更好地应对不可抗力的灾害。巴黎因其特殊地缘位置经历社会形态上的剧变,包括 1832 年"六月革命"、1914 至 1918 年一战、1939 至 1945 年二战以及 2018 年"黄衫军"动乱,"大巴黎计划"旨在加强政府协调能力、改善居民生活质量、降低社会不平等,加强巴黎在全球化进程中的吸引力和影响地位。同时,巴黎对于环境进行评估(热岛现象、景观结构、自然资源、物种威胁),基于能源上涨、经济演变、国际环境契约,提出环境保护责任(联结-构建、极化-平衡、保护-发展),以及城市整治方案(扩展、密集化、基础设施、设置)。

在空间策略方面,国外城市伦敦、巴黎、慕尼黑、莫斯科等城市很早即通过绿带明确土地用途、开发强度等使用规则,来实现生态功能区的保护。"悉尼 2030"规划提出发展新型"绿色"产业,具体策略包含建设绿色基础设施网络、保留都市足迹,并且保护本土动植物群落和生态环境。斯德哥尔摩在 1930 年确定了指状放射的城市空间发展模式,以公共交通系统引导城市发展,有效避免无序蔓延(上海大都市区空间发展战略研究,2015)。

中国大都市的快速经济社会发展伴随不确定性,城市空间韧性战略非常必要。广州作为国内城市空间战略规划先行者,在全球化时代积极与香港协同进行区域战略,1997 年为抵御金融危机提出深化改革,2008 年抵御金融风暴而增加基础投资并提出建设亚运城,从而促进大都市的持续优化。广州在快速城市化过程中为了应对雾霾,建立市域生态资源集中分布的九大重要生态片区,构建"三纵五横多廊"的生态廊道网络,促进公园绿地和开敞空间服务覆盖率显著提升。武汉 1997 年为抵御金融危机，转向扩大内需，提出建设中部重要中心城市。"武汉 2040"提出保护区域生态安全格局；控制城市生态底线，建设生态网络，实施河湖连通，推行串绿入城，形成郊野公园体系，提升生态空间的交通可达性，这个区域生态格局 2020 年新冠疫情应对中扮演了重要角色。"北京 2035"针对曾经饱受沙尘暴困扰，提出 2030 年北京全市森林覆盖率达 45% 以上。上海为了抵御 2008 年之后西方大都市推动的"制造业回流"，也在原有四个定位基础上提出科创中心，用以稳定经济结构。同时上海关注大都市的环境韧性，2001 年规划了 500 米宽的外环绿带，绿带外侧规划了大量建设敏感区，划清城市边界不随意摊大饼，形成组团发展的空间结构。"上海 2035"战略进一步提出应对全球气候变化、全面提升生态品质、显著改善环境质量，完善城市安全保障。台北未来面向真正属于市民的生态及永续城市，2002 年台北执行《都市型生态社区计划》，2009 年起推动改造校园围墙的计划"亮绿校颜"，都显著改善了这座都市的风貌。香港是"拥挤"和"开阔"共存的大都市，在 2007 次贷危机后制定规划提供优质生活环境，确保香港的发展按环境的可承载能力进行，美化城市景观并保

香港马鞍山郊野公园天际线　齐若凡医生摄于 2020 年香港中文大学

育生态、地质、科学及其他价值的自然环境和文化遗产，如今香港 70% 土地被作为郊野公园严格控制，自然人文完美融合，也成为全世界唯一有老鹰盘旋的大都市。

案例 52

纽约"BIG-U"战略

作为大西洋畔的大都市，2012 年飓风桑迪淹没了纽约 17% 的地区，严重损害运输系统、隧道、地下铁电力系统。如何应对未来的飓风和海平面上升？"BIG U"大环计划方案是长度为 16 公里、高度为 6 米的巨大构筑，以保护为目的而建造的巨型海墙平面，同时配套运动设施、游乐场地以及自行车道和人行道，支撑近海防波堤系统方案，能够减缓飓风引起的海浪，采用一些生物强化混凝土防护块来真正修复环境。

案例 53

哥本哈根手指规划

"公交导向发展模式"于 1928 年首次提出，为区域城市发展创建了先驱方法，1947 年"哥本哈根手指规划"提出，将该城市发展划定为五个"手指"伸展，轨道交通网络构成了每个"手指"的脊骨，"手指"之间的"楔形区域"用作农场、森林和休憩用地，这确保了居民能够很方便地抵达绿地。尽管随后"楔形区域"多年以来一直受到新住宅、工业和交通需求带来的压力，但其发展一直保持接近于生态边界。2000 年，"哥本哈根气候规划"提出这座城市将于 2025

年实现碳中和这一宏伟目标,并引进了丹麦首个区域分布式能源管网系统,该系统有助于降低 70% 的碳排放量以及 80% 的电力消耗,创新绿色解决方案使其被评为"2014 年欧洲绿色之都",2020 年 BIG 事务所为哥本哈根重新制定手指规划,将楔形区域发展至整个都市圈范围。

策略分析:纽约、哥本哈根的韧性战略表明,大都市面对的生态不确定性越来越频繁,建立一个具有韧性的环境变得尤为重要,生态功能区规划管控手段在各个大都市战略当中都应予以体现。

案例 54

墨尔本 2050 韧性战略

墨尔本维多利亚州议会大厦(Parliament of Victoria)郑迪摄于 2016 年 9 月

墨尔本亚拉河被重新设计,增加修建人行道、街道基础设施、艺术品、照明设备、指示牌和绿化,这些举措成为了墨尔本城市设计的一部分。到 2006 年,城市中心居民从 1992 年的 1600 人/平方公里增加到了 15000 人/平方公里,工作日晚间城市中行人的数量翻了一倍。与此同时,墨尔本成为了一个适合生活和工作的地方,城市中心的公寓开发项目从 1997 年的 3000 个增加到了 2010 年的 15000 个,小巷和拱形游廊如今已成为墨尔本最具标志性元素的一部分。墨尔本未来继续为实现长期的宜居性进行规划,为容纳预计到 2050 年将增至 650 万的人口,维多利亚政府在 2013 年颁布了"墨尔本 2050"计划,该计划面临人口增长以及促进经济繁荣和宜居性的挑战,同时保护城市的环境和历史遗产,都市规划局专门为执行"墨尔本 2050"成立,它将协调众多议会确保该规划实施,保障未来墨尔本韧性环境。

策略分析：西方大都市 19 世纪以后的工业化大发展一度引发了城市环境问题,也催生了现代城市的生态模型,墨尔本战略具有后发优势,继承西方城市规划的组织模式,也进行了"自组织"战略创新。

4. 线性结合非线性规划路径

大都市战略的预测具有客观性和主观性特点,前者表现为趋势分析包含多个相对稳定的因素(例如气候、老龄化和少子化、发展不平衡、社会发展等),后者取决于规划主体的意志和预见能力,通过对全球大都市战略案例的研究,本书研究三个主流方法——线性及非线性规划、情景分析和大数据平台。

人口趋势是大都市预测分析的重点,对于传统的城市规划,人口预测往往是采用计量模型进行线性规划分析。线性规划包含回归模型推演、趋势推演、结构过程推演,该方法关注支撑未来功能及产业布局优化的人口结构和分布需求,从而制定合适的应对政策。

回归模型推演：回归分析有线性与非线性的差异，非线性回归分析是线性回归分析的扩展。典型回归模型是线性外推，此方法的使用前提是预测对象在预测期限内不会出现突发变化，用函数曲线相对准确拟合预测对象的历史统计数据，从而建立描述其发展过程的预测模型，然后以模型外推来进行预测。当我们在对市场现象未来发展状况进行预测时，如果能找到影响市场预测对象的主要因素，并能够取得充分的数据材料，就可以采用回归分析方法进行预测。在社会现实经济生活中，很多现象之间的关系并不是线性关系，对这种类型现象的分析预测一般要应用非线性回归预测，通过变量代换，可以将很多的非线性回归转化为线性回归，以线性回归方法解决非线性预测问题。预测经常取决于多个影响因素造成的不确定性，可能一个因变量和几个自变量有依存关系的情况，且有时几个影响因素主次难以区分，或者有的因素虽属次要，但也不能略去其作用，此时需要对回归分析预测进行方法设计，主要步骤包含：1.根据目标确定自变量和因变量；2.建立回归预测模型；3.进行相关分析；4.检验回归预测模型；5.计算并确定预测值。我们选择合适的曲线类型主要依靠专业知识和经验，如下表所示笔者整理常用的城市预测曲线类型。

表格 73 预测曲线描述

预测曲线	特 性 描 述
Gompertz 曲线	成长曲线主要应用于两个原则：相似性原则（决定过去技术发展的因素，很大程度也决定未来发展）和延续性原则（发展规律是渐进的，影响过程的规律不发生突变），增长曲线即生命周期与生物生长过程相似。
Logistic 曲线	生物界中的生物个体通常都会经历一个出生、成长、成熟和衰老的发展演变过程，该曲线为美国生物学家、人口统计学家 R. Pearl 博士通过微分方程表示生物生长速度求解得到的过程，为 Logistic 增长曲线。其数学模型方程形式为：$dy/dt = ky(K-y)$，其中 k，K$>$0 且 $0<y<k$，为可分离变量一阶微分方程。
S 型生长曲线	1974 年联合国在"城乡人口预测方法"中，从理论与实证两个方面详细论证了城市化水平随时间增长的"S"型变化规律。其核心思想确立"城乡人口增长率"作为城市化速度的考核指标，进一步可推导出城市化水平增长速度曲线表现为一条倒"U"型变化曲线，城市化水平增长加速度曲线表现为一条斜"Z"型变化曲线。

预测曲线	特 性 描 述
指数曲线	通常又称为 J 型增长，在面对客观社会经济现象时候，有一段时间里其增长率近似固定不变时，可以用指数曲线趋势模型来拟合并预测，指数曲线法适用于经济技术特征参数稳定增长，主要用于研究事物在发生质变以前的发展速度与变化趋势（王有森，1991）。
对数曲线	根据预测对象具有对数曲线变动趋势的历史数据，拟合成一条对数曲线，通过建立对数模型进行预测的方法。对数曲线在图形上呈现为一条单调递增的曲线，并且增长速度逐渐减慢，这种趋势正符合那种不断增加，但增长速度却不断减小的预测对象。

来源：作者自制

趋势外推：该方法是回归模型推演的进一步发展，其基本原理是确定事物过去发展的因素，事物发展的过程一般都是渐进变化而不是跳跃式的发展，掌握事物发展的规律按照这种规律推导，就可以预测它的未来趋势和状态。趋势外推可追溯到古埃及，人们对尼罗河涨落记录进行分析，促进古埃及农业迅速发展。现代趋势外推分析源于英国统计学家 Yule 在 1927 年提出的 AR（自回归）模型，至今仍被应用，现代时间序列的应用已经扩大到各个领域。该方法首先由 R. Rhyne 用于科技预测，他认为应用趋势外推含六个步骤：1. 选择预测参数；2. 收集必要数据；3. 拟合曲线；4. 趋势外推；5. 预测说明；6. 研究预测结果在制定规划和决策中的应用。

结构过程推演：大都市演化随着空间和时间变化而更新，这一过程不是总量扩展，而是一种结构变迁，要求基于差异和多样性来识别经济活动及其功能。结构过程方法可用来分析大都市演化形成的内在关系，其过程因果关系作为一种分析手段，目的是把握大都市历史变化。全球化城市规划在个体群层面观察更为明显，个体群方法作为描述性集合，是群体的代表。在使用个体群方法时，单个大都市崛起或发展的过程会纳入实际群体的一般演化过程中。因此，个体群方法关注的是群体和群体统计方法，即对群体行为变化给定规律（周振华，2018）。

趋势影响分析（Trend Impact Analysis，简称 TIA）：这也是一种实用有效的预测方法，它能和结构过程推演进行有效的配合，早在 20 世纪

70年代TIA方法就出现在未来研究的领域,它与位于美国康涅狄格州的未来学研究团队(Future Group)密不可分,它包含有4个步骤:1.收集整理相关历史材料;2.使用计算机运算法则选择具体的曲线,拟合数据并不受约束地推断出未来趋势;3.发展一系列无前例的未来事件,这些事件能使趋势外推出现偏离,利用计算机纠正这些偏离;4.利用专家判断识别这些无前例的未来事件发生的概率,再利用计算机发展修正后的外推趋势。

图表25　TIA流程图

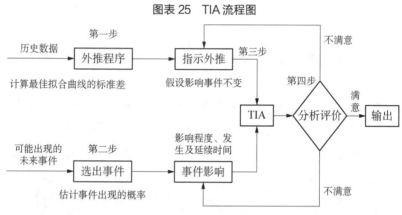

来源:作者自制 TIA 方法描述

趋势推演是人口预测的常规工具,理性回归模型能为推测城市人口的变化提供理想模型,其他因素使得城市人口预测与实际情况存在误差(技术发展、政策实施等),仅仅依靠技术理性作出预测并制定发展目标,可能与城市规划人口发展规律渐行渐远。麦肯锡对全球大都市人口推演的研究表明,从2000年到2012年的人口增长是大都市发展的主要驱动力,其中60%的增长是GDP增长带动,而40%的增长是人均收入增长带动的,而目前由于生育率和人口老龄化问题,全球人口增长正在减缓。人口预测是对人口的数量或结构进行预测的方法,取决于生理、社会风尚、文化教育等各种因素。从整个发展过程来看,出生死亡与居民迁移是决定人口数量的两个最基本的因素。

表格 74　人口预测方法总结

方法	输入数据	假设	适用环境
平均增长率	本地若干历史年份的人口规模	人口增长经济发展平稳,类似给定利率的银行存款增长	城市边界和外部联系相对稳定,城市社会经济发展没有大起大落
平均增幅	本地若干历史年份的人口规模	给定时间内,容纳新增人口能力有上限,影响未来人口总数	土地、供水、投资存在大幅度扩容难度的城市
比例恒定	本地和区域若干历史年份的人口数据观测	某地人口在更大区域内的比例恒定,区域未来人口预测准确	区域内城市联系紧密,一荣俱荣,一损俱损
剩余劳动力转换	本地若干年份农业人口和总人口数据	农村剩余劳动力将按一定比例进入城镇	小城镇,小城镇也因此会有更多被抚养人口
劳动平衡法	本地、区域历年在不同产业就业的人口	城市存在优势产业,是人口的本底,其他人口服务于这个本底。	城市优势产业明显,产业经济联系等量化指标齐全的城镇。
带眷系数	本地历年主要或者预测的新增企业事业的就业人口	主要企业事业的就业人口及其家属构成城市总人口的主体	已有、新、代建企事业数据齐全的小城镇
乘数效应(投入产出)	本地历年所有主要产业之间的投入产出表和预测的外部投资	城市总人口来源于本地经济活动,外部投资会增强有关活动,并带来新增收入和人口	本地产业划分明确,产业经济联系量化指标齐全的城镇
资源约束	本地、区域历年人口,不可再生资源(如土地)消费储备	不可再生资源的供给确定了城市未来人口的增(减)量,且人均不可再生资源消费量相对恒定	城市间人口流动顺畅,不存在过多人为障碍;不同城市有能力提供同等水平的不可再生资源供给
回归方程	本地历年人口及其主要影响因素(如外来投资)的量化指标	城市人口的增长符合一定线性非线性方程,其常数可通过历史数据计算,方程可用于人口预测	没有特别要求
灰色预测法	本地若干历史年份的人口数据	历史人口数据可用于构建有规律的数据系列,表达为参数明确的微分方程可预测未来人口	没有特别要求

续　表

方法	输入数据	假设	适用环境
分组法	本地历史按照年龄、性别划分的出生、死亡和迁入数据	本地人口历史上的不同分组的出生、死亡和迁入率未来仍保持相对恒度	城市及其所在区域一直有稳定的发展内外环境
结构方程	本地历年人口基数、人口增长和相关变量记录	城市人口及其影响因素可以构成若干个相互关联的等式，等式里的常数可以用历史数据计算出来	没有特别要求
专家预测	和本地历史人口基数、增长有关的任何资料	专家根据自己的经验，可以较准确地预测未来人口	没有特别要求
神经网络	和本地历史人口基数、增长有关的任何资料	对历史人口变化规律进行机器学习和挖掘，建立新的复杂推理法则，利用它们预测未来城市人口	城市有大量的各类数据和熟悉机器学习和神经网络的专家

来源：作者自制

大都市预测更注重促使增长的基本要素。除了首尔和巴黎之外，全球大都市人口都在增加，但与此同时大都市都已经进入了老龄化时代。高素质的人口是大都市发展的基础，对于这一点欧美城市比亚洲城市更早预见到，并呈现出更大的重视。"伦敦2062"明确表达：城市未来由人口决定，期望达成的人口规模和结构是作出决策的基本驱动力。"纽约2050"指出，城市人口不断增加，为了确保基础设施满足未来需要，城市规划部门必须使用最先进的人口预测平台，以便提出更为合理的发展布局指导基础设施配置。对于大都市战略的制定，人口规模构成的变化是其调整与修订的驱动因素（王伟，2013），其人口增长预测并非单纯"就人口而人口"，更关注影响人口增长的基本因素，例如城市化、老龄化、少子化，及导致人口特征变化的原因，尽可能使新的人口假设和城市发展结合起来。对于中国大都市，北京、上海、广州、深圳等先发地区城市，都开始进入老龄化伴随"大城市病"，中国城市的二孩政策值得期待。对于中国的新区而言，"雄安未来规划"对于流动人口管理给出思路，管理动态居民采用"吸纳—置换—成型"的思路，高效吸纳人口并灵活配置人口资源。在雄安新区的规划中，阿里提出应用"城市大脑"的智能平台，这一智慧战略将城市看作生命体，认为其包含三个重要能力——城市治理模式突破、城市服务模式突破以及城市产业突破，促进传统产业转型升级。大都市更新或者新建，都如同生命体一样有新陈代谢的过程，其战略制定是治理、服务和创新的三位一体。

通过近20年的人口演变审视全球大都市的人口战略，纽约人口经历一段时间的下降后又有显著回升，总生育率1.5以上，青壮年层（20—49岁）的劳动力人口正在增加，不同于芝加哥人口老龄化趋势，纽约表现出种族民族的多样性，人口在地理上分布的不均衡趋势。这座大都市计划提升人口的多元化程度，增加少数族裔和妇女的就业机会，并计划在2025年前让80万人摆脱贫困，提升老龄化人口的公共服务设施水平，使得保障房和人口增长同步。欧洲大都市普遍重视城市复兴，伦敦人口经历下降后又有显著回升，伦敦幼儿层和青壮年层的人口正在增加，"伦敦2030"规划中对城市五个次区域的人口总量，住房、就业及其不同区域发展进行预测分析，以适应增长需求为目标，对土地利用、交通、开发强度等规划要素进行相关性评估。巴黎总生育率在1.5以上且人口持续增长，同时大巴黎计划在巴黎周边规划了8个产业集群，每个集群有其特定的功能定位；每年新建7万套住宅并增设28000个就业岗位，保证基础设施和公共服务供给。柏林二战前正值工业革命时期，人口急剧增长，从87万人增长到430万人，战后人口回落后再次增长，然而目前340万人口中单身率为42%，未来柏林将致力于吸引人口，发展成400万人口的大城市。法兰克福近年来人口快速增长，移民和难民是最大动因，预计到2025年，法兰克福专业人才的缺口将达200万人，每年必须引进更多的外籍专业人才，特别是在与新经济相关的电子、科技、IT等领域。米兰现有180万居民，其中45%为独居人口，针对该问题政府承诺将提供更多廉租住房。悉尼预计到2031年将增加160万人口，老龄化问题正在变得严重，预计未来健康产业有较大发展空间，政府也必须不断加大引进新移民的速度，尤其是年富力强的移民，相应需要超过66万所新建房屋以及6万个新增就业岗位。迪拜在1881年只有1.2万人，2018年达到了310

万,人口在137年中增长258倍,且主要以移民构成。面对复杂的管理问题,迪拜市政府面向规划者、决策者和投资者,建立本地居民、流动人口的数据平台,对基础设施、社会经济、生态环境等领域进行预测,为合适的政策制定奠定基础。

在亚洲,东京是全球人口最多的大都市,已从老龄化社会进入超老龄化社会,其人口密度可达2700人/平方公里,中心区人口密度全球第二,为14400人/平方公里。东京单身率达到49%,是全球总抚养比率最高的城市(44.84%),其百名劳动力人口需抚养非劳动力人口45人。东京根据自身人口变化趋势,提出创造世界先进的超高龄社会的模范都市,战略制定重视人口密集与高效化。新加坡在人口持续增长过程中,老龄化指数超过50%且总抚养比率36%,好在新加坡在1991年开始为未来40年的400万人口增量做了空间预留,"新加坡2030"为人口持续创造就业机会和宜居环境。

中国大都市的总体人口增长逐步趋于稳定,未来伴随老龄化、少子化的趋势。香港自1961年人口增加了约380万,平均每十年增加100万人口,平均年增长率1.9%,且增长率越来越缓慢。香港为应对人口增长缓慢的问题,实施一系列人才入境计划,提升劳动力人口并输入专才,为本地居民提供培训,鼓励女性和年长者参与工作。香港战略设定不同人口发展模式以做情景分析,在此基础上提出人口政策。2001"上海年总体规划"针对1300万人口现状,提出人口规模控制在1600万以内,而2017年"上海2035"为缓解人口快速增长和资源环境紧张的矛盾,提出至2035年将常住人口控制在2500万人以内,同时为满足城市实际服务人口需求,对公共服务设施、基础设施供给以及就业岗位要素做弹性预留。广州2017年常住人口已经超过2000万,持续面临人口老龄化、劳动力供应减少、人口发展与城市资源配置不平衡挑战,为此广州战略提出2035年常住人口规模控制在2000万人左右,同时按照2500万管理服务人口进行设施配置和服务配置,具体策略包含疏解旧城区人口,引导人口向城市外围疏散(广州日报,2018)。武汉是中部人口规模最大的城市,"武汉2049"预测其人口规模2030年将达到1600万至1800万人,未来规划需要把握人口向城市集聚的趋势和规律,2017年提出从"三镇时代"迈向"长江时代",在完善空间布局上,提升城市生态和智慧基础设施建设上,提高土地的综合利用率。

　　首尔是一个独特的亚洲大都市，由于其地缘环境特点，人口 1951 年只有 65 万，而到了 1992 年急剧升到了 1097 万人，是全球人口增长独一无二的案例，五分之一的韩国人都住在首尔市内，而 2021 年首尔人口减少到了 990 万，回到了 30 年前的数量级，同时中心城区范围内老龄化严重（首尔市政府数据）。首尔战略提出建立平等和谐、以人为本的城市策略，建立超老龄社会福利体系，最低收入保障率在 2030 年达到 100％，建设人人健康生活的幸福家园，社区卫生服务机构指数水平在 2030 年达到 1.2 家/10 万人，同时建立消除两极分化及不平等的社会体系，建立保障终身学习的教育体系，实现男女平等与社会性赡养。约翰内斯堡是非洲大陆最富裕的城市，人口大约 500 万（其所在的豪登省人口 1300 万），其人口增长主要来源于全球化背景下的移民流动，这些移民底层人口基数巨大，包含以经济、种族、语言、部族、国籍的异质性，给城市战略带来巨大挑战。约翰内斯堡 2006 年发布的首版《增长发展战略》（Growth and Development Strategy，简称 GDS）面对快速而又脆弱的城市化、更高的出生率和死亡率、更快速的家庭增长，预测到 2030 年将容纳 600 万就业人口，2015 年新一版《约翰内斯堡 2040 增长发展战略》（Joburg 2040 Growth andDevelopment Strategy，简称 Joburg 2040 GDS）渴望在 2040 年之前实现社会转型，成为世界级的非洲未来城市，提供活力、公平和多样性的发展机会，为所有公民提供可持续性、弹性和适应性的社会，力图有效弥合阶层隔离，同时缓解贫困的大都市发展策略。孟买人口密度过高，孟买大都市区域内重点城市的人口密度已达 4 万人/km^2，为了缓解人口高密度，孟买计划到 2034 年建设 100 万套廉价保障房，同时控制总人口。

案例55

京沪规模趋势预测

　　对于上海、北京两个大都市，近 30 年以来都经历了大幅度的人口增长,以至于后期不得不对城市规模进行限制,但即便规划对人口作出了限制,结果往往是短短数年间就被突破。例如上海大都市的人口预测对发展至关重要,最早在1946至1949年上海工部局编制的"大上海都市计划"中,利用城镇化水平法来做推演,将上海作为个体置于全国人口的城市化发展过程中作分析,得出1996年前后上海人口约为1500万的结论,到1996年实际人口为1451万,可见当时50年的愿景预测准确度还是比较高的。2001年批复的上海总规要求"2020年全市实际居住人口控制在1600万人左右"(上海总规,2001),而上海常住人口2000年为1608万,到2014年已经达到2425万。

1979年,北京开始着手制定总体规划,就有专家希望把北京的发展放到京津冀这个区域里面统筹考虑(吴良镛,1979)。到2003年,在北京制定2004—2020年总体规划时,区域协调的问题已经明确提出来,河北当时提的是"环渤海、环首都"的两环战略,天津在考虑和北京联动,当时的重点工作还是提升基础设施联动,比如建立公路、高铁、空港等综合交通体系。2004年批复的北京城市总体规划要求"2020年北京实际居住人口控制在1800万左右",到2009年末北京常住人口已经到1755万。2012年,北京借鉴巴黎、东京等城市建设副中心缓解原有中心地区人口压力,率先提出建设"副中心",力图优化城市空间格局。2014年北京空气污染、交通拥堵等问题引起媒体关注,北京作为国际城市,京津冀一体化的议题被提上日程。未来北京将以"多中心"实现区域化,让部分功能离开中心城区,搬到天津乃至河北,借此形成副中心战略。

方法分析:通过京沪两地的规划方法演变,在人口预测方面,以终极结果为特征的蓝图式预测方法已经陷入"数字困境",应承认未来可能出现的不确定性和多元化的人口发展情景,包含人口流动加速、公共卫生危机和持续老龄化的趋势,更灵活的预测方法是应对社会发展、人口结构、城市结构的政策需求，脱离对于单纯数据的盲从，将人口发展变化及其衍生的公共服务需求与区域资源分配紧密挂钩，带动人口结构政策优化，并综合了不同的规划用地应对措施支撑大都市整体目标的达成。当然，就人口谈人口势必把预测理想化，人口预测的视角应扩展到社会、经济、资源等多元领域，以整体社会运作机制的逻辑去判断未来格局。

5. 情景分析实现多元推演

传统分析预测方法从事实出发，以逻辑推演的形式推进，而未来不确定性因素并不可控，传统方法难以面对，需要转向跨专业、多维度以及灵活性的预测工具——情景分析（Scenario Analysis），该方法以多种假设条件作为依据，通过联想推测来构想可能的未来趋势，并对可能后果作出多维度判断，类似于具有开放式结局的剧本，通过想象、联想、推测来构想和描绘可能的未来情景，对预测对象引起的后果做出判断。彼得霍尔认为"欧洲空间发展展望"并不成功的原因缘于方法并没有把重点放在政治分析和角色沟通上，导致很多分歧没有得到解决，才造成规划当时很多目标没有实现，之后在全球环境恶化、贫富差距加大等挑战下，各城市之间开始以区域公共问题为导向，基于更多元的价值取向而共同努力。大都市战略宗旨从"增长导向"的规划议题走向了城市转型、包容发展、可持续发展等多元价值导向"，内容也逐步从"限制"和"控制"走向了"战略引导发展"，并从"目标导向"的计划分配走向了"问题导向"的协作治理转变，减少强制控制性条款和措辞，增加战略引导性条款和措辞，给予了地方更多的决策空间。由于规划区域面积庞大且规划议题众多，确定性的定量分析技术耗时耗力并不会普遍展开，而风险角色分析和预测情景分析主要针对于不确定或风险决策，决策选择和输出情景需要一一对应，工作量巨大，由于技术手段局限只能针对短期情景开展分析。

情景分析方法适用于缺乏足够数据和系统条件的预测环境。情景分析作为决策判断工具致力于讲述条理清晰的多维故事，既有定量分析支持，也包括定性分析研判，更可能是具有创新意识的开放性描述。在操作层面，情景分析需要叙述结构化的故事，以便引起决策者的思考参与，提供符合利益相关者权益的"可能解",而非理想"最优解"。Scenario 原是来源于电影剧本中的戏剧术语,它对未来电影里的某个场景进行详细研究,是用来描述未来环境的脚本。同时在情景分析过程中必须加入时间因素,形成不同时间维度交互作用所导致的"片段组合"①,并用综合分析方法把全球各个都市的情景分析案例进行比较对比联系,并归纳成为普遍规律。

图表 26　情景构建流程图

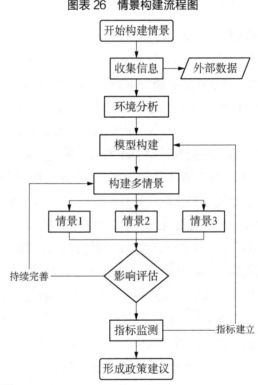

来源:作者自制

情景规划是理解我们作决策及所产生影响的工具,利用它我们能制定更优决策。情景规划通过理解多种行动可能产生的后果,并在今天为未来做出选择,这被认为是一种把现有知识和预测相结合的综合方法,可

① 未来的发展有部分内容是可以预测的,另外部分是不确定的,对未来各种情景的构想可以增加对未来发展中有规律的、可预测的分析,以及对根本不确定事物的理解(Heghes,2009)。

以对优先顺序进行平衡，并可作为有效的规划工具（伦敦 2062，2015）。情景预测的主要特点：其基本观点是未来充满不确定性，即未来的发展有一部分内容是可以预测的，另外一部分是不确定的，存在几种可能的未来，对未来各种情景的构想可以增加对未来发展中有规律的、可预测的分析，以及对根本不确定事物的理解（Heghes，2009）。当我们面对多种可能性的未来，且不同领域专业之间有相当大的交互影响效应，我们可以综合片面、分散的知识而形成一幅关于未来发展和状况蓝图（情景评估）。当致力于这种发展如何出现的详细想象，我们能作出准备，以推算其出现的形态以及概率。

借助于计算机技术，情景分析展现了未来的复杂性和丰富性。传统的规划方法也会创造情景，但这种情景是单向封闭的，并否认了反馈作用和系统作用，而在当下规划和管理的关系中，大都市受到社会经济等诸多因素的共同作用，规划往往被设定为积极主动，且需要创造实施所需的各种环境。得益于计算机支持数据模拟和互动式分析，情景规划能比传统方法更整体综合、灵活创新且应对不确定性，在战略编制与实施过程中，创造情景需要整体认识系统内部与外部规律，采取定性、定量与主客观并行的变量工具，进行多维灵活、有意识及结构化的分析，讲述积极和创造性的未来故事。

表格 75 "事实陈述、逻辑推演、情景分析"的特点分析

预测方式	事实陈述	逻辑推演	情景分析
未来态度	面向未来	未来是可期望的适应性	未来具有积极和创造性
现实态度	基于当下现实	基于确定的联系	基于价值取向
风险态度	无风险	隐藏风险	说明风险
研究方法	定量结合定性	定量、客观和显性	定性、定量、主观和开创性
决策态度	无须决策	需要敢于决策	需知道决策内容并鼓励创新
解释方式	直观描述	用过去规律解释未来	定义期望未来、分解条件把未来情景物化

续　表

预测方式	事实陈述	逻辑推演	情景分析
不确定性态度	具有确定性	短期较低不确定性	长期不确定性,自愿变化并触发可能的功能
方法体系	定性、定量模型	有意识分析、结构分析(定性)	局部、有条件的外推来突出所期望的倾向和技术条件限制,标准化模式、动态模拟、德尔菲法、专家判断

来源:作者自制

图表 27　情景分析步骤图

界定问题	内容: 1. 明确判断对象,收集信息并挑战固有观念。	特点: 承认未来发展多样化,预测结果多维度。
跨专业分析	内容: 2. 分析社会、技术、环境、经济及政治角色,确定先决必然和关键因素。	特点: 承认人的能动性,把群体意图和愿望作为情境分析愿景,并与决策者一起保持沟通交流。
情景构建	内容: 3. 构建3-4个场景目标。	特点: 对关键因素以及协调一致性关系进行分析。
动态模型	内容: 4. 确定主要参数,构思出几种未来城市的走向。	特点: 对关键因素以及协调一致性关系进行分析。
路径实施	内容: 5. 最后对情景进行分析评价,明确差异,得出最适宜路径方案。	特点: 注重操作性,具备跨界特点,包含心理学、未来学和统计学等学科特征。

来源:作者自制

　　传统规划通常基于确定性,而大都市战略则需要基于不确定性,采用情景规划将大幅度提升灵活性,抛开经验主义能动地思考未来,使得大都市战略主动面对城市发展。情景分析并非绝对准确地预测未来事件,而是让预测者做好准备保留纠正偏差。在分析过程中,短期预测能够及时应对不确定性作出调整反应，而长期预测则能创造有效的未来，分析方法应兼顾长短期并向多维度、跨专业、弹性灵活的趋势发展。因此，情景分析不只是"讲故事"，而是深入分析该故事的各种因素，就此构建不同结局的路径，结合理论模型以多个大都市的情景实证案例总结情景分析的方法论。情景分析的五步法分为：1.多角色界定问题，即所有规划者共同关心的焦点；2.跨专业分析问题，按照经济、社会、市场需求等因素归纳，识别不确定性要素并找到关键决策因素；3.利用"情景分析三角"构建情景，形成出几种未来城市的走向；4.利用动态模型对各种不确定因素进行详细分析，使用层次分析法明确不同目标以及指标参数；5.用指标参数检视规划反馈情况优化模型，同时针对城市面临问题做出应对形成政策建议。

我们所构建的情景多元化，多方面、多角度探究城市发展进程，总结其发展规律，当下城市预测平台还停留在识别和模拟阶段，未来情景分析智能平台要深入到推演和干预中去。规划师利用"情景分析三角"和"五步法"可构建一系列情景平台，并立足于现实引入联系现实和未来的战略思路。情景分析促使利益相关者思考未来并展开讨论，更有可能为实现情景做好准备，并构建一个智能化的情景分析平台，包含信息识别、复频①研判、干预学习三大模块，各模块循环往复，不断调整优化，多方面、多角度探究城市发展进程。未来，基于本文已有的研究成果，借助多个相关专业的协作（例如基于"元宇宙"②技术的空间预测模型），有望逐步完善城市空间战略规划的智能平台构想与架设，引领分析方法的变革，并依据定制化需求多路径地解决城市问题。

表格 76　三种趋势分析模型对比

名称	多专业逻辑分析演绎	多维度趋势模型外推	多形式愿景图像构建
目标	战略决策跨专业组织	外推预测以及政策评估	支持政策制定战略决策以及行动规划

---

① 复频：即空间战略规划从编制、发布、传播、批判直至调整滚动进行，其生命周期具有持续性和顺延性，多个时段的战略预测常常同时进行，可最大限度地涵盖城市多情景内遇到的挑战、风险和机会。

② 元宇宙（Metaverse）：利用科技手段进行链接与创造，并与现实世界映射与交互的虚拟世界，可形成空间预测模型计算推演虚拟世界与物理世界的发展，从而实现反馈和互动。

表述	描述性或规范性	描述性	描述性或规范性
范围	范围从宏观全球到微观企业	范围较窄一般依据特定事件发展趋势	范围较宽且考虑因素较多
时间	3～5年	5～10年	20～30年
方法论	过程导向的定性分析、专业直觉、头脑风暴技术、专家讨论研究	结果导向的定量分析，辅助数字模型利用历史时间序列数据识别趋势	利用角色分析进行讨论，基本上是主观的，有赖于直觉进行定性分析
出发点	特定的管理决策，普遍关注的议题	依据详细时间序列数据进行决策	关注具体现象，复杂问题决策
建立框架	以矩阵形式确定情景逻辑作为主要原则	基于关键指标预测拟构建不确定模型	基于关键变量利用矩阵形式创建开放式假设
模型输出	量化分析，构建若干个平行的情景，包含启示、战略选择和预警	定量的基准情景、匹配可调整的时间序列预测	定性和定量兼顾，基于综合分析的可能行动及其后果构建多个可供选择的情景
概率	所有的方案概率一致	概率受制于前提条件	变量发展的概率取决于参与者认知
数量	2～4个	3～6个	多个且不拘泥于特定数量
评分标准	连贯性、综合性、一致性、逻辑严谨	合理性并且可重复	综合性、内部一致性、新颖性、灵活创新性

来源：作者自制

各大都市多专业逻辑推导以专业分类建立情景分析。"伦敦2062"邀请工程咨询、农业科技、环境保护以及物流服务等顾问从不同立场角度的情景建立未来愿景，规划设计工程技术顾问建立的Arup方案平衡经济、环境两大社会发展要素建立四个情景，包含"经济增长牺牲环境、经济增长保护环境、环境保护同时经济衰退、经济负增长同时环境恶化"主题；瑞典农业科技大学SLU方案建立五个社会发展的可能情景，包含"过度开发、平衡发展、东方崛起、世界觉醒、支离破碎"主题；环境保护机构Natural England建立四个社会发展情景，包含"连接生活、追求增长、保持本土化、创新成功"主题；邮政物流集团DHL建立五个社会经济情景，包含"经济崩溃、巨型城市、个性生活、保护主义、全球化与本土化"五个主题。"伦敦2041"交通模型（The London Plan）构建空间敏感性情景，从2015年现状出发以2041年空间场景为目标，形成高人口、高就业和高经济增长的土地利用格局；构建经济敏感性情景，优化网络场景、增量扩容场景，形成低人口、低就业和低经济增长的经济结构变革场景；构建发展敏感性情景，从道路付费使用和市长偏好出发，基于石油价格上涨敏感、自由出行下降的前提，形成人口岗位下降、全球经济衰退应对场景；构建互联互通的交通调控情景，从科技敏感性出发形成无人驾驶技术提升场景。

多伦多依据四种技术愿景，界定未来城市的发展模式。"网络：无处不在的连接"方案配备网络连接、电力供应和在城市中低成本布设硬件的方法，科技数据层的软件和硬件组件都可有效运行；"终端：社区API运营"方案将从最广泛的供应商和服务提供商的选择中获益，不应局限于特定的硬件或软件解决方案；"软件：Quayside引导程序"方案设置大量传感器进行实验，以实现多种技术方法的并行实验，建立城市创新研究所并创造科技数据资产；"分析工具：感知建模"方案发展物联网技术使无所不在的感知变得可行，城市集合实验传感器并进行快速迭代学习。新加坡则根据城市信息基础设施分类建立涵盖智慧、产业、人才以及机制的发展情景，基础信息设施方案确立超高速、智慧和安全的基础信息设施；信息技术产业方案发展具有国际竞争力的信息技术产业；信息技术人才方案培育具有国际竞争力的信息技术高级人才；信息技术机制方案通过更为成熟和创新的信息技术使用促进产业部门、政府机构和社会转型。

表格77　多专业逻辑分析

对象角色	专业分类	内容表述
伦敦2062：不同立场角度的情景	Arup情景方案（规划设计工程技术顾问）	建立四个情景处理经济、环境两大社会发展要素：经济增长牺牲环境、经济增长保护环境、环境保护同时经济衰退、经济负增长同时环境恶化
	SLU情景方案（瑞典农业科技大学）	建立五个社会发展的可能情景：过度开发、平衡发展、东方崛起、世界觉醒、支离破碎
	Natural England情景（环境保护机构）	建立四个社会发展情景：连接生活、追求增长、保持本土化、创新成功

续　表

对象角色	专业分类	内容表述	
	DHL 情景（邮政物流集团）	建立五个社会经济情景：经济崩溃、巨型城市、个性生活、保护主义、全球化与本土化	
2015 年现状空间场景、2041 年愿景空间场景	空间敏感性	高人口、高就业和高经济增长的土地利用格局	
伦敦 2041 交通模型：场景化建模	优化网络场景、增量扩容场景	经济敏感性	低人口、低就业和低经济增长的敏感性格局，造成经济结构变革
	道路付费使用场景、和市长偏好场景	发展敏感性	石油价格上涨的敏感性格局，造成社会经济成本上浮
			自由出行下降的敏感性格局，造成人口岗位下降、全球经济衰退
	互联互通场景、交通调控场景	科技敏感性	用车水平不下降的敏感性格局，使得无人驾驶技术提升
新加坡：智慧技术门类情景	基础信息设施	确立超高速、智慧和安全的基础信息设施	
	信息技术产业	发展具有国际竞争力的信息技术产业	
	信息技术人才	培育具有国际竞争力的信息技术高级人才	
	信息技术机制	通过更为成熟和创新的信息技术使用促进产业部门、政府机构和社会转型	
多伦多：技术情景导向	网络：无处不在的连接	城市中配备网络连接、电力供应和低成本智能硬件，科技数据层的软件系统都可有效运行	
	终端：社区 API	城市运营将从广泛的供应商和服务提供商的选择中获益，不局限于特定的硬件或软件解决方案	
	软件：Quayside 引导程序	广泛设置传感器探索以多种技术方法的并行实验，建立城市创新研究所，Quayside 平台创造科技数据并促进数据增值	
	分析工具：感知建模	物联网技术的发展使无所不在的感知变得可行，成品和实验传感器结合起来工作，促进城市进行迭代学习	

　　各大都市多维度趋势模型通过识别关键驱动力并将其量化建模，涵盖经济、社会、环境、人口等指标，分多个情景对指标赋予多种数值，从而

构建"可量化的未来"，并在当下匹配相应的社会经济资源倾斜。"芝加哥2040"基于水源不足、水源常态以及水源充足的条件建立需求情景，遵循资源密集程度较低的目标，形成"提高用水效率的承诺，鼓励保护用水和减少灌溉需求"三个方案。"香港2030"基于多种发展情景提出对应方案以及相应指标，针对人口和工作发展假设，未来战略需加强研究影响人口增长的基本因素及导致人口变化的原因，使新的假设更可信，基于需求驱动及发展计划影响考虑房屋用地的供应，同时考虑外在环境、区域与全球发展趋势与公众的期望，进行一个更具有远见的住房规划方案；针对未来20年的都市规划和开发需求，确保香港市民更有把握去预知不确定性的未来，并需要保持灵活性，战略预判本地及跨界的交通流量，需要制定一套稳健的策略和应变机制，并就不可预见的变化对策略作出调整；针对公众参与需求，鉴于市民仍不太满意既有的检讨方式，需要创新研究方法，在战略研究过程中让更多的社区参与进来。

表格 78　多维度趋势模型表

对象角色	驱动力剧本	指标表述
东京 2035：经济发展情景	● 暴雨情景：老龄化使得日本逐渐丧失活力 ● 雨天情景：都市经济停滞，已被海外先进都市拉开了差距 ● 多云情景：都市虽然维持了一定程度活力，按以往轨迹进行更新 ● 晴天情景：以综合特区为开端进行再整合，创造超前的都市环境	● 工业经济指标：总人口、工作人口、名义 GDP、GDP 增长率、人均 GDP、亩均 GDP、失业率 ● 空间环境指标：人口密度、三岔路建成率、直接通航城市数、国内及国际机场通航时间、循环能源利用率、绿地覆盖率 ● 社会生活指标：女性就业率、老年就业率、平均预期年龄、百万人谋杀率、外国人居住比率、境外访客数、国际学生数
芝加哥 2040：自然资源情境	● 水源不足：15 亿加仑/天 ● 水源常态：19 亿加仑/天 ● 水源充足：22 亿加仑/天	基于三种潜在的需求情景，遵循资源密集程度较低的目标方案，其中包括提高用水效率、鼓励水源保护、智能水表和水泵使用、高效洗衣设备、大型水体景观利用、减少灌溉需求的管理方式

续　表

对象角色	驱动力剧本	指标表述
香港 2030：不同层面的规划情景	● 高—高情景：高人口增长和高经济增长，维持高水平的经济增长，本地生产总值比基准情景高 0.5%，引入较多专才和技术人员	常住居民：持续研究增长动力及变化原因，基本人口增长为 0.7%，2030 年基准人口达 840 万（高水平 880 万，低水平 800 万）房屋用地的供应及使用：受到需求驱动的策略、发展计划影响以及外在环境变化，2030 年基准需求 92.4 万单元（高水平 112.9 万、低水平 75.4 万）● 年均本地生产总值增长；需要创新研究方法平衡公平与增长，基本水平为 4.0%（高水平 5.0%、低水平 3.0%）● 职位及工作人口：确保预测的灵活性，2030 年基准岗位 400 万（高水平 440 万）● 预测办公楼宇的使用：2003—2030 年甲级办公楼需求量 260 万平方米（高水平 330 万），商业需求 520 平方米（高水平 900 万）● 跨界人流：与公共设施配置关联，2030 年达 42.6 万，相当于总人口 5%，游客达 5 亿人次每年，低人口水平会产生 30 万跨界工作人口
	● 基准情景：中人口增长和中经济增长，本地生产总值为 4.0%，逐步吸纳专业、技术人员和投资者、岗位每年增长 0.6—1.2%，人口增长持续放缓至 0.7%，老龄化现象日趋严重 ● 低—中情景：低人口增长中经济增长维持基准情景的经济增长水平，本地缺乏技术性的工作岗位部分香港居民移居内地。	

　　大都市构建多形式愿景时，战略制定者首先构架多个场景故事，基于"说故事"形成多元内容表述。波士顿利用利益相关者模型（Stakeholder Modal），制定出四个情景方案来探索区域的建设计划。"城市无节制增长"方案依据城市扩张加剧城市不平等现象，提出超过 10% 的地区需要增加密度；"抑制城市蔓延"方案为达成抑制蔓延目标大幅度提升城市密度；"发展低收入社区"伴随都市重建拆除旧建筑，更加积极地增加绿化；"紧凑城市核心"方案加速城市核心成长速度，提出超过 25% 的地区需要增加密度。

　　大巴黎计划邀请不同设计师设计各自的理想情景，"生活在新形式的街区里"方案促进能够预先考虑到气候和能源变化的城市组织方式，能够达到能源平衡，"城市网络，连接城市"
探讨将来的公共运输网络，协调市中心
和外围的交通，轻型城市与大交通衔接
顺畅；"集聚：分散集中区"方案有利于
就业激发创新，形成集中混合密集的中
心区和都市的集中区域；"住在亲近大
自然的都市里"方案形成乡村式的城
市，绿色空间和房屋建筑组合在一起，
形成开放的岛形方格，通过连续的生态
区段联系在一起；"利用河流构成网络"
方案让河流向城市开放，与自然领域和
房屋建筑结合在一起，将河流与经济能

莫斯科卫星城鸟瞰
吴志强摄于 2005 年 3 月 11 日

源发展联系在一起；"熟悉都市，掌握都市"方案建立景观遗产和地区特
征，设置超出中心都市范围的重要场所，建立象征性的建筑地标。

　　莫斯科战略探索不同情景模式下的大都市形态，"密集发展方案"呈
现油滴状地向外密集渗透，依靠市区向周边扩张来保持莫斯科地域发展
的原有趋势，优点是不需要巨资建设高速干线，缺点是恶化环境。"定向
轴线发展"方案沿着东线、西北线、南线走廊布局战略建设项目，优点是可
与大都市原来的放射状聚落系统有机协调，代价是需要投巨资建设高速
公路。"卫星城发展"方案围绕莫斯科市建设和发展一系列人口在 15—
30 万的城市中心，优点是卫星城可使市区具有良好的生态环境条件，缺
点是规模不足以提供社会多样性的岗位，发展需要时日。

　　"北京 2035"探索不同模式下的形态情景，假设了四种不同的土地发
展情景，包含圈层、轴向、飞地式、环状四种模式，各模式分别借鉴伦敦、巴
黎、荷兰的土地利用模式，为土地决策提供依据。"圈层发展"模式借鉴伦
敦外围城镇与农田连绵交错扩展历程，一些新城成为北京现代制造业基
地，另外一些新城具有高端服务业聚集，外围为现代制造业和高端服务业
配套的地区，以专业化制造、休闲度假、居住区及森林公园为主。"轴向发
展"模式借鉴巴黎外围以新城为核心的发展历程，以快速交通干道将北京
东南部地区划分为三个制造业轴线和三个游憩轴线，这需要强大的产业

服务支撑来带动各走廊地区的发展。"飞地式跨越发展"模式借鉴东京-横滨发展历程,选择具有重大战略意义的地区(例如京津城市走廊内特定地区)形成更大规模的都市圈,疏解大城市职能形成大都市廊道。"环状发展"模式借鉴荷兰兰斯塔德的环状城市,在京津走廊联动风景名胜区和白洋淀湿地,构成京津冀北都市圈的两大绿地。

都市战略规划方法逐步从"蓝图绘制"转向"决策工具"①相似文化背景、社会结构下的亚欧城市规划经验更值得我们学习,因此情景分析使用频率逐步增加。

全球大都市搭建的空间情景包含社会、技术、文化等诸多要素,明确技术愿景、发展原则,在愿景和原则基础上,进行多个场景的设计并且明确行动路线。香港规划部门在制订横跨三十年的规划策略时,根据人口假设、工作假设、规划年限、土地开发、公众参与五种情况,对未来各种可能的情景做出预计,并评估各计划的应变能力。情景规划使得城市在人口、环境及社会经济情况出现重大变化时,能应对自如,并非经典的问题导向而突出情景导向的战略制定方式。都市战略的创新者之所以按照这种逻辑(从远景开始、层层分解到最后的具体措施)设计规划策略,主要基于几点考虑:远景用以描绘一幅宏伟蓝图;方向用来指明到达远景的路径;主题用以明晰需要关注的范畴领域;措施用来确定需要部署的具体行动。悉尼规划部门在实际预计到 2031 年将增加 160 万人口,提出规划相应需要超过 66 万所新建房屋以及 68 万个新增就业岗位。巴黎则通过十个设计小组的畅想,表现出可能的未来巴黎场景。波士顿利用一个利益相关者驱动的过程,制定出一套 4 个情景规划方案来探索区域的未来,描述了这个利益相关者参与的规划过程。多伦多依据四种技术愿景,包含连接、社区、引导程序以及感知建模,界定发展模式。"北京 2035"假设了四种不同的土地发展模式,包含圈层、轴向、飞地式、环状模型,各模式分别借鉴伦敦、巴黎、荷兰的土地利用模式,为决策预测提供依据。

---

① 决策工具是辅助决策后通过是具体的数据与模型,进行半结构化或非结构化决策的应用系统。

表格 79　多形式愿景图景

对象角色	故事场景形式	内容表述
大巴黎计划：不同设计师的理想情景	生活在新形式的街区里	促进能够预先考虑到气候和能源变化的空间组织方式，达到城市能源平衡
	城市网络，连接城市	探讨将来的公共运输网络，协调市中心和外围的交通，与大交通衔接顺畅
	集聚：分散集中区	有利于就业激发创新，形成集中混合密集的中心区
	住在亲近大自然的都市里	乡村式的城市，绿色空间和房屋建筑组合在一起，形成开放的岛形方格，并通过连续的生态区段联系在一起
	利用河流构成网络	让河流向城市开放，联系河流与经济能源发展，与自然领域和房屋建筑结合在一起
	熟悉都市，掌握都市	建立景观遗产和地区特征，设置超出中心都市范围的重要场所，建立象征性的建筑
波士顿：不同利益驱动的规划过程	城市无节制增长	城市扩张加剧城市不平等现象，超过10%的地区需要增加建筑密度
	抑制城市蔓延	规划大幅度提升城市密度
	发展低收入社区	都市重建拆除旧建筑，更加积极地增加绿化
	紧凑城市核心	加速城市核心成长速度，提出超过25%的地区需要增加密度
莫斯科：不同模式下的形态	密集发展方案	基于市中心以多个组团向外密集渗透，依靠市区向周边扩张来保持莫斯科地区发展的原有趋势，优点是不需要巨资建设高速干线，缺点是环境恶化
	定向轴线发展	沿着东线、西北线、南线走廊布局新的建设项目，优点是可以原来的放射状聚落系统有机协调，缺点是需要投巨资建设高速公路
	卫星城发展方案	围绕莫斯科市建设和发展一系列人口为15万~30万的城市中心，优点是卫星城可使市区具有良好的生态环境条件，缺点是规模不足以提供足够多样的岗位

续表

对象角色	故事场景形式	内容表述
北京2035：不同模式下的形态情景	圈层发展模式	借鉴伦敦外围城镇与农田连绵交错扩展，新城成为北京现代制造业基地，部分高端服务业聚集，外围为现代制造业和高端服务业配套的地区，城市功能以专业化制造、休闲度假、居住及森林公园为主
	轴向发展模式	借鉴巴黎外围以新城为核心的发展模式，北京东南部地区沿快速交通干道形成若干条产业轴线和游憩轴线，由强大的产业服务支撑来带动各条走廊地区的发展
	飞地式跨越发展模式	借鉴东京—横滨发展模式，选择具有重大战略意义的地域扩展形成更大规模的都市圈，疏解大城市职能形成城市走廊
	环状发展模式	借鉴荷兰兰斯塔德的环状城市发展模式，在京津走廊附近建设风景名胜区，连同白洋淀湿地构成京津冀北地区的绿色空间

案例 56

"上海2035"灵活动态组织

"上海2035"大都市空间战略规划在尊重历史规律前提下，使用"全局—定性—定量"逻辑叙事法，结合交叉影响分析和层次分析建立城市指标体系。在人口的情景推演中，"上海2035"将人口变化分解为不同因素进行分析，考虑生育、就业、发展、服务等诸多因素，同时也分类型考虑户籍人口、外来人口两大来源，由于户籍人口增长的规律性

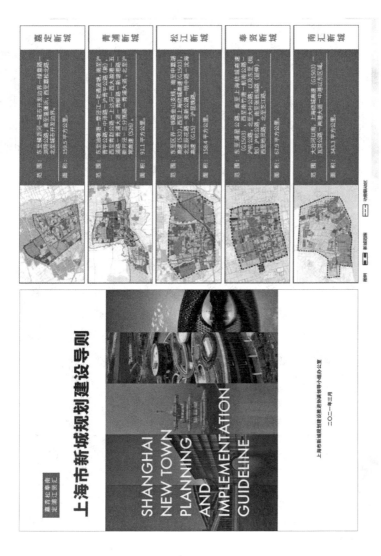

上海"五个新城"政策与相关规划建设导则

较强,而外来人口受政策调控影响较大,当前上海人口的增长模型以趋势外推为基础,结合政策调控因素来预测增长量级。

方法分析:在预测对象分析中,情景推演的未来趋势应该利用多视角观察和多学科交叉,形成多元化模拟并进行多方案备选。"上海2035"的人口情景分析涵盖多元因素,包含但不限于系统动力学、人口规模预测以及空间形态分析,支持规划师分析土地、水、大气和设施资源约束条件,并根据约束条件、人口预测和疏解情景分类建模,从而把客观独立的研究成果传达给决策者。人口调控的关键在于引导城市形成多中心均衡的空间结构,通过情景分析形成了空间、人口、城市结构三个层面的政策方案。在情景分析的前提下,2021年上海提出"五大新城"的政策导向,将建设不同于卫星城或郊区新城,而是长三角城市群中的独立综合性节点城市[1]。其中,"独立"基于空间情景提出,以新城承载作为发展导向,注重产业、人口、配套的完整设置;"综合"基于人口情景提出,以中情景3200万作为人口调控目标,未来设施配置倾向于交通、水资源和能源设施;"节点"基于结构情景提出,以"边缘+走廊"模式为主导,强化新城和中心城区的交通廊道,强化边缘节点。在研究基础上,规划师将空间、人口、结构情景进行有机组合形成政策组合。

表格80   上海战略情景分类表

类型	情景分类	关键要素	内容
空间情景	边缘承载:趋势外推下的人口分布情景	用地	居住、商业、工业、公共设施用地
	新城承载:规划目标为导向的人口分布情景	就业	就业率保障、一二产就业率、生产性服务业就业率、生活性服务业就业
	廊道承载:沿轨道交通向外轴向拓展	配套	生活全综合得分、路网密度、轨交覆盖率、平均路网整合度

---

① 新华每日电讯,"五大新城"赋能升级版"大上海":http://www.xinhuanet.com/fortune/
2021—01/28/c_1127033820.htm.

续　表

类型	情景分类	关键要素	内容
人口情景	高情景：3600万	广域服务人口	医疗、体育与文化等设施需要
	中情景：3200万	实际服务人口	交通、水资源和能源等设施需要
	低情景：2600万	常住人口	住房、养老与基础教育设施需要
结构情景	边缘承载：单中心扩展结构	维持现状，发展主城模式	大量人口导入将造成通勤需求、就业岗位、公共服务及用地结构调整的压力
	廊道承载：带状延展结构	有限发展，沿廊道拓展模式	规划控制包含抑制边缘、反磁力中心、点轴模式导致人口集聚、产业结构调整
	新城承载：多中心均衡结构	积极发展，"边缘＋走廊"模式	强化交通廊道，促进人口和就业沿走廊分布，强化边缘节点

来源：作者自制

　　基于共性要素解构和特性路径解析，本研究提出情景分析三角模型
（Scenario Analysis Triangle），该模型具备稳定性及灵活性，由于三边相
互支撑并可基于对象问题调整侧重点，使得该方法体系灵活多变。"情景
分析三角"涵盖跨专业领域，多元应对全局整合，多层面对行动导向，具有
时间延续性和可操作性。各支撑点下可细分维度，面对跨界需求，可随其
半径按需调整，以应对多元目标分解以及跨专业需求。

　　"情景分析三角"具有灵活适应性，传统
的"预测＋供给"路径认为不确定性是稳定
的，往往以既有认知和线性趋势推动政策制
定。确切来说，在拥有大量历史数据且关键
变量稳定的前提下，趋势外推方法是比较有
效的，但在动荡多变和错综复杂的环境下，传
统预测方法因关键变量间的假设难以与实际
情况吻合而显得不够灵活。战略制定的过程庞大复杂，工作组的领头人
需站在全局的角度，利用跨专业、多维度、灵活性的情景分析，不断探索未
来的多个目标，并在目标体系间建立平衡，同时建立彼此之间的实现
路径。

图表28　情景分析三角图示

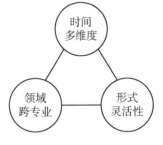

　　"情景分析三角"兼具稳定与灵活性,用多元动态的分析方法组合应对具体情况。以人口预测为例,在京沪规模趋势预测中,工作组发现传统静态的预测方法已经陷入技术困境,规划应承认未来可能出现的多元人口发展情景,包含人口流动加速和持续老龄化的趋势,预测方法从被动向主动转变,将人口发展变化、区域资源分配及公共服务需求紧密联系起来,并将其与多元情景挂钩,反映整体发展趋势。

　　总之,"情景分析三角"适用于缺乏足够数据和系统条件的预测环境,通过多维度模型推演、多专业综合判断、灵活动态形式逻辑描绘可能的未来情景。情景分析也存在局限性,其花费时间比较长且消耗资源多,过程复杂且在一定程度上依赖于规划师的经验,缺乏程序化的模式,操作起来主观性较强。另外,情景分析作为长期预测的工具,短期效果不明显,常常导致规划者因缺乏耐心而选择放弃。

案例 57

"东京 2035"跨专业分析

　　东京圈是超越行政圈的经济一体化,即以 60 公里为半径形成的大都市区域,包含范围内经济、产业、空间、环境、生活、社会等多方面因素。东京的未来也要考虑东亚人口普遍减少的趋势,现在 20 岁的年轻人在 2035 年正好迎来人生中的巅峰期,那时东京将会怎样?"东京城市空间战略规划"认为日本从 2005 年开始人口呈现下降趋势,预计到 2050 年降到谷底;而东京的情况却完全不同,大量的人口集聚导致人口不断增加,因此东京是日本最重要的核心区域。

　　日本森纪念财团都市战略研究所编制的《东京 2035 未来剧本》(下文简称《东京 2035》),基于东京圈将持续进行经济一体化的背景,在 60 km 半径内分析预测经济、产业、空间、环境、生活、社会等方面的未来走向(表 76),同时也要考虑东亚人口普遍减少的趋势

（2011 年 20 岁的年轻人在 2035 年正好迎来人生中的巅峰期），《东京城市空间战略规划》认为日本从 2005 年开始人口呈现下降趋势，预计到 2050 年降到谷底，而东京圈大量的人口集聚导致土地需求持续增长，有必要探讨不同的课题主旨、分析社会经济走势、对将来的展望以及战略空间格局。

表格 81　《东京 2035》研究提纲

1 东京直面的课题		
1.1 全球范围的都市竞争	1.2 创造吸引世界人口集聚的魅力都市	
2 充满不确定的社会经济走势		
2.1 未曾有的经济危机	2.2 严重深刻的能源环境问题	2.3 复杂的国际关系
3 基于过去经验对将来的剧本计划展望——描绘东京未来		
3.1 悲观剧本	3.2 趋势振荡型剧本　3.3 趋势上升型剧本	3.4 理想剧本
4 都市战略立案		
4.1 实现东京目标的都市画像	4.2 回避消极剧本的都市战略	4.3 推导出实现积极剧本的都市战略

《东京 2035》采用关键驱动力作为影响因子，对持续激变的发展环境进行预测，最终总结出了"放松管制和开放化""促进竞争和选择集中""转变模式"三大类关键驱动因素（KDF：Key Drive Factor）（表 77），形成了东京未来的四个剧本。

表格 82　影响因子

驱动因素	解　释
放松管制	避免老龄化和生产人口减少带来的经济停滞，实行放松管制、开放化策略，唤回都市活力
促进竞争	竞争促进品质提升，投资相关的集聚产业，提升都市竞争力
转变模式	模式转变带来社会结构变革，提升都市魅力

表格 83　东京四大情景剧本表

内容	暴雨剧本	雨天剧本	多云剧本	晴天剧本
简述	老龄化使得日本逐渐丧失活力	都市经济停滞，没有更新能力，已被海外先进都市拉开差距	都市维持活力并依照原有轨迹进行更新	以特区为开端整合建筑交通，创造新都市环境
对策	通过"放松管制、开放化"排除既得利益，促进要素自由流动	面对失去活力、老龄化严重的社会和本地化市场，以竞争来提升品质，以集中来优化投资	跨越了第二步，产生都市竞争力，延续传承传统价值观并持续创新	找到东京作为领跑者的潜力，实现社会结构变革和发展模式转变
经济	依赖过去的遗产	成为亚洲的后勤支撑部门	在国际竞争舞台上屡战屡败	未来型都市产业的典范
空间	城市老化，贫民窟丛生	维持现状但缺乏动力	大规模修缮的整形策略	先进都市空间标准典范
生活	自我封闭、社会停滞	不加控制的社会开放和不完善的经济多样性	无法调和的碎片化	可调和、渐变的社会革新

方法分析：驱动力决定了情景规划的出发点和终点。在深入讨论每一个驱动力中，你将知道情节的故事走向，而情景也在这个过程中逐渐成形。"东京未来剧本"采用关键驱动力 KDF（Key Driving Force）：1. 放松管制和开放化，避免老龄化和生产人口减少带来的经济停滞，实行放松管制、开放化、唤回都市活力；2. 竞争促进和选择集中，竞争促进带来的品质提升，投资相关的集中选项并提升都市竞争力；3. 转变模式，社会结构变革提升都市魅力，三大关键驱动力形成了东京未来的四个剧本。东京未来情景方法包含四步：1. 设定目标都市画像来描绘东京都市的未来，然后从中提取关键驱动力，分析其积极和消极作用会产生不同

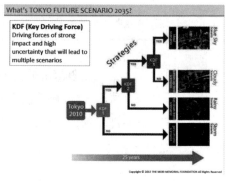

关键影响因子分析图

剧本的分歧点；2. 描绘 25 年后东京圈的未来，即超越行政圈的经济一体化的东京，并就此展开预测分析的故事；3. 都市战略方案，通过分类分析，明确 KDF 形成四个剧本（暴雨、雨天、多云和晴天），最终实现都市战略立案；4. 专家讨论课题组收集利益相关者意见，对都市战略畅想献计献策。

在四大剧本中，暴雨剧本基于老龄化使得日本逐渐丧失活力的情况，经济依赖过去的遗产，城市老化与贫民窟，社会停滞自我封闭，东京力图通过"放松管制、开放化"排除既得利益，促进要素自由流动。雨天剧本都市经历经济停滞，没有更新能力，已被海外先进都市拉开差距的情况，经济上成为亚洲的后勤支撑部门，空间上维持现状动力缺失，社会状态没有选择的开放，政策跨越了放松管制开放化关口，以竞争促进来提升品质，以选择集中来优化投资。多云剧本中，都市虽然维持了活力依照以往轨迹进行都市更新，但在国际竞争舞台上屡战屡败，实施大规模修缮的整形策略，社会状态上呈现无法调和的碎片化，跨越产生都市竞争力并延续传承传统价值观并持续创新。晴天剧本以特区为开端整合建筑、交通和信息设施，东京作为领跑者角色应持续挖掘潜力，创造新都市环境，实现社会结构变革和发展模式的转变，未来成为先进都市空间标准和可调和型渐变社会革新典范。

经济产业画像中，东京"全球 500 强"中本地企业数量居世界第一，集聚大批竞争力强的优秀企业，未来将形成世界屈指可数的跨国企业群，持续引领高端服务业发展。东京第三产业代表日本的金融、贸易和文化产业占有相当的国际地位，证券交易所作为世界三大金融市场之一拥有极高的世界影响力，人均 GDP 为 43000 美元，在世界上处于前列，但和欧洲发达地区相比还有上升的空间。同时，在日本制造业环节担任重要角色的中小企业，近年效益急速下降。同时，东京正在减少的派往海外留学人数，IT、生物技术、环境、机器人、医疗等前沿领域的攻读学生数量在减少，有后继不足的危险。东京都失业率为 4.7%，在发达国家虽不算高，但年轻人就业率低下的社会问题在显现。市场逐步从美国向中国转换，日本最大的贸易伙伴自 2004 年由美国转换到中国，且进出口总额逐年增加。

空间环境画像中，东京持续迈向大都市圈，总人口接近 3500 万，成为世界第一规模的都市圈。这座大都市以江户时代为基础,高速成长到近代的都市结构,在景观、步行空间、绿地布局等方面不落后于成熟的欧美都市,东京圈郊区建有很多住宅集聚区,远距离通勤成为特有的生活方式。东京都未来形成超高速网络基础设施,整合高速铁路、机场、能源、管道等高度整合的大都市运营管理能力,东京的地下铁和铁路网络的发展世界领先,开发中积极引进了民间力量参与公共设施运营。东京是世界第三个引入二氧化碳削减排放量和排放交易制度的都市,已经解决城市化过程中必然面临的水污染、大气污染等环境问题,再生能源利用率为3.1%为欧洲水平的一半,将领先世界一步达到环境共生,如何建设低负荷高效率的都市是今后面临的课题。东京持续发挥国际网络经济吸引力,国际航班直飞数全球排名前列,以经济实力呈现吸引海外人才和资本的状态,东京站距成田机场需50分钟,脆弱的机场通道是提升国际都市影响力的障碍。

社会生活画像中,东京作为国际化大都市,能否包容多样性的文化并持续焕发活力,日本文化价值观和外来文化进行巧妙融合,作为亚洲最早引进西方文化并实现现代化的国家,传统的和文化也得到了沉淀和传承。国际交流是"雷声大雨点小"的交流,虽然来东京的海外访问数过去十年倍增,但因为价值观和语言障碍等原因,预计今后无法继续大规模增加。虽然东京圈有5.5万留学生,是日本总量的一半,但全国的留学生接受率为3.5%,是发达国家中最低水平。社区存在国籍和不同年龄层潜在的代沟,外国居住者犯罪等社区矛盾有增加倾向,虽然平均寿命83岁是世界第一长寿,但随着老龄化少子化问题加重,老年人和年轻人在社会保障和收入待遇上的差距明显,加深了社会的不公平感。女性就业率65%,老年人就业率19.5%,是发达国家的平均值,但不及北欧水平。"安全安心"将成为21世纪型社会问题,东京100万人中杀人案件是发达国家的低水平,但经济低迷和外国人增加等原因,刑事案件数有增加趋势,空巢老人孤独死的问题开始显现。社会系统兼顾大政府和自治体的存在,外国驻员不能带随同人员的入境管理体制,相比香港和新加坡更为严格。只在一部分领域采用了行政服务电子化,服务提供不均衡,由于财政赤字,推进公共服务民营化是削减成本的紧要课题。虽然法人税降低了

5%，但在世界还是很高的水平，中央向地方合理让渡行政权限的必要性得到广泛讨论。值得注意的是，由于地理文化背景的相似，中国大都市社会经济形态已经开始趋向于日本社会的趋势，以上所说的情况，对于我国大都市将来的 30 年的社会描摹具有很大的借鉴价值。

案例 58

"香港 2030& 香港 2030+ "多时间维度路径

《香港 2030：规划愿景与策略》研究始于 2001 年并于 2007 年发布，其目的是应对不确定的未来机遇和挑战，确定土地、空间和基建发展的框架和策略选项。因此，香港规划部门在制订横跨三十年的规划策略时，根据人口假设、就业假设、规划年限、土地开发、公众参与五种情况，对未来各种可能的情景作出预计，并评估各计划的应变能力，在上述五种情况出现重大变化时，情景分析突出未来导向的战略制定方式。规划署从未来愿景开始，层层分解至具体措施，主要基于四点考虑：(1)目标设定展现一幅宏伟蓝图；(2)路径指明到达愿景的路线；(3)动力预见需要关注的范畴领域；(4)措施确定需要部署的具体行动路径。

《香港 2030＋：跨越 2030 年的规划愿景与策略》研究始于 2015 年并于 2021 年发布，在此之前 2014 年香港统计处进行数据推演，预计 2043 年全港人口将达到顶峰 822 万（图 29），该预测结果缺乏对现实复杂因素的考虑，难以支撑后续的战略编制。针对这一问题，"香港 2030＋"在进行战略谋划时，承认未来不确定性和多元化的发展可能（人口流动加速、公共卫生危机和持续老龄化），将人口发展变化及其衍生的公共服务需求与资源分配挂钩，并以灵活的视角建构增长情景，推演多种发展模式，带动人口政策优化和规划应对措施，并结合公众参与协调统筹发展规模。

在土地开发模式制定中,香港规划部门通过改变"基本发展情况"中各项参数去拟订多种发展情景。"香港2030"研究表明,人口增长与土地开发密切联系,但未必会同向发展,规划师把高、中、低三种人口增长情景与土地经济开发的模式交错组合,能够产生多种不同的"假如情况",并据此分别计算相应的房屋用地需求、经济用地需求和通勤交通需求,其中每个情景又包含了若干具体措施,例如情景一:优质生活环境主题(营造地方感),措施包括加强地区特色与认同,多样性及包容性的规划,促进建筑设计的和谐平衡,重视文物及文化特色,保护自然环境。

从2009年开始,香港规划署每两年进行实施效果检查,通过后十年(2009—2019年)数据可得知香港人口增长的基本情况(图表30)。规划署将政策设计与人口发展状况、香港及其他亚洲经济体的综合生育率(下表31)综合比对,进行政策评估后建议香港应加大人才导入,并颁布一系列政策法规调整城市战略。2021年发布的"香港2030+"进一步明确香港的未来区域角色,联动大湾区发展并提出建设"北部都会区",致力于为年轻人创造就业机会,为香港争取后续发展空间。同时,政府持续推动"香港优才计划"(Quality Migrant Admission Scheme),其不只是促进人口和住户的可持续增长,更为吸引全球优质人才(最大来源地为中国,其次是美国),促进经济高质量发展。

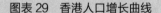

图表29　香港人口增长曲线

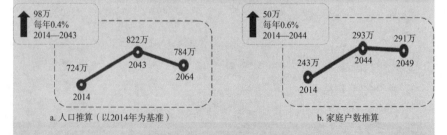

a. 人口推算（以2014年为基准）　　　　　　b. 家庭户数推算

图表 30　香港人口增长曲线

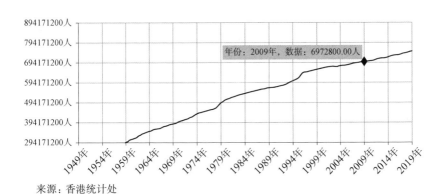

来源：香港统计处

　　方法分析：在大都市战略规划制定过程中，较为恰当的情景数量应该是 3～6 个，这样决策才有充分的假设依据，可以根据每个情景预演对策，体现出"远景—路径—动力—措施"的逻辑路径。不同于传统规划方法的趋势推导，香港战略以愿景带动计划形成相应的空间模式，其并非致力于为当前问题提供快速权宜的解决方法，而是形成面向未来的土地开发情景模式及增长情景图示，制定一个全面协调的长远规划策略。

表格 84　土地开发模式情景

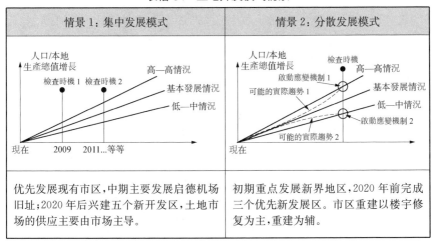

图表 31　香港及其他亚洲经济体综合生育率(1981—2014)

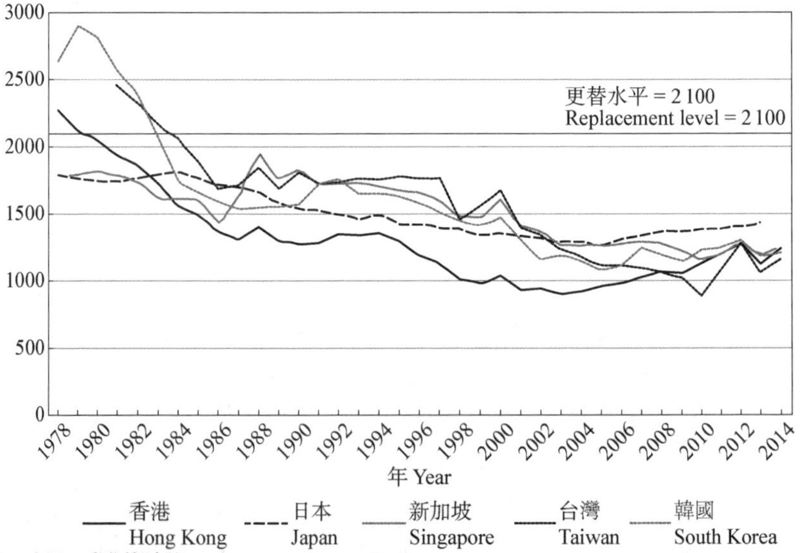

更替水平 = 2 100
Replacement level = 2 100

香港	日本	新加坡	台灣	韓國
Hong Kong	Japan	Singapore	Taiwan	South Korea

来源：香港统计处

案例 59

"大巴黎计划"创新场景构建

巴黎市与周边地区、各省、市镇和市镇联合体建立了"都市会议"机构,于 2009 年建立了一个名为"都市巴黎"的联合会,并组织了"大巴黎计划"。

表格 85　大巴黎计划时间表

时间	内容
2009 年 5—6 月	成立国际性课题项目小组
2009 年 7 月	修订大巴黎地区出行规划
2009 年 9—12 月	为实现"大巴黎计划"制订新的法律法规,确定项目实施计划
2010 年 1—7 月	国会讨论,确定巴黎道路宽度与限界

续　表

时间	内　容
2010 年 10 月	以"大巴黎计划"为主题,在巴黎大王宫举办"世界城市发展论坛"
2015 年 10 月	"大巴黎计划"执行中期总结
2020—2022 年	"大巴黎计划"的交通项目建成

在"大巴黎计划"中,政府动员社会各界来为巴黎的发展出谋划策,通过十个跨专业设计小组的情景构建,表现出可能的未来城市构想,为政策制定提供支撑。经过四年的研究和咨询之后,"都市政策议案"确定了创新场景构建在 2030 年巴黎大区都市规划中的重要地位,以各种方案作为附件,同时成为社会各界参与"大巴黎计划"的平台。组织方在国际咨询活动的框架之内,围绕知名建筑师组建了十个多学科专家小组进行思考,向城市建设专家和巴黎大区的选民们提出了对未来巴黎的思考意见,形式多元且具有创新色彩,很多想法已经在落地实施(表 81)。

表格 86　大巴黎计划方案介绍

名称	作者	内容
沿塞纳河西扩至鲁昂(Rouen)	法国规划师	巴黎北扩,建议修建高速铁路,同时利用塞纳河的航运功能,让巴黎的范围扩大到西北部诺曼底以及英吉利海峡
现有住区更新	让·努维尔(Jean Nouvel)团队	在"街区、居住区、大型集合住宅"的改造中停止"拆除—新建",通过精细设计对现有居住区进行改造,增加交往空间
维护自然环境与历史文化	罗杰斯(Richard G. Rogers)团队	在巴黎各公寓楼顶开辟空中花园,并在市内大量兴建绿化带,促进首都各街区之间的平衡,贫富人群和谐混居,充分利用屋顶作为绿色空间,多条新的环城有轨电车使市区与郊区更好地连接起来

续　表

名称	作者	内容
向巴黎倾注美丽	法国建筑师	建议在市中心建造新文化地标建筑,并在郊区辟建绿色商业区以及一座大型歌剧院,同时表现历史古迹和公园风貌
克服"全球城市危机"	包赞巴克(Christian de Portzamparc)团队	通过"联结—构建、极化—平衡、保护—发展"三大策略将建筑有机地混合起来,大型交通枢纽将巴黎置于从伦敦到法兰克福的中心,重新引进林间空地和公园,使首都多元混合发展
交通设想	法国国营铁路公司	利用"8"字快线把主要的经济就业中心联系起来,提升郊区质量,规划大运量线路,高峰期运量达到单向4万人/小时

6. 智能平台整合模拟仿真

未来大都市的发展方向指向数据平台的模拟和仿真。大都市战略通过智能平台探索多元情景的规划方法,组建信息交流平台和公众参与机制,通过一系列定性定量的指标来描述未来系统状态和对应路径。

模拟是对真实事物或者过程的虚拟再现,其关键问题包含:有效信息的获取、关键特性的表现选定、近似简化假设应用以及模拟的重现度和有效性。对于大都市战略中的模拟有三种认识:1.城市模拟就是用模型去描述城市系统的结构和发展,以研究城市某方面的变化如何影响特定方面或整个系统;2.城市模拟就是对模型的仿真,特别是对动态方程组进行求解以探测城市模型的灵敏度;3.模拟就是在城市模型的范围内对所有可替换的结合方式进行有效的实验观察,在多种后果中选择一个特定的结合方式,从而进行政策分析。上述三种认识的共同点是模拟离不开模型的建立和应用,模拟的步骤包含:1.确定问题;2.收集材料;3.制定模型;4.建立模型的计算程序;5.鉴定和证实模型;6.设计模型实验;7.进行模拟操作和分析模拟结果。

仿真即使用数字模型将不确定性转化为它们对未来的影响。仿真利用计算机模型和某一具体层次的风险估计,一般采用蒙特卡洛法进行仿真。项目仿真按照不同的原则分类:1. 按所用模型的类型进行分类,包含物理仿真、计算机仿真、半实物仿真;2. 按所用计算机的类型进行分类,包含模拟计算机、数字计算机、混合计算机;3. 按仿真对象中的信号流进行分类,包含连续系统仿真和离散系统仿真;4. 按照仿真时间与实际时间的比例进行分类,包含自然时间标尺、超实时标尺和亚实时标尺。

从大都市战略的发展走向指向建立仿真模拟的平台,美国城市设计学家 Christopher Alexander 在《城市并非树形》一文中将城市结构抽象为网络和树形结构,模拟城市街道网络的线密度、面密度、渗透性,据此来进行空间分析,开启了从模拟仿真视角研究城市网络的分析方法。近年来,模拟、预测和仿真的研究方法被引入到大都市空间领域,如元胞自动机(CA)、自主体模型(MAS)、时间地理学(Time-Geography)。这些动态模拟和分析方法为我们提供了从时间跨度上认识城市发展和人类行为的方法技术,今天以"大、云、智、移"为代表的新技术,给现代城市规划带来了新方法,未来的规划者将智能工具应用于信息收集、处理及预测,帮助公众理解多样的信息——"以数明律、以流定型"从而进行迭代思考(吴志强,2016)。20 世纪末期是计算机辅助规划技术快速发展的重要时期,相继出现了计算机辅助设计(CAD)、地理信息系统(GIS)以及 1997 年提出的包含计算机算法、理论科学与建模能力的规划支持系统(PSS),"城市规划辅助技术伴随着规划工具智能化趋势的日益成熟,其自身的理论方法及应用框架也在不断完善"(吴志强,2018)。智能模式将通过量化、信息化和数据化手段,描述城市发展变化的规律机制,并以此辅助诊断分析城市问题,为城市发展提供更加科学的依据,例如 2022 年 OpenAI 所带动的人工智能浪潮。

纽约提出"连接的城市"愿景,战略重点是信息基础设施、政府公共服务设施以及公共战略数据库(NYC Open Data),该平台利用纽约市规划局的 PLUTO 数据库建成。东京实现日本国内信息基础设施的标准化,并通过信息基础设施使东京成为世界上最安全、最放心宜居的城市,最终实现"将东京建设成为世界第一魅力城市"的目标。"东京泛在计划"构筑信息基础设施,专业数据公司 Zenrin 提供城市规划数据库,其中电子病例系统,实现诊疗过程的数字化无纸化,大幅度提升了这座都市的医疗水平。"大伦敦规划"形成全球最成功的都市数据系统——伦敦发展数据平台(London Development Database),该数据库由三部分构成,分别为伦敦面板(London Dashboard)、伦敦数据储存库以及免费且开放的数据库平台(London Data Store)。英国另一座大都市格拉斯哥数据中心与英国微软合作,通过近400个数据集合综合描绘了城市景象,为市民、企业、社区和决策者提供开放的最新信息,包括从驾照考试各个考点的通过率到每个商业区自行车架的位置和人流量等社会生活的方方面面,相互独立的信息一旦与其他数据源交叉分析,就可能变得更有价值,数据提供者之间的信息共享构建了一个生态系统,人们可由此深入了解一个城市的运作机制,并基于此基础作出创新型改变。"大巴黎规划"所形成的数字平台包含企业统计数据库、统计指标数据库、人口普查数据库、散户文件数据库、历史资料数据库,2002年巴黎市建立了一个基于Java的开源平台Lutece支持20个地区在线服务。"芝加哥2040"发布"地区指标项目"下的MetroPulse网站,在网站上持续发布双年指标创建一个信息分享促进平台,该平台提出开发地区最佳实践,促进地区数据分享和政府最佳实践,提供技术援助和实施数据分享试点项目,开发数据可视化工具促成信息更明智的决策。

中东大都市迪拜的"2020年区块链战略"取得了稳步进展,政府的目标是建立技术中心,将技术应用于诸如公共服务和其他领域,在"Smart Dubai 2017 GITEX"科技周展台上推出"Smart Decision-Making Platform"(智能决策平台),使得迪拜成为世界上首个与公众分享实时数据的城市插图。首尔制定了"数字首尔2002—2006"规划,目标是"使得市民满意、世界最好的智能城市",大力推进市民生活智能化、设施智能化、管理自动化。巴塞罗那智慧城市是包容开放的综合系统,包含了从信息化基础设施、公共服务到绿色可持续发展的功能实施模块。"香港2030"采用系统工程方法去设定研究目标和课题,甄别限制因素,拟定各种发展方案和明确的行动计划;同时引入先进的智能模拟技术,借助土地与运输优化模型拟定备选方案,从而选出最适合的方案。新加坡"智慧国平台"的三大功能为"链接""收集"和"理解",基于战略数据中心Data

Center Singapore 系统收集来自全岛的感应器数据，系统将确保数据匿名受保护、有完善的管理，且可以适当地与其他机构分享从而达到共享智慧目标。莫斯科通过实现公共机构的流程电子化，建立实施处理的政务平台，该市联合 1400 个机构进行云计算，形成了统一核算体系，实现了一键报告、实时计费和报告以及大数据分析，在每年 1.4 亿份文件的处理工作中节省下 7 亿卢布（1215 万美元）。约翰内斯堡 OpenLab 成立于 2017 年，拥有联合创新开发、解决方案集成和行业业务体验三大能力，重点聚焦平安城市、电力和智慧城市等领域，将与全球、区域和本地的合作伙伴展开广泛的合作，孵化有竞争力的解决方案。2016 年台北市副市长林钦荣致力于把台北打造成"强而有力的智慧城市品牌"。

城市智能化会牵涉到公众隐私问题，导致的实施问题值得警惕。多伦多发布一项其与 Alphabet 公司旗下 Sidewalk Labs 的合作计划——该公司将在滨水规划区打造一个名为"码头区（Quayside）"的智慧社区，利用谷歌技术通过设置各种传感设备，将在区域发生的交通、噪声、空气、能源、垃圾等信息加以收集，形成持续的数据流。他们还将利用摄像头捕捉居民的情绪、习惯等"看不见"的信息，但该行为引发的数据隐私一直引发争议，导致 2020 年该项目宣布搁置。里约热内卢联合 IBM"智慧城市智能运营中心"打造了一个"远程控制的城市"，以"监视城市的每一个角落，杜绝灾害与犯罪"，但这一实验被学界认为是"镜像的奴隶"和"危险的技术"，这些经验教训值得我们思考。

人工智能对于空间平台的影响反映在三方面，第一是算力的重要性，第二是各种传感器的数据促进"端到端"的计算，第三是各种应用场景融合人工智能技术。例如，知识图谱使得机器具备知识学习组织推理的能力，为规划编制提供思路和决策参考。大都市战略的知识图谱是复杂信息相互交融的平台，可以协助城市学者组织连接所有相关资料、信息和数据，针对某项具体规划工作，指导我们按照合理方式去开展工作，并提供相应的决策支持。多方汇智的最终目标是为了城市学者提供业务专属的知识图谱，面对多元化业务领域，并提供多元化的发展路径。

群体智能联通多专业能力，人机协同技术模拟城市发展规律，促进大都市取多方信息，识别、研判乃至干预可循环体系，具备实时更新、灵活调

图表 32　技术路线流程图

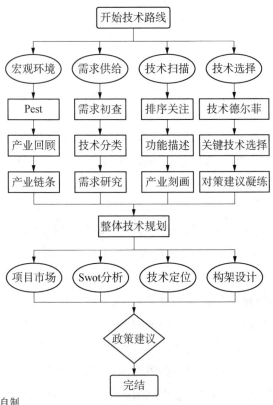

来源：作者自制

整的特点。现实存在复杂的不确定性，模型不可能穷尽展现现实，而未来的智能规划可以利用互联网支撑和规划协同工具，承载政府、企业、社会机构和个人的需求，打造城市治理共同体（吴志强，2017）。这个治理共同体形成一个多中心的网络化分布结构，通过提高现实和虚拟网络的可达性，保障战略编制的动态循环和战略执行的可操作性。计算机模型和战略架构师的经验都同等重要，在建模师为城市编写模型代码之前，应该由规划师提炼思路为模型搭建做好准备。

　　智能平台需要基于城市利益相关方的整体价值观、利益及需求建立核心逻辑，发展出一套总体方法论模型，这一"智慧"模型将统领整个大都市战略的预测以及指导后续的制定、实施与反馈。该"智慧"模型具备了开放性、动态性和深度自我学习的能力，从而可以避免出现传统蓝图规划及单一目标导向规划所出现的弊端。智能平台一般包括三大模块，识别模块利用数字信息提升智力，研判模块开展复频实时分析强化智商，干预模块实践物联学习形成智能，在以下纽约、伦敦和芝加哥三个案例的战略规划当中都得到了体现。

表格87　大都市空间战略平台对比

平台要素	伦敦发展数据平台 LDD	新加坡战略数据中心 DCS	香港地理空间信息枢纽 GIH	巴黎 INSEE	东京都政府平台	纽约公共战略数据库 NYC
识别模块	伦敦数据储存库(London Data Store)	与企业合作，微软、阿里巴巴数据	数据可视化平台	企业统计数据库；统计指标数据库；人口普查数据库	人口、交通量、出行、交通、公共服务设施数据库	纽约市规划局的 PLUTO 数据库
研判模块	London Data Store 开放平台	微软数据分析平台	数据应用平台	企业统计模型	专业模型	NYC 数据平台
干预模块	伦敦政府	新加坡政府	香港资讯科技总监办	巴黎数据研究所与行政手段	专业数据公司与管理	纽约多个政府部门

来源：作者自制

案例60

纽约战略发展平台

纽约市的《数据透明法》要求每个政府机构公布数据计划，收集公共数据并持续更新，在2018年已经建成包含所有部门数据集的统一网站平台。这一网络平台营造了"信任和肯定"，为前瞻性思维、灵活性和实用主义的价值观提供了支持。该平台向利益相关方公开并共享数据，与此同时让"双向问责"成为可能。2008年金融危机之后，纽约开始积极布局信息数据，物联网等创新机遇，始终把数字经济作为城市发展的引领因素。纽约市的"311"呼叫中心是提供政府信息和非紧急服务的在线资源，该呼叫中心成立于 2003 年，至 2010 年其呼叫量达到了 1 亿次，平均每天呼叫量达 5 万次。该系统由信息、技术和通讯部管理，将任务分配给相应部门及时处理，这种机制改变了市民与政府交互的方式，为市民提供了关于街道、人行道状况、供水与下水道网络等基础设施的维护信息，甚至可以报告关于噪音级别、出租车服务、非法建筑使用的问题。而在此之前，市民提出的请求与查询由 40 个不同机构的帮助热线和市长行动中心进行处理，现在通过"311"呼叫中心进行有效整合，这些机构对一站式呼叫中心和在线资源的支持主要可以归功于市长的有力推动。市民通过 311 服务提供的反馈将作为公众关注的实时指标，使得纽约市能够提供更有针对性的服务，并且让公众更清楚地了解市政费用的去向。

"纽约 2050 战略"制定过程中，布隆伯格的"数据之桥"计划提出基于城市量化模型进行情景分析、研判和决策，直至今日，纽约"智能＋公平"平台基本完成，其包含以城市基础设施为代表的高速网络和"ADS"自动决策系统。

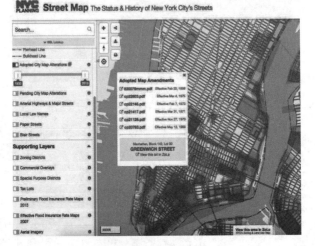

纽约街道地图平台

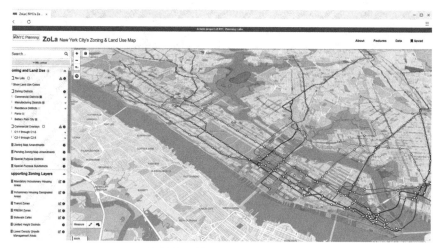

纽约空间管控"一张图"平台

来源：New York Ctiy's Zoning & Land Use Map

　　识别模块方法分析：纽约以公私合营模式建立动态空间平台和政策试验模型，"智慧城市"仍然是全球城市的发展趋势之一，随之而来的是公私合营模式，它涉及到政策修改和多方利益、博弈，伴随而来的也是新挑战。纽约战略发展平台的识别模块体现了政治上的制衡分权，地方政府的规划权力分散在政府部门、非政府部门与公众层面，通过"城市宪章"明确了多方合作的法定程序，并在数据收集过程中纳入更多角色，利用新技术手段（大数据、人工智能、众规平台）进行整体的蓝图规划，聚焦就业、宜居、交通、环境和水资源、精细管理等内容，形成识别模块，以指标体系对城市运作的信息进行认知管理。

案例61

伦敦战略发展平台

　　伦敦城市群将信息化看作机遇，重视自有信息化大都市战略的制定与实施。2001年，伦敦市政府发表了名为"电子伦敦：伦敦的机遇与挑战概述"的报告,明确提出建设"电子伦敦"(E-London),同年制定了"连接伦敦"(London Connects)战略,目标到2005年要使其所有公共服务都可通过在线完成。2004年伦敦市政府建成了伦敦开发数据库(London Development Database,LDD),LDD是在原政府规划审批系统——伦敦开发监测系统(LDMS)的基础上建立起来的,与后者的主要区别是不仅保留了原有的规划审批信息,更为伦敦规划和年度监测报告(AMR)编制提供直接服务。2009年,伦敦市推出首都雄心(Capital Ambition)计划,包括伦敦连接、同步传递、提高业绩、发展能力四个主题,以及数据连接论坛。2010年伦敦政府又建成了伦敦数据仓库(London Data Store,简称LD),伦敦数据仓库整合了包括LDD在内的伦敦政府各类数据信息。相对LDD,LD是一个免费开放的数据共享门户,由大伦敦政府(GLA)创建,数据涵盖工作和经济、运输、环境、社区安全、住房、社区、健康等诸多方面,同时团队在数据标准制定,用户信息安全等方面进行了条文规范,真正做到信息公开共享安全不仅涉及规划建设数据,还包含其他专项数据,一方面数据平台由市政府直接管理,并委托相关专业公司团队进行维护,另一方面建立制度树立了数据平台的权威性。

研判模块方法分析: 伦敦战略发展平台(LDD)在数据研判上面具有先进性,不但具有强大的开放数据库,并与每年出具相关的年度监测报告相结合,对于整个城市的运作体系进行连续监测。伦敦战略是对大都市战略进行全程参与、全程负责的一种模式,融合土地、资本、人力、信息、技术等各方面要素,形成一种全生命周期的都市研判体系,与此同时该平台在市场化方面创新思路,委托专业的公司进行数据分包处理研判,为政府决策提供支持。

芝加哥数字城市

图表33　芝加哥千禧公园智慧平台

　　数字城市构想已经在"芝加哥2040"编制中初步尝试，东北伊利诺伊规划委员会（Northeastern Illinois Planning Commission，简称NIPC）和其他公司合作利用技术手段理解公众的需要，在ArcView平台开发了互动的个性化工具——"共识"项目，"共识"可以看作是新兴的"以社区为基础的地方自治"规划途径的一部分，使地方政府和公众最大程度地参与到规划过程中，为区域未来发展创造出一个共同愿景（王伟，2013）。芝加哥"共识"项目分为多个策略，建立使居民与企业都能获得益处的新一代基础设施，并与相关伙伴合作提升宽带的速度与连接度，创建一个"数字化的公共平台"，推广政策与设施保证城市技术得以实施。通过培训与项目的推广，"共识"项目为智慧社区宽带的连接使用建立一套基准与工具包，按比例增加智慧社区的数量，在公共场合提供免费无线

网络,确保每一位芝加哥的居民与企业都能参与数字化经济,使技术变得更富有使用价值。"共识"项目通过数据管理与新技术的应用使都市治理变得更为高效与开放,通过合理的数据利用提升交流效率与城市运作效力。"共识"项目重视技术应用联合本地的政府数据中心,通过吸引与保留科学、技术、工程、科学方面的人才,扩大网络连接实体公司、风险投资、指导机会,吸引具有天赋的、多元的技术创新者,讲述"芝加哥为何是一个技术目标城市?"的故事,加强与世界知名企业和专业研究机构的联系。由公共与私营部门联合组成芝加哥"智能"平台,将共享理念引入多元创新场景服务,通过"自下而上"的力量让社会治理创新能够快速落地 (NIPC. Population,2003)。

干预模块方法分析:时间序列会受到历史趋势影响,并受到外部事件干预。研究干预分析的目的是从定量定性分析的角度来评估政策干预或突发事件对经济环境和经济过程的具体影响。干预可以评判预测模型与实际发展进程拟合的匹配,即由预测模型所产生的模拟值与历史实际值拟合程度的对比分析。干预模型建模的具体步骤为:1.利用干预影响产生前的数据,建立单变量的时间序列模型;然后利用此模型进行外趋势推,得到的预测值,作为不受干预影响的数值;2.估计出干预模型的参数;3.利用排除干预影响后的全部数据,识别与估计出一个单变量的时间序列模型;4.求出总的干预分析模型。由公共与私营部门联合组成芝加哥"智能"平台对城市发展遇到的问题进行及时的干预,在城市经营策略上,这一模块能有效保障混合多元业态,将共享理念引入多元创新企业,共同打造迭代更新的城市场景服务。芝加哥数字城市是把重点放在了干预模块,它确保每一个居民都能够和城市战略有一个对话机制,让城市战略能够快速落地,通过居民自下向上的网络力量,使得社会论理创新成为可能。

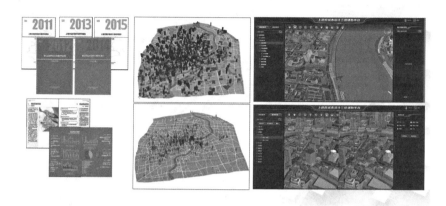

上海 SDD 平台成果

上海战略发展数据平台

　　上海一直在探索战略平台的建设,从 1997 年总体规划时期首次利用 GIS 技术形成 1997 年版现状图,至 2012 年在各个分项等数据方面对接并形成共享机制,直至"上海 2035"战略制定中建立了城乡战略发展数据平台(后文简称 SDD),平台同步建立起年度动态评估和跟踪体系,定义指标体系致力于对保持生态环境、经济发展和社会进步之间的平衡。当前 SDD 统筹整合传统空间数据、新兴大数据等基础地理信息,形成以空间落地为特色、服务城市发展要求的战略数据管理平台。SDD 在理念创新方面,率先提出了"面向总规编制和监测的战略数据平台";模式创新方面率先构建面向"编制-监测-评估"的规划管理平台,实现了总规监测指标的数据建设和在线监测;机制创新方面,SDD 突破数据共享瓶颈构建全市层面的综合型城市发展战略数据库,通过数据联通机制,SDD 统筹建设了九大基础数据库和

97 项指标战略数据库；在技术创新方面，SDD 研发应用动态模型管理引擎，利用人工智能工具建立自动化转换流程，支持对大数据进行多维度、多层次的可视化展示，SDD 采用基于空间规则引擎的动态模型管理技术，提升模型管理的灵活性。

方法完善方向：市长在战略规划中担任牵头人，从而调和诸多角色的利益，然而单纯依靠市长的协调是不够的，利益相关分析的复杂性，需要战略制定者建立一个全球都市数据库，上海 SDD（Shanghai Strategy Development Database）提出"以城市战略发展数据库为平台，建立规划实施动态监测、定期评估和及时维护制度"。借鉴伦敦 LDD 平台，SDD 并配备专门机构进行常态运营，建立了数据收集和反馈机制。SDD 与 LDD 平台的整体逻辑都具有全生命周期的连贯性，但在数据壁垒、核心算法以及行动力上还有距离，数据壁垒未打通数据量不足，研判模型并没有纳入先进核心算法（SDD 平台 2014 年引入伦敦交通模型），导致研判能力有限，干预模块由于机制所限，并没有联通政府各部门数据、公众乃至企业之间的联系，造成规划策略的行动力不足，未来规划系统仍有提升空间。后期，在临港新城市建立了时空地理信息平台，片区 CIM 平台，建立实体机构吸引各个企业进行城市应用试验[①]。

小结：情景分析　路径　模拟仿真

回顾历史，大都市战略制定总是伴随着社会、经济乃至环境因素的不确定性，而技术进步与战略应对是确定性因素，都市也因此而"进化迭代"。本章对于战略实施路径提出构想，关键在于建立创新机制进行多专业协作验证，从而逐步完善智能平台的顶层设计。纽约战略平台以立法及指标体系进行识别，伦敦战略发展平台协同科研机构、工程咨询公司建立全生命周期的战略研制体系，芝加哥数字城市通过"自下而上"的途径

---

① 2022 年 8 月至 10 月，全国首个围绕 CIM 举办的"滴水湖・港城杯"CIM 实景命题赛中，参赛队伍以 1 km² 的区域作为底板，围绕"规划设计、数字建造、管理服务、数据应用"四个模块进行目标地块 CIM 全生命周期策划。

让城市治理创新获得了新动力。

　　通过以上案例，本章认识到战略路径主要聚焦于宜居、交通、环境等领域，与此同时战略内容会随着时代技术国际形势而变化，而战略路径的核心在于总结经验以及预测方法，包含短期的线性及非线性规划方法、长远的情景分析及技术创新手段，还包括未来都市智能规划的模拟仿真方法。

鹿特丹市集　郑迪摄于 2015 年 2 月

上海市城市规划设计研究院——绿房子　郑迪摄于 2021 年 10 月

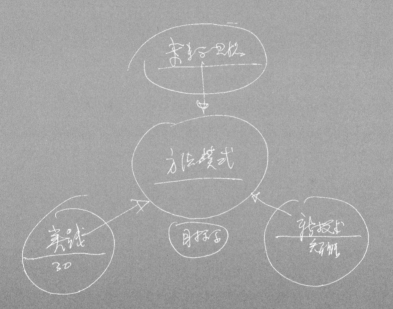

建设中的徐家汇中心　郑迪摄于 2022 年 3 月

五维分析方法

城市战略空间战略是方法多元组合的系统工程,基于上文对战略规划的分析方法分别以目的、对象、角色、路径和动力为驱动导向因素划分出五大类详细述评及基本方法。在原有"战略脸"理论的基础上,本章建立了有关分析方法论的新体系,构想出关于大都市战略分析决策的方法工具组合,即战略预测轮,并以这些为基础对筛选出的 22 个城市的分析方法进行图形分析与比对研究,并总结出四种典型空间战略规划模式。

1. 分析方法演进

方法论指的是"在某种知识的领域上对探索知识的原则和做法而作的分析"①、"各种方法相应于学科体系形成方法体系以及研究方法理论"②,方法论的任务是对所有知识学科领域所要使用的这些方法加以探讨、评析、总结与整合,从而得到一系列支持这些方法使用适用性、准确性及有效性的原则。为了应对未来城市发展的不确定性及大都市战略所需解决的复杂问题,整体问题的分析、规划、设计需要一个涉及多因素交叉的,且更具前瞻性、综合性的分析方法论。

"在大都市战略制定中关于如何建构破解不确定性的方法论体系"这一问题在学术界探索仍有发展可能。吴志强院士的"战略包"理论是一种

---

① The analysis of the principles or procedures of inquiry in a particular field (www. merriam-webster. com).

② 《中国大百科全书》(第二版),http://h. bkzx. cn/item/.

对相关战略规划方法论的批判与探索,在过去中国长达40年的战略规划编制中出现两种极端倾向,一种倾向认为战略属于宏观决策层面,解决大方向问题,例如城市定位、发展模式、产业布局等,进而纲举目张式地解决各种具体问题;而另一种倾向认为战略不单单解决上述大方向问题,更重要的是提供城市发展与治理方面的各种措施,例如土地招拍、城市管理、交通管制等。前一种倾向忽视了城市系统的复杂性和各个子系统的相对独立性,以宏观层面为单一导向制定的战略规划不确定在解决具体城市问题的过程中发挥作用;后一种倾向有陷入过度以解决特定当下问题为导向,而忽视未来整体发展方向可能存在的风险,有可能缺乏前瞻性,无法有效应对未来发展中的不确定性。因此,如何避免这两种倾向所产生的问题和风险战略方法论构建的重点,"战略包"理论及模式由此而生,通过加强总战略与各自战略之间的内在联系,既保证了总战略可以前瞻性、有步骤、有成效地逐步实施,也强化了各个子战略的可操作性和实时性,避免了"点子式"的编制方法,"战略包"理论为后文对分析方法论体系的建构包括选择与构成原则有着重要借鉴意义。

表格88 沈阳城市发展战略包流程

SSP1	SSP2	SSP3	SSP4	SSP5	SSP6	SSP7	SSP8
区域中心内联外争	市域整合一城四集	情景发展模块空间	南北金廊区域中枢	北环优质中心疏解	重审浑南运捷沈离	东山西水森林城市	形象重叠再造辉煌
东北亚枢纽东北中心,辽中核心城市内部联合外部竞争	沈阳都市圈强化中心,区域协作分工辐射带动一城四集	北拓南进模块拓展交通设施基础设施	中央金廊辐射东北产业提升功能构成区域竞争	旧城改造中心疏解铁西改造	土地调控储备,土地运作,交通先行,大学城	自然生态山水入城辉山,团结湖景区	城市形象品牌历史文化,重点节点,城市营销

来源:论城市发展战略规划研究的整体方法

为了建构大都市战略的分析方法论,本书分别从"路径、对象、动力、角色、目标"五个方面,沿着历史发展的脉络对前文评述的战略规划方法进行整合。经过整合可以发现,战略分析方法与应用的技术是随着历次技术革命与理论思潮的变换而不断调整升级迭代(见表格86)。战略规划在 1920—1960 年经历发展历程的第一阶段,当时的方法体系并不完善,利用空间模型、趋势推演、交叉分析等手段建立方案情景,但这种情景创建被设定为单向封闭的,而忽略了规划的系统反馈作用。1961—1989年,城市的建设和发展受社会经济等诸多因素的共同作用,战略制定需要认识系统内部的发展规律与外部规律,相关研究机构于 1967 年开始使用情景分析方法,1971 年赫德森研究所的《2000 年》提出未来情景应对未来复杂问题需要建立多样路径,1972 年罗马俱乐部《增长的极限》预见到了资源的过度消费并依据这个前提提出不同未来情景及相应解决方案,1973 年情景分析帮助壳牌石油公司成功抵御了世界油价动荡带来的损失,1980 年代后期情景分析向外延发展应用于国家及城市治理,例如南非政治转型和新加坡的都市战略。1990 年至今,战略规划广泛运用于全球大都市,情景分析逐步成为战略规划应对未来不确定性的主要手段。该方法将片面、分散的知识综合起来,形成关于未来发展和状况的蓝图,通过理解多种行动可能产生的后果,利用现有知识开拓预测未来的多元路径。2020 年后,越来越多的大都市借助于计算机技术、数据可视化和互动式分析,以智能模型方式进行情景分析,展现未来不确定性的复杂因素,从而模拟政策情景的可行性。未来大都市战略在综合梳理了未来学、创新技术及管理学等多学科的理论基础上,"人机"融合的分析方法会趋向多元复合平台,战略设计者面对不同环境进行方法组合,负责体系建立、模型建构、路径修正与效果动态研判。

表格 89　战略制定方法演进表

要素	第一阶段(1920—1960)	第二阶段(1961—1990)	第三阶段(1990—今)
路径	线性规划(1945)	情景分析(1967)	代理人模型(1990)
	非线性分析(1950)	层次分析(1970)	动态空间模型(1990)
	动态规划(1957)	系统动力模型(1972)	城市战略情景(1995)
		博弈论(1982)	人工智能模型(2000)
		灰色系统(1982)	UrbanSim 模型(2001)
		价值链(1985)	智能平台(2004)

要素	第一阶段(1920—1960)	第二阶段(1961—1990)	第三阶段(1990—今)
对象	文献综述(1910)	遥感动态监测(1970)	物联网(1995)
	趋势推演分析(1927)		PESTEL(2007)
	直觉逻辑(1930)		MECE(2008)
	头脑风暴(1938)		
	德尔菲(1946)		
	空间模型(1960)		智慧城市(2010)
动力	精英决策(1920)	技术预见(1987)	数据挖掘(1995)
			群体智能(1995)
	公众参与(1960)		众规平台(2010)
角色	行为决策模型(1950)	GE 三三矩阵(1970)	城市经营(1990)
	政策分析(1951)	城市案例分析(1970)	
	决策树(1960)		
	交叉影响分析(1960)	公私合营(1984)	综合模型(2000)
目标	逻辑树(1935)	SWOT(1971)	SPACE(1990)
	5W2H(1940)	竞争分析(1980)	智能决策平台(1992)
	反推论证(1960)	鱼骨图(1981)	战略轮盘(1996)
	ECIRM 模型(1960)	波士顿矩阵(1983)	PEST(1999)

来源：作者通过分析方法论以及历史推演自制

2. 分析方法论构成

通过第三章至第七章的分析研究,对四组类型大都市战略规划方法、过程与结果的比对,可以发现:每个城市由于其对象、动力、角色、路径和目标的差异,其战略分析方法的构成与战略方法模式的选择各有侧重不同。

本节基于上文对 170 年(1850 年至 2020 年)城市战略发展史的梳理及总结得到的有关大都市战略的成功经验与教训,通过提炼得到的具有一定共性的思想理念与规律,融合对象、角色、目标、动力和路径为五大驱动导向因素对分析方法的构成进行组织逻辑层面的重构。

表格90 战略规划方法过程和结果比对

城市角色		动力	空间对象	时间	方法能力	未来目标
	纽约	银行,人寿与健康保险,制药,多元化金融,娱乐	开放数据先驱不断克服自身危机	都市850万人口,大都市区2000万人	20—25年	数据统计,情景分析,公众咨询,德尔菲,技术预见,政策分析,数据平台	2030年成为更绿色更美好的纽约,2040年建设一个公正而富强的纽约
	东京	炼油,汽车,电子电气设备,贸易,人寿与健康保险	塑造技术优势支撑目标优化	社会老龄化,都市1300万人口,大都市区3700万人口	10年	数据统计,趋势判断,情景分析,网络平台,技术预见,公众参与,数据平台	2020年实现历史上最棒的奥运会和残奥会,成为亚洲总部城市,2030年建成世界第一城市
全球城A置顶型	伦敦	人寿与健康保险,银行,航天与防务,采矿与原油	区域协作和多元合作的新型社会	都市830万人口,大都市区1500万人	16—20年	趋势判断,德尔菲,技术预见,公众咨询,政策分析,情景分析,数据平台	2020年世界可持续发展的模范城市,2030年成为卓越的大都市
	巴黎	银行,人寿与健康保险,公用设施,食品和杂货店	大规模专家论证,塑造多元文化交融都市	都市740万人口,大都市区1200万人口	20年	趋势判断,德尔菲,技术预见,公众咨询,政策分析,情景分析,数据平台	2030年确保21世纪在以下方面具有全球吸引力:基础设施,自然与文化遗产,政府效率,科研能力

续 表

城市	角色	动力	空间对象	时间	方法能力	未来目标
全球城A防御型						
洛杉矶	管道运输、油气设备与服务，炼油，采矿和原油生产	利用大数据机械化优化洛杉矶模式	都市400万人口，大都市区1334万人	30年	城市经营、公众咨询、数据平台	2035年以健康宜居作为目标及公平社区发展原则，强调精明增长发展路径
芝加哥	航空、公用设施、航天防务、食品生产	新兴技术手段促进都市复兴	都市290万，大都市区1000万人口	30年	趋势判断、德尔菲、技术预见、公众咨询、政策分析、数据平台	2040年实现可持续、公平、创新、包容性增长
柏林	铁路运输业	文化复兴创意中心	都市350万人口持续增长	20年	趋势判断、德尔菲、技术预见、目标分解	使柏林在2030年成为世界创意中心
法兰克福	银行业	城市事件提升吸引力	都市610万人口持续增长	20年	德尔菲、技术预见、政策分析、数据平台	2030年成为网络城市，涉及城市合作，知识共享、物流网络、通信共享
米兰	电信、财产与意外保险、银行业	文化事件配合功能复合街区建设	都市500万人口	20年	公众咨询、德尔菲、技术预见、政策分析	2020年加强米兰同世界的联系，2030年成为网络节点，城市更新、基础设施
多伦多	汽车制造业、电子工业、金融业	城市创新公共协商	都市610万人口	30年	趋势判断、公众咨询、政策分析、数据平台	2030年一个健康充满活动力的城市

续 表

城市角色		动力	空间对象	时间	方法能力	未来目标
全球城B进取型	悉尼 银行、炼油	综合性方法提升大都市竞争力	交通拥堵,人口老龄化,城市中心区老化,文化持延续,人口持续增长	20年	数据统计、趋势判断、趋势分析、公众咨询、调查问卷、技术预见、政策分析、数据平台	2020年确保未来悉尼成为世界城市,2030年具有全球竞争力和创新性城市,2055年强化城市聚集优势,以国际化角色面对未来
	墨尔本 航空业、炼油业	公众参与塑造的宜居都市	都市人口500万,巩固墨尔本地位,持续吸引人口	20年	数据收集、公众参与、圆桌会议、市长论坛、信息公告、数据平台	2030年进一步巩固其作为世界最宜居、最具魅力和活力的城市,到2051年将会成为充满机遇的全球化城市
	迪拜 航空业、炼油业	城市经营和智能服务	都市729万人口	8—10年	趋势分析、技术预见、城市经营、蓝图制定、情景分析、数据平台	2015年经济发展和基础设施,2021年伊斯兰经济金融中心,2030年经济社会与多样化经济
	首尔 炼油、电子电气设备、车辆与零部件、人寿与健康保险、银行	多元德尔菲调整大都市发展目标	都市560万人口。	20年	趋势判断、德尔菲、技术预见、政策分析、情景分析、数据平台	2020年东亚经济中心,2030年充满沟通与关怀的幸福城市

续　表

城市	角色	动力	空间对象	时间	方法能力	未来目标
香港	专业零售、人寿与健康保险（互助与股份）、制药、计算机和办公设备、贸易	高中低情景分析判断都市发展	都市730万人口	10年	数据统计、趋势判断、情景分析、方案比选、公众咨询、专题工作坊、电子论坛、规划协作、目标反推	2030年亚洲国际都会；2030年十融入大湾区创造就业
新加坡	半导体、电子元件、贸易、食品生产	技术预见、公众参与支撑未来城市计划	都市570万人口	15年	趋势判断、技术预见、公众咨询、情景分析、数据平台	2011年要建设繁荣兴旺的、21世纪的世界级城市；2020年高居住环境质量的城市
上海	车辆与零部件、银行、人寿与健康保险、房地产、商业	全球竞争、资源集中完成战略目标	都市2500万人口持续增长	20年	趋势判断、德尔菲、技术预见、公众咨询、蓝图制定、情景分析、数据平台	2020年国际经济金融贸易航运中心；2035年不断追求卓越的"全球城市"
北京	工程与建筑、银行、航天与防务、金属产品、能源贸易	自上而下的执行力	都市2170万人口持续增长	20年	趋势判断、德尔菲、蓝图制定、情景分析	2035年成为伟大社会主义祖国的首都，迈向中华民族伟大复兴的大国首都，国际一流的和谐宜居之都

续　表

城市角色		动力	空间对象	时间	方法能力	未来目标
	约翰内斯堡	采矿、冶金、农业	资源和能源驱动发展	都市320万人口持续增长	30年	趋势判断、政策分析、蓝图制定	2040年未来的世界级非洲城市
	广州	公用设施、贸易、车辆与零部件	趋势判断的区域中心	都市2000万人口持续增长	20年	趋势判断、蓝图制定	2035年成为经济繁荣、和谐宜居、生态良好、富有活力、特色鲜明的现代化城市
	武汉	车辆与零部件、金融产品	新技术促进全球城市规划提升	都市1000万人口持续增长	35年	趋势判断、网络公众咨询、蓝图制定、数据平台	2049年成为更具竞争力与可持续发展的世界城市
	莫斯科	炼油、金融产品、银行、公用事业、天然气和石油	决策者蓝图制定未来发展愿景	都市1120万人口持续增长	20年	趋势分析、蓝图制定、技术预见、数据平台	2025年创造一个有利于实现未来莫斯科市民生活和稳定发展的环境，创新，未来成为联邦，创新，物流，科学城
全球城B振荡型	孟买	纺织业、科技	蓝图扩张的全球城市	都市1200万人口持续增长	20年	趋势判断、技术预见、蓝图制定、数据平台	2025年平衡发展、创造就业，2034年成为智慧城市
	台北	计算机和办公设备、人寿与健康保险、电子和电气设备	公众参与优先的都市	都市270万人口	20年	趋势判断、公众参与、政策分析、数据平台	2030年成为生态城市

续　表

城市角色		动力	空间对象	时间	方法能力	未来目标
布鲁塞尔	银行、人寿与健康保险、食品店和零售业	欧洲总部之都	都市 410 万人口	20 年	趋势判断、技术预见、公众咨询、数据平台	2020 年智慧可持续的城市
苏黎世	财产与意外保险、银行、人力资源和雇佣服务、人寿与健康保险	目标设定明确重新焕发生机	都市 200 万人口	15 年	趋势判断、技术预见、公众咨询、数据平台	2025 年将发展创意产业确定为整个纲要的核心，从金融之都到时尚创意之都

来源：作者基于战略规划与资料整理自制

图表 34　分析方法构成矩阵

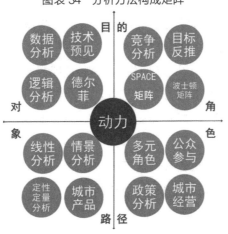

分析方法构成矩阵的逻辑重构要求反映战略规划的核心本质,即可反复运用并迭代升级,具有真实性、正确性和待解决性,分析方法构成矩阵的组织原则受到波士顿矩阵(BCG Matrix)及 Space 矩阵(Space Matrix)的启发。矩阵组织结构以"动力"这一城市发展的核心要素为中心,将"目的"和"路径"两者有关战略方法的指向和过程形成一个对应维度,将"对象"和"角色"作为战略的实施方和受用方则形成另一个对应维度。这两个维度线分析方法构成将矩阵分成四个象限,每个象限包含两个要素的分析方法。"目的—对象"象限包含的主要方法有数据分析、逻辑分析、德尔菲法,支撑技术预见;"目的—角色"象限包含的主要方法有目标反推、矩阵分析、SPACE 矩阵、波士顿矩阵,支撑竞争分析;"角色—路径"象限包含的主要方法有多元角色、政策分析、城市经营,支撑公众参与;"对象—路径"象限包含的主要方法有线性分析、定性定量分析、城市产品,支撑情景分析。通过以上对分析方法组织逻辑层面的重构,使得16 种主要方法内部的从属关系、相互关联性及与五大方法使用导向要素的关系得以清晰反映,为分析方法论的实践应用打下基础。

3. 战略模式选择

通过整合第三章至第七章中关于城市对象、动力、角色、路径和目标的内容,并对全球四大类型城市的战略规划方法过程和结果进行综合比对(表格77),可以得出发展动机直接影响了这些城市的战略选择,而时间与空间,成本与能力两对主客观因素决定了战略实施的质量和成效。因此,结合分析方法构成矩阵的组织原则,战略模式选择矩阵(图表33)作为用于选择与组织战略方法的工具,由"动机"这一核心要素,"时间和空间"两大客观要素及"成本和能力"两大主观要素所组成。

(1)核心要素:动机

大都市战略的动机包含城市扩张、城市复兴、结构改善、质量提升、人才吸引等,关键目标是为了获取发展的动力。

(2)两主观因素:成本+能力

图表35　战略模式选择矩阵

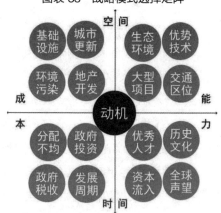

"成本+能力"两大主观影响因素构成了强调历史与方法逻辑相统一的横向坐标轴。"成本"因素方面,解析城市资源并审视外部环境,预判从问题到目标所需的成本,分为空间和时间两个方面,空间成本基于土地载体进行综合开发,时间成本基于发展周期进行知识投入;"能力"因素方面,多个战略参与的角色(政府、公众、企业、专家)以创新视角看待发展能力,能力同样可分为空间和时间两个层面,空间能力指通过土地开发所形成的城市优势项目及影响力,时间能力指通过科技文化双维度发展形成的发展动力。

(3)两客观因素：时间＋空间

"时间和空间"是大都市战略的关键尺度。战略时空存在两种可能："目的是美好的,过程是残酷的;目的是美好的,过程是美好的,最理想的战略兼顾空间利益和时间规律的"(吴志强,2018)。"战略空间"是基础,本书第三章对空间对象的发展趋势、分析方法作了系统阐述,空间作为载体承载了城市人口、规模、经济、社会、自然等要素,类型涵盖区域基础设施、生态绿化公园、大型商业中心、交通枢纽以及延伸所带来的生态环境及优势技术资源。战略时间可以分为近、中、远三个未来概念,大都市战略需要处理 2 年的短期问题,也要处理 5 年的中期问题,更具挑战的是要应对 20 乃至 50 年的长期问题,这些不同时间尺度的规划会同时作用于大都市,其本身就是时空共同体。有研究表明,在时间紧迫压力下,人们更倾向于短期问题的解决,并把否定因素看得比肯定因素重要。而在战略制定者着眼于长远利益时,则对外界环境的不确定性研究得更为透彻,采取更多元的分析方法,从而提升预测的准确度。

表格 91　时间-空间内容表

客观象限	内　容　解　释
空间-成本	指战略规划中需要利用城市空间资源进行投入的开发成本,包含基础设施、城市更新、环境污染、地产开发等行为。
空间-能力	指通过战略布局投入前期成本可以获取的发展能力,偏向于空间物质载体层面,包含生态环境、优势技术、大型项目、交通设施等。
时间-成本	指战略规划中计划在一定时间周期内需要投入的行政资源,包含分配不均、政府投资、政府税收、发展周期等。
时间-能力	指通过一定时序经营战略布局可获取的城市优势能力,偏向于非物质载体层面,包含优秀人才、历史文化、资本流入、全球声望等。

来源：作者自制

4. 战略预测轮理论构想

为应对未来大都市空间的不确定性,战略规划的分析方法库需要一个开放式系统①。通过对分析方法论论述中得出的 16 种方法,结合五大类要素,将上述分析方法论新体系的关键要素融合为结构合理、灵活使用的轮盘,使其在战略规划分析、模式路径选择到后期决策评估都有指导作用和可操作性,因此确立组织战略规划预测分析方法的结构原型显得尤为重要。

表格 92　逻辑模型分类

类型	图示	形式	方法应用
链		集合配上关联的全序关系。	价值链、流程图
圆盘		集合配上关联的循环关系。	战略轮盘、城市仪表盘
树形		无向图(Undirected Graph),其中任意两点间存在唯一路径,且互相不交并的集合。	思维导图、概念推导图
矩阵	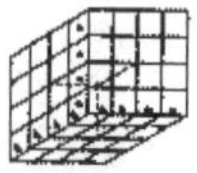	一个 M * N 的矩阵是一个由 M 行(Row)和 N 列(Column)元素排列成的矩形阵列	SWOT、PEST、SPACE
拓扑	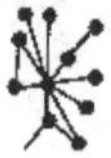	几何学集合论里发展出来的学科,研究空间、维度与变换等概念。	系统理论、对策论、规划论、网络论
网络		由若干节点和连接这些节点的链路构成,表示诸多对象及其相互联系。	社会网络、小世界网络

来源:作者自制

本节通过对战略轮盘、情景分析轮盘(伦敦交通)、蒙特卡洛模型、ECIRM 模型、5W2H 模型的分析,基于轮盘的组织结构形式,并集合链式、圆盘、树形、矩阵、拓扑和网络等系统组织结构形式的优点进行迭代升级,轮盘形式应对城市战略制定有四点优势:(1)多维应对全局导

---

① 开放式系统指与外界环境存在的物质、能量、信息交换的系统,开放系统理论是贝塔朗菲在 20 世纪 40 年代开创的。

向,轮盘的 360 度多维环形辐条,代表多个方法路径,并可随意分组形成多个方法组合;(2)多层面对行动导向,随着轮盘的圆心向外延伸出多个辐条,代表方法的不同阶段深度,具有时间延续性和可操作性;(3)轮动应对不确定性,轮盘的多环具有灵活性和适应性,可应对多元的内外部环境,并可组织不同类型的方法并进行应用转化;(4)细分面对跨界协调,轮盘可随着其半径按需细分,以应对多元目标分解以及多元专业需求。

上文四大优势对战略制定中的方法选择、模式组合、路径设定均有价值,整体方法体系的开放性能应对未来发展中的不确定性,因此大都市战略的系统结构适宜采用轮盘式架构。战略轮盘架构将战略产品、方法路径综合在一起考虑,鼓励决策者使用不同战略方法的组合,通过不断的战略研讨来保证策略有效性,并沿着多种途径来完成战略行为。

组织结构方面,战略轮盘将一般战略中的 16 种主要方法进行整合,形成大都市规划层面的战略选项。战略预测轮的建构考虑了三点结构形式上的优势:第一,战略轮盘需具备多样的方法组合方式,使城市战略类型的选项多元化,具体选项由圆盘中心辐射出的 16 条直线进行细分并可进行轮动分配;第二,战略轮盘结合定性与定量方法,可基于各选项的优缺点、使用环境进行各个战略方法的适配与组合;第三,战略轮盘可将 16 种方法组合运用,沿着多种途径来完成战略的制定、实施与调整。

组成内容方面,战略预测轮由内向外分为三个圈层(图表 38):内层轮盘为分析方法论中五要素(对象、目标、路径、角色和动力);中间圈层轮盘为基于五要素的 16 种主要战略方法;外层轮盘包含使用 16 种主要方法的 120 例城市战略规划实证。整个圈层构架由内至外从要素、方法到战略案例支撑,通过内外不同圈层的组织结构,从而应对选择构成逻辑与使用方法模式。

操作流程方面,轮盘整体构架以及每个具体的分析方法也都有各自流程及使用环境,本章结合第二章至第七章中涉及分析方法流程的研究结论,形成战略方法流程模块,如下所示(图表 37):

图表 36　空间战略轮

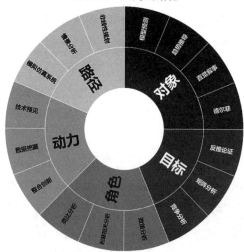

来源：作者自制

图表 37　战略方法流程模块图

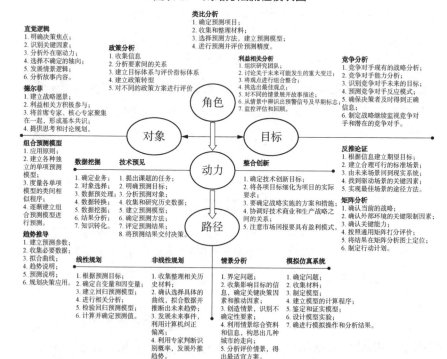

表格 93　战略方法流程表

	方法	流　　程
对象研究	逻辑推导	1.明确决策焦点；2.识别关键因素；3.分析外在驱动力；4.选择不确定的轴向；5.发展情景逻辑；6.分析故事内容。
	趋势推导	1.建立预测参数；2.收集必要数据；3.拟合曲线；4.趋势说明；5.预测说明；6.规划决策应用。
	德尔菲	1.建立战略愿景；2.利益相关方积极参与；3.将首席、核心专家聚集在一起，形成基本共识；4.提供思考和讨论规划。
	模型预测	1.确定应用原则；2.建立各种独立的单项预测模型；3.度量各单项模型的相似程序；4.逐层建立组合预测模型进行预测。
角色明确	利益相关分析	1.组织研究团队；2.讨论关于未来可能发生的重大变迁；3.将观点进行组织整合；4.挑选出最佳观点；5.对不同的情景展开故事描述；6.从情景中辨识出预警信号及早期标志；7.监控评估和回顾。
	类比分析	1.确定预测项目；2.收集和整理材料；3.选择预测方法建立预测模型；4.进行预测并评价预测精度。
	政策分析	1.收集信息；2.分析要素间的关系；3.建立目标体系和评价指标体系；4.建立政策模型；5.对不同的政策方案进行评价。
目标博弈	竞争分析	1.竞争对手现有的战略分析；2.竞争对手能力分析；3.识别竞争对手未来的目标；4.预测竞争对手反应模式；5.确保决策者及时得到正确的信息；6.制定战略继续监视竞争对手和潜在对手。
	反推论证	1.根据信息建立期望目标；2.建立合理可行的标准场景；3.由未来场景回到现实系统；4.找到驱动场景的关键因素；5.实现最佳场景的途径方法。
	矩阵分析	1.确认当前的战略；2.确认外部环境的关键限制因素；3.确认关键能力；4.按照通用矩阵打分评价；5.将结果在矩阵分析图上定位；6.制定行动计划。
动力争夺	技术预见	1.提出课题的任务；2.明确预测目标并分析预测对象；3.收集和研究历史数据；4.建立预测模型；5.确定预测方法；6.评定预测结果；7.将预测结果交付决策。
	数据挖掘	1.确定业务；2.对象选择；3.数据预处理；4.数据转换；5.数据挖掘；6.结果分析；7.知识转化。
	整合创新	1.确定技术创新目标；2.将各项目标细化为对项目的实际要求；3.要确定战略实施的方案和措施；4.协调好技术商业和生产战略之间的关系；5.确认盈利模式。

续　表

	方法	流　程
路径探寻	情景分析	1.界定问题;2.收集影响目标的信息,确定关键决策因素和推动因素;3.创造情景,识别不确定性要素;4.利用情景综合资料和信息,构思出几种未来城市的走向;5.分析评价情景,得出最适宜方案。
	非线性规划	1.收集整理相关历史材料;2.选择具体的曲线,拟合数据并推断出未来趋势;3.发展未来事件,利用计算机纠正偏离;4.利用专家判断识别概率,发展外推趋势。
	线性规划	1.根据预存目标确定自变量和因变量;2.建立回归预测模型;3.进行相关分析;4.检验回归预测模型;5.计算并确定预测值。
	模拟仿真	1.确定问题;2.收集材料;3.制定模型;4.建立模型的计算程序;5.鉴定和证实模型;6.设计模型实验;7.进行模拟操作并分析结果。

来源：作者自制

总体来说,战略预测轮具有如下三个特点:

(1)统筹全局。分析方法论是通过战略管理学、分析方法和城市规划学,将对象、角色、目标、动力和路径紧密联系,方法论作为"系统之系统"统摄全局并贯穿始终,具备"以数据形成证据,从规律拟定规则,依现状验证架构,面向未来洞察规律"的特点。战略预测轮将融合社会经济、规划设计、城市建设和管理领域,交叉分析个体市民需求、群体理性趋势,并形成整体决策模型,推动公共政策的施策、制定和调整机制。

(2)动态调整。战略预测轮的应用对城市经济、产业、建设相关市场具有巨大价值,目前各种战略咨询机构倾向于提供全周期服务,然而由于角色偏差、数据壁垒和专业限制,战略制定往往片面静态,在缺少社会经济趋势预判、空间格局动态调整、公私合营角色平衡和公共政策推导验证等先决条件情况下,以结果反推过程来建立模型,价值取向和规律导向难免产生偏差,不具备战略评估与政策研判能力,而轮盘模型整合16种战略规划方法,同时具备迭代升级空间,能应对城市未来可能的场景。

(3)灵活主动。战略预测轮积极应对未来不确定性(灾害、冲突、危机等情景),针对具体问题具体分析来探索多路径预测方法。战略制定者应具有洞察力和指引力,与其穷尽不确定的未来情况,不如利用场景工具和预测分析方法研判未来趋势,通过"分析方法—战略预测—应用情景"的模型框架,将不确定性转换为塑造未来的机遇,变被动为主动,从而强化综合决策的灵活性。

5. 战略预测轮应用模式

基于上节提出的战略预测轮构想,本书通过雷达图(Radar Chart)的分析方法①对全球大都市的预测分析方法模式进行了综合分析,评估了各个城市战略方法模式的选择范围与使用偏好,并对有关战略制定的 16 种方法在 26 个城市 120 个战略中的使用频度做了统计,其结果如下:

图表 38　雷达图方法

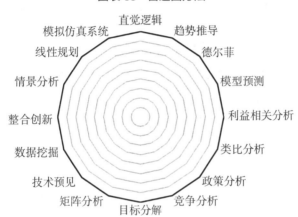

通过上述分析可以发现,26 个城市较多使用逻辑推导和趋势推导方面的方法,而其他方法在各城市的使用情况将按照前文提出的四大类大都市进行评估总结。

置顶型都市(纽约、东京、伦敦、巴黎)由于体量较大、资金充足、规划编制角色比较丰富,得以在方法论的各个领域都能够进行尝试并迭代完善,为了保证自身的持续竞争力和有利地位,置顶型都市倾向于更为稳健多元化的经典型战略,与此同时开拓技术、人才、区域合作的发展可能,因此在方法上侧重于情景分析、公众咨询、技术预见和数据平台,在大数据建构、模拟仿真创新方面仍然有发展空间。

———————
① 该方法来源于日本企业界对企业综合实力的评估。

防御型都市(洛杉矶、芝加哥、柏林、法兰克福、米兰等)在本轮产业革命中并未抓住机遇,面对未来能支付的代价有限,出奇制胜的风险巨大,因此它们更倾向于观察环境变化,精心选择方向进行局部创新的**适应型战略**,在对象、角色、路径三个板块上发力较多,方法选择上则侧重于目标分解、德尔菲法、竞争分析和趋势分析,而在目标方法上面有所欠缺可能造成愿景不明,同时在动力探寻方面显得乏力。

攀升型都市(悉尼、迪拜、新加坡、上海、北京等)主要分布于亚太地区,这些都市得益于发展红利,正处于快速上升过程中,趋势分析能做到顺势而为,推动维持增长势头的愿景型战略。尤其在外部环境发生动荡时,攀升型都市政府更倾向于承担风险且目标制定明确强势,进行扩张型战略(例如国际事件、企业城开发等),愿意支付成本发掘创新技术能力,动力探寻有意愿进行创新,在方法上更注重技术预见、城市经营、蓝图制定和大规模德尔菲,然而在路径和角色方面的方法显得不足。

振荡型都市(莫斯科、孟买、台北、布鲁塞尔、苏黎世等),已经不同程度上陷入全球竞争能力的预势,振荡型都市急于分散风险或者回避损失,因此采取防御性措施,止住衰退同时找到反败为胜的路径,推动重塑型战略。振荡型都市应对空间收缩首要任务是稳定社会状况,愿意付出代价引入资本重拾发展动力,主要方法集中于对象研究,更注重公众参与、政策分析、数据挖掘、多角色相关分析等方法。

将以上的数据进行可视化处理,结合战略预测轮进行图形分析,结果如下:

图表39　四类城市方法及雷达图分析

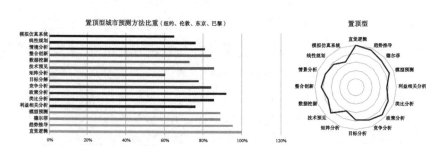

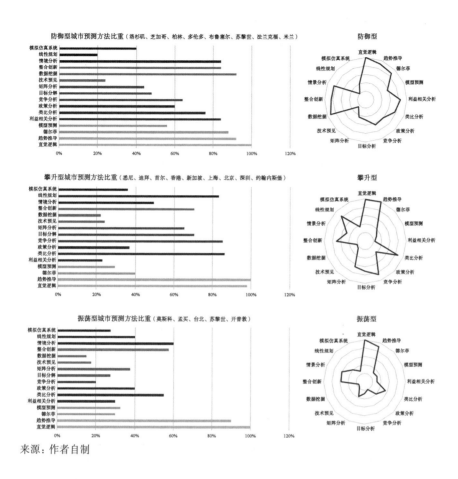

来源：作者自制

　　总结置顶型都市（纽约、伦敦、东京、巴黎）的趋势分析方法，其定性分析、定量分析结果如下所示：

　　置顶型都市采用经典型战略，纽约、东京、伦敦使用的战略方法都较为全面。纽约在对象、角色象限的方法使用尤为突出，未来应更注重科技动力的融合延伸，延续大规模协商机制并强调公平公正的重要性，将经典方法进行迭代升级；东京在对象、路径象限的方法使用尤为突出，未来应更注重公众参与和市场力量的介入，应以大数据平台整合经典方法，控制引导战略规划的信息化进程；伦敦在对象、路径象限的方法使用较为突出，应延续技术、社会双线动力机制，未来目标并非做大规模而是不断适应；巴黎对目标、角色导向方法使用的方法较多，在对象、路径、动力反而较缺乏,仍然需要深入研究政策分析和干预方式,加强全球范围的竞争分析,后续以政府为主导加快融入市场需求。

表格 94　经典型规划方法概述

	东京	纽约	伦敦	巴黎
动力方法	早期采用精英决策,"东京2020"强调了科技创新对城市发展的贡献,"2025创新战略"注重技术预见和公众参与并重。	纽约更注重公众参与、群体协商,关注社会公平,获得社会创新动力,未来应更切实注重多种动力的融合延伸。	公众参与来源于伦敦规划,2000年之后开始重视技术预见和公众创新,"伦敦2062"的技术、社会双线动力应延续。	运用公众参与,但缺乏有效的动力识别机制,需要加强技术预见和基础创新,有机制设计但落地性不强,法定程序不足。
对象方法	东京规划从二战之后就秉承经典的对象研究方法,将德尔菲、空间模型、趋势分析、逻辑推导、文献综述等方法完整延续至今,未来以大数据平台进行方法整合。	对于对象的经典研究方法(例如德尔菲、头脑风暴、逻辑推导、线性规划等),贯穿于纽约规划近百年历史,纽约大数据平台是智能方法平台的基础。	19世纪采用经典空间模型来塑造都市未来,且随着时间不断完善都市分析的方法,才有了2004年建立起来的LDD平台被各大城市效仿,智能动态平台应持续创新。	偏向于经典的空间模型、逻辑推导、趋势分析等方法,对象方法的使用明显落后于其他全球城市,后续SSD的对象研判方法需要持续数字信息、大数据智能支撑。
路径方法	二战后对于路径方法使用不多,2000年之后由于技术手段的大幅度提升,"东京2035"采用系统动力模型、灰色系统、情景分析等路径方法。	1995年之后,纽约开始采用更为多元的规划路径方法,例如价值链、博弈论,2010年之后情景规划、动态空间模型、人工智能平台大规模利用。	伦敦二战后主要采用动态规划、层次分析,80年代前后融入博弈论、系统动力学,2000年之后强调大数据直至近年来人工智能模型的规划。	缺少方法积累,"巴黎2035"开始采用大数据平台的方式方法,仍然需要深入研究政策的干预方式。
目标方法	东京精英阶层早期使用反推论证、鱼骨图、竞争分析等方法,2010年之后逐步融入人工智能手段,未来目标应更注重公众参与融合技术手段。	由于美国甚至纽约都是企业战略管理理论的发源地,在纽约战略规划中大量融入现代企业战略管理的方法。	伦敦战略2000目标体系基本维持稳定,同时擅长利用竞争分析,也善于整合企业战略的方法,未来目标确认并非做大而是不断适应不确定性。	采用竞争分析、SWOT、反推论证等方法,缘于都市治理机制的缘故,对市场战略方法的利用不足,并需加强对其他大都市竞争分析。

续　表

	东京	纽约	伦敦	巴黎
角色方法	东京的战略方法偏向于政府角色，采用交叉影响分析、政策分析，即便是公私合营、城市经营，也须结合政府的治理意志，未来应更注重市场角色介入。	纽约由于现代社会治理的强大手段，在角色方法中使用方法很多，例如跨区域合作机构的行为决策模型、PRAA的交叉影响分析、RPA的行为政策分析。	伦敦规划兼顾政府视角的决策行为模型、交叉影响分析、政策分析，未来应持续关注公私合营、城市经营，以智慧手段激发群体智慧，并考虑到地缘政治的因素。	缺少政策分析、交叉影响分析等方法，虽然已经努力进行公众参与，但公众角色应更明确，后续以政府为主导的角色设定迫切需要融入市场企业的声音。

来源：作者自制

图表 40　经典型规划方法及轮盘

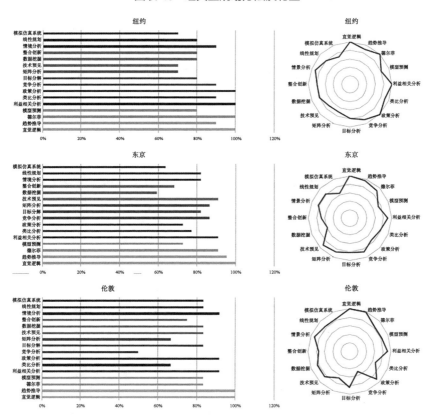

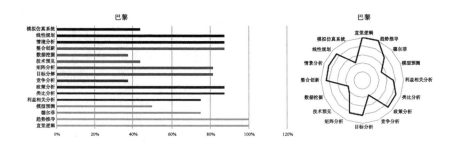

防御型都市采用适应型战略,具体方法模式可分为三类,第一类都市方法雷达图呈现为多边形,包括洛杉矶、芝加哥、柏林,这表明它们的方法使用较为多元化,较多使用利益相关分析、政策分析、线性规划、数据分析等;第二类都市方法雷达图呈现为三角形,包括多伦多、法兰克福、苏黎世,可以反映出这些城市由于其发展态势已经稳定,需要寻求突破点,因此以对象研究、角色明确、动力争夺为重点;第三类都市方法雷达图呈现为一字型,例如米兰分析方法主要以逻辑推导和趋势推导为基础,虽然在方法多元化上有所不足,但在发掘创意城市的发展动力,未来目标分解兼顾不同阶层利益。

图表 41 适应型规划方法及轮盘

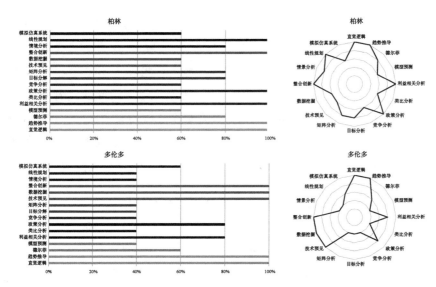

图表 42 适应型规划方法及轮盘(2)

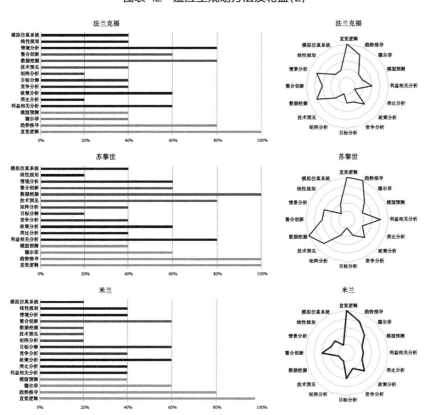

攀升型都市采用愿景型战略,通过雷达图分析可以分为三类,第一类呈现多边形图形的代表城市有悉尼、香港、新加坡,其在方法选择上相对多元化;第二类呈现"一字形"图形的代表城市有北京、广州、武汉城市,使用对象以及目标象限内的方法较多;第三类呈现星形图形的代表城市有悉尼、上海、迪拜、约翰内斯堡、首尔,其在多个象限均有全面的方法运用,如使用目标制定、政策分析、创新整合等。其中,悉尼呈现出更为饱满的星形图形特征,说明其整体使用方法模式更趋向于经典型完整模式。

图表 43、44　愿景型规划方法及轮盘

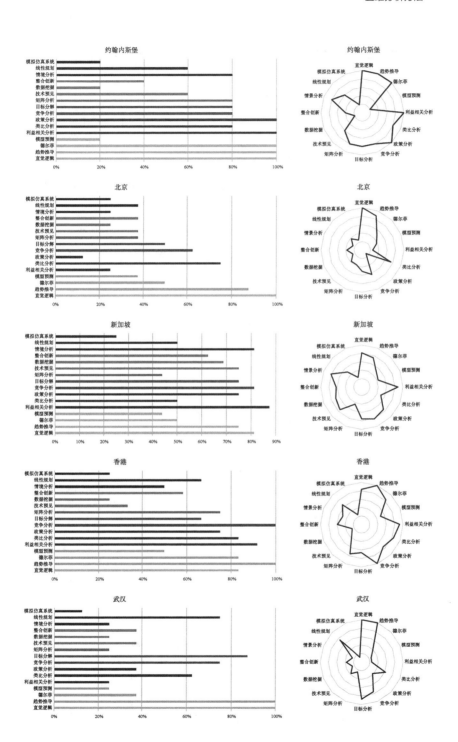

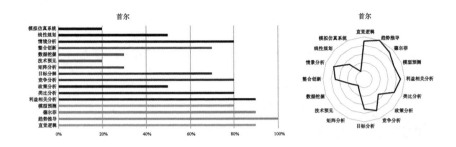

振荡型城市采用重塑型战略,在雷达图上的图形主要呈现为三角形,主要方法集中在对象象限(趋势分析、逻辑推导,依靠城市政府决策与战略架构师进行)、角色象限(类比分析、政策选择,选择置顶型、攀升型都市学习研究)和动力象限(数据挖掘、技术预见,依靠跨国企业或巨量资本进行城市战略转型)。

图表 45　重塑型规划方法及轮盘

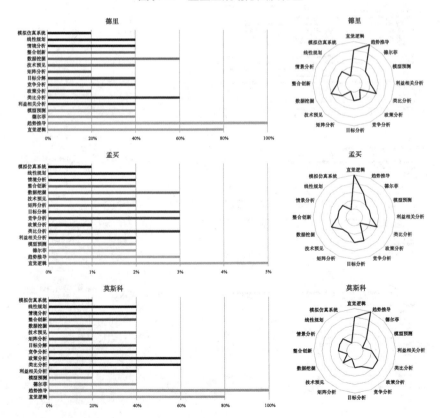

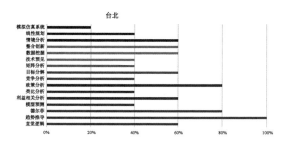

通过以上的图形分析,可以对四类大都市未来趋势预测分析方法的应用模式作总结:

置顶型都市普遍认为未来的发展路径是可预测的,其产业结构相对完善,规模稳定且效益较高,其优势地位可以长期保持,在竞争基础稳固、优势相对稳定且可预测的环境中可采取经典型战略。经典型战略由两个相继发生的阶段构成:首先,战略分析与规划,具体分析竞争优势的基础、能力与需求的结合点;第二是战略执行以稳定方法进行分析预测与计划执行,将策略落地、建立格局并维持城市的优势地位。

防御型都市已经形成稳定规模,但在全球竞争中没有取得优势地位并未持续掌握发展机遇处于防御态势,面对可塑性低且优势转瞬即逝的竞争环境,防御型都市必须做好快速适应的准备,进行思路转变寻求发展路径适应不断变化的环境。适应型战略与经典战略的不同在于其并没有一成不变的"战略",其重点在于推动外部导向、重视目标变化与动力选择、自下而上的规划以及灵活多变的组织形式。

攀升型都市大部分处于规模效益快速增长的可塑环境中,凭借增长动力延续增长让未来有一定的可预测性,因此找对时机和建立领袖能力至关重要管理决策者尤其看重发展时机和创新资源吸纳。愿景型战略分为三个步骤:首先,大都市需要尽早进入上升趋势利用大事件或者新技术者创造一个机遇;第二,大都市需要成为首个实现这一愿景的践行者;最后,大都市坚持追求这个目标,同时要具备稳定团队克服未知困难的能力。

震荡型都市面临经济政治环境恶化,战略制定需要将注意力放在开源节流上,同时分散社会经济风险从而获得发展空间。大都市需要一方面保证重塑型战略(包含稳定、发展、突破等路径),另一方面在其他四个

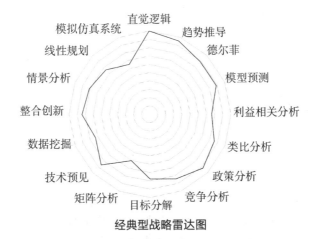

经典型战略雷达图

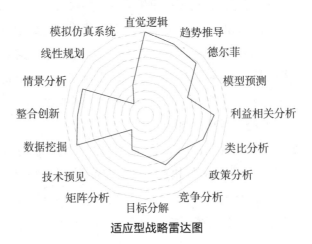

适应型战略雷达图

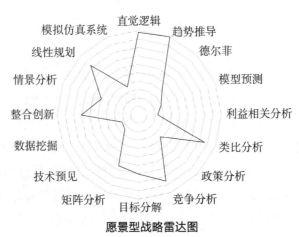

愿景型战略雷达图

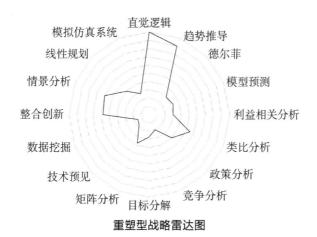

重塑型战略雷达图

类型战略中重新选择一个保证其长期竞争力。重塑型战略分为两个步骤：第一，节约规划成本，重视降本提效；第二是以发展为核心。在这两个阶段中，震荡型都市同样应推动智能平台建设，将信息管理、结构、文化、领导等要素与城市融为一体，寻求破题路径。

表格 95　方法模式分析表

方法	经典型	适应型	愿景型	重塑型
城市	置顶型纽约、东京、伦敦、巴黎	防御型洛杉矶、芝加哥、柏林、多伦多、法兰克福、苏黎世、米兰	攀升型悉尼、香港、新加坡、北京、上海、悉尼	振荡型莫斯科、孟买、台北、布鲁塞尔、德里
模式	做大： 分析-规划-执行	协调： 变化-选择-推广	抢先： 设想-构建-坚持	求存： 应对-节约-增长
相关方法	逻辑推导、德尔菲、趋势推导、模型预测、利益相关分析、情景分析、竞争分析、技术预见、数据挖掘、模拟仿真。	逻辑推导、趋势推导、利益相关分析、类比分析、竞争分析、情景分析、整合创新、竞争分析、政策分析。	逻辑推导、趋势推导、竞争分析、类比分析、政策分析、线性规划、整合创新、蓝海战略、创新者困境。	逻辑推导、趋势推导、竞争分析、类比分析、数据挖掘、网络分析、外部生态环境分析、整合创新。
成功	城市规模及排名	周期及城市活力	人口增长及经济增长率	节约成本及经济发展
主要陷阱	过度运用	盲目地为无法规划的事情定规划	愿景设定偏差以及行动缓慢	没有后续动力

续　表

方法	经典型	适应型	愿景型	重塑型
方法轮汇总	纽约 东京 伦敦 巴黎	洛杉矶 芝加哥 柏林 多伦多	北京 新加坡 香港 武汉	德里 孟买 莫斯科 台北

来源：作者自制

小结：方法轮盘　战略模式　选择构成

本章首先对分析方法论的相关理论发展演化进行了相关研究综述，基于前文以目的、对象、角色、路径和动力为驱动导向划分的五大类方法，本章构建了有关分析方法论体系，包括分析方法构成与战略模式选择的矩阵，并提出了战略预测轮这一理论构想，该构想作为大都市空间战略分析决策的核心，融合了诸多开放性系统的特点和轮盘式组织结构形式带来的优势，使其具备应对未来战略中不确定性的能力。战略预测轮以政策工具形式监督战略规划、空间发展和公共政策的实施，平衡用地诉求，振兴都市复兴和提升空间价值。

本章结合各个都市战略总结与数据统计，利用图形分析综合大都市战略案例过程，得出了各个都市战略方法模式的选择范围和使用偏重上的结论，并对战略方法模式整体使用情况评估后，对比总结出战略分析预测方法在四类不同大都市中的应用模式（表格 82），依次分别为经典型、适应型、愿景型和重塑型。

战略预测轮由理论构想拓展至应用方法的过程,既要上承战略理论从分析方法维度打通对象、角色、目标、动力和路径,又要下启战略方法利用整合战略预测轮模型选择多元方法路径,并为战略平台构建预留交互反馈接口,识别不同类型都市的方法模式、评估对象的政策效果,不断调节方法模型的关键参数。

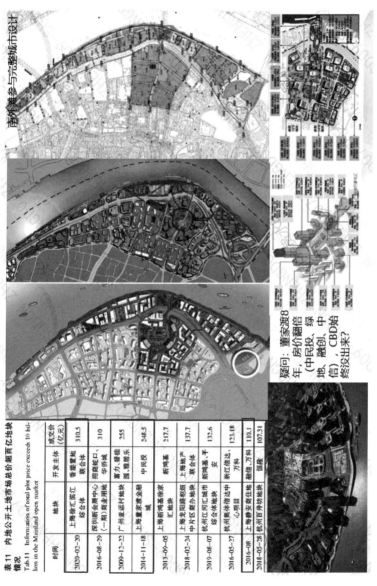

表11 内地公开土地市场总价超百亿地块情况
Tab.11 Information of total plot price exceeds 10 billion in the Mainland open market

时间	地块	开发主体	成交价(亿元)
2020-02-20	上海徐汇滨江综合体	香港置地联合体	310.5
2016-08-29	深圳新会展中心(一期)商业用地	招商蛇口、华侨城	310
2009-12-22	广州琶洲村地块	富力、雅居乐	255
2014-11-18	上海家园金融城	中民投	348.5
2013-09-05	上海新鸿基徐家汇地块	新鸿基	217.7
2018-02-24	上海龙阳路地铁上盖综合体	上海地产联合体	137.7
2019-08-07	杭州江河汇城市综合体地块	新鸿基、平安	132.6
2016-08-27	上海媒体信达中心项目	浙江信达、万科	123.18
2016-08	上海静安住宅地块	融信	110.1
2018-05-28	杭州百井坊地块	百度	107.31

南外滩参与完整城市设计

董家渡历次规划方案

疑问:董家渡8年,房价翻倍,绿地(中民投、融创、中信),CBD始终没出来?

第九章

预见未来

战略平台

上海陆家嘴浦东美术馆　郑迪摄于 2022 年 7 月

上海陆家嘴外滩　郑迪摄于 2022 年 8 月

第九章

预见未来战略平台

经济全球化背景下"黑天鹅"现象频发,同时关键技术竞争日益激烈,未来大都市发展突破了传统空间维度且充满不确定性,战略制定工作面临着更严峻的挑战。在上述研究背景下,本书围绕"如何利用分析方法来应对未来大都市发展的不确定性"这一核心研究命题,面向未来趋势预测需求,提出了涵盖理论背景、案例选择、实证分析与方法论建构的研究框架,确立了贯穿"实证案例—理论述评—研究框架—理论构想"的研究路径,并对相关文献资料案例进行了广泛搜集与系统评析,建立了包含分析方法论、选择与构成矩阵及战略预测轮的理论构想。作者在本章对本书的研究视角、研究路径、主要研究创新、问题与不足进行总结并展望未来的研究方向。

1. 视角与路径

着眼于方法论研究:大都市空间战略研究大多关注战略内容本身,对生成战略过程中所采用的分析方法以及其中有关未来趋势分析的内容关注不够。因此,本书将研究视角转向未来趋势分析方法论,根据"分类方式—分析工具—程序流程"的研究路径,挖掘出大都市空间战略背后的内在驱动要素——对象、角色、动力、目标及路径。

综合运用历史分析:本书通过纵向不同时间线与横向同一历史时期不同城市战略案例内容的分析研究,重新审视了大都市空间战略发展中的社会、技术、城市、方法和思想五大层面内容,并以之为五条线索发现了未来城市战略的三大发展趋势——数字信息化、复频实时化、学习智能化,通过归纳法建立起历史案例与理论构想、战略规划与分析方法之间的纽带。

立足于学科交叉:未来分析中汲取了城市战略、未来学、运筹学、企业管理学乃至系统动力学的方法内容,并使用多学科的研究方法加以整合并形成方法论模型。

围绕不确定性的未来趋势预测分析方法,本书确立了"实证案例—理论述评—研究框架—理论构想"的研究路径。首先,本书通过"大都市指数(MI)"和"大都市竞争模型(MCM)",从城市规模、城市能级的综合分析筛选出置顶型、防御型、振荡型及进取型四大类型共 26 个城市作为案例研究对象,并分析了这些城市的 120 个战略规划,对产生这些战略的理论进行系统总结。基于实证案例和理论述评的成果,本书提炼出关于使用方法逻辑上的共性要素:以"目的、对象、角色、路径和动力"为逻辑驱动导向的五类分析方法,由此建立起分析方法论的研究框架。本书采用矩阵、轮盘、列表等图解工具对分析方法论的构成选择与战略预测轮构想进行论述,并对筛选出的 22 个城市的战略方法及应用模式进行图形分析研究,总结出"经典型、协调型、愿景型和重塑型"典型战略应用模式,从而论证了战略预测轮的合理性和操作性。

2. 战略创新

通过对"大都市空间战略中的未来趋势预测分析方法论"的研究,本书认为在以下三个方面做出了创新:

(1)构成选择法。吴志强院士于 1994 年提出的"大都市全球化理论",剖析了"全球城市"A 与 B 两大类型及其交互关系,为本书案例城市的选择法确立提供了理论模型基础。由此出发,本书详细研究了这两种"全球城市"类型的成因、动力、路径、模式。通过文献资料搜集和数据分析,综合了全球六大指数建立"大都市指数"(Metropolitan Index)评判大都市规模过程和能级结果,延展全球城 A,提出置顶型 4 城、防御型 6 城两大类型,延展全球城 B,提出进取型 8 城、振荡型 4 城两大类型。为了建立战略规划的评价工具,本书建立了"大都市竞争模型",采用分析方法

大都市战略分析方法矩阵

集合与实际案例结合提炼出影响战略制定的核心要素,形成大都市战略分析方法矩阵。该矩阵以动力为核心延展出纵横两条轴支撑四个维度,"纵轴"串联目的与路径两维度,从而统筹战略的空间与时间要素,"横轴"串联对象与角色两维度,从而协同战略制定的成本与能力,为该矩阵后续的战略预测轮建构建立了基础。

　　(2)分析方法论。本书面对未来城市战略规划中的不确定性,采用开放性的系统思维,在原有"战略脸"理论的基础上提出新方法论体系,形成大都市战略分析决策的方法工具组合体系,给予战略制定者多种路径选择可能。战略方法根据不同使用方法逻辑分为不同导向的五大类方法:1.对象研究为导向,以趋势推导和德尔菲法进行逻辑推导发展方向,也可开放讨论提出针对性策略;2.动力获取为导向的方法预见性定位大都市未来的社会动力和科技动力,这将成为未来战略方法的重点;3.制定目标为导向的方法包含目标确认和分解;4.角色确认为导向的方法关注对大都市战略的利益相关主体与客体,方法包含公共治理、公私合作、公众参与以及动态融合平台;5.路径探寻为导向的方法,在未来推演中采用线性或者非线性规划,运用情景分析实现多元推演,并进一步整合模拟仿真的智能平台。

(3) 战略预测轮。战略预测方法是在战略规划不断迭代中产生的，这种迭代是不同城市在不同发展阶段所做的尝试，这也是本书通过 26 个城市 120 个战略的实证研究，建构形成"战略预测轮"所要总结的规律，以角色、对象、目标、路径、动力为核心驱动因素形成的轮动体系，并利用轮盘的逻辑组织构建方法平台去应对未来城市发展中的不确定性，同时建立起多元化的分析方法组合形成可行的应用路径。当面临城市发展方向与战略决策的问题时，该轮盘交互性、可操作性强的特点帮助决策者在有限时间内得出多种战略方法组合及对应情景的路径。我们利用战略预测轮对样本中四类大都市进行分析验证，提炼出"经典型、适应型、愿景型和重塑型"四种战略方法应用模式，为战略预测轮在实践中的应用提供了实证基础。

3. 方法模块

大都市研究热点持续在发展，逐步转向区域化、智能化等议题，面对未来发展预测及运营治理效率提出复杂要求，需要对空间战略的相关方法模式及平台的模型、模块进行不断优化，而智能技术的引入将会大幅提高此类优化的效率。现有的有关大都市空间战略的平台还缺乏自我决策与路径选择的能力，未来智能化技术的引入将助力底层逻辑架构、方法闭环及空间体系建设方面。

逻辑架构：现今智能化技术的"智慧"程度还无法完全建构起自我建构、决策和选择路径的能力，由智能化技术主导的智能平台自身还不具备类似智慧生物的自我演绎、进化乃至突变能力，难以在没有人工干预的情况下拥有对未来城市发展作出判断与决策的能力。因此，现今及近未来的大都市空间战略仍需要人工干预，即战略架构师为其设定顶层逻辑架构，在此基础上让平台拥有一定程度的识别、评估与研判能力。

方法闭环：大都市空间战略的智能化（数据）平台将采用延续性和稳定性的工作闭环，充分发挥数据挖掘工具以及相应的分析研究方法在信息搜集、分类方面的优势，整合大都市空间战略分析方法中的五大要素信息，为大都市空间战略创造从数据收集、研判分析、效果评估和政策追溯的完整技术链。

空间体系：2019年国务院发布建立国土空间规划体系的若干意见，将主体功能区规划、土地利用规划、城乡规划等空间规划统一到国土空间规划中，实现"多规合一"的规划平台，在编制要求中首要关注战略性，体现国家意志和国家发展规划的前瞻性。2023年吴志强院士推出《国土空间规划原理》，系统阐述国土空间规划的基本原理、规划设计方法以及国土空间评价治理机制，推动相关理论发展。本书提出的有关分析方法论和战略预测轮的结论与构想，符合国土空间规划强调"战略性"与"多规合一"的要求，而未来实证研究也可以进一步检验理论构想的实践价值。空间体系须顺应社会经济的发展规律，以开放、民主和包容的心态，借助市民社会、网络媒体、公众参与的力量提高城市战略制定的合理性、有效性。大都市空间战略既需要从大处着眼，建立更为综合的社会经济模型，也需要从小处着手，整合城市各方面的创新技术和优势资源，才能构建更完善的战略平台系统。

方法模式：大都市战略制定过程的方法模式将包含智力、智商、智慧三大板块。智力板块是"数字信息化"基础，感知及获取信息并将其保存为知识加以运用的能力，收集数据形成开放平台（Data Set Search）；智商板块在智力基础上以"复频实时化"为特征，从单机运作走向包括云平台、分布式协同规划、云上协同多规合一平台；智慧板块则将在上述两大板块的基础上，具有多元分析、演绎推理和模拟验证能力，推演未来洞察规律来辅助政策治理与战略决策，使整个模式系统具备"学习智能化"特性。

图表46 未来智能创新力

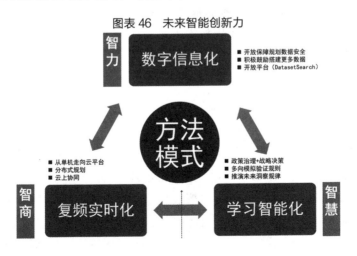

4. 战略平台

战略平台将基于方法创新,联动信息识别、复频研判、干预学习三大模块形成战略平台。

方法创新:大都市未来将联动全球格局建立目标定位及经营策略,逐步走向多元融合与全球资源要素控制,大都市数据平台以纽约为范本,精细化管理平台向东京学习,自由贸易看齐香港,综合营运学新加坡,文化战略学伦敦,科技创新学习硅谷、波士顿。目前全球各大都市都在竞相试验未来城市项目,以期找出一个应对各自未来发展的空间范式,新加坡提出的"智慧国"与"地下城市",迪拜提出的"创新社区",伦敦提出的"混合功能开发",东京的"生态智能街区"实践,纽约曼哈顿地区的"韧性城市",都预示着未来城市空间将迈向人性与技术的融合发展,基于技术预见预留基础设施空间,城市革新与新基建将倚重于"大云智移"所带来的辅助与便利,包括建设方式、机动交通、分布式能源、水系生态以及规划方法上的全面智能化。

战略平台:本书研究的智能规划战略平台包含信息识别、复频研判、干预学习三大模块,多模型在预测不确定性过程中循环往复、不断迭代优化。信息识别模块基于数字信息技术认知城市趋势,建立信息认同平台制定城市发展目标;研判模块以互联和物联技术搭建孪生系统,采用复频多级的战略手段建立控制体系;干预模块所创建的汇智模型具备实时循环的特质,基于智能模块的未来城市战略将形成以战略逻辑搭建筑物联通、系统协同的战略平台,利用技术手段形成可操作的行为方式,其具有模式识别、自主处理、干预应对的特点,并建立起与模块功能相匹配的动态指标监测系统。

5. 智能系统

大都市空间规划是现代国家空间治理头部力量,德国从 20 世纪初最早开展国家级空间规划,发展至今已有英国、荷兰、日本、法国、美国、丹麦、新加坡、韩国等众多国家逐步形成各自的国家级空间规划体系,从空间入手形成相应的战略指引和管控要求,是城乡规划的更高形态。2019

图表 47　战略平台架构

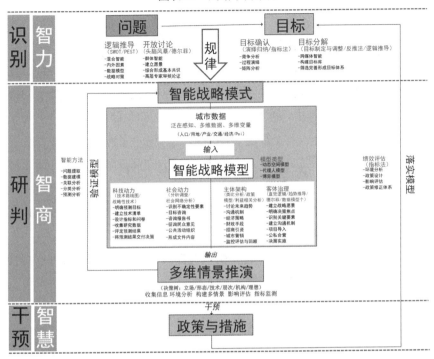

来源：作者自制

年国务院决定建立国土空间规划体系,将主体功能区规划、土地利用规划、城乡规划等空间规划统一到国土空间规划中,实现"多规合一"的规划平台,在编制要求中首要关注战略性和前瞻性,将空间规划的战略预测分析方法研究提升到了新的高度。都市区国土空间规划注重战略预测分析方法,符合国土空间规划强调"战略性"与"多规合一"的要求,应以开放包容的心态,借助新一代信息技术的力量提高城市战略制定的合理性、有效性,从而保证分析方法的灵活韧性。同时,大都市空间战略需整合城市各方面的创新技术和优势资源,构建更完善的空间规划系统,该平台系统应持续利用大都市的发展经验对中国空间规划提出新思路,以更好地完善我国的空间规划体系。因此,大都市区的国土空间规划需要拥抱"不确定性",综合利用多种技术手段对未来进行"预判",影响大都市区未来发展的路径。全球各大都市区面向未来积极改变,正在形成融合人性需求与技术可行的智能平台,该平台基于技术预见预留基础设施空间,利用"大云智移"带来城市服务的变革,包括建设方式、机动交通、能源供给、水系生态以及规划方法上的智能化。

基于本书已有的研究成果,未来仍需要多个相关专业的协作帮助,逐步完善大都市空间战略的智能平台构想与架设,引领分析方法变革的战略预测智能系统。其中,大数据提供实时更新的知识储备,跨媒体平台整合实时动态数据信息,人工智能将随着信息系统的完善推动模型算法迭代变革,群体智能将促使城市各专业协同合作,空间规划制定中的诸多环节诸如研究、分析、评估工作转移到智能化平台,优化编制思路与组织模式。近期的核心能力重点聚焦于三大模块:数字信息识别模块,复频实时研判模块,学习智能干预模块。

下一代战略预测轮智能平台将引领大都市预测方法的变革,可依据特定需求定制化、多路径破解未来不确定性问题。人工智能将推动城市变革,基于本书已有的研究成果,未来仍需要多个相关专业的协作帮助,逐步完善大都市空间战略的智能平台构想与架设,并重点聚焦于三大模块中核心能力的深入研究与创新:识别模块利用数字信息进一步提升智力,研判模块进行复频实时运算进一步强化智商,干预模块进行物联学习进一步形成智慧。正如吴志强院士所说:"未来 40 年是智能城镇化,集合智能协同力和创新要素,精密制导促进城镇化发展的时代。"大都市逐步进入"生命群落智慧"的时代,除了行政和市场因素,"智能"无疑将成为中国城镇化的一股新力量。城市可以被视为一个开放式的复杂巨系统,除了借鉴西方的城市规划与战略管理的理论经验,还有必要从中华传统智慧吸取灵感,利用系统性思维去分析传统智慧与经验,直面并剖析中国大都市未来的不确定性,进而设计出适合大都市战略未来发展的破解路径。

REFERNCES

参考文献

[1] 迈克尔·波特. 竞争论[M]. 高等第,李明轩译. 城市天下文化出版社,2001.

[2] 迈克尔希特. 战略管理:竞争与全球化[M]. 北京:机械工业出版社,2001.

[3] 周振华. 全球城市,2018[M]. 上海:上海人民出版社.

[4] 周振华. 全球城市与上海2050,2018. 上海:上海人民出版社.

[5] 上海市科学学研究所. 区域战略性技术路线图的理论与方法[M]. 上海:上海科学技术出版社,2013. .

[6] 路易斯霍普金斯. 融入未来:预测、情境、规划和个案. 2013. 北京:科学出版社.

[7] 凯文凯利. 必然. 2016. 北京:电子工业出版社.

[8] Ray Dalio. Princeples for Dailing with the Changing World Order,2021.

[9] 仇保兴. 城市定位理论与城市核心竞争力[J].

[10] 艾伦. J. 斯科特. 浮现的世界——21世纪的城市与区域. 南京:江苏教育出版社,2017.

[11] 约翰罗宾逊. 规划中的悖论,陈荃礼译. 经济学译丛,1988(1):71-72.

[12] 布莉塔史沃滋,陶远华译. 未来研究方法:问题与应用. 武汉:湖北人民出版社,1987.

[13] Peter Hall. 明日之城. 上海:同济大学出版社,2009.

[14] 肖林,周国平. 上海2050:迈向卓越的全球城市. 2017. 上海:格致出版社.

[15] 伍江. 亚洲城市的规划与发展. 2018. 上海:同济大学出版社.

[16] 史蒂文约翰逊,远见. 中信出版社.

[17] 兰小欢. 置身事内. 上海人民出版社,2021.

[18] 布赖恩费瑟斯通豪. 远见. 湛庐文化/北京联合出版公司,2018.

[19] 肖林,周国平. 上海2050:迈向卓越的全球城市. 2017. 上海:格致出版社.

[20] 张贝贝,刘云刚. "卧城"的困境、转型与出路:日本多摩新城的案例研究. 2017(1).

[21] 彼得·施瓦茨. 情景规划:为不确定的世界规划未来. 2008. 北京:华夏出版社.

[22] 凯文·凯利. The Inevitable:Understanding the 12 Technological Forces That

Will Shape Our Future [M]. 电子工业出版社. 2016.

[23] 郑迪, 吴志强. 大都市战略制定中的情景分析方法[J]. 国际城市规划, 2022(4): 92 – 102.

[24] 郑迪, 吴志强. 大都市区国土空间规划中的战略预测分析方法研究[J]. 规划师, 2021(18): 41 – 47.

[25] 吴志强. 论城市发展城市空间战略规划研究的整体方法—沈阳实例中的理性思维的导入. 城市规划[J]. 2002(1): 38 – 42.

[26] 吴志强, 王伟. 长三角整合及其未来发展趋势——20 年长三角地区边界、重心与结构的变化. 城市规划学刊[J]. 2008(2): 1 – 10.

[27] 吴志强. "百年西方城市规划理论史纲"导论. 城市规划汇刊[J]. 2000(2): 9 – 18＋53 – 79.

[28] 郑迪, 吴志强. 预见大都市未来—破解不确定性的战略预测方法[J]. 城市规划, 2022(12): 16 – 27.

[29] 吴志强. "全球化理论"提出的背景及其理论框架. 城市规划汇刊[J]. 1998(2): 1 – 6＋64.

[30] 吴志强. 国土空间规划的五个哲学问题[J]. 城市规划学刊, 2021(5).

[31] 吴志强. 空间规划的基本逻辑与未来城市发展[J]. 国土资源科普与文化, 2020(03): 4 – 11.

[32] 吴志强, 郑迪, 邓宏. 大都市战略空间制胜要素的迭代. [J]. 城市规划学刊, 2020(5).

[33] 吴志强, 甘惟, 张昭, 叶启明. 21 世纪的世博会: 走向精神的生态智慧[J]. 时代建筑, 2015(4): 20 – 25.

[34] 吴志强, 甘惟. 转型时期的城市智能规划技术实践. 城市建筑[J]. 2018(3).

[35] 吴志强, 史舸. 城市发展战略规划研究中的空间拓展方向分析方法. 城市规划学刊[J]. 2006, (1).

[36] 王兰. 城市规划编制体系在城市发展中的作用机制: 芝加哥和上海的比较. 城市规划学刊[J]. 2011, (2).

[37] 王伟, 赵景华. 新世纪全球大城市发展战略关注重点与转型启示. 城市发展研究. 2013(10): 1 – 8.

[38] 王兰. 规划评价: 成果与过程. 国际城市规划, 2009(6): 3 – 5.

[39] 姜涛. 西欧 1990 年代空间战略性规划(SSP)研究——案例、形成机制与范式特征[博士学位本书]. 上海: 同济大学建筑与城市规划学院, 2008.

[40] 吴志强, 肖建莉. 世博会与城市规划学科发展——2010 上海世博会规划的回顾. 城市规划汇刊[J]. 2010(3).

[41] 郑迪, 孙慧, 蒋琦. 智慧街道空间导引及创新平台研究. 上海城市规划, 2016(6): 75 – 83.

[42] 郑迪, 孔令聿, 陆天赞, 尹红玲, 刘伟. 长三角迈向全球区域的理性分析[J]. 南方建筑, 2016(5): 54 – 63.

[43] 武廷海, 宫鹏. 未来城市研究进展评述[J]. 城市与区域规划研究, 2020.

［44］ 宋博,陈晨.情景规划方法的理论探源、行动框架及其应用意义——探索超越"工具理性"的战略规划决策平台[J].2013(5):69-79.

［45］ 郑迪.新城大型开发项目影响及对策研究——以临港海洋极地世界项目为例[J].上海城市规划,2014(4):133-138.

［46］ 郑迪.智慧街道的战略实施路径.区域治理,2020(4):35-36.

［47］ 朱惠斌,李贵才.区域联合跨界合作的模式与特征.国际城市规划[J].2015(4):67-71.

［48］ 单卓然,黄亚平.1990年后发达国家都市区空间发展趋势对策和启示.国际城市规划[J].2015(4):59-66.

［49］ 汤伟,屠启宇.从"世界级非洲城市"到"新城市议程":对约翰内斯堡发展战略的思考.南京社会科学[J].2007(6):76-83.

［50］ 杨贵庆.未来50年影响美国大城市发展的十大因素及其思考[J].城市规划学刊.2006(5):103-110.

［51］ 吴维佳.特大型城市发展和功能演进规律研究.上海城市规划.2014(6):25-36.

［52］ 郭巍,许伟.世界三大城市产业转型路径带来哪些启示.Seeking Knowledge.2017(4).

［53］ 陈洋.巴黎大区2030城市空间战略规划解读,2015(8):38-45.

［54］ 金度年.首尔:转变飞速量化的成长模式,培育新价值观的城市进化.上海城市规划.2012(10).

［55］ 郑德高,马璇,葛春晖.追求卓越的全球城市:上海城市发展目标和战略路径研究[J].城市规划学刊,2017(1).

［56］ 钮心毅,宋小冬,高晓昱.土地使用情景:一种城市总体规划方案生成与评价的方法.城市规划学刊.2008(7).

［57］ 张沛,王超深.中国全球城市市区市域快轨发展滞后的原因[J].城市问题,2017(11):25-32.source:http://www.aisixiang.com/data/107339.html.

［58］ 沙永杰,徐洲.孟买全球城市区域——现状和未来发展的挑战.上海城市规划.2017(1):94-100.

［59］ 武廷海.第四次纽约全球城市地区规划及其启示.国际城市规划.2016(6):96-103.

［60］ 张晓兰.东京和纽约都市圈经济发展的比较研究[博士学位本书].吉林大学.2013.

［61］ 沙永杰,徐洲.孟买全球城市区域——现状和未来发展的挑战.上海城市规划.2017(1):94-100.

［62］ 黄玮.中心·走廊·绿色空间——大芝加哥都市区2040区域框架规划.国际城市规划.2006(2):46-52.

［63］ 朱金.何宝杰持续增长背景下全球城市空间的"再均衡"发展战略——基于面向2056的悉尼城市空间战略规划的启示.城市研究.2017(5).

［64］ 魏贺.重塑城市交通模型的价值与认识:伦敦之鉴.共享与品质——2018中国

城市规划年会本书集. 城市交通规划(06 城市交通规划)[C]. 2018.

[65] Larry S. Bourne. 多伦多规划所面临的挑战：过去，现在和将来. 国外城市规划. 2005(2)：62-65.

[66] 石崧. 城市人口规模预测方法范式转型及上海实践. 规划师. 2015(10)：22-27.

[67] 武廷海，高元. 第四次纽约全球城市地区规划及其启示. 2016,31(06)：96-103.

[68] 王晶，曾坚，苏毅. 可持续性"纤维"绿廊在紧凑城区规划中的应用——以大野秀敏 2050 年东京概念规划方案为例. 国外城市规划. 2005(2)：62-67.

[69] 陈茂波、凌嘉勤. 香港发展局局长和规划署署长就"香港 2030＋：跨越 2030 年的规划远景与策略"公众参与活动举行记者会[EB/OL]. 香港发展局. 2017. 10.27.

[70] 吕传廷，吴超，黄鼎曦. 从概念规划走向结构规划——广州城市空间战略规划的回顾与创新. 城市规划. 2010(3).

[71] 屠启宇. 21 世纪全球城市理论与实践的迭代. 城市规划学刊. 2018(2),2018 (01)：41-49.

[72] 李阎魁. 城市规划与人的主体论[博士学位本书]. 同济大学. 2006.

[73] Andy Thornley,于泓. 面向城市竞争的城市空间战略规划[J]. 国外城市规划，2004(02)：7-12.

[74] 甘欣悦，龙瀛. 新数据环境下的量化案例借鉴方法及其规划设计应用[J]. 国际城市规划 2019.

[75] 姜鹏，曹琳. 新一代人工智能推动城市规划变革的趋势期望. 规划师,2018(11)：5-12.

[76] 杨帆，孙晖. 城市空间战略规划评价模式研究——以国际全球城市香港、纽约、新加坡为例. 大连理工大学学术本书专刊. 2014(2)：27-31.

[77] 赵燕菁. 建设雄安新区要有敢为天下先精神[EB/OL]. 财新网. 2017.4.17.

[78] 马修克洛代尔. 无人驾驶汽车如何变革城市[EB/OL]. Mckinsey Quarterly, 2015(8).

[79] 陆铭. 城市承载力是个伪命题. 商业周刊(中文版). 2017.12.15.

[80] 何哲. 国家战略领域要重视未来学研究. 学习时报,2016.8.

[81] 盛维，陈恭，江育恒. 全球城市核心功能演变及其对上海启示. 科学发展,2018(5).

[82] 2017 年 7 月 1 日，"特大城市地区远景规划(2049)暨国际全球城市演化和城市群协同发展的模式及经验研讨会"在清华大学建筑学院召开，中国人民大学副教授张磊的报告"东京都市圈空间结构演变的制度逻辑"。

[83] 何启光. 1958 年设想的 2000 年的上海. 学习博览.

[84] 陆铭. 中国的全球城市圈向何处去？[J]. 上海国资. 2016(12)：17-17.

[85] 北京 2035——坚决维护城市总体规划严肃性和权威性. 北京：北京市规划和国土资源管理委员会. 2018.7.16.

[86] 新加坡宜居与可持续城市——发展框架. 新加坡：新加坡与新加坡公共服务学院宜居城市中心. 2014.

[87] 香港特别行政区发展局网站，https://www.devb.gov.hk/sc/home/index.

html.

英文文献

[1] Warren G. Bennis, Kenneth D. Benne, Robert Chin(ed.). The Planning of Change. Fort Worth: Holt, Rinehart and Winston, Inc. ,1961/1969/1974/1984.

[2] Scott J A. Emerging Cities of the Third Wive [M]. City: Analysis of Urban Trends, Culture, Theory, Policy, Action. Routeledge, 2011.

[3] Yvonne Rydin, Regime Politics in London Local Government. Urban Affairs Review 1999, Vol. 34(4): [3]515 – 545.

[4] COFFEE NT, LANGE J, BAKER E. Visualising 30 years of population density change in Australia's major capital cities [J]. Australian Geographer, 2016,47 (4): 511 – 525.

[5] Owens S. From 'Predict and Provide' to 'Predict and Prevent': Pricing and Planning in Transport Policy [J]. Transport Policy, 2(1): 43 – 49.

[6] B. Jonathan. Urban Design as a Public Policy[M]. NewYork: Rutledge, 1978.

[7] Daniel Caparros-Midwood. Spatial Optimization of Future Urban Development with Regards to Climate Risk and Sustainability Objectives, 2017. 11: 2164 – 2181.

[8] Saskia Sassen. The Global City: New York, London, Tokyo. Princeton University Press. 1991.

[9] Chadwick G. F. ; Systems View of Planning-Towards a Theory of the Urban and Regional Planning Process, Pergamon Press Limited, 1978.

[10] Hall, P. , Cities of Tomorrow: An Intellectual History of Urban Planning and Design In Twentieth Century, Basil Blackwell, 1988.

[11] Friedmann, J: the World City Hypothesis, Development and Change, 1986.

[12] John Forester. Planning in the Face of Power. Berkley: University of California Press, 1989.

[13] John M. B. , A Strategic Planning Process for Public and Non-Profit Organizations, Long Range Planning, 1988, Vol. 21(1): 73 – 81.

[14] Colin Mcfarlane. The Comparative City: Knowledge, Learning, Urbanism[J]. International Journal of Urban and Regional Research, 2010, Vol. 34(4): 1468 – 2427.

[15] Healey, P. , Researching planning Practice, Town Planning Review, 1991, Vol. 62(4).

[16] Fainstein, S. S. , The City Builders: Property, Politics, and Planning in London and New York, Blackwell, 1994.

[17] Karmshu. Demograghic Models of Urbanization [J]. Environment and Planning B: Planning an Design, 1988,15.

[18] Guy CM. , Controlling New Retail Spaces: the Impress of Planning Policies in

Western Europe, Urban Studies, 1998, Vol. 35(5 – 6): 953 – 979.

[19] David Harvey. Social Justice, Postmodernism, and the City. 1992, Richard T. LeGates& Frederic Stout (ed.), The City Reader (second edition), Routledge Press, 1992, Vol. 16(4): 588 – 601.

[20] Newman P., Urban Planning in Europe: International Competition, National Systems and Planning Projects, Routeledge, 2009.

[21] Vitor Oliveira, Paulo Pinho, Evaluation in Urban Planning: Advances and Prospects, Planning Literature, 2010, Vol. 24(4): 343 – 361.

[22] Wallbaum H., Krank S. & Teloh R., Prioritizing Sustainability Criteria in Urban Planning Processes: Methodology Application, Journal of Urban Planning and Development, 2010, Vol. 137(1): 1943 – 5444.

[23] Nass P, Andersen J., Nicolaisen M. S., Strand A.. Transport Modelling in the Context of the "Predict and Provide" Paradigm [J]. European Journal of Transport and Infrastructure Research, 2014, 14(2): 102 – 121.

[24] Dawson R. Re-engineering cities: A framework for adaptation to global change. Philosophical Transactions: Mathematical, Physical and Engineering Sciences, 2007;365(1861): 3085 – 3098.

[25] William D. Solecki, Cynthia Rosenzweig. Biodiversity, Biosphere Reserves and the Big Apple —— A Study of the New York Metropolitan Region. Annals New York Academy of Sciences. 2004.

[26] Eurostat. source: https://ec. europa. eu/eurostat.

[27] 2thinknow. Innovation Cities Top 100 Index: City Rankings [R]. source: http://innovation-

[28] A. T. Kearney. The Global Cities Index [R]. source: http://www. kearney. com/cities. com/.

[29] Population Estimates for UK, Office for National Statistics. source: http:// worldpopulationreview. com/world-cities/london-population/.

[30] Department for Communities and Local Government. National Planning Policy Framework. London, UK, 2011.

[31] The Mori Memorial Foundation. Tokyo Future Scenario 2035[R/OL],2011.

[32] Hong Kong Development Bureau & Planning Department. Hong Kong 2030+ [R/OL],2017.

[33] The London Plan. Spatial Development Strategy for Greater London [R/OL],2011.

[34] City of New York. PlaNYC 2030: A Greener, Greater New York [R/OL], 2007/2011.

[35] http://www. nyc. gov/html/planyc/downloads/pdf/publications/planyc_2011_planyc_full_report. pdf.

[36] London City Hall. The London Plan 2021[R/OL]. London: Greater London

Authority City Hall. (2021 - 01 - 29)[2021 - 09 - 15]. https://www.london.gov.uk/what-we-do/planning/london-plan/new-london-plan/london-plan-2021.

[37] London Planning and advisory Committee. London: World City Moving into the 21st Century. London, HMSO, 1991.

[38] Greater London Authority. The Mayor's Climate Change Mitigation and Energy Annual Report. London, UK, 2014.

[39] NIPC. 2040 Regional Framework Plan. 2005.

[40] NIPC. Population, Household, and Employment Forecasts for Northeastern Illinois 2000 to 2030. 2003.

[41] City of Sydney 2030 Plan[R/OL], 2005.

[42] Department of City Planning. Inner Ring Residentaila Parking Study [R/OL],2013.

[43] City of New York. One New York: The Plan for a Strong and Just City [R/OL],2015.

[44] Green Light to Clean Power: Mayor's Energy Strategy, 2004.

[45] Clean London's Air: Highlights of the Mayor's Air Quality Strategy, 2002.

[46] The Mayor's Municipal Waste Management Strategy, 2003.

[47] The London Plan, Spatial Development Strategy for Greater London. 2004.

[48] the Mayor's Transportation Strategy, 2001.

[49] The Draft Mayor Housing Strategy, 2007.

[50] The London Plan, Spatial Development Strategy for Greater London: Consolidated with Alterations since 2008.

[51] The London Plan: Sub-Region Develpment Framework. 2006.

[52] London Creative Industries: the Essential Next Step for Your Business.

[53] Working Paper 40: London's Creative Workforce: 2009 Update.

[54] Cullingworth B, Planning: 50 Years of Urban and Regional Policy, London: The Athlone Press, 1999.

[55] Scott Campbell. Green Cities, Growing Cities, Just Cities? [J] Urban Planning and the Contradictions of Sustainable Development. Journal of the American Planning Association. 1996.

[56] Lise Bourdear-Lepage. The Greater Paris: A Plan for a Global City. 2015.

[57] Statistics Bureau of Japan. Historical Statistics of Japan [DB/OL]. Tokyo, Japan: Statistics Bureau, 2007.

[58] United Nations. World Urbanization Prospects: The 2007 Revision Population Databse [DB/OL]. New York: United Nations.

[59] Greg Clark and Tim Moonen. Urban Innovation and Investment: The Role of International Financial Institutions and Development Banks (London: Future Cities Catapult, 2014.

[60] Brenner N, Keil R. From Global Cities to Globalized Urbanization [J]. Journal

of Culture, Politics and Innovation,2014.

[61] The State of New South Wales, Department of Planning and Environment. A plan for Growing Sydney [R]. 2014.

[62] Australian Bureau Statistics. Population by age and sex, Regions of Australia [R]. 2015.

[63] The State of New South Wales, Department of Planning and Environment. Population Change [R]. 2017.

[64] Great Sydney Commission. Greater Sydney Draft District Plan Map Atlas [R]. source: https://www. abs. gov. au.

[65] Legates and McCabe, Evaluating the use of "goodness-of-fit" measures in hydrologic and hydroclimatic model validation. Water Kesource, 1999.

[66] The Age Top 10 Digital Cities in the World [EB/OL].

[67] M. Lindholm, A sustainable perspective on urban freight transport factors affecting local authorities in the planning procedures, Procedia Social and Behavioral Sciences, 2010.

[68] Tom Angotti. Is New York's Sustainablility Plan Sustainable [R]. Sustainability Watch Working Papers. Working Paper#1, April 2008: 1-18.

[69] Tokyo Metropolitan Government(TMG). Tokyo Vision 2020.

[70] WTO. The WTO Annual Report 2011[R]. 2011.

[71] PWC. Cities of Opportunity 6[EB/OL]. source: https://pwc. blogs. com/files/cities-of-opportunity-pdf. [2015-06-15].

[72] Scott Campbell. Green Cities, Growing Cities, Just Cities? [J] Urban Planning and the Contradictions of Sustainable Development. Journal of the American Planning Association, 1996.

[73] Alex Gavin & Associates, inc. Visions for New York City: Housing and the Public Realm [R/OL]. [2010-08-24].

[74] Gordon F Mulligan, Jason P Crampton. Population growth in the world's largest cities [J]. Cities, 2005.

[75] Foreign Policy, A. T. Kearney, and the Chicago Council on Global Affairs: The Global Cities Index, Foreign Policy, 2015.

[76] Harber J. The Gauteng City-Region Observatory: providing the evidence for evidence-based policymaking, Brics+City Lab II, Colloquium, 2016.

[77] Dawson RJ, Hall J. Adaptive importance sampling for risk analysis of complex infrastructure systems[J]. Proceedings of the Royal Society of London A, 2006; 462(2075): 3343-3362.

[78] PJH. Schoemaker, Multiple Scenario Development—Its Conceptual and Behavioural Foundation [J], Strategic Management. Journal 14 (1993), pp. 193-213.

[79] W. R. Huss and E. J. Honton, Scenario Planning—What Style Should You Use,

Long Range Planning 20(1987), pp. 21 - 29.

[80] Defra. UK Climate Change Risk Assessment: Government Report. London, 2012.

[81] RW Milton, M Batty. Imagining the Future City: London 2062[J], 2013.

采访伦敦前副市长约翰罗斯先生　郑迪摄于 2019 年 12 月 9 日

建设中的上海大都市　郑迪摄于 2023 年 5 月

图书在版编目(CIP)数据

预见大都市未来/吴志强,郑迪著.—上海:上海三联书店,
2023.7
ISBN 978-7-5426-7935-2

Ⅰ.①预… Ⅱ.①吴…②郑… Ⅲ.①大城市-发展-研究-
世界 Ⅳ.①F291.1

中国版本图书馆 CIP 数据核字(2022)第 216198 号

预见大都市未来

著　　者 / 吴志强　郑　迪

责任编辑 / 郑秀艳
装帧设计 / 一本好书
监　　制 / 姚　军
责任校对 / 王凌霄

出版发行 / 上海三联书店
　　　　　(200030)中国上海市漕溪北路 331 号 A 座 6 楼
邮　　箱 / sdxsanlian@sina.com
邮购电话 / 021-22895540
印　　刷 / 上海展强印刷有限公司

版　　次 / 2023 年 7 月第 1 版
印　　次 / 2023 年 7 月第 1 次印刷
开　　本 / 640 mm×960 mm　1/16
字　　数 / 380 千字
印　　张 / 28.25
书　　号 / ISBN 978-7-5426-7935-2/F·879
定　　价 / 118.00 元

敬启读者,如发现本书有印装质量问题,请与印刷厂联系 021-66366565